KUCZYNSKI

Wissenschaft und Gesellschaft

FORSCHUNGEN ZUR WIRTSCHAFTSGESCHICHTE

herausgegeben von
Jürgen Kuczynski und Hans Mottek
Band 2

JÜRGEN KUCZYNSKI

Wissenschaft und Gesellschaft

JÜRGEN KUCZYNSKI

Wissenschaft und Gesellschaft

Studien und Essays über sechs Jahrtausende

Verbesserte, im Umfang um über die Hälfte vermehrte
und bis in die Gegenwart fortgeführte 2. Auflage
von „Wissenschaft und Wirtschaft bis zur Industriellen Revolution“

Dritte, unbearbeitete Auflage

THEORIA CUM PRAXI

AKADEMIE-VERLAG · BERLIN

1975

Erschienen im Akademie-Verlag, 108 Berlin, Leipziger Straße 3—4

Lizenznummer: 202 · 100/93/75
Umschlag: Helga Klein
Satz: IV//214 VEB Druckerei „Gottfried Wilhelm Leibnitz“,
445 Gräfenhainichen/DDR·4116
Offsetnachdruck: VEB Druckerei „Thomas Müntzer“,
582 Bad Langensalza/DDR
Bestellnummer: 752 1233 (2140/2) · LSV 0205
Printed in GDR
EVP 15,—

Inhaltsverzeichnis

Vorbemerkung zur 1. Auflage

Langsam, sehr langsam beginnen sich die Wissenschaftler in der Geschichte auf sich selbst zu besinnen. Kluge Einsichten in den eigenen oder allgemeinen wissenschaftlichen Arbeitsprozeß sowie in die Geschichte der Wissenschaft finden sich hie und da in den letzten 2500 Jahren. Eine zusammenhängende Geschichte der Wissenschaft beginnen wir recht eigentlich erst seit dem Zweiten Weltkrieg zu schreiben – zunächst (und zwar ganz stark angeregt durch des Sowjetwissenschaftlers B. Hessen wundervollen Newton-Vortrag 1931 in London) in England und Amerika, seit kurzem auch in den sozialistischen Ländern, insbesondere in der Sowjetunion.
Ganz am Beginn stehen wir erst, zumal das Unternehmen von außerordentlicher Schwierigkeit ist. Von so vielem wissen wir noch so wenig. Ist es nicht kennzeichnend, daß ein so vielseitig gebildeter Wissenschaftler wie Bernal ausdrücklich noch auf eine Definition des Begriffes Wissenschaft verzichten möchte? Ist es nicht kennzeichnend, daß die beste Geschichte der Wissenschaft, die wir Marxisten besitzen, eben die von Bernal, im Grunde nur einen Hauptblickpunkt hat, den er so definiert: Das Ziel des Buches besteht darin, „den Einfluß zu umreißen, den die Wissenschaft auf andere Aspekte der Geschichte ausübt, und zwar entweder direkt auf dem Wege über die ökonomischen Veränderungen oder indirekt über die Vorstellungen der jeweils herrschenden oder der nach der Herrschaft strebenden Klassen"*. Das Thema hat seine volle Berechtigung, denn der Einfluß der Wissenschaft auf die Produktionsverhältnisse und Produktivkräfte und durch sie wieder auf den Verlauf der Geschichte allgemein ebenso wie direkt innerhalb des Überbaus ist enorm und bedarf dringend der Untersuchung. Neben einem solchen Ziel müssen wir jedoch noch manches andere verfolgen, bevor wir zu einer geschlossenen Geschichte der Wissenschaft, das heißt zu einer Geschichte, die alle entscheidenden Einflüsse der Bewegung der Wissenschaft umfaßt, kommen. Vor allem gilt es auch, eine Geschichte der Einflüsse auf die Wissenschaft zu schreiben, um am Ende zu einer ausgewogenen Darstellung der dialektischen Bewegung der Wissenschaft zu kommen.
Im folgenden wollen wir uns vornehmlich mit Problemen der Beziehung zwischen Wissenschaft und Wirtschaft beschäftigen. Vornehmlich – denn wir werden uns nicht scheuen, auch gelegentlich andere, uns für eine Geschichte der Wissenschaft interessant

* *J. D. Bernal,* Die Wissenschaft in der Geschichte. Berlin 1967. S. XV.

erscheinende Fragen oder auch Einzelgestalten zu behandeln. Leider bin ich noch nicht so weit fortgeschritten in meinen Arbeiten, um eine geschlossene Darstellung selbst meiner Hauptthematik zu geben. Vorläufig geht es hier um eine Sammlung von Einzelstudien, die jedoch zeitlich den weiten Raum der Geschichte der Wissenschaft durchstreifen, der von ihren frühesten Anfängen bis in das 19. Jahrhundert reicht. Wir wollen auch keineswegs vermeiden, gelegentlich die historische Darstellung mit längeren theoretischen Überlegungen zu unterbrechen, ja sogleich mit solchen zu beginnen. Ist es doch nur natürlich, daß die enorme Bedeutung, die die Wissenschaft heute im gesellschaftlichen Bewußtsein gewonnen hat, alle Menschen, nicht zum wenigsten auch die Wissenschaftler selbst, zu neuen Überlegungen theoretischer Natur über die Rolle der Wissenschaft in der Gesellschaft veranlaßt! Gerade unter Marxisten, die am weitesten in solchen Überlegungen fortgeschritten sind, finden heute intensive Diskussionen zu Fragen dieser Art statt, und es ist unmöglich, historisch zu arbeiten, ohne an ihnen teilzunehmen. Das heißt, wenn dies Buch auch die Beziehungen zwischen Wissenschaft und Wirtschaft zum Hauptthema hat, wird es doch zahlreiche Abschweifungen – Abschweifungen auch auf Grundthemen des Marxismus – enthalten, die der Leser hoffentlich als anregend und uns weiterführend betrachten wird.

Berlin-Weißensee Jürgen Kuczynski

Parkstraße 94

Vorbemerkung zur 2. Auflage

Die erste Auflage dieses Buches war in weniger als einem Jahr vergriffen.
Die neue Auflage ist eine Verbesserung der alten, erweitert den in der alten gegebenen Text um etwa ein Viertel und führt in einem recht groß gewordenen VII. Kapitel die Problematik bis in die Gegenwart fort. Da über die Wissenschaftlich-technische Revolution unter den Bedingungen des Sozialismus bereits eine große und ständig wachsende Literatur dem Leser zur Hand ist, habe ich meine Ausführungen auf den noch vom staatsmonopolistischen Kapitalismus beherrschten Teil der Welt beschränkt.
Schon in der ersten Auflage hatte ich mich nicht auf die Untersuchung der Beziehungen zwischen Wissenschaft und Wirtschaft beschränkt. Das ist in der neuen Auflage noch weniger der Fall, so daß ich den Titel des Werkes geändert habe.

Berlin-Weißensee
Parkstraße 94

Jürgen Kuczynski

Einleitung

„Diejenigen Völker, welche an der allgemeinen industriellen Tätigkeit, in Anwendung der Mechanik und technischen Chemie, in sorgfältiger Auswahl und Bearbeitung natürlicher Stoffe zurückstehen; bei denen die Achtung einer solchen Tätigkeit nicht alle Klassen durchdringt: werden unausbleiblich von ihrem Wohlstande herabsinken."

A. v. Humboldt, Kosmos, Bd. 1
Stuttgart und Augsburg 1845, S. 36

Der wissenschaftliche Forschungs- und Erkenntnisprozeß ist ein Teil der gesellschaftlichen Bewegung des Überbaus. Er unterliegt darum dem von Marx entdeckten Gesetz der Bestimmung der Überbaugestaltung in letzter Instanz durch die Produktionsweise: „Die Produktionsweise des materiellen Lebens bedingt den sozialen, politischen und geistigen Lebensprozeß überhaupt. Es ist nicht das Bewußtsein der Menschen, das ihr Sein, sondern umgekehrt ihr gesellschaftliches Sein, das ihr Bewußtsein bestimmt."

Unter dem Einfluß der in der Gegenwart so ungeheuren Verbreiterung des wissenschaftlichen Lebens, das mehr und mehr Gebiete des gesellschaftlichen Bewegungsprozesses erfaßt, finden wir auch unter Marxisten Neigungen zu einer „Aufwertung" des Bewußtseins gegenüber dem materiellen Leben. So bemerkt zum Beispiel, tief beeindruckt von den Erfolgen der Naturwissenschaften, B. M. Kedrow: „Die Epoche, in der wir leben, könnte man auch das Zeitalter der Wissenschaft nennen, weil heute der geistige Faktor (die Wissenschaft) im Leben der Gesellschaft eine ebenso bedeutende Rolle spielt, wie sie früher nur materiellen Gegebenheiten zukam."* Wie spürt man hier die Begeisterung des Wissenschaftlers über die Fortschritte auf seinem Gebiete gesellschaftlicher Tätigkeit und darüber, daß diese Tätigkeit immer wichtiger und nützlicher wird, und auch so anerkannt ist. Ich halte die Formulierung von Kedrow für falsch. Aber ich bin froh, in einer Zeit zu leben, in der ein kühn denkender marxistischer „Philosoph der Wissenschaft" so schreiben kann. Nur in einer Zeit stürmischen Fortschritts der Wissenschaft, nur in einer Zeit neuer und tiefer Gedanken über diesen stürmischen Fortschritt kann ein marxistischer Denker zu einer solchen Formulierung kommen. Wie – und mit welchem Recht auch! ist das gesellschaftliche Bewußtsein der Wissenschaftler heute doch gewachsen!

Ähnliche Einschätzungen wie die von Kedrow finden wir auch unter Gesellschaftswissenschaftlern etwa wenn sie der Politik gegenüber der Ökonomie eine neue Rolle zuweisen und dabei auch noch glauben, in diesem Zusammenhang Lenins Feststellung vom Primat der Politik gegenüber der Ökonomie zitieren zu können. Sie

* *B. M. Kedrow,* Die Wissenschaft in unserer Zeit. Woprossi Philosophii Nr. 5, Moskau 1967. Hier zitiert nach Übersetzung in „Sowjetwissenschaft. Gesellschaftswissenschaftliche Beiträge", Nr. 12, Berlin 1967, S. 1202.

vergessen dabei, daß Lenin sagt, die Lehre vom Primat der Politik gehöre zum ABC des Marxismus, und dieses ABC wurde ja bekanntlich schon vor mehr als 100 Jahren von Engels und Marx gelehrt – so auch, daß die Politik ein Primat gegenüber der Ökonomie hat.

Bekanntlich – und das gilt heute wie seit eh und je und in alle Zukunft – bestimmt nicht nur die Ökonomie die Politik, sondern sie entscheidet auch darüber, ob eine Politik richtig, das heißt den Gesetzen der Ökonomie und allgemein des Fortschritts entprechend, oder ob sie falsch, das heißt die Gesetze in ihrer Wirkung hemmend, ist. Das Primat der Politik aber besteht eben darin, daß die Menschen eine richtige oder eine falsche Politik machen und mit einer falschen Politik unter Umständen eine ganze Gesellschaftsordnung zum Scheitern bringen können, mit einer richtigen Politik aber einer neuen Gesellschaftsordnung zum Durchbruch verhelfen.

Das heißt aber natürlich nicht, daß die Beziehungen zwischen Politik und Ökonomie im Sozialismus nicht in gewisser Weise ganz andere sind als im Kapitalismus – nämlich in der Weise, daß die Politik auf Grund der marxistisch-leninistischen Erkenntnis der Gesetze und der Tendenzen zum Fortschritt in ganz anderem Maße der historischen Gesetzmäßigkeit entspricht, als es im Kapitalismus der Fall ist. Es ist die so weitgehend im Sozialismus zu beachtende Harmonie zwischen Politik und historisch gesetzmäßigem Verlauf, die zu der Überschätzung der Rolle der Politik bei solchen Marxisten geführt hat. Und wiederum möchte man sagen: Wie schön ist es, in einer Zeit zu leben, in der marxistische Gesellschaftswissenschaftler auf Grund der Beobachtung einer (nicht der!) realen Entwicklung zu einem solchen Fehler neigen! Aber ein Fehler ist es, denn die Grundlehren von Marx und Engels und Lenin über die Beziehungen zwischen dem gesellschaftlichen Sein und dem Bewußtsein gelten heute noch wie vor 100 Jahren und wie in alle Ewigkeit.

Viel zu wenig noch haben wir uns mit den Bewegungsgesetzen des Überbaus, insbesondere des gesellschaftlichen Bewußtseins, beschäftigt. Eines dieser Gesetze ist zweifellos das des tendenziellen Wachstums der Rolle der immer neue Gebiete durchdringenden Wissenschaft im gesellschaftlichen Bewußtsein, während gleichzeitig das gesellschaftliche Bewußtsein selbst im Sinne der bewußten Reflektion immer umfassender wird. Wenn aber die Rolle der Wissenschaft im Überbau immer größer wird und ganze Gebiete wie Aberglaube, Mystik usw. im Laufe der Zeit verdrängt, dann wächst natürlich auch ihre Bedeutung gegenüber der materiellen Sphäre. Jedoch kann die Wissenschaft als geistiger Lebensprozeß natürlich niemals den ganzen Überbau erobern, denn stets wird dieser auch mit zahlreichen anderen Lebensprozessen – etwa kulturellen, wie auch mit Gefühlen usw. – gefüllt sein. Vielleicht wird es einmal so sein, daß man sagen kann, daß die Wissenschaft ebenso bedeutsam sein wird wie alle anderen Lebensprozesse des Überbaus zusammengenommen. Aber ob es einmal wirklich so sein wird, ja ob solches überhaupt erstrebenswert ist, muß man noch sehr gründlich überlegen und liegt auch in der Entscheidung weit späterer Generationen als der unsrigen. In jedem Fall aber wird sich niemals das Verhältnis zwischen Basis und Überbau ändern insofern, als die Basis stets der in letzter Instanz bestimmende Faktor sein wird.

Doch gibt es auch die Auffassung, daß dadurch, daß die Wissenschaft heute in so hohem Maße auf die materielle Basis, ja geradezu als eine Produktivkraft wirke, sie gar nicht mehr eine Erscheinung des Überbaus wäre. Diese Fragestellung zwingt uns nun doch zunächst eine Analyse dessen, was Wissenschaft ist bzw. was wir im folgenden unter Wissenschaft verstehen wollen, auf.

Gordon Childe berichtete über sehr frühe Zeiten aus der Geschichte der Menschheit:

„Der frühe Mensch mußte nach und nach aus Erfahrungen lernen, welche Steine am besten zur Herstellung von Werkzeugen geeignet waren und wie man sie kunstgerecht behauen mußte. ... Im Verlauf der Werkzeugherstellung mußten die frühesten Gemeinschaften eine Art wissenschaftlicher Überlieferung aufbauen, indem sie beobachteten und weitersagten, welche die besten Steine waren, wo man sie zu finden hoffen konnte und wie man sie zu handhaben hatte. Erst nachdem der Mensch die Technik der Bearbeitung gemeistert hatte, konnte er mit Erfolg beginnen, besondere Geräte für jede einzelne Tätigkeit herzustellen."

„Alle oberen paläolithischen Gruppen sind weit besser ausgestattet, um mit ihrer Umwelt fertig zu werden, als alle diejenigen, denen wir bisher begegnet sind. Sie haben gelernt, eine Vielfalt von unterschiedlichen Werkzeugen herzustellen, die zu besonderen Zwecken geeignet sind; sie stellen sogar Werkzeuge her, die dazu dienen, andere Werkzeuge anzufertigen. Sie bearbeiten Knochen und Elfenbein ebenso geschickt wie Feuerstein; sie haben sogar einfache mechanische Apparate erfunden, wie den Bogen und die Speerschleuder, um beim Schleudern von Waffen die menschliche Muskelkraft zu ergänzen. Und natürlich beweist eine solche Reihe neuer Werkzeuge nicht nur verstärktes technisches Geschick, sondern auch größere Ansammlungen von Kenntnissen und erweiterte Anwendungsformen des Wissens."

„Nun ist aber ein Webstuhl eine höchst sorgfältig durchgearbeitete Maschine – viel zu kompliziert, um hier beschrieben werden zu können. Ihre Anwendung ist nicht weniger verwickelt. Die Erfindung des Webstuhls war einer der größten Triumphe des menschlichen Geistes. Seine Erfinder sind ohne Namen, aber sie lieferten einen wesentlichen Beitrag zu dem Grundstock der menschlichen Erkenntnis, eine Anwendung der Wissenschaft, die nur dem Gedankenlosen zu geringfügig erscheint, um diesen Namen zu verdienen."

„Aber Segelboote sind in Ägypten erst kurze Zeit nach 3500 v. u. Z. gemalt worden und scheinen zu einem Typus zu gehören, der am Nil nicht heimisch ist. Doch ist es fast sicher, daß spätestens um das Jahr 3000 v. u. Z. Segelboote sich auf dem östlichen Mittelmeer tummelten. Obwohl sogar noch weniger unmittelbare Beweise dafür vorliegen, könnte man sicher das gleiche vom Arabischen Meer behaupten.

So haben die Menschen begonnen, die technischen Schwierigkeiten des Seetransports zu bewältigen (das heißt, sie haben gelernt, Plankenboote zu bauen und Segel aufzutakeln), und haben genügende topographische und astronomische Kenntnisse erworben, um die Heerstraßen des Meeres zu befahren...

Die Künste, Verfahren und Erfindungen, die wir soeben aufgezählt haben, sind der äußere Ausdruck eines Systems von Wissen und Anwendungen angesammelter Erfahrung. Ihre Ausbreitung bedeutet zugleich, daß diese praktischen Kenntnisse Allgemeingut werden. Sie verliehen den Völkern des Orients die technische Herrschaft über die Natur."*

Wovon ist hier die Rede? Von großen, ganz großen Leistungen in der Entwicklung von Produktionsinstrumenten und Transportmitteln, die erfordern:

Erfahrung
Eine Art wissenschaftliche Überlieferung
Technisches Geschick
Ansammlung von Kenntnissen
Anwendungsformen des Wissens
Erfindung
Anwendung der Wissenschaft
System von Wissen

Ich habe die Formulierungen Childes in der Reihenfolge gebracht, in der sie in den Zitaten auftauchen. Sie umfassen im Grunde drei Gebiete: Das der Erfahrung, das der Technik und die ersten Anfänge der Wissenschaft.

Die Erfahrung ist in der Praxis erworbene Erkenntnis, eine empirische Kenntnis von Sachverhalten, die theoretisch noch nicht verarbeitet sind. Sie ist also noch keine wissenschaftliche Erkenntnis. Auch Tiere machen Erfahrungen. Jedoch kann der Mensch nicht nur im Umfang der Erfahrungen, sondern auch in der Haltung zu den Erfahrungen weit über das Tier hinausgehen, indem ihm die Erfahrungen nicht nur vom Leben aufgedrängt werden, sondern er auch aktiv ausgeht, um Erfahrungen zu sammeln.

Die Technik basiert in der Geschichte auf den Erfahrungen der Menschen. Sie ist die „Kunst", die Art und Weise, auf Grund von individuellen und gesellschaftlichen Erfahrungen Gegenstände der materiellen Produktion herzustellen. Sie geht, ebenso wie ihre Grundlage, die Erfahrung, der Entwicklung der Wissenschaft voraus.

Unter Wissenschaft wird sehr Verschiedenes verstanden. Manche meinen, daß es eine Funktion der Wissenschaft sei – in der Frühzeit der Menschheit die einzige Funktion –, Tatsachen zu sammeln, sie zu beschreiben und zu gruppieren. Dabei handelt es sich um eine Aktivität, die nicht nur, wenn man sie als wissenschaftlich charakterisieren will, in der Geschichte die früheste Form des Auftretens der Wissenschaft ist, sondern die bis heute eine unerläßliche Funktion der wissenschaftlichen Tätigkeit ist. Zugleich aber kann man geneigt sein, in dieser Funktion die höchste Form bewußter Erfahrungssammlung, eine Art noch atheoretischer Systematisierung der Erfahrungen zu sehen. Es liegt nicht die mindeste Notwendigkeit vor, hier und jetzt zu einer „endgültigen Entscheidung" in dieser Frage zu kommen. Ich selbst war früher geneigt, eine solche Tätigkeit noch nicht als wissenschaftliche anzusehen, habe jedoch meine Ansicht unter dem Eindruck der enormen Bedeutung solcher Tätigkeit für die wissenschaftliche Arbeit heute geändert.

Manche meinen, die Wissenschaft beginne erst mit der Frage: wie und warum geschieht etwas bzw. wie und warum muß etwas geschehen? das heißt, mit dem Beginn abstrakt-theoretischer Erkenntnisfähigkeit, mit dem Suchen nach Gesetzen, mit dem sich daraus ergebenden Aufstellen von Prognosen.

* *V. G. Childe,* Der Mensch schafft sich selbst. Dresden 1959, S. 55, 62, 99, 130 f.

Wenn das „Philosophische Wörterbuch" Wissenschaft so definiert:
„Wissenschaft – das aus der gesellschaftlichen Praxis erwachsende, sich ständig entwickelnde System der Erkenntnisse über die wesentlichen Eigenschaften, kausalen Zusammenhänge und Gesetzmäßigkeiten der Natur, der Gesellschaft und des Denkens, das in Form von Begriffen, Kategorien, Maßbestimmungen, Gesetzen, Theorien und Hypothesen fixiert wird, als Grundlage der menschlichen Tätigkeit eine wachsende Beherrschung der natürlichen und – seit der Beseitigung der antagonistischen Klassengesellschaft – auch der sozialen Umwelt ermöglicht und durch die Praxis fortlaufend überprüft wird"*
dann schließt es sich ganz offenbar der zweiten, engeren Bestimmung der Wissenschaft an.
Soweit ich es übersehe, ist das wohl auch die Auffassung von Marx und Engels gewesen.**
Was so viele Wissenschaftler, darunter auch zahlreiche Marxisten, heute bestimmt hat, den Begriff der Wissenschaft gegenüber den Auffassungen von Engels und Marx zu erweitern, ist die Tatsache, daß in den Gesellschaftswissenschaften die Materialsuche und die Materialbereitung, die in gewisser Weise die Stelle des Experiments in den Naturwissenschaften vertreten, eine so hohe Bedeutung erlangt haben. Das Experiment war (richtigerweise?) stets als Teil der Wissenschaft betrachtet worden, da, selbst wenn es zu keinen Verallgemeinerungen führte, es doch zumeist eine zuvor nicht bekannte Tatsache kundtat oder in seiner Methodologie bzw. Technik Neues brachte.
Wenn heute jemand eine Sammlung alter Dokumente mit technischen Erklärungen herausbringt oder statistische Daten sammelt – um nur zwei Beispiele für Arbeiten zu geben, deren Bedeutung den Zeiten von Engels und Marx gegenüber so enorm gewachsen ist und die damit zu einer unerläßlichen Voraussetzung für Verallgemeinerungen und schöpferische wissenschaftliche Leistungen geworden sind –, dann erscheint es mir zumindest ernsterer Erwägung wert, ob man sie, ob man also das Feststellen und Speichern von Tatsachen, ihre Beschreibung und ihre Systematisierung in einem katalogischen Ordnungssystem, soweit das in großem Ausmaß geschieht, soweit das viel Arbeit, viel Zeit und Geduld erfordert, nicht auch schon als Teil der wissenschaftlichen Tätigkeit kennzeichnen soll. Geht man aber so weit – wo soll man dann die Grenzen setzen? sind dann nicht auch die ersten und natürlich auch in der Quantität bescheidenen Anfänge solcher Tätigkeit in der Geschichte nicht zumindest als Vorstadium der Wissenschaft zu betrachten?

* Philosophisches Wörterbuch, hg. von *G. Klaus* und *M. Buhr*. Leipzig 1964, S. 614.

** Jedenfalls, was die Gesellschaftswissenschaften betrifft. Bei den Naturwissenschaften unterscheidet Engels jedoch bisweilen zwischen „empirischer Naturforschung" oder „empirischer Naturwissenschaft" und „Naturwissenschaft, die sich auf das theoretische Gebiet begibt" („Alte Vorrede zum [Anti-] Dühring", *Marx/Engels*, Werke. Bd. 20, Berlin 1962, S. 330 und „Dialektik der Natur. Notizen und Fragmente", ebendort, S. 467.)
Allgemein zur theoretischen und semantischen Geschichte des Wissenschaftsbegriffs vgl. auch „Der Wissenschaftsbegriff. Historische und systematische Untersuchungen". Hg. von *A. Diemer*. Meisenheim am Glan, 1970.

Doch sollte man an die Definition der Wissenschaft nicht auch noch von einer anderen Seite herangehen? Sollte man nicht auch – und zwar aus Gründen, die gleich geklärt werden, sehr scharf sogar – unterscheiden zwischen Wissenschaft als einem System aufgespeicherter Erkenntnisse einerseits und dem Prozeß der wissenschaftlichen Forschung, dem geistigen, der wissenschaftlichen Erkenntnis zugeneigten, Lebensprozeß andererseits.

Eine solche Unterscheidung verhilft uns nämlich zum Verständnis der Wissenschaft als Produktivkraft.

So offenbar es ist, daß der Mensch im Laufe der Geschichte erst Erfahrungen ansammeln mußte, bis die Erfahrung eine Produktivkraft werden konnte, so natürlich erscheint es dann auch, daß in einer späteren Zeit die Wissenschaft als aufgespeicherte Sammlung von Erkenntnissen (theoretisch verarbeiteten Erfahrungen) ebenfalls zur Produktivkraft werden mußte.

Marx hat wiederholt auf die Bedeutung der Wissenschaft (im Sinne von aufgespeicherter Sammlung oder einem System von Erkenntnissen) als Produktivkraft hingewiesen. Etwa so: „Die Natur baut keine Maschinen, keine Lokomotiven, Eisenbahnen, electric telegraphs, selfacting mules etc. Sie sind Produkte der menschlichen Industrie: natürliches Material, verwandelt in Organe des menschlichen Willens über die Natur oder seiner Betätigung in der Natur. Sie sind von der menschlichen Hand geschaffene Organe des menschlichen Hirns: vergegenständlichte Wissenskraft. Die Entwicklung des capital fixe zeigt an, bis zu welchem Grad das allgemeine gesellschaftliche Wissen, knowledge, zur unmittelbaren Produktivkraft geworden ist, und daher die Bedingungen des gesellschaftlichen Lebensprozesses selbst unter die Kontrolle des general intellect gekommen, und ihm gemäß umgeschaffen sind. Bis zu welchem Grade die gesellschaftlichen Produktivkräfte produziert sind, nicht nur in der Form des Wissens, sondern als unmittelbare Organe der gesellschaftlichen Praxis: des realen Lebensprozesses."*

Hier werden ausdrücklich gesellschaftliches Wissen, knowledge, also der aufgespeicherte Teil der Wissenschaft, der täglich vergrößert wird, der verallgemeinerte theoretisch erfaßte Erfahrung ist (aber auch logisch vollzogene Ableitung ohne Erfahrung sein kann), als Produktivkraft gekennzeichnet (was natürlich nicht bedeutet, daß alles aufgespeicherte Wissen als Produktivkraft wirken kann). Geradezu plastisch ist die Gegenüberstellung von „capital fixe" und diesem Teil der Wissenschaft, denn es handelt sich im Grunde um eine Gegenüberstellung von capital fixe, von fixem Kapital, und science fixe, fixer Wissenschaft.

Darum bedarf es auch nicht des schöpferischen Wissenschaftlers, der neue Gesetze entdeckt und neue Theorien entwickelt, sondern des gebildeten Wissenschaftlers, der die bestehenden Erkenntnisse anwendet und der oft ein schöpferischer Technologe sein muß, um die Wissenschaft zur Produktivkraft zu machen.

Wenn wir die Geschichte der Produktion untersuchen, dann kann man also vielleicht drei Perioden unterscheiden:

* *K. Marx*, Grundrisse der Kritik der Politischen Ökonomie. Berlin 1953, S. 594.

1. Die Periode der noch nicht bewußt durchdachten Produktion (die es in „Reinheit“ wahrscheinlich überhaupt nicht gegeben hat, und die man besser die Periode nennen sollte, in der die reflektierende Erfahrung erst eine verhältnismäßig geringe Rolle spielt).
2. Die Periode, in der die reflektierende Erfahrung eine entscheidende Rolle spielt und die Wissenschaft, zumeist nur in Keimform vorhanden, aber auch später noch, die Wirtschaft nur sporadisch und auf Teilgebieten durchdringt – sie beginnt spätestens mit der überlieferten Geschichte Chinas, Indiens, Ägyptens und anderer alter Kulturländer.
3. Die Periode, in der die Wissenschaft die dominierende Rolle spielt – sie beginnt wohl mit dem Kapitalsimus. Marx bemerkt über die Rolle der individuellen Erfahrung und der Wissenschaft in der Produktion zu seiner Zeit: „Die Scheidung der geistigen Potenzen des Produktionsprozesses von der Handarbeit und die Verwandlung derselben in Mächte des Kapitals über die Arbeit vollendet sich, wie bereits früher angedeutet, in der auf Grundlage der Maschinerie aufgebauten großen Industrie. Das Detailgeschick des individuellen, entleerten Maschinenarbeiters verschwindet als ein winzig Nebending vor der Wissenschaft den ungeheuren Naturkräften und der gesellschaftlichen Massenarbeit, die im Maschinensystem verkörpert sind.“*

Die Beziehungen zwischen Wissenschaft und Produktion, zwischen Wissenschaft und Wirtschaft sind stets doppelter Art gewesen – mit der Wissenschaft als passivem Faktor, der von der Produktion (Wirtschaft) angeregt wird, und der Wissenschaft als aktivem Faktor, der die Produktion (Wirtschaft) fördert.

Der wichtigste Vermittler zwischen dem Wirtschaftsprozeß und dem Wissenschaftsprozeß ist die Technik. Engels schrieb darüber am 25. Januar 1894 an Borgius: „1. Unter den ökonomischen Verhältnissen, die wir als bestimmende Basis der Geschichte der Gesellschaft ansehen, verstehen wir die Art und Weise, worin die Menschen einer bestimmten Gesellschaft ihren Lebensunterhalt produzieren und die Produkte untereinander austauschen (soweit Teilung der Arbeit besteht). Also die *gesamte Technik* der Produktion und des Transports ist da einbegriffen. Diese Technik bestimmt nach unserer Auffassung auch die Art und Weise des Austausches, weiterhin die Verteilung der Produkte und damit, nach der Auflösung der Gentilgesellschaft, auch die Einteilung der Klassen, damit die Herrschafts- und Knechtschaftsverhältnisse, damit Staat, Politik, Recht etc. ... Wenn die Technik, wie Sie sagen, ja größtenteils vom Stande der Wissenschaft abhängig ist, so noch weit mehr diese vom Stand und den Bedürfnissen der Technik. Hat die Gesellschaft ein technisches Bedürfnis, so hilft das der Wissenschaft mehr voran als zehn Universitäten.“ Hier weist Engels einmal auf die große Rolle der Technik hin. Zugleich sagt er mit aller Deutlichkeit, daß die Technik in den Beziehungen zwischen Wissenschaft und Wirtschaft der aktivere Faktor ist. Und das gilt selbstverständlich auch heute in dem Sinne, daß die materielle Produktion letztlich die aktivere, die Wissenschaft letztlich die passivere Rolle spielt.

* *K. Marx,* Das Kapital. Bd. I, Berlin 1947, S. 444 f.

Noch schärfer formuliert Engels in der „Dialektik der Natur“, und zwar in einer Randbemerkung zu Notizen „Aus der Geschichte der Wissenschaft“: „Bisher nur geprahlt, was die Produktion der Wissenschaft verdankt, aber die Wissenschaft verdankt der Produktion unendlich mehr.“*

Das ist auch heute so – J. B. S. Haldane bestätigte es von neuem** und so auch andere große Wissenschaftler der Gegenwart*** – und wird immer so bleiben.

Das bedeutet aber nicht, daß im Laufe der Geschichte, mit der wachsenden Fähigkeit der Wissenschaftler, Pläne und Prognosen, gewissermaßen eine „Logik der Entwicklung der Wissenschaft“ auf bestimmten Gebieten auszuarbeiten, die aktive Rolle der Wissenschaft, vor allem im Sozialismus, nicht größer wird. (Daß an sich die Wissenschaft der Technik vorauseilen kann, ist jedoch eine altbekannte Erscheinung, die spätestens in der Zeit des Hellenismus, wahrscheinlich aber schon viel früher zu beobachten ist.)

In der gleichen Weise wie als Produktivkraft kann die Wissenschaft auch als Element der Produktionsverhältnisse wirken. Man braucht nur einen Augenblick zu überlegen, welche Rolle die Eigentumsverhältnisse für die Produktionsverhältnisse spielen. Bedenkt man dann, welche Rolle die Eigentumsverhältnisse für die Rechtswissenschaft haben, dann ist sofort verständlich, daß natürlich auch dialektisch rückwirkend die Eigentumsrechtswissenschaft auf die Produktionsverhältnisse bedeutsamen Einfluß hat, sie zu sichern hilft, ja aktiv in die Gestaltung der Produktionsverhältnisse eingreift. So wird die Wissenschaft auch zu einem Element der Produktionsverhältnisse.

Schließlich ist auch folgendes zu bedenken. Wenn wir unter dem Begriff des Überbaus Bewußtseins-, speziell ideologische Erscheinungen auf der einen und gesellschaftliche Institutionen auf der anderen Seite zusammenfassen, dann wird man sagen können, daß die „Wissenschaft fixe“ auch immer stärker in den Teil des Überbaus eingeht, der die Institutionen umfaßt. Und da es wohl ein Gesetz der Bewegung des Überbaus ist, daß sein institutioneller Teil zumindest bis zum Übergang zum Kommunismus die Tendenz hat, sich schneller zu entwickeln als der ideologische, so hat es große Bedeutung für das gesellschaftliche Leben, daß seine institutionelle Gestaltung mehr und mehr verwissenschaftlicht wird – und zwar in zweierlei Richtung: Einmal werden „vermythologisierte“ Institutionen wie die religiösen von wissenschaftlichen Institutionen verdrängt, und sodann so, daß Institutionen, die in erster Linie allen möglichen Einflüssen, nur nicht wissenschaftlichen, unterlagen, wie die Staats- oder spezieller die Wirtschaftsverwaltung, jetzt mehr und mehr verwissenschaftlicht werden.

Doch müssen wir in diesem Zusammenhang noch einen letzten Prozeß bedenken: die Verwissenschaftlichung der Wissenschaft selbst. Man beginnt zumindest den wissenschaftlichen Arbeitsprozeß zu verwissenschaftlichen, und es gibt Wissenschaft-

* *Marx/Engels*, Werke. Bd. 20, Berlin 1962, S. 457.

** Vgl. Progrès technique et progres moral. Rencontres Internationales de Genève 1946, Neuchatel 1946, S. 107 ff.

*** Vgl. dazu auch International Council of Scientific Unions. The rôle of science and technology in developing countries. Appendix, o. O. 1970, S. 10.

ler, die die Gedankengänge von Francis Bacon aufnehmen, der eine „Logik der Erfindungen", eine Wissenschaft von der zwangsläufigen Entwicklung der Erkenntnis forderte.* Bei solchen Gedankengängen muß man jedoch stets im Auge behalten, daß die Wissenschaft zwar durchaus eine Eigenbewegung hat, in der Eines sich ans Andere fügen kann, daß es sich hierbei jedoch immer nur um relativ kurze Strecken handeln kann bzw. nur um Begleitbewegungen auf längeren Strecken. Denn in letzter Instanz sind es die Bewegungen der materiellen Verhältnisse, die den geistigen Lebensprozeß, die den Weg der wissenschaftlichen Bewegung bestimmen. Überlegen wir die Rolle der Wissenschaft als Produktivkraft, als Element der Produktionsverhältnisse und im Überbau in der Geschichte, dann können wir wahrlich sagen: der Prozeß der Verwissenschaftlichung breitet sich gerade gegenwärtig mit außerordentlicher Beschleunigung in allen Spären des gesellschaftlichen Lebens aus.

Überblicken wir die Geschichte der Menschheit, dann können wir auf der einen Seite wohl von einem Gesetz der zunehmenden Bedeutung der Wissenschaft im gesellschaftlichen Leben sprechen. Gleichzeitig aber müssen wir feststellen, daß ihre Bedeutung sehr ungleichmäßig zunahm. Es gab weite Gebiete der Erde, auf denen sie nach großartigster Entwicklung durch Jahrhunderte praktisch stillstand – so folgte in Europa der wundervollen Entwicklung in Griechenland und im Rahmen der Kultur des Hellenismus eine gewisse Stagnation auf vielen Gebieten in Rom und ein Rückgang gar von Rom bis zur Zeit vor der Renaissance. Es gab auch Zeiten, die sich dadurch auszeichneten, daß die Zahl der Wissenschaften besonders schnell wuchs – etwas anderes als die besonders schnelle Entwicklung schon bestehender Wissenschaften. Es gab auch Zeiten, in denen die Grundlagenforschung sich schneller entwickelte als die Zweckforschung und umgekehrt. Viele der Ursachen für solche Entwicklungen sind uns noch unbekannt. Andere sind offenbar. Zweifellos spielt es eine große Rolle, daß die Wissenschaft in ihrem gesellschaftswissenschaftlichen Hauptzweig bis zur Mitte des 19. Jahrhunderts fast ausschließlich in den Händen der herrschenden Klassen lag, in ihrem naturwissenschaftlichen Hauptzweig (natürlich nicht die Technik) sogar erst mit der Oktoberrevolution zum Arbeitsgebiet der Gesellschaft als Ganzer wurde.
Engels sagte im Anti-Dühring:
„Es ist klar: solange die menschliche Arbeit noch so wenig produktiv war, daß sie nur wenig Überschuß über die notwendigen Lebensmittel hinaus lieferte, war Steigerung der Produktivkräfte, Ausdehnung des Verkehrs, Entwicklung von Staat und Recht, Begründung von Kunst und Wissenschaft nur möglich vermittelst einer gesteigerten Arbeitsteilung, die zu ihrer Grundlage haben mußte die große Arbeitsteilung zwischen den die einfache Handarbeit besorgenden Massen und den die Leitung der Arbeit, den Handel, die Staatsgeschäfte, und späterhin die Beschäftigung mit Kunst und Wissenschaft betreibenden wenigen Bevorrechteten ...
Solange die wirklich arbeitende Bevölkerung von ihrer notwendigen Arbeit so sehr

* Zu Francis Bacon vgl. Kapitel V dieses Bandes.

in Anspruch genommen wird, daß ihr keine Zeit zur Besorgung der gemeinsamen Geschäfte der Gesellschaft – Arbeitsleitung, Staatsgeschäfte, Rechtsangelegenheiten, Kunst, Wissenschaft etc. – übrigbleibt, solange mußte stets eine besondre Klasse bestehn, die, von der wirklichen Arbeit befreit, diese Angelegenheiten besorgte; wobei sie denn nie verfehlte, den arbeitenden Massen zu ihrem eignen Vorteil mehr und mehr Arbeitslast aufzubürden. Erst die durch die große Industrie erreichte ungeheure Steigerung der Produktivkräfte erlaubt, die Arbeit auf alle Gesellschaftsmitglieder ohne Ausnahme zu verteilen und dadurch die Arbeitszeit eines jeden so zu beschränken, daß für alle hinreichend freie Zeit bleibt, um sich an den allgemeinen Angelegenheiten der Gesellschaft – theoretischen wie praktischen – zu beteiligen."*

Mit dem Aufkommen einer Arbeiterbewegung in Westeuropa, mit der zunehmenden Stärke dieser Bewegung und der Verkürzung der Arbeitszeit seit der Mitte des 19. Jahrhunderts wurde es möglich, den zunächst von außen in das Proletariat hineingetragenen wissenschaftlichen Sozialismus innerhalb einer unterdrückten Klasse im Prozeß der Entfaltung der revolutionären Arbeiterbewegung zu entwickeln, während die Arbeitstechnik der Naturwissenschaften solches niemals zuließ. Die Naturwissenschaften wurden aus einem Spezialarbeitsgebiet einer herrschenden Klasse zur Beschäftigung der Intelligenz des gesamten Volkes erst, nachdem die Arbeiterklasse die Macht ergriffen hatte.

So wichtig jedoch die Tatsache, daß die Entwicklung der Wissenschaft zunächst in den Händen einer Klasse liegen mußte, die sich nicht mit „einfacher Handarbeit" abzugeben hatte, und so offenbar es ist, daß eine dem Untergang geweihte herrschende Klasse zumindest auf einer Reihe von Wissenschaftsgebieten, insbesondere den Gesellschaftswissenschaften, bisweilen auch auf allen Gebieten versagen muß, so sehr uns solche Erkenntnisse helfen, Rückgänge der Wissenschaft in der Geschichte zu erklären, so bringen sie uns andererseits doch nicht recht weiter in der Erklärung der verschiedenen Tempi und des verschiedenen Charakters der Entwicklung der Wissenschaft. Für das Tempo der Entwicklung ist häufig das Tempo des wirtschaftlichen Fortschritts verantwortlich, bisweilen aber auch nur die Art dieses Fortschritts – etwa eine besonders starke Entwicklung des Außenhandels. Für den Charakter der wissenschaftlichen Entwicklung kann auch die spezifische ideologische Haltung der herrschenden Klasse eine große Bedeutung haben: gilt etwa Handarbeit als etwas Unehrenhaftes, so kann das beachtlichen Einfluß auf die Verbindung von naturwissenschaftlichem Denken und Technik (Praxis) haben. Spielen reiche Rentiers in der herrschenden Klasse zur Zeit einer wissenschaftlichen Blüte eine größere Rolle, so kann ihre Beschäftigung mit der Wissenschaft als „Amateure" einen günstigen Einfluß haben, da die Rentiers weniger direkt an spezifische und aktuelle ökonomische Interessen der herrschenden Klasse gebunden sind, relativ klassenunbefangener arbeiten; jedoch kann natürlich auch eine in diesem Falle leichter eintretende Trennung von „Theorie und Praxis" einen ungünstigen Einfluß haben.

* *Fr. Engels*, „Anti-Dühring". Berlin 1948, S. 222 f.

Noch unter einem anderen Gesichtspunkt ist das Problem „Theorie und Praxis" zu betrachten. Es gibt in der Geschichte Übergangszeiten von einer Gesellschaftsordnung zur anderen, die nicht Jahrhunderte dauerndes Chaos bringen wie der Übergang von der Sklavenhaltergesellschaft zum Feudalismus in Europa, sondern die sich in großen politischen Revolutionen unter stärkster Erschütterung aller Klassenschranken vollziehen. Das sind im allgemeinen Zeiten, in denen Theorie und Praxis sich eng verflechten. Die Geschichte zeigt, daß auch Notzeiten des Krieges seit Jahrtausenden bereits Theorie und (Kriegs-)Praxis einander besonders nahe bringen und die wissenschaftliche Entwicklung beschleunigen können. (Es ist also nicht der Krieg als solcher, der die Entwicklung der Wissenschaft fördert, sondern die vom Krieg bzw. zuvor von der Aufrüstung erzwungene engere Verbindung von Theorie und Praxis auf allen Gebieten der Wissenschaft, den gesellschaftswissenschaftlichen wie den naturwissenschaftlichen.)
Schließlich ist auch noch auf folgendes hinzuweisen: Es gibt in der Geschichte Zeiten, in denen die herrschende Klasse sich intensiver der Beherrschung der Unterdrückten als der Erweiterung der Herrschaft über die Natur widmet, oder in denen sich aus den Fortschritten in der Beherrschung der Natur neue gesellschaftliche Probleme der Unterdrückung, zum Beispiel der Einordnung der Werktätigen in den Wirtschaftsprozeß, ergeben. Solche Wandlungen im „Probleminteresse" der herrschenden Klasse haben natürlich einen beachtlichen Einfluß auf die relative Entwicklung von Gesellschaftswissenschaften und Naturwissenschaften.
Die Untersuchung der Faktoren, die in der Vergangenheit die Entwicklung der Wissenschaft besonders gehemmt und gefördert haben, hat enorme aktuelle Bedeutung für die sozialistischen Länder. Zwar wäre es falsch zu sagen, daß in ihnen bereits alle Bedingungen für eine ungehemmte Entwicklung der Wissenschaft gegeben sind. Das ist allein schon deswegen nicht der Fall, da es noch starke kapitalistische Länder gibt, die das sozialistische Drittel der Welt militärisch bedrohen. Militärische Bedrohung aber zwingt die sozialistischen Länder, einen Teil ihrer wissenschaftlichen Potenz in eine Richtung zu lenken, die dem Sozialismus als solchem völlig fremd ist, und zugleich diese wissenschaftliche Potenz unter der dem wissenschaftlichen Fortschritt ungünstigen Bedingungen der Geheimhaltung und Isolierung arbeiten zu lassen. Auf der anderen Seite werden in den sozialistischen Ländern ständig günstigere Grundbedingungen für die wissenschaftliche Entwicklung geschaffen: man denke nur an die Verbreitung der Grundlehren des Marxismus-Leninismus, an die Aufhebung der Klassenschranken in der Entwicklung der Intelligenz, an die Ausbildungsmöglichkeiten für Kinder und Jugendliche, an das Verhältnis von Theorie und Praxis. Aus diesem Grunde ist es für die sozialistischen Länder weit leichter als je in der Geschichte, aus der Analyse, aus den Erfahrungen der Vergangenheit zu lernen und die entsprechenden Lehren in der Praxis der Wissenschaftsentwicklung anzuwenden. Je intensiver wir das tun, um so schneller kann der Fortschritt der Wissenschaft in den sozialistischen Ländern trotz aller Hemmnisse, die die Weltverhältnisse ihm auferlegen, vor sich gehen.

KAPITEL I

Aus der Frühgeschichte der Wissenschaft

Betrachten wir die Wissenschaft im weiteren Sinne, also einschließlich der Tätigkeit des Sammelns von Tatsachen, ihrer Beschreibung und Ordnung etwa in Gruppen, dann reicht sie sehr, sehr weit in die Geschichte zurück, so weit, daß wir uns zwar sehr deutlich vorstellen können, wie sie sich aus der Erfahrung entwickelte, daß wir auf der anderen Seite jedoch keine Möglichkeit haben, sie historisch in die ersten Anfänge zurückzuverfolgen.

Man kann wohl sagen, daß die Wissenschaft auch in diesem erweiterten Sinne die Klassengesellschaft voraussetzt und bald auch die Kunst des Schreibens erfordert – denn wie soll man beschreiben, wenn man nicht schreiben kann, wie soll man ordnen in Gruppen, wenn man keine Tatsachensammlung schriftlich vor sich hat, und wie soll man die Kunst des Schreibens finden und erlernen und ausüben, wenn man den ganzen Tag manuell zu arbeiten hat? Die Wissenschaft, auch im erweiterten Sinne des Begriffes, in ihrer einfachsten Funktion, setzt also bereits wohl das Ende der Urgemeinschaft, setzt die Klassengesellschaft voraus. Sie basiert also auf der größten gesellschaftlichen Revolution, die die Menschen vor der Errichtung der sozialistischen Gesellschaft durchgeführt haben. Sie basiert gleichzeitig auf einer immer mehr wachsenden Zahl von Erfahrungen, die der geordneten Sammlung wie auch der Weitergabe in „haltbarer“ Form bedürfen, ebenso wie auf einer immer stärker sich entwickelnden Technik, deren Verbreitung die Sammlung von „Rezepten der Herstellung“, Übermittlung von Praktiken, Ordnung von Produktionsregeln usw. erfordert.

Vielleicht sollte man noch einen Moment verweilen bei den Zusammenhängen zwischen Wissenschaft als Ordnung, als „atheoretische Systematisierung“ von Tatsachen und Erfahrungen, und der Kunst des Schreibens, dessen, was man im Englischen „Literacy“ nennt und im Deutschen vielleicht mit Alphabetismus bezeichnen könnte. Nach unseren bisherigen Kenntnissen reicht die Kunst des Schreibens wohl bis in das vierte Jahrtausend vor unserer Zeitrechnung zurück. Es waren wohl die Sumerer, die als erste die Schreibkunst entwickelten. Und es waren wohl zuerst „ökonomische Texte“, die geschrieben wurden. Die Priester Sumeriens hatten große Wirtschaftsunternehmen zu verwalten, mußten abrechnen über Einnahmen und Ausgaben und begannen eine Art von Buchführung mit Symbolen, die im Laufe der Zeit zu abgekürzten Zeichen, zu Hieroglyphen, und so zur ersten Schrift führten, die schnell ergänzt wurde durch Symbole für Begriffe (Ideen), die niemals durch Bildsymbole, also auch nicht deren Abkürzungen in Hieroglyphen, hätten dargestellt werden können. Das heißt, das Schreiben ist ursprünglich wohl auf rein ökonomische Abrechnungsnotwendigkeiten zurückzuführen.

Während man sich jedoch natürlich auch eine in gewisser Weise schon entfaltete Wirtschaft ohne Schreibkunst vorstellen kann, ist es unmöglich, daß die Wissenschaft sich ohne Schreibkunst entwickelt. Während daher die Ökonomie im Verlauf ihrer stärkeren Entfaltung die Erfindung der Schreibkunst angefordert hat und der Überbau dieser ökonomischen Forderung entsprochen hat, stellt die Existenz der Schreibkunst die unabdingbare Voraussetzung für die Entwicklung jeder Wissenschaft dar. Nach dem Entstehen der Wissenschaft finden wir zumeist (!) ein Zusammenfallen von ökonomischer und wissenschaftlicher Blüte. Stets (!) jedoch finden wir ein Zusammenfallen von wissenschaftlicher Blüte und Blüte des Alphabetismus, so daß man berechtigt ist, für die Zeit nach dem Entstehen der Wissenschaft von einem direkten Zusammenhang zwischen Wissenschaft und Verbreitung des Alphabetismus zu sprechen.

Stets, bis in das 19. Jahrhundert, ist die Schreibkunst das Privileg einer Minderheit geblieben. Immer wenn Wissenheit und Technik blühten, war die Minderheit groß, immer wenn sie darniederlagen, war die Minderheit winzig klein. So meint Cipolla, daß die meisten Bürger Athens, also die männlichen Freien, im 5. und 4. Jahrhundert vor unserer Zeitrechnung lesen und schreiben konnten; auf der anderen Seite schätzt er den Prozentsatz der Alphabeten in Europa um das Jahr 1000 unserer Zeitrechnung auf ein bis zwei Prozent der Bevölkerung.*

Die ganze Komplikation der Beziehungen von Ökonomie, Politik, Wissenschaft und Schreibkunst wird uns klar, wenn wir bedenken, daß es keineswegs gerade die einflußreichsten unter den Herrschenden waren, die der Kunst des Schreibens mächtig waren. In interessanten Studien haben Thompson und Galbraith nachgewiesen, daß weder Wilhelm der Eroberer noch eine Reihe Karolinger Könige, weder die französischen Könige des 10. Jahrhunderts noch auch ihre obersten Beamten lesen und schreiben konnten.**

Auf der anderen Seite sind die Grundzusammenhänge doch relativ einfach, wie am folgenden Beispiel gezeigt sei: Mit der kräftigen Entwicklung der Wirtschaft in der Renaissance Italiens, mit dem ihr folgenden sehr breiten Aufblühen von Wissenschaft und Technik verbreitete sich ganz natürlich auch die Kunst des Lesens und Schreibens von neuem. Noch bis an den Anfang des 14. Jahrhunderts finden wir zum Beispiel Richter in Venedig, die nicht schreiben konnten; 1332 erschien jedoch ein Gesetz, das die Ernennung zum Richter verbot, wenn der Betreffende nicht Alphabet war.*** Weiter: der Bullator, dessen Aufgabe es war, das Siegel auf die Verordnungen des Dogen von Venedig zu setzen, mußte ein Analphabet sein, damit er

* C. M. Cipolla, Literacy and development in the West. Harmondsworth 1969, S. 38 und 55.

** *J. W. Thompson,* The literacy of the laity in the Middle Ages. Berkeley 1939; *V. H. Galbraith,* The literacy of medieval English kings, in: Proceedings of the British Academy, 1935.

*** Vgl. *V. Bellomo,* L'insegnamento e la cultura in Chioggia fino al secolo XV., in: Archivo Veneto, Bd. 35, Venedig 1888.

die Verordnungen nicht vorher lesen konnte; 1501 wurde der Brauch jedoch aufgegeben, da man keinen für dieses Amt geeigneten unter den Analphabeten mehr fand.* In dieser Zeit waren auch die Kurtisanen Venedigs berühmt für ihre Bildung. 100 Jahre später jedoch, mit dem Niedergang Venedigs, zum Teil auf Grund der Verlagerung des Schwergewichts des Handels vom Mittelmeer auf den Atlantischen Ozean, verfielen auch Wissenschaft und Technik, deren Zentrum sich von Norditalien nach England und Holland als den fortgeschrittenen kapitalistischen Ländern verlagert hatte, und mit dem Verfall der Wissenschaft und Technik verfiel auch die allgemeine Bildung, der Prozentsatz der Analphabeten nahm schnell zu, um erst im Laufe des 19. Jahrhunderts wieder das Niveau der Zeit um 1500 zu erreichen.

So viel zum Ursprung der Wissenschaft im erweiterten Sinne des Begriffs, deren Entstehen sowohl die Klassengesellschaft wie auch einen beachtlichen Vorrat von Erfahrungen, wie auch die Existenz der Schreibkunst voraussetzt, und über deren Anfänge, die wir uns gedanklich so leicht vorstellen können, wir keine historischen Zeitangaben haben. Die höhere Form der Wissenschaft dagegen, die über das Sammeln von Tatsachen, ihre Beschreibung und Ordnung hinausgeht, die fragt, wie und warum etwas geschieht und ob bzw. warum etwas geschehen muß, die Wissenschaft als abstrakt-theoretischer Erkenntnisprozeß entwickelt sich erst so viel später, daß sie wohl auch datenmäßig – in Europa und im Nahen wie im Mittleren Osten mit dem Aufkommen der griechischen Wissenschaft – zu verfolgen ist.

Es vergingen also wohl mehrere Jahrtausende von der ersten Entwicklung der Wissenschaft in ihrer einfachen Funktion bis zur Entwicklung wissenschaftlicher Theorien.

Den riesigen Sprung, den die höhere Form der Wissenschaft darstellt, und die ganze Länge des Weges von der einfachen zur abstrakt-theoretischen wissenschaftlichen Tätigkeit illustriert Farrington sehr schön. Nachdem er die großen technischen Leistungen der Ägypter in den Jahren zwischen 4000 und 2500 vor unserer Zeitrechnung erwähnt hat, stellt er die Frage, inwiefern das in diesen technischen Leistungen enthaltene Wissen hinter dem Wissen der Griechen zurückgeblieben sei und antwortet:

„Die Menschen hatten seit Jahrtausenden Gewichtsmessungen angestellt, ehe Archimedes die Gleichgewichtsgesetze fand, sie mußten also die zugrunde liegenden Prinzipien praktisch und intuitiv kennen. Archimedes zog nur die theoretischen Folgerungen aus diesem praktisch bereits bestätigten Wissen, indem er es zu einem logisch zusammenhängenden System vereinigte. Das erste Buch seiner Schrift über das Einfache Gleichgewicht beginnt mit sieben Fundamentalsätzen. Zwei davon sind die folgenden: ‚Greifen gleiche Gewichte in gleichen Entfernungen an, so halten sie sich das Gleichgewicht', und ‚Greifen ungleiche Gewichte in gleichen Entfernungen an, so überwiegt das schwerere das leichtere'. Ein seit Jahrhunderten geübtes, stillschweigend vorausgesetztes Wissen fand hier in wenigen Sätzen – ihre Zahl beschränkte sich auf das für die wissenschaftliche Grundlegung erforderliche Minimum – klare theoretische Formulierung.

* *C. M. Cipolla*, a. a. O., S. 57 f.

Von diesen Grundsätzen fortschreitend, gelangt Archimedes über eine Reihe weiterer Thesen zu seinem Hauptlehrsatz, den er zuerst für kommensurable und dann – durch ‚reductio ad absurdum' – auch für inkommensurable Größen nachweist: ‚Zwei Größen, ob kommensurabel oder inkommensurabel, halten sich das Gleichgewicht, wenn die Entfernungen, in denen sie wirken, umgekehrt proportional den Größen selbst sind'. Dies ist ein typisches Beispiel dafür, was gemeint ist, wenn wir sagen, daß das rein erfahrungsmäßige Wissen der östlichen Völker von den Griechen zu theoretischer Wissenschaft ausgebildet wurde.

Aber nicht alle technischen Praktiken liefern ein so zusammenhängendes Ganzes von Erkenntnissen, aus dem sich unschwer ein System logisch-mathematisch verbundener Sätze gewinnen läßt. Die praktische Chemie war, wie wir sahen, schon 1500 v. Chr. sehr weit fortgeschritten, die theoretische dagegen noch sehr unentwickelt. So schreibt Haldane: ‚Viele geschichtlich bedeutsame Ideen wurden zunächst nicht sprachlich formuliert. Es waren technische Erfindungen, die zuerst nur auf dem Wege der Nachahmung überliefert und erst ganz allmählich ausdrücklich als Theorien festgehalten wurden. Hierbei kam im Anfang gewöhnlich Unsinn zustande: die zugrundeliegende Praxis aber hatte immer Hand und Fuß! Ein deutliches Beispiel hierfür war noch bis vor kurzem die Gewinnung der Metalle aus den Erzen.' War es den Griechen – durch Archimedes – gelungen, aus der Praxis des Wägens heraus die Wissenschaft der Statik zu begründen, so waren sie in ihren Bestrebungen, aus dem Töpfer- und Schmiedehandwerk eine brauchbare Grundlage für die theoretische Chemie zu gewinnen, nicht erfolgreicher als die Ägypter. Daß ihnen das eine glückte, das andere mißlang, wirft ein Licht auf die Stärke wie auch auf die Schwäche ihrer wissenschaftlichen Leistung.

Gleichwohl darf uns das Fehlen einer einwandfreien Theorie nicht blind machen für die wahrhaft wissenschaftlichen Elemente in den technischen Errungenschaften der ägyptischen Handwerker, die ja hierin die Lehrmeister der Griechen waren."*

Scheinbar ähnlich argumentiert de Burgh; scheinbar – weil in vielem so ganz falsch, wenn er schreibt: „Die sogenannte Weisheit der Ägypter war von geringem wissenschaftlichen Wert. Ihre intellektuellen Interessen waren auf Nützlichkeit ausgerichtet, und sie zeigten wenig Begabung für reine Wissenschaft und Philosophie. Sie erdachten geschickte Regeln für das Ausmessen von Feldern und Gebäuden, doch Geometrie bedeutete für sie Landmessung und nichts weiter. Weder bei der Geometrie noch in ihrer Astrologie bewiesen sie, daß sie begriffen, was wissenschaftliche Methode ist ... Die Chaldäer notierten genaueste Beobachtungen über die Positionen der Himmelskörper für eine Periode von mehr als 2000 Jahren, unterschieden und benannten die Planeten, bestimmten empirisch die zyklische Wiederkehr von Eklipsen ... Diese Daten wurden den Griechen bekannt und regten sie, wie auch die ägyptische empirische Geometrie, zu wissenschaftlicher Untersuchung an. Aber auch hier muß man feststellen: reine Beobachtung ist nicht Wissenschaft. Das wird deutlich, wenn wir nachforschen, welchen Gebrauch die babylonischen Astronomen von ihren Faktensammlungen machten. Während die Griechen innerhalb eines einzigen

* *B. Farrington,* Die Wissenschaft der Griechen und ihre Bedeutung für uns. Wien 1947, S. 18.

Jahrhunderts die wahre Ursache der Eklipsen entdeckten, versuchten die Babylonier niemals, eine rationelle Erklärung für sie zu finden."*
Natürlich hat – und wir werden das noch ausführlich zeigen – de Burgh unrecht, wenn er meint, die Griechen verdankten ihre großen wissenschaftlichen Leistungen einem „reinen Interesse" für Mathematik oder Philosophie... was nicht bedeutet, daß sich de Burgh nicht etwa auf Plato beziehen kann, wenn dieser in seinen „Gesetzen" die gleiche Unterscheidung zwischen ägyptischen und griechischen Mathematikern macht wie er. Aber Plato war ein später und „reiner" Idealist – im Gegensatz zu den ersten großen Wissenschaftlern Griechenlands, die wie Thales oder Solon Männer der Praxis waren und für die Praxis wissenschaftlich dachten.
Auch stimme ich nicht mit der Wissenschaftsdefinition de Burghs überein.
Und doch hat de Burgh recht, wenn er den engeren und höheren Begriff der Wissenschaft als Frage nach dem Wie und Warum des Geschehens, wenn er die Wissenschaft als abstrakt-theoretischen Erkentnisprozeß (natürlich für nützliche Zwecke!) nicht zuerst bei Ägyptern und Babyloniern, nicht bei irgendeinem der Völker des Mittleren und Nahen Ostens, mit denen die Griechen später in Berührung kamen, sondern zuerst bei den Griechen findet.
So kommt es, daß, da Engels und Marx und mit ihnen so viele Wissenschaftler auch der Gegenwart – bürgerliche wie marxistische – als Wissenschaft im allgemeinen nur den Begriff in seiner höheren Form anerkennen, und da wir diese höhere Form, zumindest in größerer Ausbreitung, zuerst wohl in China und Griechenland finden, und da wir nur in Griechenland zugleich auch eine so wundervolle Blüte aller anderen Teile des Überbaus beobachten, der Kultur allgemein etwa wie auch der Politik als Kunst der Herrschaft, alles auf der Basis einer überaus hoch entwickelten Wirtschaft, für Engels und Marx das antike Griechenland gleich einer Wundererscheinung in der Geschichte der Menschheit ist. So bemerkte Engels in der alten Vorrede zum „Anti-Dühring", nachdem er über die griechische Philosophie gesprochen: „Dies ist der eine Grund, weshalb wir genötigt werden, in der Philosophie wie auf so vielen anderen Gebieten immer wieder zurückzukehren zu den Leistungen jenes kleinen Volks, dessen universelle Begabung und Betätigung ihm einen Platz in der Entwicklungsgeschichte der Menschheit gesichert hat wie kein andres Volk ihn je beanspruchen kann."**

Während wir uns jedoch, wie bemerkt, ganz leicht vorstellen können, wie sich die Wissenschaft als Sammlung, Beschreibung und Ordnung aus den Bedürfnissen der Praxis entwickelte, ist der Sprung von der „praktischen" zur theoretischen Wissenschaft viel schwerer zu erklären. Wann, wie, warum begann der Mensch zu theoretisieren?
Doch so interessant diese Frage nach dem ersten Theoretisieren ist – viel wichtiger ist eine andere: Wie ist es zu erklären, daß vereinzelte „theoretische Geistesblitze"

* *W. G. de Burgh,* The legacy of the ancient world. Harmondsworth 1965, S. 22 und 30.
** *Fr. Engels.* a. a. O., S. 413.

beachtet wurden, gegenseitig mitgeteilt, allgemein verbreitet, zu einem System zusammengefaßt, eben zu dem wurden, was wir Wissenschaft im entwickelten Sinne nennen?

Ich glaube, daß es sich hier nicht um einen Vorgang handelt, der sich „logisch" oder „explosiv" nur innerhalb des Überbaus abspielte. Schon Thomson und Welskopf deuten in der Richtung, daß die Basis für die Verbreitung theoretischen Denkens sich in der Geld- und Warenwirtschaft findet.*

Betrachten wir unter diesem Gesichtspunkt einige Formulierungen von Marx über Warencharakter, Warenwirtschaft und Geld aus dem ersten Band des „Kapital":

„Als Gebrauchswerte sind die Waren vor allem verschiedner Qualität, als Tauschwerte können sie nur verschiedner Quantität sein, enthalten also kein Atom Gebrauchswert.

Sieht man vom Gebrauchswert der Warenkörper ab, so bleibt ihnen nur noch eine Eigenschaft, die von Arbeitsprodukten. Jedoch ist uns auch das Arbeitsprodukt bereits in der Hand verwandelt. Abstrahieren wir von seinem Gebrauchswert, so abstrahieren wir auch von den körperlichen Bestandteilen und Formen, die es zum Gebrauchswert machen. Es ist nicht länger Tisch oder Haus oder Garn oder sonst ein nützlich Ding. Alle seine sinnlichen Beschaffenheiten sind ausgelöscht. Es ist auch nicht länger das Produkt der Tischlerarbeit oder der Bauarbeit oder der Spinnarbeit oder sonst einer bestimmten produktiven Arbeit. Mit dem nützlichen Charakter der Arbeitsprodukte verschwindet der nützliche Charakter der in ihnen dargestellten Arbeiten, es verschwinden also auch die verschiednen konkreten Formen dieser Arbeiten, sie unterscheiden sich nicht länger, sondern sind allzusamt reduziert auf gleiche menschliche Arbeit, abstrakt menschliche Arbeit.

Betrachten wir nun das Residuum der Arbeitsprodukte. Es ist nichts von ihnen übriggeblieben als dieselbe gespenstige Gegenständlichkeit, eine bloße Gallerte unterschiedsloser menschlicher Arbeit, d. h. der Verausgabung menschlicher Arbeitskraft ohne Rücksicht auf die Form ihrer Verausgabung. Diese Dinge stellen nur noch dar, daß in ihrer Produktion menschliche Arbeitskraft verausgabt, menschliche Arbeit aufgehäuft ist. Als Kristalle dieser ihnen gemeinschaftlichen gesellschaftlichen Substanz sind sie Werte – Warenwerte."

„Abstrahieren wir von seinem Gebrauchswert, so abstrahieren wir auch von den körperlichen Bestandteilen ... es verschwinden also auch die verschiednen konkreten Formen ... gespenstige Gegenständlichkeit"! Ist das nicht eine Basis für theoretisches Denken?!

„Die Wertgegenständlichkeit der Waren unterscheidet sich dadurch von der Wittib Hurtig, daß man nicht weiß, wo sie zu haben ist. Im graden Gegenteil zur sinnlich groben Gegenständlichkeit der Warenkörper geht kein Atom Naturstoff in ihre Wertgegenständlichkeit ein. Man mag daher eine einzelne Ware drehen und wenden wie man will, sie bleibt unfaßbar als Wertding. Erinnern wir uns jedoch, daß die Waren

* *G. Thomson,* Studies in ancient Greek society, Vol. II. The first philosophers. London 1955 (siehe im Index unter Coinage and Commodities). *E. Ch. Welskopf,* Die Produktionsverhältnisse im alten Orient und in der griechisch-römischen Antike. Berlin 1957, S. 261.

nur Wertgegenständlichkeit besitzen, sofern sie Ausdrücke derselben gesellschaftlichen Einheit, menschlicher Arbeit, sind, daß ihre Wertgegenständlichkeit also rein gesellschaftlich ist, so versteht sich auch von selbst, daß sie nur im gesellschaftlichen Verhältnis von Ware zu Ware erscheinen kann."

„Kein Atom Naturstoff geht in ihre Wertgegenständlichkeit ein ... gesellschaftliche Einheit ... Wertgegenständlichkeit also rein gesellschaftlich"! Ist das nicht eine Basis für theoretisches Denken?

„Sehn wir näher zu, so gilt jedem Warenbesitzer jede fremde Ware als besondres Äquivalent seiner Ware, seine Ware daher als allgemeines Äquivalent aller andren Waren. Da aber alle Warenbesitzer dasselbe tun, ist keine Ware allgemeines Äquivalent und besitzen die Waren daher auch keine allgemeine relative Wertform, worin sie sich als Werte gleichsetzen und als Wertgrößen vergleichen. Sie stehn sich daher überhaupt nicht gegenüber als Waren, sondern nur als Produkte oder Gebrauchswerte.

In ihrer Verlegenheit denken unsre Warenbesitzer wie Faust. Im Anfang war die Tat. Sie haben daher schon gehandelt, bevor sie gedacht haben. Die Gesetze der Warennatur betätigen sich im Naturinstinkt der Warenbesitzer. Sie können ihre Waren nur als Werte und darum nur als Waren aufeinander beziehn, indem sie dieselben gegensätzlich auf irgendeine andre Ware als allgemeines Äquivalent beziehn. Das ergab die Analyse der Ware. Aber nur die gesellschaftliche Tat kann eine bestimmte Ware zum allgemeinen Äquivalent machen. Die gesellschaftliche Aktion aller andren Waren schließt daher eine bestimmte Ware aus, worin sie allseitig ihre Werte darstellen. Dadurch wird die Naturalform dieser Ware gesellschaftlich gültige Äquivalentform. Allgemeines Äquivalent zu sein wird durch den gesellschaftlichen Prozeß zur spezifisch gesellschaftlichen Funktion der ausgeschlossenen Ware. So wird sie – Geld."*

„Abstrahieren wir", forderte Marx. Natürlich begann die Warenwirtschaft nicht mit der Abstraktion, sondern, wie Marx so gut sagt, mit der Tat. „Sie haben daher schon gehandelt, bevor sie gedacht haben." Wie oft haben die Menschen die Tat dem Denken vorangehen lassen! Und wenn die Wirtschaft plötzlich gar einen Sektor entwickelt, auf dem Abstracta (Waren) mit Abstracta (Geld) getauscht werden, dann ist wahrlich ein Nährboden für die Abstraktion gegeben und Theorien können entstehen. Die Wissenschaft in ihrer entwickelteren Form kann sich zu entfalten beginnen. Das gilt insbesondere, wenn das Geld sich (wohl um 700 vor unserer Zeitrechnung) von Barrengeld in Münzengeld verwandelt – was aber natürlich nicht bedeutet, daß überall, wo Handel und Geld in Gebrauch kommen, schon Wissenschaft in höherer Form entstehen muß. Sicherlich ist zum Beispiel auch eine starke Akkumulation von Wissenschaft im erweiterten Sinn des Begriffs, die zum Umschlag von Quantität in Qualität drängt, notwendig.

Doch können wir noch weiter in diesen Gedankengängen gehen und den höchsten Begriff der Abstraktion, den des Unendlichen, ebenfalls im Zusammenhang mit dieser ökonomischen Entwicklung bringen. Marx bemerkt im „Kapital": „Die Bewegung des Kapitals ist daher maßlos" und gibt dazu folgende Fußnote: „Aristoteles stellt

* *K. Marx*, Das Kapital (Werke, Bd. 23, Berlin 1962). S. 52, 62, 101.

der Chrematistik die Ökonomik entgegen. Er geht von der Ökonomik aus. Soweit sie Erwerbskunst, beschränkt sie sich auf die Verschaffung der zum Leben notwendigen und für das Haus oder den Staat nützlichen Güter. ‚Der wahre Reichtum besteht aus solchen Gebrauchswerten; denn das zum guten Leben genügende Maß dieser Art von Besitz ist nicht unbegrenzt. Es gibt aber eine zweite Art der Erwerbskunst, die vorzugsweise und mit Recht Chrematistik heißt, infolge deren keine Grenze des Reichtums und Besitzes zu existieren scheint. Der Warenhandel gehört von Natur nicht zur Chrematistik, denn hier bezieht sich der Austausch nur auf das für sie selbst (Käufer und Verkäufer) Nötige.‘ Daher, entwickelt er weiter, war auch die ursprüngliche Form des Warenhandels der Tauschhandel, aber mit seiner Ausdehnung entstand notwendig das Geld. Mit der Erfindung des Geldes mußte sich der Tauschhandel notwendig zum Warenhandel entwickeln, und dieser, im Widerspruch zu seiner ursprünglichen Tendenz, bildete sich zur Chrematistik aus, zur Kunst, Geld zu machen. Die Chrematistik nun unterscheidet sich von der Ökonomik dadurch, daß ‚für sie die Zirkulation die Quelle des Reichtums ist. Und um das Geld scheint sie sich zu drehen, denn das Geld ist der Anfang und das Ende dieser Art von Austausch. Daher ist auch der Reichtum, wie ihn die Chrematistik anstrebt, unbegrenzt‘.“*

Natürlich sind all solche Zusammenhänge nicht direkte, nicht einfache. Wieviele Zwischenglieder wird es gegeben haben! Vielleicht, in Einzelfällen, aber auch gar keine – bis sich etwa aus der Tatsache, aus der ökonomischen Möglichkeit und Realität, mit Hilfe des Geldes „unbegrenzten Reichtum“ ansammeln zu können, die Einführung des Begriffes der Unendlichkeit in das menschliche Denken und dann in die Wissenschaft ergab.

Zugleich aber kann man mit Sicherheit sagen, ganz einfach als Tatsache feststellen, daß sich weder in China, noch in Indien, noch um das Mittelmeer die Wissenschaft in ihrer entwickelteren Form vor dem Entstehen einer Waren- und Geldwirtschaft entwickelt hat.

Welche Wissenschaftszweige entstanden zuerst? In dem schon zitierten Fragment „Aus der Geschichte der Wissenschaft“ bemerkt Engels:

„Die sukzessive Entwicklung der einzelnen Zweige der Naturwissenschaft zu studieren. – Zuerst Astronomie – schon der Jahreszeit halber für Hirten- wie Ackerbauvölker absolut nötig. Astronomie kann sich nur entwickeln mit Hilfe der Mathematik. Diese also ebenfalls in Angriff genommen. – Ferner auf einer gewissen Stufe des Ackerbaus und in gewissen Gegenden (Wasserhabung zur Bewässerung in Ägypten) und namentlich mit der Entstehung der Städte, der großen Bauwerke und der Entwicklung der Gewerbe die Mechanik. Bedürfnis bald auch für Schiffahrt und Krieg. – Auch sie braucht die Hülfe der Mathematik und treibt so zu deren Entwicklung. So schon von Anfang an die Entstehung und Entwicklung der Wissenschaften durch die Produktion bedingt.

* Ebendort, S. 167.

Eigentliche wissenschaftliche Untersuchung bleibt während des ganzen Altertums auf diese 3 Fächer beschränkt, und zwar als exakte und systematische Forschung auch erst in der nachklassischen Periode (die Alexandriner, Archimedes etc.). In Physik und Chemie, die in den Köpfen noch kaum getrennt (Elementartheorie, Abwesenheit der Vorstellung eines chemischen Elements), in Botanik, Zoologie, Anatomie des Menschen und der Tiere konnte man bis dahin nur Tatsachen sammeln und sie möglichst systematisch ordnen. Die Physiologie war ein bloßes Raten, sowie man sich von den handgreiflichsten Dingen – Verdauung und Exkretion z. B. – entfernte, wie das nicht anders sein konnte, solange selbst die Zirkulation nicht erkannt. – Am Ende der Periode erscheint die Chemie in der Urform der Alchimie."*
Da es sich um Notizen zur „Dialektik der Natur" handelt, hat Engels hier nur Naturwissenschaften genannt.
Betrachten wir nun die Chronologie, die Bernal gibt: „Zunächst sei gesagt, daß die Geschichte eine bestimmte Reihenfolge zeigt, in welcher Erfahrungsgebiete in den Bereich der Wissenschaft einbezogen werden. Diese Reihenfolge lautet ungefähr: Mathematik, Astronomie, Mechanik, Physik, Chemie, Biologie, Soziologie."** Die drei in der Antike vor allem entwickelten Zweige der Naturwissenschaften sind die gleichen und in der gleichen Reihenfolge bei Engels und Bernal; es ist auch unwahrscheinlich, daß künftige Forschungsergebnisse hieran noch viel ändern können. Sind sie es doch, die sich einfach aus den – ausreichend bekannten – ökonomischen Verhältnissen und Bedürfnissen entwickeln mußten.
Man ist gerührt, daß Bernal als Naturwissenschaftler ganz ans Ende auch noch eine Gesellschaftswissenschaft, und zwar kurioserweise eine ganz moderne, die Soziologie, gesetzt hat. So viel Verbindlichkeit sind wir Gesellschaftswissenschaftler im allgemeinen nicht von Naturwissenschaftlern gewohnt.
Doch bevor wir uns fragen, wann entstanden und in welcher Reihenfolge die Gesellschaftswissenschaften, sollten wir noch die, an die soeben gegebene Reihenfolge der Wissenschaften anschließenden, Bemerkungen von Bernal lesen: „Die Geschichte der Technik zeigt eine fast umgekehrte Reihenfolge: gesellschaftliche Organisation, Jagd, Domestikation von Tieren, Ackerbau, Töpferei, Kochkunst, Weberei, Metallurgie, Verkehr und Schiffahrt, Architektur, Entwicklung von Maschinerie und Großindustrie. Die Ursache hierfür ist leicht zu erkennen. Die Technik entstand zunächst aus der Beschäftigung des Menschen mit seiner biologischen Umwelt und konnte erst allmählich zur Beherrschung der unbelebten Kräfte übergehen. Weshalb sich die Wissenschaften in der genannten Reihenfolge entwickelt haben, ist dagegen nicht so einfach zu erklären. Nur teilweise sind in der Sache selbst liegende Schwierigkeiten die Ursache. Tatsächlich sind, wie ihre Geschichte zeigt, die wissenschaftlichen Zweige, die sich mit den komplexen Teilen der Natur beschäftigen, wie Biologie und Medizin, aus der direkten Untersuchung ihres Gegenstandes hervorgegangen, mit geringer Unterstützung und häufig sogar unter großer Behinderung durch jene Zweige, die sich mit einfacheren Fragen beschäftigten, wie Mechanik und Physik.

* *Fr. Engels*, „Anti-Dühring", a. a. O., S. 456.
** *J. D. Bernal*, a. a. O., S. 17 f.

Die zeitliche Reihenfolge, in der die Wissenschaften entstanden sind, entspricht viel eher den möglicherweise nützlichen Anwendungen, die zu verschiedenen Zeiten im Interesse der herrschenden oder der aufsteigenden Klassen lagen. Die Aufstellung des Kalenders – eine Aufgabe der Priester – gab den Anstoß zur Astronomie, die Bedürfnisse der neuen Textilindustrie – ein Anliegen der aufsteigenden Schicht der Fabrikanten des 18. Jahrhunderts – führten zur Entstehung der modernen Chemie."*

Das sind natürlich ganz ungeheuer interessante Überlegungen von Bernal. Erstens einmal seine Idee der „fast umgekehrten Reihenfolge" der Entwicklung von Wissenschaft und Technik, und sodann auch das, was Bernal hier als Technik definiert, sowie der Zusammenhang dieser Art von Technik und den Gesellschaftswissenschaften und schließlich zwischen Technik und Wissenschaft überhaupt, der sich aus all dem ergibt.

Dazu kommt noch, daß Bernal zwei Seiten weiter bemerkt: „Material an sich ist jedoch für den Menschen nutzlos; er muß erst lernen, es zu bearbeiten. Selbst das ursprünglich verwendete Material (madera – Holz – hyle) mußte zunächst von einem Baum abgerissen werden, um als Keule oder Speer dienen zu können. Bei der Gewinnung und Bearbeitung von Materialien, die dann als Werkzeuge zur Befriedigung der einfachen Bedürfnisse der Menschen verwendet werden konnten, entstanden zuerst die Techniken und dann die Wissenschaft. Technik ist die individuell erworbene und gesellschaftlich gesicherte Art und Weise, in der etwas gemacht wird; Wissenschaft ist das Bemühen, zu verstehen, wie etwas gemacht wird, damit es besser gemacht werden kann. Wenn wir in den späteren Kapiteln das erste Auftreten verschiedener Wissenschaftszweige und die Stadien ihrer Entwicklung ausführlicher untersuchen, wird immer klarer werden, daß sie nur entstehen und sich entwickeln, wenn sie in engem und lebendigem Kontakt mit der Produktion sind."**

Hier folgt die Wissenschaft der Technik und Produktion, so wie es auch die Meinung von Engels war. Paradox – wenn beide, Wissenschaft und Technik, sich in entgegengesetzter Reihenfolge entwickeln sollen. Und doch braucht das kein Widerspruch zu der vorangehenden Feststellung Bernals über die Umkehrung des Entstehens der einzelnen Zweige von Technik und Wissenschaft zu sein. Theoretisch ließe es sich denken, daß zuerst, sagen wir, zehn verschiedene Technikzweige entstehen und dann erst, aber in umgekehrter Reihenfolge, die verschiedenen Wissenschaftszweige. In diesem Fall würde die Wissenschaft der Technik folgen, und doch wäre die Reihenfolge des Entstehens der verschiedenen Zweige als umgekehrte möglich.

Wolfgang Jonas berührte diese Problematik in folgender Weise: „Häufig wird bei oberflächlicher Betrachtung angenommén, daß chemische Prozesse erst auf einer wesentlich höheren Stufe der menschlichen Gesellschaft in die Produktion einzudringen begannen. Die erste Naturgewalt jedoch, die der Mensch beherrschte (das Feuer – J. K.), war ein chemischer Prozeß und die zweite große von ihm beherrschte Naturkraft ein biologischer Prozeß (Ackerbau und Viehzucht – J. K.), während die Mei-

* Ebendort, S. 18.

** Ebendort, S. 20.

sterung der mechanisch-physikalischen Naturkräfte, wie die Kraft des strömenden oder fallenden Wassers oder die Kraft des Windes, erst zu einem wesentlich späteren Zeitpunkt gelang. Das ist ein interessantes Problem, denn der Fortschritt bei der wissenschaftlichen Durchdringung dieser Naturkräfte, die Erkenntnis der ihnen zugrunde liegenden Naturgesetze, verlief in umgekehrter Reihenfolge. Die erste Ausnutzung chemischer und biologischer Naturprozesse – Feuer, Ackerbau und Viehzucht – war nicht an einen besonders hoch entwickelten Stand der Produktionsinstrumente gebunden. Reibholz, Grabstock und Grabegabel genügten als Ausgangsbasis. Die Ausnutzung mechanisch-physikalischer Naturkräfte bedurfte wesentlich höher entwickelter Produktionsinstrumente. Andererseits begannen sich die einfachen, auch quantitativ leichter zu erfassenden mechanisch-physikalischen Naturgesetze früher der menschlichen Erkenntnis zu erschließen als die chemischen und biologischen Naturgesetze, zu deren wissenschaftlicher Durchdringung schon ein sehr hoher Stand der gesellschaftlichen Produktivkräfte erreicht sein mußte."*

In diesem Zusammenhang hören wir noch einmal Bernal, und zwar über eine recht frühe Zeit der Entwicklung, die der Bildung von Klassengesellschaften, also auch der Möglichkeit des Entstehens einer Wissenschaft, vorausging:

„Von besonderer Bedeutung für die Geschichte der Wissenschaft war die Entwicklung mechanischer Geräte bei der Jagd selbst. Der Speer, das Wurfholz, der außerordentlich klug erdachte Bumerang, die Schleuder, die Bola, deren Wirkungsweise mit sehr komplizierten dynamischen und aerodynamischen Bewegungen von Systemen im Raum zusammenhängt – sie alle sind aufeinanderfolgende Erweiterungen der einfachen Kunst des Werfens von Stöcken und Steinen. Tiefgreifender und für die Zukunft entscheidender war die bedeutsame Erfindung des Bogens, die erst am Ende der Altsteinzeit erfolgt zu sein scheint. Der Bogen selbst stellt die erste Anwendung aufgespeicherter mechanischer Energie dar, eben der Energie, die beim langsamen Spannen des Bogens angesammelt und beim Loslassen des Pfeiles rasch abgegeben wird. Der Bogen ist wohl eine der ersten Maschinen gewesen, die der Mensch verwendet hat; allerdings wird in den Feder- oder Schwerkraftfallen, die vielleicht sogar älter sind, von ähnlichen Prinzipien Gebrauch gemacht. Der Bogen muß zu einer viel erfolgreicheren Jagd geführt haben, und seine Verwendung scheint sich in der ganzen Welt rasch verbreitet zu haben.

Für die Geschichte der Wissenschaft ist der Bogen von dreifachem Interesse. Die Untersuchung des Fluges des Pfeiles fördert die Dynamik. Der Bogenbohrer, der beim Drehen eines Feuerholzes oder eines Bohrers die Tätigkeit der Hände ersetzte und eine Hand freimachte, ist ein frühes Beispiel für eine kontinuierliche Drehbewegung. Der Klang der Bogensehne war vermutlich der Ausgangspunkt für Saiteninstrumente und leistete damit einen Beitrag zur Musik sowohl als Kunst wie auch als Wissenschaft. Die andere und wahrscheinlich ältere Methode, Töne hervorzubringen, war die Benutzung von Blasinstrumenten, von denen das Horn und die Pfeife schon aus der Altsteinzeit kommen. Die primitiven Menschen wußten aus ihrer Erfahrung heraus sehr wohl, daß Luft und Wind materiell sind. Die Lehre vom

* Die Produktivkräfte in der Geschichte, Bd. 1. Hg. von *W. Jonas.* Berlin 1969, S. 11.

Luftdruck begann beim Atem. Man konnte ihm durch Blasen oder Saugen durch hohle Knochen oder durch Rohr eine bestimmte Richtung geben. Luftgefüllte Blasen wurden als Schwimmkörper benutzt, und mit Hilfe von Blasebälgen wurde Feuer angefacht. Von der Elastizität der Luft konnte man mit Hilfe des Blasrohres bei der Jagd oder mit Hilfe einer aus Bambus hergestellen Luftpumpe Gebrauch machen, ebenfalls um Feuer anzufachen. Die Bewegung eines in einem Zylinder frei beweglichen oder angetriebenen Kolbens sollte zum Ausgangspunkt des Geschützes und der Dampfmaschine werden."*

Warum haben wir so ausführlich zitiert? Aus dem gleichen Grunde, aus dem wir so ausführlich die Bemerkungen von Marx über Ware, Tauschwert und Geld wiedergegeben haben. Um ein Gefühl für die ungeheuren Möglichkeiten der Wissenschaftsentwicklung aus den objektiven Verhältnissen zu geben – nicht etwa, um diese Entwicklung selbst nachzuweisen. Wenn Marx sagt „Abstrahieren wir", dann ist das zwar eine Aufforderung an uns, lag jedoch als Möglichkeit auch in der Luft Griechenlands auf Grund der Verwandlung von Gebrauchswerten in Tauschwerte. Was Bernal hier gibt, ist ebenfalls nichts anderes als eine Liste von Möglichkeiten der wissenschaftlichen Entwicklung in den folgenden zehntausend oder hunderttausend Jahren auf Grund bestimmter technischer Errungenschaften in sehr früher Zeit. Es wird also verständlich, daß unser Versuch der „Rettung" Bernals vor dem Vorwurf der Widersprüchlichkeit innerhalb von zwei Seiten – umgekehrte Reihenfolge der Entwicklung von Technik und Wissenschaft auf der einen und Abhängigkeit der Entwicklung der Wissenschaft von der Technik auf der anderen Seite – an sich nichts Absurdes hat. Nur hat die Forschung in dieser Richtung noch viel zu leisten, bevor wir zu konkreten und bestimmten allgemeinen Feststellungen kommen können.

Bevor wir nun historisch auf die Geschichte der Wissenschaft selbst eingehen, ist es notwendig, noch die Frage der Entwicklung der Gesellschaftswissenschaften genauer zu betrachten.

Bei seiner Aufzählung der Stufen in der Geschichte der Technik beginnt Bernal mit „gesellschaftlicher Organisation". Nun ist offenbar, daß Technik nur möglich ist auf Grund von Erfahrung. Die gesellschaftliche Organisation der Menschen war ursprünglich jedoch durch die Natur bestimmt. Erst beim Übergang von der Urgemeinschaft zur Klassengesellschaft beginnt das, was man mit Bernal Technik der gesellschaftlichen Organisation nennen könnte, eine Rolle zu spielen. Jagd und Domestikation von Tieren als Technik, ebenso wie Ackerbau, Töpferei, Kochkunst, Weberei, Metallurgie, Verkehr und Schiffahrt gehen also wohl alle der gesellschaftlichen Organisation als Technik voran. Hier sieht Bernal falsch.

Trotzdem bleibt natürlich die Frage: Wie steht es mit der gesellschaftlichen Organisation als Erfahrung und Technik, wie als Wissenschaft in den frühen Klassengesellschaften? Oder ganz einfach, um von einem hervorragenden Beispiel auszugehen: Wie ist das Gesetzeswerk des babylonischen Königs Hammurabi um 2000

* *J. D. Bernal,* a. a. O., S. 49 und 51.

vor unserer Zeitrechnung (bisweilen auch später, auf etwa 1700 festgesetzt) einzuschätzen? Wenn wir von dem entwickelten Wissenschaftsbegriff von Engels und Marx oder auch von Bernal ausgehen, dann handelt es sich natürlich nicht um ein gesellschaftswissenschaftliches Werk.

Gehen wir aber von dem Wissenschaftsbegriff Kedrows und anderer moderner Wissenschaftler, dem auch ich heute zuneige, aus, dann handelt es sich hier zweifellos um eine schon recht weit systematisierte Ordnung von Tatsachen, von erlassenen Gesetzen, von möglichen strafbaren Tatbeständen usw., die ganz offenbar als wissenschaftliche Leistung betrachtet werden muß und hinter der die wissenschaftliche Betätigung einer ganzen Reihe von Rechtswissenschaftlern in Vergangenheit und Gegenwart gestanden haben muß. Es handelt sich faktisch um eine Kodifikation (vielleicht auch noch um eine Art Reform – kein Widerspruch!) der Rechtsverhältnisse, also um weit mehr als eine reine Aufzeichnung von Rechtsverhältnissen! Es handelt sich um eine außerordentlich umfassende Regelung, die sowohl das Einkommen von Handwerkern wie verschiedene Arten von Betrugsfällen, die sowohl den Schutz der Kleinbauern wie die Stellung von bestimmten Priesterinnen, das Familienrecht wie Handel und Geldwesen, die Rechtsprechung als Institution und zahlreiche andere Gebiete des gesellschaftlichen Lebens umfaßt. Viele Fälle werden bis ins Detail verfolgt. Als Beispiel seien nur die Paragraphen 42 bis 47 genannt, die sich, nachdem vorher ausführlich von Kauf und Verkauf eines Feldes die Rede gewesen ist, mit der Bebauung des Feldes beschäftigen.*

„§ 42: Wenn ein Bürger ein Feld zur Bebauung gepachtet hat und auf dem Felde Getreide nicht hervorbringt, so weist man ihm nach, daß er an dem Felde keine Arbeit geleistet hat, und er gibt dem Eigentümer des Feldes Getreide entsprechend seinem Nachbar(grundstück);

§ 43: wenn er das Feld nicht bebaut hat, sondern es brach werden läßt, so gibt er dem Feldeigentümer Getreide entsprechend seinem Nachbar(grundstück); auch zieht er auf dem Felde, das er hat verfallen lassen, Furchen, eggt (es) und gibt (es) dem Eigentümer des Feldes zurück.

§ 44: Wenn ein Bürger Brachland auf 3 Jahre zur Urbarmachung gepachtet, dann aber die Hände in den Schoß gelegt hat und das Feld nicht urbar macht, so zieht er im vierten Jahr Furchen auf dem Felde, bearbeitet (es) mit der Spitzhacke, auch eggt er (es) und gibt es dem Feldeigentümer zurück; ferner mißt er auf je 18 Ikû 10 Kor Getreide dar.

§ 45: Wenn ein Bürger sein Feld gegen Abgabe einem Bebauer gegeben hat und die Abgabe seines Feldes annimmt, später (Gott) Adad das Feld überschwemmt oder eine Schwemmflut (es) mitnimmt, so ist der Schaden Sache des Bebauers;

§ 46: wenn er aber die Abgabe seines Feldes (noch) nicht angenommen hat, sei es nun, daß er das Feld auf Halbpart, sei es, daß er es auf Drittteil gegeben hatte, so teilen das Getreide, das auf dem Felde hervorgebracht wird, der Bebauer und der Feldeigentümer nach Kalkulation.

* Zitiert nach *W. Eilers,* Die Gesetzesstele Chammurabis. Der Alte Orient, Bd. 31, Heft 3/4 Leipzig 1932, S. 22 f.

§ 47: Wenn ein Bebauer, weil er im vorigen Jahre seinen Arbeitsaufwand nicht hatte nehmen können(?!)*, das Feld bebauen (zu dürfen) sagt(?)**, so weigert(?) der Feldeigentümer sich nicht, sein Bebauer vielmehr bebaut sein Feld, und in der Erntezeit nimmt er gemäß seinen vertraglichen Abmachungen das Getreide."

Meiner Ansicht nach handelt es sich hier um eine doch schon außerordentliche Leistung der Rechtswissenschaft, einer Gesellschaftswissenschaft – jedoch noch ohne ausgesprochene(!) Rechtstheorie.

Als ein zweites Beispiel großartiger gesellschaftswissenschaftlicher Leistung sei die Administration großer Reiche in ferner Vergangenheit genannt. Man denke etwa an das Reich des Perserkönigs Darius, das zahlreiche Länder umfaßte. Jedes Gebiet unterstand sowohl einer militärischen wie auch einer zivilen Führung, wodurch die Gefahr von Selbständigkeitsbestrebungen unter Führung der Spitze der jeweiligen Landesverwaltung verringert wurde. Der zivile Chef, der Satrap, wurde von einem Landesrat kontrolliert, der sich aus führenden Männern der Perser, die in diesem Land gesiedelt hatten, sowie der Einwohner des Landes selbst zusammensetzte. Außerdem wurden der militärische Führer des Landes direkt von dem König, der Satrap von einer Art Minister, des „Königs Auge" genannt, zentral kontrolliert. Dazu kommt natürlich eine auf Erfahrungen basierende sehr genaue Regelung aller anderen Funktionen im Imperiums-Apparat, an deren Ausarbeitung und ständiger Reform die Bürokratie selbst keinen geringen Anteil hat.

Wiederum eine systematische Ordnung von Erfahrungen und Tatsachen in Regeln – doch natürlich noch ohne theoretische Erarbeitung eines Systems der Imperiumsverwaltung. Daher auch die gelegentliche Übernahme des imperialen Systems des Darius durch andere Herrscher, ohne daß die Verhältnisse eine solche Übernahme erlaubten. In jedem Fall aber ist das Verwaltungs-, Herrschafts- und Unterdrückungssystem, das Darius entwickelt hat, der klare Beweis eines sehr hohen Niveaus gesellschaftswissenschaftlicher Überlegungen auf der vor-theoretischen Stufe.

Abschließend sei noch die Frage des relativen Standes von Natur- und Gesellschaftswissenschaften in der vor-theoretischen, in der vorgriechischen Periode behandelt. Dabei wollen wir von einer Bemerkung von Marx ausgehen. Er sagt zunächst: „Die Notwendigkeit, eine Naturkraft gesellschaftlich zu kontrollieren, damit hauszuhalten, sie durch Werke von Menschenhand auf großem Maßstab erst anzueignen oder zu zähmen, spielt die entscheidendste Rolle in der Geschichte der Industrie. So z. B. die Wasserregelung in Ägypten, Lombardei, Holland usw." Zu dem Wort Ägypten gibt er folgende Fußnote: „Die Notwendigkeit, die Perioden der Nilbewegung zu berechnen, schuf die ägyptische Astronomie und mit ihr die Herrschaft der Priesterkaste als Leiterin der Agrikultur. ‚Die Sonnenwende ist der Zeitpunkt des Jahres, an dem das Steigen des Nils beginnt, und den daher die Ägypter mit der größten Sorgfalt

* D. h. wohl: nicht auf seine Kosten gekommen war.

** Oder: (sc. einen Dritten) zu bebauen heißt? Die Bestimmung ist nicht restlos verständlich.

beobachten mußten ... Es war dieses Äquinoktialjahr, das sie festsetzen mußten, um sich in ihren agrikolen Operationen danach zu richten. Sie mußten daher am Himmel ein sichtbares Zeichen seiner Wiederkehr suchen.' (Cuvier, ‚Discours sur les révolutions du globe', éd. Hoefer, Paris 1863, p. 141.)"*

Wie sah nun die Astronomie der Ägypter aus? Childe sagt folgendes über die Entstehung des Kalenders (früher als 4000 vor unserer Zeitrechnung), eine der Großleistungen der alten Astronomie: „Nun haben sich geschichtlich bekannte Könige in Ägypten wie auch in Babylonien und anderswo eingehend mit der Einrichtung des Kalenders befaßt. Man vermutet, daß sie ihr Ansehen, wenigstens zum Teil, dem vorgeschichtlichen Genie verdankten, das mit Hilfe des Sirius das Sonnenjahr bestimmte. Seine Entdeckung würde es instand gesetzt haben, den Fellachen die Überschwemmung vorauszusagen und dadurch seine magische Kraft zu beweisen, die Jahreszeiten und die Ernten zu beherrschen. Doch ist das vielleicht nur eine hübsche Spekulation. Die Bestimmung des Sonnenjahres und die Aufstellung eines amtlichen Kalenders, der auf dieser Grundlage beruht, sind geschichtliche Tatsachen von größter Wichtigkeit für die Geschichte der Wissenschaft. Denn der ägyptische Sonnenkalender ist anerkanntermaßen der Vorläufer aller Sonnenkalender der Alten Welt, einschließlich unseres eigenen." Dazu gibt er folgende Fußnote: „Der Ursprung des ägyptischen Kalenders. Dr. Neugebauer hat in einem Aufsatz (Acta Orientalia, VII, 169 ff.), der im Februar 1939 erschienen ist, darauf hingewiesen, daß die allgemein angenommene Ansicht von der Entstehungsgeschichte des Kalenders wahrscheinlich nicht richtig ist. Auf die Schätzung von 365 Tagen als Länge des Jahres konnte man leichter kommen, wenn man die Zahl der Tage zwischen aufeinander folgenden Fluten auszählte und den Durchschnitt der Ergebnisse über einen Zeitraum von etwa 50 Jahren berechnete. Da die Ankunft der Fluten unregelmäßig war, würde der Unterschied zwischen den Angaben des Kalenders und dem Sonnen- (oder Nil-)Jahr innerhalb von zwei oder mehr Jahrhunderten nicht bemerkt worden sein. Innerhalb dieser Zeit würde der Kalender durch den Gebrauch so geheiligt worden sein, daß eine Berichtigung ebenso schwer gewesen wäre wie bei uns. Hätte der Kalender von Anfang an auf astronomischen Beobachtungen beruht, so würde der Fehler von einem Vierteltag binnen fünf Jahren bemerkt worden sein, als eine Korrektur noch leicht gewesen wäre. Wahrscheinlicher war es nur, wenn die Ungenauigkeit des lange feststehenden Kalenders offenkundig und unverkennbar geworden war, daß die alten Ägypter, um den Beginn des landwirtschaftlichen Kreislaufs genauer vorausbestimmen zu können, ihre Zuflucht zu der ‚astronomischen Beobachtung' nahmen (wie sie jeder Bauer machen konnte), daß die Flut tatsächlich um die Zeit eintrat, da der Sirius mit der Sonne zugleich aufging. So leitet sich die annähernde Bestimmung des Sonnenjahres durch die Ägypter nicht von der Astronomie her, sondern von der Beobachtung des Nils, der ja tatsächlich das gesamte landwirtschaftliche Leben des Tales beherrscht. Es setzt nur voraus, daß man Buch führte, aber das ließ sich leicht bewerkstelligen, wenn man Kerben in einen Stock schnitt oder Knoten in einen Strick knüpfte, und erforderte keine verwickelte Mathe-

* „Kapital", Bd. I, a. a. O., S. 537.

matik. Es waren vielleicht gerade deren Fehler, die den Herrschern oder Medizinmännern die Veranlassung gaben, durch Beobachtungen des Sirius ein Voraussehen der Zukunft für sich in Anspruch zu nehmen."*

Was uns an diesen Ausführungen, die von zahlreichen anderen modernen Forschern bestätigt werden, wichtig erscheint, ist, daß das, was Marx – auf Grund der damaligen Kenntnisse mit vollem Recht – als Wissenschaft der Astronomie (in höherem Sinne des Begriffs der Wissenschaft) sich dachte (und ebenso Engels in seiner „Dialektik der Natur"), nichts anderes als systematisierte Tatsachenordnung, also die weniger entwickelte Form der Wissenschaft, war. Alles, was einer Fragestellung im gehobenen wissenschaftlichen Sinne entsprochen hätte, Fragen nach dem Wie und Warum und dem, was wir später Gesetzmäßigkeit nennen werden, war damals noch nicht Teil der Astronomie, sondern dessen, was wir Magie, Religion und Astrologie nennen.

Das heißt, die Wissenschaft der Astronomie unterschied sich in der vorgriechischen Wissenschaftsperiode Europas und des Nahen Ostens in keiner Weise von der des Rechts insofern, als sie nicht über die erste Stufe des Sammelns, Beschreibens und Ordnens von Tatsachen hinausging.

Das heißt auch, daß die Wissenschaft nicht etwa aus der Magie oder Religion hervorgegangen ist, sondern umgekehrt: gewisse Teile der Magie und Religion sind aus der Unfähigkeit, durch Abstraktion zur zweiten Stufe der wissenschaftlichen Erkenntnis fortzuschreiten, entsprungen.

Doch, um zum Problem der Gesellschaftswissenschaften zurückzukommen: wenn wir die Rechtswissenschaft und die Astronomie vergleichen, so stehen sie in der vorgriechischen Zeit beide auf der ersten, einfachen Stufe der Wissenschaftsentwicklung. Und welche zeitlich früher in der Geschichte liegt, wissen wir nicht. Paul Carelli meint, daß die früheste bekannte Gesetzgebung, die des Urukagina, aus etwa 2600 vor unserer Zeitrechnung datiere.** Aber das heißt nicht, daß wir nicht auch frühere Gesetzessammlungen noch entdecken können. Natürlich kann man sagen, daß, wenn schon weit früher, etwa um 3500 vor unserer Zeitrechnung, Segelboote in Ägypten gemalt wurden, die Astronomie wesentlich älter gewesen sein muß... aber war das wirklich die Astronomie oder waren es nur einzelne Beobachtungen?

Mir scheint es sinnlos, einen Prioritätsstreit führen zu wollen. Jedoch muß man wohl folgendes überlegen:

Die Naturwissenschaften werden zu einem größeren Teil von den Produktivkräften, insbesondere der Technik, direkter bestimmt als die Gesellschaftswissenschaften, die unmittelbarer von den Produktionsverhältnissen bestimmt werden. Ja, alle Gesellschaftswissenschaften***, die mit der Unterdrückung der Menschen sowie mit der Meisterung der Anwendung der unterdrückten Menschenkraft zu tun haben, werden ganz direkt und vor allem von den Produktionsverhältnissen beeinflußt. Das kann man an folgendem Beispiel einer Art Doppelwissenschaft recht deutlich machen:

* A. a. O., S. 141 f.

** Histoire générale du travail, Publiée sous la direction de L.-H. Parias, Bd. 1. Paris 1965, S. 95.

*** Gesellschaftswissenschaften nicht im Sinne eines vollendeten Systems wie es der Marxismus darstellt, sondern Wissenschaft im Sinne wie ihn Marx und Engels verwenden, wenn sie etwa von der Politischen Ökonomie im 17. Jahrhundert als Wissenschaft sprechen.

Wir rechnen die Betriebswirtschaftslehre im allgemeinen zu den Gesellschaftswissenschaften. Nun hat es zweifellos schon sehr früh Anfänge einer landwirtschaftlichen Betriebswirtschaftslehre gegeben: Sammlungen von Regeln über den Anbau von Pflanzen, über Geburtenzeiten von Tieren usw. – ebenso aber auch entsprechende Regelungen des Einsatzes der Arbeitskräfte und ihrer Organisation. Während der erste Teil dieser Probleme zweifellos ein naturwissenschaftliches Element der Betriebswirtschaftslehre darstellt und direkt von den Produktivkräften bestimmt wurde, geht es bei der zweiten Gruppe von Problemen (Technik und Organisation des Einsatzes der Arbeitskräfte) vor allem auch um durch die Produktionsverhältnisse bestimmte Fragen.

Wir nannten die Betriebswirtschaftslehre soeben eine Art Doppelwissenschaft, teils bestimmt durch die Produktivkräfte, teils durch die Produktionsverhältnisse, wobei die Produktivkräfte mehr den naturwissenschaftlichen Teil, die Produktionsverhältnisse mehr den gesellschaftlichen Teil der Betriebswirtschaftslehre bestimmen. Sicher ist es nützlich, ja notwendig, bei einer Analyse zunächst so zu trennen. Aber ist die Betriebswirtschaftslehre nicht auch als integrierte Wissenschaft von Natur- und Gesellschaftswissenschaften, als ein ganzer Wissenschaftskomplex zu betrachten? genau wie Engels und Marx auch Produktivkräfte und Produktionsverhältnisse als ein komplexes Ganzes in der Produktionsweise betrachten? Und wenn man von der aktiven Rolle der Wissenschaft ausgeht, zum Beispiel allgemein von der Wissenschaft der Organisation und Leitung – muß man dann nicht sagen, daß sie schon in ihren frühen, so großartigen, so glänzenden Anfängen bei den Ägyptern und den Indern, sowohl über den Staat wie auch über das „Einzelunternehmen“, etwa den Bau einer Pyramide, einen ganz außerordentlichen Einfluß auf die Produktivkräfte wie auch auf die Produktionsverhältnisse ausgeübt hat? Sicher ist das so.

Auf der anderen Seite darf uns natürlich die Integration der Wissenschaften nicht daran hindern, sie auch getrennt zu betrachten, ebenso wie die Einheit der Produktionsweise uns nicht daran hindern darf, klar zwischen Produktivkräften und Produktionsverhältnissen zu unterscheiden.

Mit vollem Recht dürfen wir daher die folgende Frage stellen: Kann man sagen, daß in der Vergangenheit der Mensch eher auf die Bedürfnisse der Produktivkräfte als auf die der Produktionsverhältnisse „wissenschaftlich“ reagiert hat? Man kann auch so fragen: Wenn wir voraussetzen, daß die Wissenschaft erst in einer Klassengesellschaft entwickelt werden konnte – drängten die Probleme der Meisterung der Natur oder die der Unterdrückung und Einsetzung der Menschen stärker zu wissenschaftlicher Betätigung?

Bedenkt man, daß die Meisterung der Natur das ältere Problem ist, dann könnte man sich vorstellen, daß die größere Anzahl von Erfahrungen, die hier vorlag, eher zur Wissenschaft führte als die Problematik der Unterdrückung und des Einsatzes der Menschen. Aber einmal gab es Einsatzfragen (freier Menschen) auch schon vor der Klassengesellschaft, und sodann kann gerade die Neuheit und Dringlichkeit der Problematik der Unterdrückung von Menschen zur schnelleren Ausbildung der Gesellschaftswissenschaften geführt haben.

In jedem Fall aber kann man sagen: Auch in den frühesten Klassengesellschaften wird es Anfänge der Natur- und der Gesellschaftswissenschaften gegeben haben. Beide Wissenschaftszweige werden von der Produktionsweise – die Naturwissenschaften vor allem von den Produktivkräften, die Gesellschaftswissenschaften vor allem von den Produktionsverhältnissen bestimmt.

Dabei handelt es sich hinsichtlich der Naturwissenschaften keineswegs um eine neue Erkenntnis, sondern nur um das endgültige Wegräumen zahlreicher ideologischer Irrtümer. Führte doch schon Herodot die Geometrie – aus dem Griechischen ins Deutsche übersetzt: die Erdmessung, die Feldmessung –, das heißt den entscheidenden Zweig der antiken Mathematik (und wie konnte er auch anders!) auf die Wirtschaftspraxis des täglichen Lebens zurück und berichtete über Sesostris, der etwa zur gleichen Zeit wie Hammurabi wirkte, auf Grund von Erzählungen fernerer Vergangenheit: „Dieser König, sagten sie, habe auch das ganze Land aufteilen und jedem Ägypter ein gleich großes viereckiges Stück anweisen lassen, wovon er eine jährliche Abgabe für seinen Staatsschatz erhob. Jeder aber, dem der Fluß von seinem Lande etwas fortgerissen hatte, mußte es dem König gleich melden, der dann seine Beamten hinschickte, um nachzusehen und ausmessen zu lassen, wieviel kleiner das Grundstück geworden, und die Höhe der davon künftig zu entrichtenden Abgaben bestimmte. Infolgedessen, glaube ich, hat man dort die Feldmeßkunst erfunden, und von da ist sie dann auch nach Griechenland gelangt."*

Über die Verbindung von Wissenschaft und Produktion, über die Entwicklung der Wissenschaft aus den Bedürfnissen der Praxis in der vorgriechischen Zeit zu schreiben, kann darum heute, soweit die Naturwissenschaften in Frage kommen, nicht mehr den Zweck haben, Beweise für solche Abhängigkeit zu bringen. Die moderne Wissenschaft sowohl des Sozialismus wie der Bourgeoisie bedarf solcher Beweise nicht mehr. Sie ist nur noch an immer neuen Einzeltatsachen, spezifischen Vorgängen dieser Art, an der Ausmalung und Vervollständigung eines gegebenen Bildes, und natürlich auch an der Problematik der Übertragung naturwissenschaftlicher Erkenntnisse aus einem Land in ein anderes – in diesem Fall also nicht notwendigerweise dem direkten Heranwachsen aus der „eigenen Basis" – interessiert.

Was aber die Gesellschaftswissenschaften betrifft, so gilt es hier noch viel Arbeit zu leisten, um die Zusammenhänge zwischen Wissenschaft und Produktion darzulegen, und zwar einmal, weil der frühesten Entwicklung der Gesellschaftswissenschaften bisher ungenügend Aufmerksamkeit geschenkt worden ist, und sodann auch, weil Zahl und Charakter der Zwischenglieder, die die direkte Verbindung von Produktion und wissenschaftlicher Reflexion „stören", gerade bei den Gesellschaftswissenschaften recht groß und kompliziert zu untersuchen ist, da in ihnen die Beeinflussung durch andere Teile des Überbaus eine größere Rolle spielt als bei den Naturwissenschaften.

* *Herodot*, Das Geschichtswerk. 1. Bd. Berlin und Weimar 1967, S. 157.

KAPITEL II

Aus der Geschichte der griechischen Wissenschaft

Wenn man bedenkt, daß die kapitalistische und die sozialistische Gesellschaftsordnung zuerst in Europa entstanden und daß die europäische Kultur ihre eigentliche Herkunft in der griechischen Kultur hat, dann kann man die Bedeutung der gesellschaftlichen Leistungen Griechenlands gar nicht hoch genug einschätzen. Vielleicht haben die Völker Chinas und Indiens oder andere auf Einzelgebieten und schon früher Größeres geleistet als die Stämme Griechenlands. Und doch darf man es aus dem soeben genannten Grunde nicht als Europa-Zentrismus bezeichnen, wenn man in der Geschichte der Menschheit Griechenland als die Wiege der modernen Weltkultur, vor allem auch der entwickelten Form der Wissenschaft kennzeichnet.
„Verglichen mit den rein empirischen und fragmentarischen Erkenntnissen, die die Völker des Orients mühselig in langen Jahrzehnten gesammelt haben, stellt die Wissenschaft der Griechen ein wahres Wunder dar. Mit ihr begreift der menschliche Geist zum ersten Male die Möglichkeit, eine beschränkte Anzahl von Prinzipien aufzustellen und aus ihnen ein Ensemble von Wahrheiten abzuleiten, das sich in strenger Folge aus ihnen ergibt", so kennzeichnet Arnold Reymond* die Bedeutung der griechischen Wissenschaft – und wenn er chronologisch nicht recht haben sollte, wenn die chinesische oder eine andere Wissenschaft der griechischen darin vorangegangen sein sollte, so spielt das keine Rolle für die nächsten zweieinhalbtausend Jahre des Fortschritts der Menschheit bis zur Großen Sozialistischen Oktoberrevolution.
Wir haben schon davon gesprochen, daß die Griechen wohl die ersten waren, die die Fähigkeit zu abstraktem Systemdenken entwickelten, und wir hatten auch die ökonomische Basis für diese Entwicklung im Entstehen einer ausgebreiteten Geld- und Warenwirtschaft angedeutet. Waren doch schon das 8. und die erste Hälfte des 7. Jahrhunderts, also die Zeit vor der großartigen Entwicklung der griechischen Wissenschaft, charakterisiert durch rege Handelstätigkeit, kolonisatorische Aktivität, schnell zunehmenden Reichtum und intensives politisches Leben.

* *A. Reymond,* Histoire des sciences exactes et naturelles dans l'antiquité Greco-Romaine. Paris 1924, S. 211. – Vgl. dazu auch *K. H. Niebyl,* Über Wesenszüge in der antiken griechischen Denkweise und ihr Verhältnis zur Denkweise in der westlichen Welt des 20. Jahrhunderts. In: „Jahrbuch für Wirtschaftsgeschichte", Jg. 1969, Teil III. Berlin 1969.

Wir müssen gleich einleitend einige hervorragende Besonderheiten der griechischen Wissenschaft in ihrer höheren Form der Ausbildung, also als theoretische Wissenschaft bemerken:
Wenn Herodot sagt: „Die Griechen sind doch von jeher gescheiter als andere Völker und über törichten Aberglauben erhaben gewesen"*, dann ist das nicht so sehr „nationale" Überheblichkeit, sondern vielmehr insofern völlig richtig, als so viele bedeutende griechische Denker ohne Mythen, Götter und Wunder auskommen wollten – und gerade dadurch auf den Weg der Suche nach Gesetzen in Natur und Gesellschaft gedrängt wurden.
Abstraktion, Gesetze und Gesetzmäßigkeiten – und dazu: eine außerordentlich enge Verbindung von Theorie und Praxis, eine unerhörte Selbstverständlichkeit in der Haltung: Die Aufgabe des Wissenschaftlers ist es, sich der Beherrschung der Natur und des Menschen zu widmen. Man soll nicht vergessen, daß in der vorsokratischen Zeit „sophia", später Weisheit, noch den Sinn von Geschicklichkeit hatte. Man soll nicht vergessen, daß die Griechen ihre ersten Philosophen nicht so, sondern Physiologoi, Erforscher der Natur, nannten – Engels notiert sich zur „Dialektik der Natur": „Die ältesten griechischen Philosophen gleichzeitig Naturforscher: Thales, Geometer ..."**. Man soll auch nicht vergessen, daß der große Idealist Platon seine Hauptleistung in der Begründung einer Wissenschaft der Politik und des Staates sah, deren Aufgabe selbstverständlich letzten Endes die Aufrechterhaltung der Produktionsverhältnisse mit möglichst geringen Reibungen war. Es sei auch in diesem Zusammenhang erwähnt, daß es Bonnard in seiner „Kultur der Griechen" gelingt, Aristoteles, den Engels den „universellsten Kopf" unter den griechischen Philosophen nennt, allein als Naturwissenschaftler darzustellen, ohne „ein verstümmeltes Bild vom Denken des Philosophen zu geben"***. Und dabei soll man sich auch daran erinnern, daß Darwin meinte: „Linné und Cuvier sind meine beiden Götter gewesen, jeder in seiner Art; doch waren sie nur Schuljungen im Vergleich zum alten Aristoteles."°
Schließlich, und das ist eine ihrer größten Leistungen, waren die Griechen die ersten, die die Wissenschaft institutionalisierten. Und zwar materiell wie ideell. Aristoteles war nicht nur, wie schon andere vor ihm, der Begründer einer eigenen „Akademie", sondern auch der erste große Organisator (zum Unterschied vom sehr viel früheren Kompilator) wissenschaftlicher Gemeinschaftsarbeit – sowohl naturwissenschaftlicher wie gesellschaftswissenschaftlicher.
„Aristoteles hatte betont, wie notwendig es sei, daß die Wissenschaftler zusammenarbeiteten und beim Errichten eines wissenschaftlichen Gebäudes Hand in Hand wirkten. Ein fruchtbarer Gedanke, der seither und vor allem in neuerer Zeit die großartige Entwicklung der neuen und zeitgenössischen Wissenschaft ermöglicht hat. Die Forschungen, die er für seine Tierkunde betrieben hatte, waren zu den uns

* *Herodot,* a. a. O., S. 29.
** *Fr. Engels,* a. a. O., S. 458.
*** *A. Bonnard,* Die Kultur der Griechen. Bd. 3, Dresden 1967, S. 148.
° Life and letters of Charles Darwin. Bd. III. London 1887, S. 252.

bekannten Ergebnissen nur dank des Zusammenwirkens vieler gelangt. Auf einem anderen Gebiet hatte Aristoteles, bevor er seine Politik schrieb, umfangreiche Untersuchungen über politische Verfassungen durchgeführt, Untersuchungen, die sich über einhundertachtundfünfzig Stadtstaaten erstreckten. Die Menschen der Antike lasen noch die einhundertachtundfünfzig Arbeiten, deren bedeutendste, die Verfassung von Athen, Ende des neunzehnten Jahrhunderts wiedergefunden worden ist. Die Politik war nicht allein das Werk von Aristoteles. Diese Schrift setzt sich zum großen Teil aus Untersuchungen der Schüler und Freunde des Meisters zusammen, aus Arbeiten, die von ihm redigiert und zur Darstellung gebracht wurden. Aristoteles' Nachfolger Theophrastos gliederte dem Lykeion ein Museion an, das als eine erste Vorstufe des Museions in Alexandreia gewertet werden kann. Zu ihm zählten Vorlesungssäle sowie Wohnungen für die Professoren. Hier wurde auch die berühmte, von Aristoteles angelegte Bibliothek aufbewahrt.

So war es der Gedanke von Aristoteles und Theophrastos gewesen, Gelehrte und Schüler um eine Bibliothek und um wissenschaftliche Sammlungen zusammenzuschließen, um durch gemeinsames Arbeiten dem Fortschritt der Wissenschaft zu dienen. Dieser Plan brauchte nur erweitert zu werden, und Demetrios von Phaleron konnte, von Ptolemaios freigiebig unterstützt, das Museion und die Bibliothek in Alexandreia gründen."*

Welch ungeheuren Fortschritt brachten die Griechen!

Die Griechen, die in so viele Stämme und Stadtstaaten gespalten waren und die doch eine Einheit darstellten, für sie selbst wie für die anderen Völker ihrer Zeit und für uns, die wir zurückblicken.** Die Griechen, die sich unablässig untereinander bekriegten, deren Stadtstaaten sich so stark voneinander unterschieden wie Athen und Sparta, die so verschiedene Kulturzentren mit so verschiedenen Blütezeiten hatten wie Milet, Korinth und Athen. Und doch: Als einst ein König von Mazedonien den Athenern riet, sich auf Kosten anderer Griechen mit dem Perserkönig Xerxes zu verständigen, und als die Spartaner fürchteten, daß die Athener auf diesen Vorschlag eingehen könnten, da antworteten sie jenen nach Herodot: „Daß die Lakedaimonier fürchteten, wir könnten uns mit den Persern vertragen, ist nur allzu menschlich. Und doch solltet ihr euch solcher Furcht schämen, da ihr recht gut wißt, daß wir für alles Gold der Welt und das schönste Land, das man uns geben könnte, den Persern nicht die Hand dazu bieten würden, Griechenland zu unterjochen. Denn auch wenn wir es wollten, würden viele und gewichtige Gründe uns das unmöglich machen. Zuerst und vor allem die verbrannten und zertrümmerten Tempel und Götterbilder, wofür wir uns auf das schlimmste rächen müssen, bevor wir uns mit dem Feinde vertragen könnten, der das getan hat. Weiter aber sind wir ja auch Griechen, mit euch gleichen Blutes und gleicher Sprache; wir haben dieselben Tempel und Opfer und dieselben Sitten, und es wäre eine Schande, wollten wir Athener daran zu Verrätern werden. Vernehmt also, wenn ihr es nicht schon

* *A. Bonnard,* a. a. O., S. 226.

** Zur Einheit der Griechen vgl. auch *C. M. Bowra,* The Greek experience, Kapitel I, The unity of the Greeks, London, New York and Toronto, A. Mentor Book. O. J.

wissen solltet, daß wir uns bis auf den letzten Mann wehren und niemals mit Xerxes vertragen werden."*
Auch sei daran erinnert, daß die Olympischen Spiele von Griechen aller Stadtstaaten getragen wurden und daß Delphi ein religiöser Hort aller Griechen war, die auch gemeinsam Zeus, Athene und Apollo verehrten wie fürchteten.

Welch ungeheuren Fortschritt brachten die Griechen! Und eigentlich von Anfang an.
Dabei verstehen wir unter Anfang den Beginn des großen Aufschwungs der griechischen Wirtschaft und die ersten Blüten am Baume der höheren Form der Wissenschaft, die sich mit dem Woher und Warum, mit der Theorie beschäftigt.
Der große Aufschwung der griechischen Wirtschaft begann am Ende des 7. Jahrhunderts, und bis in das dritte Jahrhundert hinein spielte Griechenland, wie Clough so gut formuliert**, die Rolle der „Werkstatt der Welt", oder richtiger: der nicht-fern-asiatischen Welt. Griechische Waren erschienen auf den Märkten Kleinasiens, Nordafrikas, Süditaliens und beherrschten sie bald. Und da die Arbeitskosten pro Einheit für gefertigte Waren schnell im Verhältnis zu denen für Rohstoffe sanken, machten die griechischen Kaufleute auch im legitimen Außenhandel sehr hohe Profite. Die Senkung der Produktionskosten ist vor allem auf eine außerordentliche Arbeitsteilung verbunden mit geschickter technischer Entwicklung zurückzuführen. Dazu kommt eine erstaunliche Entwicklung der Landwirtschaft, die bei der Düngung bereits zur Chemisierung (nicht nur Gebrauch von Humus, sondern auch von Potasche, Nitraten und Kalk) führte. Selbstverständlich bei der starken Entwicklung des Außenhandels ist auch eine starke Ausbildung des Banken- und Kreditsystems. Die Griechen waren wohl auch die ersten, die kleinste Münzeinheiten verwandten, so daß Geld den Weg in die Taschen aller Bürger finden konnte und es im Binnenhandel jedem, auch dem kleinsten Handwerker und Bauern, möglich wurde, ohne Schwierigkeiten auf dem Markt zu verkaufen und zu kaufen.
Das heißt, die griechische Wissenschaft (im engeren, höheren Sinn des Wortes) begann sich auf dem Hintergrund eines bedeutenden wirtschaftlichen Aufschwungs zu entwickeln. Eines Aufschwungs, der ganz stark durch eine enorme Entwicklung des Außenhandels bestimmt war. Des Außenhandels, der natürlich wissenschaftlich Interessierte mit dem Kulturerbe des Orients in Verbindung brachte, der sie daher ihre Überlegungen basieren ließ auf den größten Errungenschaften der vortheoretischen Wissenschaften, der ihnen einen immensen Schatz von geordneten Erfahrungen und Tatsachen in die Hände gab.

Beginnen wir unsere Untersuchung der griechischen Wissenschaft mit dem ersten der großen griechischen Philosophen und hören wir über ihn zunächst den wohl besten idealistischen Philosophiehistoriker, Wilhelm Windelband:

* *Herodot*, a. a. O., 2. Bd., S. 291.

** *S. B. Clough*, The rise and fall of civilization. Columbia Paperback Edition, New York and London 1967, S. 79

„Den nächsten Hintergrund für die Anfänge der griechischen Philosophie haben die kosmogonischen Dichtungen gebildet, welche die Vorgeschichte des gegebenen Weltzustandes in mythischer Einkleidung vortragen wollten und dabei die herrschenden Vorstellungen über die stetigen Wandlungen der Dinge in der Form von Erzählungen der Weltentstehung zur Geltung brachten. Je freier sich dabei die individuellen Ansichten entwickelten, um so mehr trat zu Gunsten der Betonung dieser bleibenden Verhältnisse das zeitliche Moment des Mythos zurück, und es schälte sich schließlich die Frage heraus, was denn nun der allen zeitlichen Wechsel überdauernde Urgrund der Dinge sei und wie er sich in diese einzelnen Dinge verwandle oder sie in sich zurückverwandle.

An der Lösung dieser Frage hat zunächst die milesische Schule der Naturforschung im 6. Jahrhundert gearbeitet, aus der uns als die drei Hauptvertreter Thales, Anaximandros und Anaximenes bekannt sind. Mancherlei offenbar seit langem in der Praxis der seefahrenden Jonier angesammelte Kenntnisse und viele eigene, oft feinsinnige Beobachtungen standen dabei zu Gebote; auch haben sie sich gewiß an die Erfahrungen der orientalischen Völker, insbesondere der Ägypter, gehalten, mit denen sie in so nahen Beziehungen standen. Mit jugendlichem Eifer wurden diese Kenntnisse zusammengetragen. Das Hauptinteresse fiel dabei auf die physikalischen Fragen, insbesondere auf die großen Elementarerscheinungen, für deren Erklärung viele Hypothesen ersonnen wurden, daneben aber hauptsächlich auf geographische und astronomische Probleme, wie die Gestalt der Erde, ihr Verhältnis zum Gestirnhimmel, das Wesen von Sonne, Mond und Planeten und Art wie Ursache ihrer Bewegung. Dagegen finden sich nur schwache Zeichen eines der organischen Welt und dem Menschen zugewendeten Erkenntnistriebes.

Die Bemühungen der Milesier, den einheitlichen Weltgrund zu bestimmen, führten aber schon bei Anaximander über die Erfahrungen hinaus zur Konstruktion eines metaphysischen Erklärungsbegriffs, des ‚Unendlichen', und lenkten damit die Wissenschaft von der Untersuchung der Tatsachen auf begriffliche Überlegungen ab."*

Warum scheint es uns lohnend, diese Darlegung so ausführlich zu zitieren? Doch ganz offenbar, weil sie so deutlich zeigt, wie die Praxisbezogenheit von Thales – über Anaximander später einige Worte – das ganze idealistische Gewebe, das der so begabte und in der Darstellung oft so meisterhaft geschickte Windelband gesponnen hat, zerreißt. Als Hintergrund stellt Windelband die kosmogonischen Mythen und Dichtungen auf. Sobald er aber die milesische Schule in das Zentrum der Bühne gestellt hat, beginnt er ganz richtig von Naturforschung, Praxis der Seefahrt usw. zu sprechen.

In der Tat handelt es sich bei diesen „Philosophen" um Praktiker des Lebens, deren Ziel es ist, der Wirtschaft, allgemein der Gesellschaft ihres Stadtstaates zu dienen, nicht zum wenigsten, indem sie selber reich werden – und die in genialer Weise in ihrem Denken zu immer größeren Verallgemeinerungen und Abstraktionen vorstoßen. Jedoch natürlich nicht um der Verallgemeinerung und Abstraktion an sich willen, sondern um einerseits so viele Einzelheiten, so viele Einzelvorgänge wie

* *W. Windelband,* Lehrbuch der Geschichte der Philosophie, 9. u. 10. Aufl. Tübingen 1921, S. 23 f.

möglich auf einmal zu erfassen und andererseits die Welt, in der sie leben und wirken, so einfach wie möglich zu erklären.

Thales, der von 624 bis 548 etwa gelebt zu haben scheint, kam aus einer Kaufmannsfamilie – zu einer Zeit Milets, in der die Großgrundbesitzeraristokratie ihre Macht mehr und mehr mit einer Kaufmannsplutokratie teilen mußte, einer Kaufmannsplutokratie, die viel Sinn für Kunst und Dichtung hatte. Er soll längere Zeit viel am Salzverkauf verdient haben. Auch soll er, auf eine gute Olivenernte spekulierend, ein Rieseneinzelgeschäft gemacht haben. Herodot berichtet, daß er Krösus als Ingenieur im Krieg gedient und eine Sonnenfinsternis vorausgesagt habe. Auf dem Gebiete der Geometrie werden ihm originelle Gedanken zugeschrieben, und er soll aus Ägypten, wo er geschäftlich tätig gewesen, die Bruchrechnung in Griechenland eingeführt haben. War die letztere für den Warenverkauf und die Münzrechnung nützlich, so wandte er die Mathematik zur Bestimmung von Standort und Entfernung von Schiffen auf dem Meere an. Politisch aktiv, soll er den Joniern die Bildung eines Bundesstaates, in dem die verschiedenen Stämme und Rassen alle in einem höchsten Gremium vertreten sind, das in einer Hauptstadt wirken sollte, vorgeschlagen haben. Genauso vernünftig ist auch die Ordnung, die er für den Himmel vorschlägt: als erster, soweit wir es wissen, betrachtet er die Sterne als Naturkörper, geformt aus auf der Erde bekannten „Elementen".

Sein Wissen, seine Interessen sind vor allem die eines tätigen Kaufmanns. Seine Überlegungen dienen vor allem dem Handel, spezifischer noch: der Handelsschifffahrt ... natürlich auch mit dem Ziel, Geld zu machen, Reichtum und Ansehen zu sammeln – „natürlich auch", denn ganz offenbar wünschte er nicht minder, (wie verständlich bei einem hochbegabten, kulturliebenden Menschen, der in einer unruhigen „neuen" Zeit lebt!) die Dinge und die Welt in Harmonie und Ordnung zu sehen.

Doch müssen wir uns noch stärker in Thales hineindenken, um ihn und seine Leistung zu verstehen.

Da ist einmal der aktive, patriotische, politisch tätige und geschäftlich tüchtige Bürger seines Heimatstaates Milet in Jonien. Leicht ist es abzuleiten, daß der Handelskaufmann sich für Wissenschaftsprobleme interessiert, die auf der Handelsschiffahrt basieren: Astronomie, Geometrie, etc. Aber das ist ungenügend. Das wird Thales nicht gerecht. Bei manchen Wissenschaftlern genügt eine solche Ableitung, wir verstehen so ihre Interessenrichtung, wir haben den Ausgangspunkt für ihre Abstraktionen und können dann ihren Lauf in immer dünnere, von der Erde entferntere Sphären verfolgen, voll Staunens über die Kühnheit ihres Vorstoßes in den unendlichen Raum der Gedanken. Thales aber war ein Wissenschaftler anderer Art. Er kehrte stets von den Sternen wieder ins Geschäft zurück – brachte jedoch immer auch etwas von dem Glanz der Sterne in die Stube des Handelsherrn hinein. Und so verwandelte er die Wissenschaft in eine leuchtende Produktivkraft. Viel beschäftigte er sich zum Beispiel mit den Problemen des Dreiecks ... und benutzte es zur Bestimmung des Standortes und der Entfernung von Schiffen. Er machte die Schiffahrt sicherer und so Handel und Transport ergiebiger – in doppelter Hinsicht: so, daß durch weniger Schiffsuntergänge und die Beschleunigung der Seefahrt weniger Waren verloren gingen, und auch so, daß der Gewinn größer war.

Daß die Wissenschaft in ihrer minder entwickelten Form der Produktion diente, ist offenbar. Wenn Beobachtungs- wie Erfahrungssammlungen und -ordnungen es erleichtern, die Samen der richtigen Pflanzen zur rechten Zeit in den Boden zu tun oder den Boden nach der Überflutung in die gleichen Besitzquadrate aufzuteilen wie zuvor, so dienten sie natürlich der Produktion als zusätzliche Kraft, ja ermöglichten sie zum Teil erst. Kann man überhaupt fehlgehen, wenn man sagt, daß diese erste Form der wissenschaftlichen Betätigung (oder diese höchste Form der Erfahrung) gar nicht anders wie als Produktivkraft existierte? Muß man nicht sagen, daß, wenn man einverstanden ist, in diesem Fall schon von Wissenschaft zu sprechen, die Wissenschaft als Produktivkraft geboren wurde ... mit auch noch anderen Kräften natürlich, etwa denen der Förderung und Entwicklung der Produktionsverhältnisse, ja der gesamten gesellschaftlichen Beziehungen.

Aber auch die Wissenschaft in ihrer entwickelteren Form – Thales soll eben nicht nur gezeigt haben, daß der Durchmesser den Kreis halbiert, sondern daß das auch so sein muß* – begann ganz offenbar als Produktivkraft (Transportkraft).

Wie steht es jedoch mit der sogenannten Weltphilosophie von Thales, seiner Kosmogonie, seiner Lehre von der Weltentstehung und Weltbewegung, die die Philosophiegeschichten so in den Vordergrund rücken, und die der Idealist Windelband aus den kosmogonischen Dichtungen fernerer Zeit ableitet? Sicher gaben die Menschen lange vor Thales ihren Gefühlen, in einer Zeit zu leben, deren Größe und Macht und Anfang sie nicht übersehen konnten, gedanklichen Ausdruck. Auch gab es Dichtungen, die – wie konnte es anders sein, wenn das Meer oder ein Fluß im Leben so vieler alter Kulturvölker eine solche Rolle spielte – wie Thales im Wasser den „Urstoff" und Ursprung aller Dinge sahen.** Daß Thales dabei ohne Götter auskam und alles „natürlich" zu erklären suchte, entspricht seiner wissenschaftlichen Haltung: der Urstoff muß ein physikalisches Element sein.

Aber wie kam dieser so eminent praktische Wissenschaftler, dieser so wissenschaftlich veranlagte Praktiker überhaupt zu solchen Überlegungen? Man schreibt ihm den Satz zu „Unkenntnis ist die größte Last". Trieb ihn ein unstillbarer Wissensdurst zur Kosmogonie, die sich bei ihm selbstverständlich aus der Mythenlehre zur Naturwissenschaft, zur Kosmos-Wissenschaft entwickeln mußte?

Wir haben bereits darauf hingewiesen, daß es die Abstraktheit des Waren- und Geldcharakters der Wirtschaft, in der er wirkte, war, die die Möglichkeit zu solcher wissenschaftlichen Spekulation gab. Trafen nun gewissermaßen kosmogonischer Mythos, kosmogonische Dichtung und wissenschaftliche, abstrakte Denkfähigkeit auf der Basis der Waren- und Geldwirtschaft aufeinander – und entstand so die Naturweltphilosophie des Thales?

* Vgl. zur Mathematik von Thales zum Beispiel: *B. L. van der Waerden,* Erwachende Wissenschaft. Basel 1956, S. 143 f.

** Jenen, denen eine solche „Lösung" primitiv erscheint, sei mit Bertrand Russell geantwortet: „Erst vor 20 Jahren war man allgemein der Auffassung, das alles aus Hydrogen bestehe, was zwei Drittel Wasser ist." (History of Western Philosophy, London 1961 – ursprünglich 1946 – S. 45).

Ich glaube, man muß noch einen tieferen, umfassenderen Ursprung oder Anreger oder Katalysator, wie immer man es ansehen möchte, berücksichtigen.
Thales lebte in gesellschaftlich sehr bewegten Zeiten. Jonien war von heftigen politischen Kämpfen erfüllt, die er mit seinen schon genannten politischen Vorschlägen nicht beruhigen, das wären zu untergeordnet formuliert, sondern ausgleichen, harmonisieren wollte. Die Wirtschaft befand sich in heftiger Bewegung, wie jede stark durch Außenhandel bestimmte Ökonomie; eine Aufgabe sah er darin, hier bessere Ordnung zu schaffen, den Schiffsverkehr sicherer zu regeln, mit dem Ziel, daß die Schiffe in Ruhe und Regelmäßigkeit, in größter Sympathie mit der Natur, ihren Weg fahren und gut im Hafen ankommen können.
Erkenntnis, Ordnung, Gesetz waren die Leitsterne seiner Lebensauffassung. Eines soll sich in das Andere fügen, zumal doch Allem etwas gemeinsam sein muß: in der Wirtschaft zumindest lassen sich doch die verschiedensten Dinge miteinander vergleichen und tauschen, und alle Täusche, von Fischen und Töpfen, von Kleidern und Ochsen, von edlem Schmuck und Sicheln, vermitteln sich durch das eine Geld. Muß es nun nicht in der ganzen Welt so sein wie in der Wirtschaft? Finden wir dort nicht auch, wie in der Wirtschaft, etwas, das Allem gemein ist und so eine einheitliche Bewegung erlaubt? Und läßt sich das nicht noch viel leichter finden als in der Wirtschaft, da es keine Abstraktion sein kann, sondern etwas ganz Konkretes, Materielles darstellen muß?
Nicht auf eine „Verwissenschaftlichung" irgendwelcher kosmogonischer Dichtungen kam es Thales an. Und er spekulierte auch nicht über die Welt aus den Motiven eines Kindes, das plötzlich des unendlich gestirnten Himmels über sich gewahr wird. Es war der „Trieb" zur gesetzmäßigen Ordnung durch Erkenntnis, der ihn in seinen wissenschaftlichen Überlegungen bezüglich der Schiffahrt und der Politik Joniens leitete, der ihn auch zur Kosmogonie führte – bedeutete doch auch das Wort Kosmos ursprünglich Ordnung! Würde nicht auch die Schiffahrt besser verlaufen, wenn man das Weltall klarer erkennen und besser meistern würde? Oder ist ein solcher Gedankengang zu banal, vielleicht auch zu kühn für einen Mann wie Thales? Ich glaube nicht. Wenn die Sterne mit ihrem Laufe der Schiffahrt, dem Handel, dem Kaufmann Thales in seinen Geschäften dienen – warum nicht das ganze Weltall? ... wenn man es nur kennt und erkennt und nutzt. Die Welt als Produktivkraft, ausgelöst durch die Wissenschaft als Meisterstab, und so auch als Mittel zur Vermehrung des Reichtums von Milet und nicht ganz wenig auch des Kaufmanns Thales – sind das so unmögliche Gedankenverbindungen? scheinen sie sich nicht ganz natürlich aus der damaligen Situation zu ergeben?
Oder lesen wir zuviel in jene Welt hinein? Sicherlich mehr als Thales bewußt war, unendlich viel mehr. Aber muß es nicht so sein, wenn wir, befähigt durch den Historischen Materialismus, vergangene Zeiten und Strömungen erforschen! Weit mehr als Thales? ja! Zuviel? ich glaube nicht.

Ein Wort noch über Anaximander, ein wenig jünger als Thales, von dem wir als Erstem über den Begriff des Unendlichen hören. In seinen Interessen und seiner Art scheint er seinem Landsmann Thales in vielem ähnlich gewesen zu sein. Doch überragt er ihn als wohl der erste große Dialektiker, für den sich alles in Konflikten, die sich lösen und wieder schürzen, bewegt – weshalb er auch stets nicht nur wie Thales die Frage nach dem Anfang (Ursprung), sondern auch nach dem Ende stellt.

Es gibt einen schon Jahrtausende dauernden heftigen Gelehrtenstreit, wie man das „Apeiron" des Anaximander, den Begriff des Unbegrenzten, Unendlichen, auffassen soll. Soll es wirklich so, wie wir es eben übersetzt haben, verstanden werden oder als etwas qualitativ Unbegrenztes im Sinne von Undefinierbarem, Nichtzubestimmendem? Der bedeutende Gräzist Tannery zum Beispiel vertritt die Auffassung, daß der Begriff des Unendlichen erst später aufkam.* Thomson neigt der anderen Interpretation zu. Das einzige, was wir hier dazu sagen wollen, ist, daß die Spannweite des Geistes, die es Anaximander ermöglichte, im Weltraum die Idee eines absoluten Oben und Unten aufzugeben, wohl auch die Idee des Unendlichen in der Zeit zuließ, und, wichtiger noch, daß die ökonomische Basis mit ihrer Waren- und Geldwirtschaft die Idee des Unbegrenzten und damit des Unendlichen auch schon zu dieser Zeit möglich erscheinen läßt.**

Weiter können wir nicht gehen. Daß wir aber so weit schon gehen können, daß wir mit Gewißheit bestimmte Gedankengänge auf Grund einer Analyse der Basis als möglich charakterisieren können, als nicht aus der gesellschaftlichen Atmosphäre herausfallend, das verdanken wir der Methode des Historischen Materialismus.

Eines aber können wir mit absoluter Sicherheit sagen: Windelband hat unrecht, wenn er meint, daß der Begriff des Unendlichen bei Anaximander ein „metaphysischer Erklärungsbegriff" sei, der „die Wissenschaft von der Untersuchung der Tatsachen auf begriffliche Überlegungen ablenkt". Ganz und gar nicht! Anaximander: Geograph, Karthograph, Meeresbiologe, Schaffer einer frühen Sonnenuhr, allseitig gebildeter Techniker, Astronom und Anfertiger astronomischer Instrumente – ein abstrakter Metaphysiker, ein metaphysischer Logiker? Im Gegenteil: stärker noch als bei Thales, wie natürlich bei einem dialektisch denkenden Wissenschaftler, spürt man in der Weltphilosophie des Anaximander seine Erdbezogenheit, seine Materien-Liebe, sein Streben, die Welt durch Erklärung wohnlicher, vertrauter und auch veränderlicher zu machen, sie zu meistern!

Und nun tun wir einen großen Sprung: von Anaximander (611–546?) zu Archimedes (287–212). 400 Jahre liegen zwischen dem Geburtsjahr von Anaximander und dem Todesjahr von Archimedes. Das antike Griechenland ist zugrunde gegangen, doch seine Kultur lebt weiter, vor allem in Ägypten (Alexandria) und der alten Kolonie Syrakus.

Man nennt Archimedes den bedeutendsten Mathematiker, Physiker und Techniker der Antike. Vielleicht ist das richtig. In jedem Fall war er das Genie der Wissen-

* *P. Tannery,* Pour l'histoire de la science hellène. Paris 1887, S. 94.

** Vgl. zum Apeiron auch *A. Joja,* Die Anfänge der Logik und Dialektik in Griechenland. In: Wissenschaft und Weltanschauung in der Antike, hg. von G. Kröber, Berlin 1966, S. 17.

schaft als Produktivkraft und als Destruktivkraft. Von keinem in der Antike wissen wir, daß er so schnell neue wissenschaftliche Erkenntnisse in Mechanik und Mechanik in Produktiv- oder Destruktivkraft verwandelt hat. Bei keinem finden wir solch eilige Sprünge von der Empirie in die Theorie und von der Theorie in die Praxis. Keiner hat die Mathematik so eng mit der Physik, die Physik so eng mit der Technik, die Technik so eng mit der Mathematik verbunden.

Zu seinen Erfindungen gehört die nach ihm benannte Schraube, die er zur Konstruktion einer Art von Propeller ausarbeitete, und ein Schneckenrad für die Landbewässerung, dessen man sich noch in diesem Jahrhundert in Mittelägypten bediente.* Als Mathematiker drang er bis zu den Anfängen der Integralrechnung vor und berechnete den Wert von π auf fünf Stellen genau. In der Mechanik legte er die theoretischen Grundlagen der Statik, der so schönen Lehre vom Gleichgewicht der Kräfte, und war der Begründer der Hydrostatik, der Lehre von den Gesetzen schwimmender Körper und dem Gleichgewicht ruhender Flüssigkeiten.

So groß war Archimedes, daß rund zweitausend Jahre nach ihm Leibniz schrieb: „Wer die Werke des Archimedes und des Apollonius kennt, der wird die Entdekkungen der hervorragendsten Männer neuerer Zeit weniger bewundern."

Plutarch beschreibt eine Erfindung, an der man mit ungeheurer Plastizität die Verwandlung der Wissenschaft in eine Produktivkraft erkennt: Archimedes hatte an den Herrscher von Syrakus Hieron geschrieben, daß man eine große Last durch eine geringe Kraft bewegen könne, wenn man es nur geschickt anfange. Als Hieron daraufhin einen Beweis forderte, geschah folgendes: „Archimedes zeigte das an einem dreimastigen Lastschiff, das offensichtlich nur von vielen Männern an Land zu ziehen war. Er befahl, das Schiff mit vielen Menschen und einer großen Last zu beladen. Dann stellte er sich in einiger Entfernung am Ufer auf und zog mit eigener Hand ruhig und ohne Anstrengung am Ende des Flaschenzuges, wobei das Schiff, ohne das Gleichgewicht zu verlieren, herangeholt wurde."

Am stärksten aber beeindruckten Plutarch, der zwar Grieche war, aber in engster Verbindung zu den führenden Kreisen Roms stand, die Destruktivkräfte, die Archimedes entwickelte, seine „Kriegsmaschinen" – über die Archimedes übrigens ganz bewußt keine Zeile schrieb. In seiner Biographie des römischen Feldherrn Marcellus, der 212 vor unserer Zeitrechnung Syrakus, das sich mit den Puniern verbündet hatte, eroberte, schilderte er die Verteidigung der Stadt mit von Archimedes entwickelten und unter seiner Aufsicht gebauten Waffen:

„Als die Römer den Angriff von beiden Seiten (vom Meer und vom Lande) eröffneten, waren die Syrakuser im höchsten Grade überrascht und vor Angst gelähmt. Sie hielten es nicht für möglich, einer solchen militärischen Macht zu widerstehen. Aber dann setzte Archimedes seine Maschinen und Geräte ein. Auf die Landtruppen wurden riesige Steine mit viel Lärm und unglaublicher Schnelligkeit geschleudert. Gegen diese Geschosse gab es keinen Schutz. Ganze Einheiten stürzten zu Boden, und ihre Reihen gerieten in völlige Unordnung. Gleichzeitig fielen aus der Festung

* Vgl. dazu *M. Rostovzeff*, Gesellschafts- und Wirtschaftsgeschichte der Hellenistischen Welt. Bd. I, Darmstadt 1955, S. 288.

schwere Balken, wie Hörner gekrümmt, auf die Schiffe nieder. Die einen versenkten die Schiffe mit wuchtigen Stößen ins Meer, die anderen hoben sie mit den Haken in Form von Kranichschnäbeln gleichsam wie mit eisernen Händen hoch in die Luft und ließen sie dann mit dem Heck voran ins Wasser fallen. Wieder andere Maschinen schleuderten die Schiffe auf die Felsen an der Stadtmauer, und ihre Matrosen fanden einen furchtbaren Tod. Oft bot sich folgendes schaurige Schauspiel: Ein Schiff, hoch über das Meer gehoben, schaukelt in der Luft so lange, bis die Besatzung herausgeworfen ward, dann wird es entweder leer gegen die Stadtmauer geschleudert oder ins Wasser gestürzt. Marcellus errichtete auf seinen Schiffen Maschinen zur Gegenwehr und zum Angriff. Aber sobald sich ein solches Schiff der Stadtmauer näherte, fiel ein Stein von 10 Talenten (260kg) auf das Schiff, dann folgte ein zweiter, ein dritter. Diese Steine vernichteten mit riesiger Kraft und unter Krachen die Maschinen auf den feindlichen Schiffen und durchbrachen sogar das Deck.

Marcellus befand sich in großer Bedrängnis und mußte deshalb mit seiner Flotte abziehen; auch befahl er, die Landtruppen zurückzuziehen. Darauf hielt er Kriegsrat; es wurde beschlossen, noch in dieser Nacht so nahe wie möglich an die Stadt heranzugehen. Man rechnete damit, daß die Maschinen des Archimedes durch ihre große Kraft die Geschosse über die Köpfe der Angreifer hinwegwerfen und sich damit bei geringer Entfernung als völlig unwirksam erweisen würden. Jedoch auch für diesen Fall hatte Archimedes vorgesorgt und schon seit langem Maschinen für kleinere Geschosse auf beliebige Entfernungen gebaut. Entlang der Mauer waren in ununterbrochener Reihe nicht allzu große Schießscharten eingerichtet, und hinter ihnen, für den Feind unsichtbar, standen die Wurfmaschinen. Die Geschosse dieser Maschinen waren leichter, flogen mit geringerer Geschwindigkeit und überraschten den Feind auf kürzere Entfernungen. Als nun die Römer sich der Stadtmauer näherten, in der Gewißheit, nicht bemerkt zu werden, wurden sie von einem Hagel aus Pfeilen und Geschossen empfangen. Von oben stürzten Steine auf ihre Köpfe und überall her aus den Mauern flogen Geschosse. Wieder waren sie zum Rückzug gezwungen. Aber dann wurden die Maschinen für große Entfernungen eingestellt, weit flogen die Geschosse und holten die Fliehenden ein. Die Verluste waren groß, groß war auch die Verwirrung auf den Schiffen. Es gab keine Möglichkeit, dem Feinde entgegenzutreten. Archimedes hatte den größten Teil seiner Maschinen hinter den Mauern aufgestellt, und die Römer, auf die aus unsichtbaren Stellen eine tausendfache Not herabstürzte, glaubten mit Göttern zu kämpfen.

Aber Marcellus behielt trotzdem seine Ruhe. Spöttisch sagte er zu seinen Baumeistern und Ingenieuren: ‚Nun, wir müssen den Krieg gegen den Geometer abbrechen, der wie der hundertarmige Briareus im Meere sitzt und sich zum Spaße, uns aber zur Schande die Schiffe vom Meere in die Höhe hebt. Er übertrifft sogar den sagenhaften hundertarmigen Riesen, indem er gleichzeitig eine solche Unmenge von Geschossen auf uns wirft.‘

Tatsächlich wurden die Römer die Zielscheibe der Geschütze des Archimedes. Er allein war die Seele der Verteidigung. Er setzte alles in Bewegung und schützte die Stadt. Zur Verteidigung wurden nur seine Maschinen eingesetzt, alle anderen Waffen schwiegen. Die Römer waren so verängstigt, wenn über den Mauern ein Seil oder ein Holzbalken erschien, daß sie alle aufschrieen und davonliefen, da sie meinten, Archimedes richtete eine neue Maschine auf sie. Als Marcellus dies sah, brach er die Schlacht ab, stellte den Angriff ein und überließ die weitere Belagerung der Wirkung der Zeit."

Der sowjetische Wissenschaftler Kagan bemerkt dazu:

„Polybius überliefert 30 Jahre nach dem Tode des Archimedes diese Ereignisse in fast derselben Weise. Andere Historiker berichten in einigen Varianten. Ohne Zweifel sind die Leistungen des Archimedes stark ausgeschmückt worden. Der griechische Geometer und Philosoph Proklos, der im 5. Jahrhundert lebte, behauptet sogar, daß Archimedes während der Belagerung Brenngläser und Brennspiegel benutzte, mit denen er die Schiffe des Feindes in Brand setzte. Diese Legende wird auch von anderen Autoren übernommen, jedoch wahrscheinlich nach dem Bericht des Proklos. Die oben genannten größten Historiker des Altertums erwähnen jedoch nichts davon. Wahrscheinlich ist diese Legende erst später entstanden.

Bei alledem besteht jedoch kein Zweifel darüber, daß Archimedes mit Hilfe seiner Maschinen zwei Jahre lang Syrakus erfolgreich gegen die Macht des römischen Heeres verteidigt hat."*

Kagan schreibt auch über Archimedes als „von dem Genius ..., der zum Ahnherrn der großen Schöpfer moderner Mathematik und Mechanik wurde. Zweitausend Jahre sind vergangen, nachdem er, vom Schwert eines römischen Soldaten durchbohrt, sein Leben beschloß. Seine Idee jedoch, die theoretischen Forschungen auf dem Gebiet der Mechanik in die Tat umzusetzen, ist nicht vergessen, im Gegenteil, sie wird immer mehr anerkannt und bildet in unseren Tagen die Grundlage für die Arbeit aller fortschrittlichen Gelehrten."**

Und wie wir an unserer Betrachtung des Thales einige Worte über Anaximander anschlossen, so seien nach Archimedes dem Heron (zwischen 150 und 100 vor unserer Zeitrechnung) einige Bemerkungen gewidmet.

In der „Dialektik der Natur" schreibt Engels:

„Lange nachdem man andre Arten der Feuererzeugung kannte, mußte alles heilige Feuer bei den meisten Völkern durch Reibung erzeugt sein. Aber bis auf den heutigen Tag besteht der Volksaberglaube in den meisten europäischen Ländern darauf, daß wunderkräftiges Feuer (z. B. unser deutsches Notfeuer) nur durch Reibung entzündet werden darf. So daß bis auf unsre Zeit das dankbare Gedächtnis des ersten großen Sieges des Menschen über die Natur im Volksaberglauben, in den Resten heidnisch-mythologischer Erinnerung der gebildetsten Völker der Welt noch – halb unbewußt – fortlebt.

Indes ist der Prozeß beim Reibfeuer noch einseitig. Es wird mechanische Bewegung in Wärme verwandelt. Um den Vorgang zu vervollständigen, muß er umgekehrt,

* *W. F. Kagan,* Archimedes. Sein Leben und Werk. Leipzig 1955, S. 10. Dieser Ausgabe ist auch die Plutarchübersetzung (S. 7–10) entnommen.

** Ebendort, S. 3.

muß Wärme in mechanische Bewegung verwandelt werden. Dann erst ist der Dialektik des Prozesses Genüge geleistet, der Prozeß im Kreislauf erschöpft – wenigstens zunächst. Aber die Geschichte hat ihren eignen Gang, und so dialektisch dieser schließlich auch verlaufen mag, so muß die Dialektik doch oft lange genug auf die Geschichte warten. Der Zeitraum muß nach Jahrtausenden zu messen sein, der seit der Entdeckung des Reibfeuers verfloß, bis Hero von Alexandrien (gegen 120) eine Maschine erfand, die durch den von ihr ausströmenden Wasserdampf in rotierende Bewegung versetzt wurde. Und wieder verflossen fast 2000 Jahre, bis die erste Dampfmaschine, die erste Vorrichtung zur Verwandlung von Wärme in wirklich nutzbare mechanische Bewegung, hergestellt wurde.
Die Dampfmaschine war die erste wirklich internationale Erfindung, und diese Tatsache bekundet wieder einen gewaltigen geschichtlichen Fortschritt. Der Franzose Papin erfand sie, und zwar in Deutschland. Der Deutsche Leibniz, wie immer geniale Ideen um sich streuend ohne Rücksicht darauf, ob ihm oder andern das Verdienst daran zugerechnet würde – Leibniz, wie wir jetzt aus Papins Briefwechsel (herausgegeben von Gerland) wissen, gab ihm die Hauptidee dabei an: die Anwendung von Zylinder und Kolben. Die Engländer Savery und Newcomen erfanden bald darauf ähnliche Maschinen; ihr Landsmann Watt endlich brachte sie, durch Einführung des getrennten Kondensators, im Prinzip auf den heutigen Standpunkt. Der Kreislauf der Erfindungen war auf diesem Gebiet vollendet: Die Verwandlung von Wärme in mechanische Bewegung war durchgeführt. Was nachher kam, waren Einzelverbesserungen."*

Wer war dieser Heron, der fast 2000 Jahre vor ihrer produktiven Nutzung (und ihrer Wiedererfindung) die ersten Dampfmaschinen baute? Er lebte in Alexandrien, wo auch die meisten wissenschaftlichen Freunde von Archimedes gewirkt hatten. Natürlich, möchte man schon sagen, war er ein bedeutender Mathematiker und Mechaniker. Wir verdanken ihm eine Vorkonstruktion des modernen Theodoliten sowie einen Schraubenschneider. Sein Hauptleistungsgebiet aber war wohl die Lehre vom Luftdruck.

Sein Hauptleistungsgebiet? ja, wohl als forschender Wissenschaftler. Doch verdanken wir ihm noch Größeres: Er gründete die erste echte Ingenieurschule, in der sowohl die Grund-Naturwissenschaften der Antike – Geometrie, Astronomie, Physik – wie auch ihre Anwendung in der Praxis gelehrt wurden. Zur Erleichterung des Unterrichts wurden Lehrbücher geschaffen, die zum Teil noch in Bruchstücken erhalten sind, darunter eine Abhandlung über Kriegswaffen.

Plutarch berichtet auch von seinen „automatischen Spielzeugerfindungen": mit Hilfe seiner Dampfmaschine ließ er Figuren tanzen, arbeiten, kämpfen.

Erinnert das nicht an den deutschen Feudalfürsten, der, als er von den Dampfmaschinen, die in England um 1700 eingeführt worden waren, um das Wasser aus den Bergschächten zu pumpen und so mehr und tiefer gelegene Kohle fördern zu können, hörte, sich auch ein solch wunderbares Gerät kaufte und es verwandte ... um die Fontänen im Hofpark schöner und stärker springen zu lassen!

* A. a. O., S. 392 f.

Die gleiche Tragik der Produktivkräfte um 100 vor und 1700 nach unserer Zeitrechnung. Die Wissenschaft wendet sich ihnen zu, vermählt sich ihnen. Aber die (potentiellen) Produktivkräfte befassen sich mit Spielereien, mit Marionetten und Fontänen. Es nützt nichts, daß die Wissenschaft zur (potentiellen) Produktivkraft geworden. Ungehört verhallt der Ruf der Produktivkraft Dampfmaschine nach den ihr entsprechenden Produktionsverhältnissen, unter denen sie aktiv werden kann. Denn die Sklaven konnten keine neuen Produktionsverhältnisse schaffen, und auch in Deutschland war man im ersten Viertel des 18. Jahrhunderts noch nicht so weit.

Welche Lehre erteilt den Völkern das Erlebnis mit Heron und seiner Dampfmaschine! Ohne die entsprechenden Produktionsverhältnisse geht es nicht. Die Wissenschaft darf sich nicht darauf beschränken, zu einer (potentiellen) Produktivkraft zu werden. Sie muß auch zu einem Element der Produktionsverhältnisse und ihrer Verwandlung, so daß in ihnen die neuen Produktivkräfte wirken können, werden!*

Die Wissenschaften, die den stärksten direkten Einfluß auf die Produktionsverhältnisse haben, sind im allgemeinen die Gesellschaftswissenschaften. Die größten gesellschaftswissenschaftliche Leistung der Antike vollbrachte wohl Solon, der sie zugleich in ein entscheidendes Element der Produktions- und allgemeinen gesellschaftlichen Verhältnisse verwandelte. Weit bedeutsamer als irgendeine einzelne Verwandlung der Wissenschaft in Produktivkraft war die Solon'sche Verwandlung der Wissenschaft in ein Element der Produktions- und Gesellschaftsverhältnisse.

Solon lebte von 638 bis 558, also zur gleichen Zeit etwa wie Thales und Anaximander – jedoch nicht in Milet, sondern in dem ökonomisch noch ein wenig zurückgebliebenen Athen, in dem die Macht der Landaristokratie noch ungeschmälert war, da die Kaufleute, zwar schon ökonomisch immer stärker werdend, noch keinen Anteil an der Macht hatten.

Denken wir an die so selbstverständliche Rolle des großen Denkers Thales als Kaufmann und Politiker – und nun hören wir Engels über die Rolle von Solon in Athen:

* Dabei ist natürlich zu bedenken, daß eine einzelne solche Produktivkraft unter neuen Produktionsverhältnissen im Grunde eine Fiktion ist, da sie recht einsam und unwirksam dastehen würde. Sie gehört in ein ganzes System von neuen Produkivkräften, die mit einer neuen Gesellschaftsordnung heranreifen und diese im Grunde erzwingen. Es ist also ein Doppeltes notwendig: Ein ganzer Chor von neuen Produktivkräften muß nach neuen Produktionsverhältnissen rufen sowie an den Fesseln der alten Produktionsverhältnisse zerren – und dadurch ideologisch erregt und angepeitscht müssen die an einer Wandlung der Produktionsverhältnisse interessierten Klassen und Schichten die Fesseln in einer Revolution zerschneiden. Jonas bemerkt zu diesem Problem (a. a. O., S. 21): „Produktivkraft wird nur dann eine gesellschaftliche Erscheinung, wenn sie mit anderen Produktivkräften in Beziehung tritt, mit ihnen gemeinsam in der materiellen Produktion agiert. Daraus ergibt sich, daß jede qualitative Änderung der gesellschaftlichen Produktivkräfte auch zu einer Veränderung der Beziehungen der Menschen untereinander in der Produktion, oder anders ausgedrückt, zu einer Entwicklung der Produktionsverhältnisse führen muß."

Zunächst bemerkt er über die Zeit vor Solon, daß, nachdem das Amt des Königs „in Abgang gekommen war", aus dem Adel (Großgrundbesitzer) gewählte Archonten an der Spitze des Staates traten: „Die Herrschaft des Adels stieg mehr und mehr, bis sie gegen das Jahr 600 vor unserer Zeitrechnung unerträglich wurde. Und zwar war das Hauptmittel zur Unterdrückung der gemeinen Freiheit – das Geld, und der Wucher. Der Hauptsitz des Adels war in und um Athen, wo der Seehandel, benebst noch immer gelegentlich mit in den Kauf genommenem Seeraub, ihn bereicherte und den Geldreichtum in seinen Händen konzentrierte. Von hier aus drang die sich entwickelnde Geldwirtschaft wie zersetzendes Scheidewasser in die auf Naturalwirtschaft gegründete, althergebrachte Daseinsweise der Landgemeinden. Die Gentilverfassung ist mit Geldwirtschaft absolut unverträglich: der Ruin der attischen Parzellenbauern fiel zusammen mit der Lockerung der sie schützend umschlingenden alten Gentilbande. Der Schuldschein und die Gutsverpfändung (denn auch die Hypothek hatten die Athener schon erfunden) achteten weder Gens noch Phratrie. Und die alte Gentilverfassung kannte kein Geld, keinen Vorschuß, keine Geldschuld. Daher bildete die sich immer üppiger ausbreitende Geldherrschaft des Adels auch ein neues Gewohnheitsrecht aus zur Sicherung des Gläubigers gegen den Schuldner, zur Weihe der Ausbeutung des Kleinbauern durch den Geldbesitzer. Sämtliche Feldfluren Attikas starrten von Pfandsäulen, an denen verzeichnet stand, das sie tragende Grundstück sei dem und dem verpfändet um soundso viel Geld. Die Äcker, die nicht so bezeichnet, waren großenteils bereits wegen verfallner Hypotheken oder Zinsen verkauft, in das Eigentum des adligen Wucherers übergegangen: der Bauer konnte froh sein, wenn ihm erlaubt wurde, als Pächter darauf sitzenzubleiben und von einem Sechstel des Ertrags seiner Arbeit zu leben, während er fünf Sechstel dem neuen Herrn als Pacht zahlen mußte. Noch mehr. Reichte der Erlös des verkauften Grundstücks nicht hin zur Deckung der Schuld, oder war diese Schuld ohne Sicherung durch Pfand aufgenommen, so mußte der Schuldner seine Kinder ins Ausland in die Sklaverei verkaufen, um dem Gläubiger zu decken. Verkauf der Kinder durch den Vater – das war die erste Frucht des Vaterrechts und der Monogamie! Und war der Blutsauger dann noch nicht befriedigt, so konnte er den Schuldner selbst als Sklaven verkaufen. Das war die angenehme Morgenröte der Zivilisation beim athenischen Volk."

Das Volk verkam in Elend und Not. Wie bisher konnte es nicht weitergehen. Auch hatte der herrschende Adel seine Ausbeutungsmöglichkeiten erschöpft – was die Bauern betraf. Weiter konnte er nicht gehen ... Ja, war er nicht schon zu weit gegangen? drohte unter diesen Umständen nicht gar ein Rückgang der landwirtschaftlichen Produktivität? was hatte es noch für einen Sinn, Mehrprodukt zu produzieren, wenn einem doch alles genommen wurde! Droht die Gesellschaft Athens nicht an einer Erstickung der Produktivkräfte zugrunde zu gehen!

Wohl gab es noch einen Ausweg. Eine neue Klasse war herangewachsen, die der Kaufleute und Schiffer, die jedoch vom Adel als minderwertiges, ämterunwürdiges Volk betrachtet werden, zugleich aber die Geldbringer sind und vielleicht auch schon (illegal?) Land zu kaufen beginnen. Sollte der Adel etwa auch noch sie und die sich in ihrem Schutz entwickelnden Handwerker ihres Mehrprodukts berauben und in die Schuldsklaverei führen? Theoretisch bestand eine solche Möglichkeit – aber praktisch hätten entsprechende Maßnahmen die Kaufleute schnell in andere aufblühende Städte Griechenlands vertrieben, und das Handwerk wäre bald verkommen, sein Mehrprodukt verschwunden. Man hätte die Existenz der Gesellschaft höchstens um die Lebensdauer einer Generation einer ursprünglich erhebliches Mehrprodukt erzeugenden Schicht verlängert. Mehr nicht.

Theoretisch wäre eine solche Entwicklung möglich gewesen. Praktisch war die Entwicklung eine ganz andere, da alle unterdrückten und bedrohten Klassen sich gegen den Adel vereinten und Solon eine Lösung von höchster gesellschaftlicher Bedeutung brachte:

„Solon eröffnete die Reihe der sogenannten politischen Revolutionen, und zwar mit einem Eingriff in das Eigentum. Alle bisherigen Revolutionen sind Revolutionen gewesen zum Schutze einer Art des Eigentums gegen eine andere Art des Eigentums. Sie können das eine nicht schützen, ohne das andre zu verletzen. In der großen französischen Revolution wurde das feudale Eigentum geopfert, um das bürgerliche zu retten; in der solonischen mußte das Eigentum der Gläubiger herhalten zum Besten des Eigentums der Schuldner. Die Schulden wurden einfach für ungültig erklärt. Die Einzelheiten sind uns nicht genau bekannt, aber Solon rühmt sich in seinen Gedichten, die Pfandsäulen von den verschuldeten Grundstücken entfernt und die wegen Schulden ins Ausland Verkauften und Geflüchteten zurückgeführt zu haben. Dies war nur möglich durch offene Eigentumsverletzung. Und in der Tat, von der ersten bis zur letzten sogenannten politischen Revolution sind sie alle gemacht worden zum Schutz des Eigentums – *einer* Art und durchgeführt durch Konfiskation, auch genannt Diebstahl des Eigentums – einer *andern* Art. So wahr ist es, daß seit drittehalbtausend Jahren das Privateigentum hat erhalten werden können nur durch Eigentumsverletzung.

Nun aber kam es darauf an, die Wiederkehr solcher Versklavung der freien Athener zu verhindern. Dies geschah zunächst durch allgemeine Maßregeln, z. B. durch das Verbot von Schuldverträgen, worin die Person des Schuldners verpfändet wurde. Ferner wurde ein größtes Maß des von einem einzelnen zu besitzenden Grundeigentums festgesetzt, um dem Heißhunger des Adels nach dem Bauernland wenigstens einige Schranken zu ziehn. Dann aber kamen Verfassungsänderungen; für uns sind die wichtigsten diese:

Der Rat wurde auf vierhundert Mitglieder gebracht, hundert aus jedem Stamm; hier blieb also noch der Stamm die Grundlage. Das war aber auch die einzige Seite, nach welcher hin die alte Verfassung in den neuen Staatskörper hineingezogen wurde. Denn im übrigen teilte Solon die Bürger in vier Klassen je nach ihrem Grundbesitz und seinem Ertrag; 500, 300 und 150 Medimnen Korn (1 Medimnus = ca. 41 Liter) waren die Minimalerträge für die ersten drei Klassen; wer weniger oder keinen Grundbesitz hatte, fiel in die vierte Klasse. Alle Ämter konnten nur aus den obersten drei, die höchsten nur aus der ersten Klasse besetzt werden; die vierte Klasse hatte nur das Recht, in der Volksversammlung zu reden und zu stimmen, aber hier wurden alle Beamten gewählt, hier hatten sie Rechenschaft abzulegen, hier wurden alle Gesetze gemacht, und hier bildete die vierte Klasse die Majorität. Die

aristokratischen Vorrechte wurden in der Form von Vorrechten des Reichtums teilweise erneuert, aber das Volk behielt die entscheidende Macht. Ferner bildeten die vier Klassen die Grundlage einer neuen Heeresorganisation. Die beiden ersten Klassen stellten die Reiterei; die dritte hatte als schwere Infanterie zu dienen; die vierte als leichtes, ungepanzertes Fußvolk oder auf der Flotte und wurde dann wahrscheinlich auch besoldet.
Hier wird also ein ganz neues Element in die Verfassung eingeführt: der Privatbesitz. Je nach der Größe ihres Grundeigentums werden die Rechte und Pflichten der Staatbürger abgemessen, und soweit die Vermögensklassen Einfluß gewinnen, soweit werden die alten Blutsverwandtschaftskörper verdrängt; die Gentilverfassung hatte eine neue Niederlage erlitten.
Die Abmessung der politischen Rechte nach dem Vermögen war indes keine der Einrichtungen, ohne die der Staat nicht bestehn kann. Eine so große Rolle sie auch in der Verfassungsgeschichte der Staaten gespielt hat, so haben doch sehr viele Staaten, und grade die am vollständigsten entwickelten, ihrer nicht bedurft. Auch in Athen spielte sie nur eine vorübergehende Rolle; seit Aristides standen alle Ämter jedem Bürger offen."*

Wer war dieser Solon, der eine friedliche Revolution durchführte, die alte herrschende Klasse durch Symbiose mit einer anderen, bisher unterdrückten, den Kaufleuten, die jetzt auch legal Land kaufen konnten, rettete und zugleich ihr genug Eigentum abnahm, um die verkommenden Bauern und ihre Produktion zu retten? Wer war dieser Mann, der eine solche Wandlung der Eigentums-, der Produktionsverhältnisse und der allgemeinen gesellschaftlichen Verhältnisse herbeiführte?

Selbstverständlich stammte er aus dem Adel und hatte sich als Patriot erwiesen, der mit Erfolg zum Krieg gegen die Megarer, die Salamis besetzt hielten, aufgerufen. Denn sonst hätte er den grundbesitzenden Adel niemals, auch bei noch so starkem Klassendruck, zur friedlichen Aufgabe von Eigentum, zur unblutigen Revolution überreden können.

Doch seine Familie, deren Stamm Athen seinen letzten König gegeben hatte, war verarmt, und so hatte er beschlossen, als Kaufmann mit Olivenöl handelnd, die Welt zu durchfahren und ein Vermögen anzusammeln. Daher das Vertrauen der Kaufleute zu ihm.

Als populärer Redner, großer Dichter und Patriot hatte er auch die Gunst der Handwerker gewonnen, die leicht in dem Olivenhändler einen Verbündeten sahen.

594 wurde Solon unter Beifall aller Klassen und Schichten – mit Ausnahme der noch nicht allzu zahlreichen Sklaven, die keinen Anteil an Wirtschafts- und Staatsgeschäften hatten – zum Archonten mit umfassenden Vollmachten für eine Reform von Wirtschaft und Staat eingesetzt.

Durch seine ökonomischen Maßnahmen wurde der kleine Bauernstand (und seine Produktivität) für längere Zeit gerettet. Zwar setzte Solon nicht den Zins herab, so daß neue Schulden entstehen konnten – wie hätte er auch Kaufleute und die

* *Fr. Engels,* Der Ursprung der Familie, des Privateigentums und des Staats. Werke, Bd. 21. Berlin 1962, S. 109 und 112 f.

städtische Geldwirtschaft allgemein so schädigen können! doch die bestehenden Eigentumsverhältnise wurden recht radikal verändert: um eine Aufteilung des Adelslandes im blutigen Klassenkampf zu vermeiden, gab der Adel den Bauern ihr Eigentum durch Verzicht auf Schuldenzahlung zurück und verzichtete auf die Schuldsklaverei, befreite die Bauern. Die landwirtschaftlichen Produktivkräfte wurden durch die Umwandlung der Produktionsverhältnisse von scharf einschneidenden Fesseln befreit.

Die Kaufleute wurden zum Teil der herrschenden Klasse und profitierten allein schon dadurch enorm.

Fast noch bedeutsamer war die Erhöhung des Standes der Handwerker, weil in diesem Teil seiner Maßnahmen Solon ohne jede ideologische Verhüllung die Hebung von technischer Fertigkeit und industrieller Produktion zum Ideal macht. Er verlangte, daß jeder Athener seinen Sohn ein Handwerk lernen ließ. Wie fern sind wir noch den Zeiten, in denen Handarbeit als unehrenhaft gelten wird!

Doch Solon geht noch weiter: Ist der Unterschied zwischen Schuldsklaverei und Sklaverei so groß? Gibt es einen philosophisch-wissenschaftlichen Unterschied zwischen Athenern, die, als Sklaven verkauft, ins Ausland geflohen und zurückgeführt von Solon jetzt wieder in Athen leben, und durch glücklichen Zufall frei Gebliebenen? Für einen Augenblick scheinen angesichts dieser Solonischen Revolution alle Verhältnisse friedlich-human und Solon kann dichten (und Bonnard kommentiert in der so schönen Übersetzung von Gitta Frenzel):

„Man erinnere sich der Stelle seines Gedichtes, an der er von seinen Reformen spricht, und höre, was er zur Heimkehr der Verbannten zu sagen hat:

> ‚Und viele führt' ich nach Athen zurück ...
> Und mancher ... hatte schon,
> Von Land zu Land gejagt, die Muttersprache
> Vergessen ...‘

Spuren von Tränen der Liebe finden sich in den Versen. Und die folgenden Zeilen enthalten oder schließen zumindest einen der wenigen und vielleicht den erschütterndsten Protest ein, der je einem Griechen gegen die Unmenschlichkeit der Sklaverei entrissen worden ist:

> ‚... andre trugen hier die Schande
> Des Sklaven, zitternd vor dem Wink des Herrn:
> Frei macht' ich sie!‘

Die Liebe zu seinem Volke läßt ihn hier, fast scheint es, wider seinen Willen gegen Verhältnisse revoltieren, die den Menschen sich so tief erniedrigen lassen, daß er vor den Launen eines anderen Menschen zittert. Dieser Art war Solons Zuneigung zu seinem Volk.

Wie aber liebte er die Gerechtigkeit! Die Gerechtigkeit erschien ihm als nichts weniger als das Antlitz des Gottes, an den er glaubte.“*

* *A. Bonnard,* a. a. O., Bd. 1, Berlin 1962, S. 147.

Hatte Solon nicht recht, wenn er von sich sagte: „Doch ich stand wie ein Grenzstein zwischen den Parteien."

Es gibt Zeiten, in denen ein König, die Parteien und Klassen gegeneinander ausspielend, absolut herrschen kann. Solon ist ein Mann, dem es gelingt, die Parteien und Klassen auf die Möglichkeit einer friedlichen, vernünftigen Lösung des Konflikts hinweisend, eine friedliche, von einem gewissen humanen Gerechtigkeitsgefühl durchdrungene Teilrevolution der Eigentums-, der Produktions-, der Staatsverhältnisse durchzuführen, ohne jedoch den Rahmen der antiken Gesellschaftsordnung bewußt sprengen zu wollen oder auch nur zu können. Er war ein genialer Staatsmann.

„Möglichkeit einer vernünftigen Lösung" ... einer Lösung, die ein erstaunliches Werk wissenschaftlicher Durchdringung der gesellschaftlichen Verhältnisse im Rahmen einer bestimmten Klassensituation voraussetzt!

Wohl nie wieder hat es eine solche Situation und in einer solchen Situation eine solche Leistung in der Geschichte gegeben.

Ihre Voraussetzung war die wissenschaftliche Erfassung der gesellschaftlichen Verhältnisse. Diese war damals leichter als in anderen Gesellschaftsordnungen, da den Griechen in ihrer politischen und soziologischen Unbefangenheit Klassenbildung und Klassenkämpfe ein natürliches Geschehen schienen. In einer interessanten Fußnote bemerkt Plechanow zu Guizots Essais sur l'histoire de France: „In seinen ‚Essais sur l'histoire de France', die im Jahre 1821 erschienen, spricht Guizot den Gedanken aus, daß die politische Ordnung eines Landes durch sein ‚ziviles Leben' bestimmt wird und daß das zivile Leben – wenigstens bei den Völkern der neuen Welt – mit dem Grundbesitz verbunden ist wie die Wirkung mit der Ursache. Das ist ‚wenigstens' äußerst bemerkenswert. Es zeigt, daß Guizot das zivile Leben der antiken Völker, im Gegensatz zum Leben der Völker der neuen Welt, als das Produkt der ‚natürlichen Entwicklung des menschlichen Geistes' und nicht als Ergebnis der Geschichte des Grundbesitzes und überhaupt ökonomischer Verhältnisse darstellte. Hier ist eine volle Analogie zur Anschauung über die ausnahmsweise Entwicklung der griechischen Literatur vorhanden. Wenn man hinzufügt, daß Guizot zur Zeit der Herausgabe seiner ‚Essais sur l'histoire de France' in seinen publizistischen Schriften sehr leidenschaftlich und entschieden den Gedanken aussprach, daß Frankreich durch den ‚Klassenkampf geschaffen' wurde, so bleibt nicht der geringste Zweifel darüber, daß den neuen Historikern der Klassenkampf innerhalb der Gesellschaft der Neuzeit eher in die Augen sprang als derselbe Kampf im Schoße der antiken Staaten. Interessanterweise haben die alten Historiker, z. B. Thukydides und Polybios, den Kampf der Klassen in ihrer zeitgenössischen Gesellschaft als etwas durchaus Natürliches und Selbstverständliches betrachtet, ungefähr so, wie unsere Gemeindebauern den Kampf zwischen den viel Land besitzenden und den landarmen Mitgliedern der Gemeinde betrachten."*

Solon hat seine Gedanken über sein Reformwerk, seine Motive und Maßnahmen in einem Vermerk niedergelegt, von dem nur noch Bruchstücke erhalten sind. Dort lesen wir zum Beispiel:

* *G. W. Plechanow,* Kunst und Literatur. Berlin 1955, S. 75 f.

„So viel Teil an der Macht, als genug ist, gab ich dem Volke,
Nahm an Berechtigung ihm nichts, noch gewährt' ich zu viel.
Für die Gewaltigen auch und die reichen Begüterten sorgt' ich,
Daß man ihr Ansehen nicht schädige wider Gebühr.
Also stand ich mit mächtigem Schild und schützte sie beide,
Doch vor beiden zugleich schützt' ich das heilige Recht."

Wie erstaunlich die Einschätzung seiner Revolutionsmaßnahmen und wie interessant die Konstruktion eines klassenunabhängigen „heiligen Rechts", das die Rolle Gottes im königlichen Absolutismus des 17. und 18. Jahrhunderts Europas spielt. Scheint diese Konzeption des klassenneutralen Rechts bei Solon der eines weltbekümmernden Gottes im 17. und 18. Jahrhundert nicht weit überlegen!
Doch – welch tiefe Tragik! – Solon mißtraute dem „Glück der Gesellschaft". Nach Vollendung seines Gesetzeswerkes ging er auf eine Reise, die zehn Jahre dauerte, um nicht gezwungen zu werden, Veränderungen an den unter seiner Leitung geschaffenen Verhältnissen vornehmen zu müssen.

Nach Solon, dem großen Theoretiker und Praktiker wirtschaftlicher und politischer Umwälzung, wollen wir uns noch einem bedeutenden Gesellschaftswissenschaftler Griechenlands zuwenden, dem Historiker Thukydides, der wohl als erster die historischen Gesetze an der Stelle der Götter als über den Menschen stehende Agenten der Geschichte einführte.
Mit der ungeheuren Intensität, die wir auf allen Gebieten der Kulturentwicklung Griechenlands beobachten, geht auch die Geschichtswissenschaft voran.
In frühen Zeiten blickte man auf die Vergangenheit in Versen zurück. Das Gefühl beherrschte den rückwärts Sehenden, und Schönheit oder Freude und Trauer lenkten vielfach den Blick. Mit dem ersten großen Historiker der Griechen, mit Hekatäos (550–489), beginnt die Prosaerzählung der Geschichte. „Was ich hier schreibe, ist ein Bericht von dem, was ich für wahr halte", bemerkt er – so wie die Prosa an die Stelle der Poesie, so tritt die Wahrheit als Schiedsrichter über das, was erzählenswert aus vergangenen Zeiten, an die Stelle von Schönheit, von Reaktionen des Gefühls jeder Art.
Wie Thales und Anaximander kommt auch Hekatäos aus Milet, und wie diese beiden Großen unter den Philosophen ist auch dieser Große unter den Historikern Naturwissenschaftler. Oft wird er mit Anaximander zusammen genannt, als sein Schüler auf dem Gebiet der Geographie; er soll seine Erdkarte verbessert haben. Bedenkt man, daß man als das zweite große Werk des Hekatäos eine Erdbeschreibung nennt, dann ist es nicht mehr so verwunderlich, daß als sein drittes Hauptwerk eine „Geneologie des Menschen", eben sein historisches Werk gilt.*
Dem Hekatäos folgt Herodot (484–429), der ebenfalls als Geograph beginnt und mit einer Polemik und Ergänzung der karthographischen Arbeiten von Hekatäos die

* Geschichte (historia) war den Griechen ursprünglich die Geschichte des Menschen in Beziehung zu seiner Umwelt; sie schloß, wie Euripides formuliert, „die nie alternde Ordnung (kosmos) der unsterblichen Natur (physis), die Art ihrer Struktur, woher und wie sie enstand" ein.

erste Verbindung zu ihm herstellt. Auch bei ihm erwächst das Interesse für die Geschichte des Menschen aus dem Interesse für die Gestaltung der Erde. Zu wenig ist uns vom Werke des Hekatäos hinterlassen, um beurteilen zu können, inwiefern seiner Geschichte noch Spuren der Poesie und Ideologie des Mythos anhaften; wir wissen nur, daß man die Schönheit seiner Prosa gerühmt hat. Im reichlich uns überkommenen Werk des Herodot dagegen spüren wir noch stark und häufig den Geist alter Erzählungskunst, und man sagt ihm nach, daß er dazu geneigt haben soll, unter verschiedenen Versionen der Erzählung eines Vorgangs die effektvollere gewählt zu haben. Wie aber, wenn er die effektvollere auch für die wahrscheinlichere gehalten hat? Und wenn bei ihm noch die Götter gelegentlich eine erklärende Rolle in der Geschichte spielen, so versucht er doch, wenn möglich neben die göttliche auch eine natürliche Erklärung zu setzen, so daß der Leser gewissermaßen eine „freie Wahl" hat.

Und eine Generation später (460–400) folgt Thukydides. Auch er war ursprünglich kein Historiker, vielmehr bewirtschaftete er eigene Goldbergwerke, war ein höherer Kriegsführer, als solcher zeitweise auch Mitglied des attischen Strategenkollegiums, und aktiv politisch tätig. Allgemein vermutet man, daß er sich auch naturwissenschaftlich, insbesondere mit Medizin, beschäftigt hat.

Wie vielfältig waren doch die großen Historiker der Griechen ausgerüstet, wie umfassend ihre wissenschaftlichen Kenntnisse und Neigungen!

Beginnen wir nun mit drei Zitaten aus dem großen Geschichtswerk des Thukydides, der Geschichte des Peloponnesischen Krieges, um sogleich seine ganze Bedeutung zu erkennen:

„Thukydides aus Athen hat den Krieg beschrieben, den die Peloponnesier und die Athener miteinander geführt haben. Er hat damit gleich bei Ausbruch des Krieges angefangen, indem er voraussah, daß er groß und denkwürdiger werden würde als alle früheren Kriege, da beide Teile schwer gerüstet hineingingen und auch die übrigen griechischen Staaten entweder gleich Partei ergriffen oder doch gewillt waren, es bei erster Gelegenheit zu tun. In der Tat hat denn auch dieser Krieg nicht nur die Griechen, sondern auch einen Teil der Barbaren, ich möchte sagen der Menschheit, aufs tiefste erschüttert. Über das, was sich vor ihm oder in noch älterer Zeit zugetragen, habe ich mir bei der Größe des Zeitraumes zwar kein sicheres Urteil bilden können, aber auf Grund meiner doch recht weit zurückgreifenden Forschungen die Überzeugung gewonnen, daß Begebenheiten von besonderer Wichtigkeit bis dahin nicht vorgekommen waren, weder im Kriege noch überhaupt.

2. Offenbar nämlich hatte das heutige Griechenland noch lange keine fest ansässige Bevölkerung, vielmehr war es in älterer Zeit nichts Ungewöhnliches, daß ein Stamm seinen Wohnsitz wechselte und den alten ohne weiteres aufgab, wenn er von einem zahlreicheren Volke gedrängt wurde. Handel gab es nicht, auch keinen gesicherten Verkehr, weder zu Lande noch zur See. Man lebte von der Hand in den Mund und dachte nicht daran, Reichtümer zu sammeln oder das Land sorfältiger zu bebauen, da man nie wissen konnte, ob nicht ein anderer kommen und alles nehmen würde, zumal die Wohnsitze nicht befestigt waren. Was man zum täglichen Leben nötig

hatte, war eben überall zu haben, und so wanderte man unbedenklich aus. Darum aber ist es auch damals zu großen Städten oder höherem Wohlstand nicht gekommen ...

Die Begebenheiten des Krieges selbst habe ich nicht aufs Geratewohl oder nach Gutdünken aufgezeichnet, sondern ich habe nur Dinge aufgenommen, die mir entweder aus eigener Anschauung bekannt waren oder über die ich bei anderen die sorgfältigsten Erkundungen eingezogen hatte. Es war nicht immer leicht, den Sachen auf den Grund zu kommen, weil die Berichte der Augenzeugen darüber verschieden lauteten, je nachdem ihr Parteistandpunkt dabei mitsprach oder auch ihr Gedächtnis sie im Stich ließ. So wird das Buch seines nüchternen Inhalts wegen manchem Leser vielleicht langweilig vorkommen. Mir soll es genügen, wenn auch nur diejenigen, welche wissen möchten, wie es gewesen ist und mehr oder weniger zu allen Zeiten in der Welt zugehen wird, es für ein nützliches Buch halten. Dem Verfasser war es um ein Werk von dauerndem Wert, nicht um einen augenblicklichen Erfolg bei der Leserwelt zu tun."*

Thukydides schreibt Zeitgeschichte. Gleich zu Beginn des großen Krieges hat er begonnen. Schon das ist eine erstaunliche Leistung wissenschaftlicher Reflexion und Entschlossenheit.

Er möchte aber seine Erzählung nicht mit dem Tage des Kriegsausbruchs anfangen. Denn das ist nicht möglich, wenn man Ursachenforschung im weitesten und tiefsten Sinne treiben will. Also geht er, soweit sich das tun läßt (er schätzt nüchtern die Möglichkeiten nicht sehr hoch ein), in die Vergangenheit zurück ... und beginnt mit einer Schilderung ferner Verhältnisse, indem er von den materiellen gesellschaftlichen Verhältnissen ausgeht!

Schließlich die Rechtfertigung des Werkes:

Es soll ein „politisch objektives", auf guten Quellen beruhendes Werk sein, das dauernden Wert hat –

und zwar nicht nur als zeitgenössische Schilderung, sondern, da die Gesetze, die die Geschichte bewegen, seiner Ansicht nach stets die gleichen sind, könne es als Leitfaden auch der Betrachtung künftiger Ereignisse dienen –

jedoch noch weit mehr: es soll, bei aller Einzelkritik, die gesellschaftlichen Zustände, in der Kriege der Konkurrenz und zur Beschaffung von Sklaven das entscheidende Bewegungselement zu sein scheinen, erklären und rechtfertigen.

Nach Thukydides, dem größten antiken Geschichtsschreiber, sind Nützlichkeit, Gewinn, Freiheit, Macht die entscheidenden Kräfte, die den Einzelnen und die Staaten bewegen. So war es immer, und so wird es in alle Zukunft sein, meint Thukydides.

Die Leistung der philosophierenden Naturforscher wird von ihm auf die Gesellschaftswissenschaften übertragen: die gesellschaftliche Welt erscheint als eine gesetzmäßig geordnete, aus der genau wie in der Natur die Götter vertrieben sind.

Mit einer Objektivität, die etwas Einzigartiges hat, verfolgt er das Wirken der von ihm als solche bestimmten Gesetze, deren Erkenntnis er auch dem Gegner in den Mund legt. Man höre den Todfeind seines eigenen Staates, den syrakusischen Pa-

* *Thukydides,* Geschichte des Peloponnesischen Krieges. Leipzig 1961, S. 5 f. und 20.

trioten Hermokrates über die Weltlage und die Athener, die Sizilien erobern wollen:

„Als Vertreter der größten, an kriegerischen Ehren reichen Stadt ergreife ich das Wort, Sikelioten, um euch auseinanderzusetzen, womit nach meiner Ansicht ganz Sizilien am besten gedient sein würde. Wozu soll ich euch die Leiden des Krieges im einzelnen ausmalen und über altbekannte Dinge lange Reden halten? Bei uns läßt sich niemand aus Unkenntnis zu einem Krieg hinreißen, noch aus Furcht davon abhalten, wenn er sich Vorteile davon verspricht. Hin und wieder aber überschätzt man doch die Vorteile gegenüber der Gefahr oder läßt es auf einen Krieg ankommen, bloß um augenblicklich einer Kleinigkeit wegen nicht nachgeben zu müssen. Beides aber kann zur Unzeit geschehen, und dann tut man wohl, zum Frieden zu raten. Und auch für uns wird es jetzt das beste sein, solchem Rat Gehör zu geben. Haben wir doch alle seinerzeit den Krieg nur unserer Sonderinteressen wegen angefangen, und nur ihretwegen suchen wir uns jetzt hier miteinander zu verständigen, und wenn es dabei nicht dazu kommt, daß jeder sein Teil mit nach Hause nimmt, so wird der Krieg wieder angehen.

Und doch sollten wir uns bei ruhiger Überlegung nicht verhehlen, daß es sich hier für uns nicht nur um unsere besonderen Interessen handelt, sondern darum, ob wir uns in Sizilien überhaupt der Athener noch erwehren können, die es nach meiner Überzeugung auf die Unterwerfung der ganzen Insel abgesehen haben. ...

Daß die Athener auf diese Weise ihre Herrschaft ausdehnen wollen, verdenke ich ihnen gar nicht, tadele überhaupt niemand, der herrschen will, wohl aber den, der allzuschnell bereit ist, sich zu unterwerfen. Denn so geht es nun mal in der Welt: wer sich nicht wehrt, wird unter die Füße getreten; wer uns aber die Zähne zeigt, den läßt man in Frieden."*

Die Bewunderung für die objektive, realistische, niemals seine Liebe zu Athen verleugnende, niemals den Gegner diskriminierende Geschichtsschreibung des Thukydides dauert nun schon unvermindert zweiundeinhalb Jahrtausende hindurch – bis in unsere Tage, sei es, daß ein kompetenter bürgerlicher Schriftsteller wie Strasburger** oder ein Marxist von ihr handeln.

Und die gleiche Bewunderung sollte der Auffassung des Thukydides von der Rolle der Gesetze in der Geschichte gezollt werden.

Wenn Romilly im letzten Abschnitt seines Vortrages über die Nützlichkeit der Geschichte nach Thukydides*** darauf hinweist, daß die Gesetze bei diesem noch recht unzuverlässig in ihrer Wirkung und Konsequenz wären, dann beklagt er sich doch nur über den Mangel an primitivem Determinismus bei Thukydides. Natürlich hat Thukydides darauf hingewiesen, daß die Menschen stets frei wären, gegen die Gesetze zu handeln – das haben später auch wir Marxisten getan. Gesetze sind keine Erscheinungen, gegen die der Mensch nicht frei ist anzugehen. Nur strafen ihn die

* Ebendort, S. 324 ff.

** *H. Strasburger*, Die Entdeckung der politischen Geschichte durch Thukydides, in: Saeculum, Freiburg und München 1954.

*** *J. de Romilly*, L'utilité de l'histoire selon Thucydide, in: Entretiens, Fondation Hardt, Paris 1958.

Gesetze, rächt sich die Geschichte, wenn der Mensch sie nicht beachtet und gegen sie aufbegehrt ... denn auf die Dauer setzen sich die Gesetze eben doch durch.
Nur solch realistische und tief philosophische Auffassung der Wirksamkeit der Gesetze erlaubt es Thukydides, zum Beispiel tiefere Ursachen und Anlaß von Kriegen, die ja sein Hauptthema sind, zu unterscheiden, macht es ihm allgemein möglich, zwischen Ursachen und Symptomen gesellschaftlicher Erscheinungen zu differenzieren.
Gerade weil Thukydides jeden primitiven Determinismus vermeidet, kann er auch so wundervolle Charakteristiken und Handlungsanalysen der Staatsmänner seiner Zeit geben. Das heißt aber natürlich nicht, daß, wie Fritz meint, Thukydides im Grunde eine „psychologisch begründete" Geschichtsschreibung vertritt.*
Unter den einzelnen historischen Gesetzen, die Thukydides vermerkt, ist das „Grundgesetz" wohl das Streben nach Macht – nicht erstaunlich in einer Zeit, in der Athen ein kleines Imperium sich geschaffen, das auch Küstenstädte Kleinasiens und Thrakiens umfaßte, und im Kampf mit Sparta um die Vorherrschaft ganz Griechenlands lag. Auch nach marxistischer Auffassung ist das Streben nach Macht, wenn auch natürlich nicht ein „Grundgesetz" der Geschichte der menschlichen Gesellschaft – die entscheidenden Gesetze der Geschichte sind vielmehr in der Ökonomie zu suchen –, so doch der Hauptfaktor der politischen Geschichte, insbesondere das politische Hauptmotiv der Klassenkämpfe. Auf außenpolitischem Gebiet – gibt Thukydides doch vor allem eine Geschichte von Kriegen! – erscheint dieses „Grundgesetz" in der Form des „Gesetzes der Machtausdehnung".
Hören wir, wie Alkibiades das von Thukydides formulierte „Gesetz der Machtausdehnung" bestätigt – wiederum ganz nüchtern und so souverän, daß man fast erschauert vor solcher Einsicht in den Gang der Geschichte: „Wie alle mächtigen Staaten eben auch, sind wir dadurch zur Macht gelangt, daß wir Griechen und Barbaren, wenn sie uns darum angingen, stets bereitwillig unsere Hilfe gewährten. Wenn man sich nicht rührt oder erst lange untersucht, ob man einem als Stammesgenossen auch helfen müsse, hat es mit der Erweiterung unserer Macht kurze Wege, ja wir laufen Gefahr, sie völlig zu verlieren. Gegen einen mächtigen Feind setzt man sich nicht zur Wehr, wenn er uns angreift, sondern sucht sich auch schon vorher gegen seinen Angriff zu sichern. Wir sind nicht in der Lage, im voraus zu bemessen, wie weit wir unsere Herrschaft ausdehnen wollen, aber, nachdem wir es einmal so weit gebracht haben, sind wir gezwungen, nicht nur die alten Eroberungen festzuhalten, sondern auch auf neue auszugehen, weil wir gewärtigen müssen, wenn wir nicht über andere herrschen, selbst unter fremde Herrschaft zu geraten. Wir dürfen uns auch nicht wie andere der Ruhe hingeben, wenn wir nicht überhaupt die Rolle mit ihnen tauschen wollen. Also, weil wir darauf rechnen können, unsere hiesige Macht zu mehren, wenn wir nach Sizilien gehen, laßt uns den Zug dahin unternehmen, damit wir den Hochmut der Peloponnesier dämpfen, wenn sie sehen, daß wir uns aus der Ruhe nichts machen und jetzt sogar eine Flotte nach Sizilien schicken."**

* *K. v. Fritz,* Die griechische Geschichtsschreibung. Bd. I, Kapitel VII. Berlin 1967.
** *Thukydides,* a. a. O., S. 474 f.

„Wir sind nicht in der Lage, im voraus zu bemessen, wie weit wir unsere Herrschaft ausdehnen wollen" oder müssen. Hier deutet sich schon tiefe Einsicht in den Gang der Geschichte an, die gleichzeitig zu einem Element der Politik, zu einer Kraft gesellschaftlicher Aktivität wird. Hier wird die Prognose in die Politik und Geschichtsschreibung eingeführt – und sogleich mit erstaunlich reifer Erkenntnis ihrer Grenzen. Natürlich erlaubt die Kenntnis des „Grundgesetzes" des Strebens nach Macht und der spezifischen Form, die dieses Gesetz in der Außenpolitik einnimmt, als „Gesetz der Machtausdehnung" die Prognose, daß Athen seine Herrschaft ausdehnen muß – aber wann und wieweit, das ist nicht vorauszusehen.
Zugleich aber untersucht Thukydides, ohne theoretisch hier tiefer zu werden, sondern vielmehr praktisch-historisch, neben der Prognose auf längere Dauer, das heißt neben der strategischen Prognose, auch die taktische Voraussicht, die ihm, besonders klar bei Perikles, vor allem eine Mischung von „staatsmännischem Instinkt" politischer Erfahrung und Weisheit im Urteil über das mögliche Benehmen von Staaten und Staatsmännern zu sein scheint. In diesem Sinne, und wohl nur in diesem, betrachtet Thukydides seine „Geschichte" auch als Hilfsmittel taktischer Voraussicht – als Schatzsammlung von Erfahrungen. Als Lehre von den Gesetzen der Geschichte soll sein Werk dagegen Grundlage der ihm letztlich viel wichtigeren strategischen Prognose sein. Das heißt, während für die kurzfristige Prognose die Persönlichkeit des Prognostikers von größter Bedeutung ist – darum auch seine so große Bewunderung für Themistokles und Perikles, darum auch der mögliche Nutzen einer „Sammlung von Erfahrungen" wie seine „Geschichte des Peloponnesischen Krieges" –, ist die langfristige, die strategische Prognose ganz einfach eine Frage der Kenntnis der Gesetze der Geschichte.
Immer wieder überrascht uns die tiefe Einsicht des Thukydides in die Problematik von Gesetzmäßigkeit der gesellschaftlichen Entwicklung (Determinierung) und Freiheit der Entscheidung des Staatsmannes, zwischen Prognose auf Grund der wissenschaftlichen Kenntnis von Gesetzen und kurzfristiger Vorausschau auf Grund von gewissermaßen persönlichen Eigenschaften, erworbener Erfahrungen der einzelnen Staatsmänner. Fritz deutet das an, wenn er formuliert, daß man im Werk des Thukydides „eine tiefe Spannung zwischen dem Glauben an eine sehr weitgehende Möglichkeit der Bestimmbarkeit des Ablaufs des historischen Geschehens durch staatsmännische Einsicht und einer Vorstellung von einer sehr weitgehenden Zwangsläufigkeit des Ablaufs des Geschehens, die das ganze Werk von Anfang bis Ende durchzieht", findet.*
So wird die Geschichtswissenschaft durch Thukydides zu einem wichtigen Instrument der Politik, der Staatskunst, der Ausdehnung der Herrschaft der herrschenden Klasse. Ja, um diesem Zweck dienen zu können, integriert er in sie Elemente dessen, was wir heute Soziologie nennen. Wir wiesen schon auf seine erstaunlichen Einblicke in Zusammenhänge zwischen Wirtschaft und gesellschaftlichem Überbau hin. Vielleicht hängt mit solchen Einsichten auch seine erstaunliche Psychologie der Klassen zusammen, die bis heute kaum übertroffen ist an Schärfe der Sicht. Nur ein

* *K. v. Fritz*, a. a. O., S. 535.

Satz sei zitiert aus der Rede des Perikles, in der er zum Krieg gegen die Peloponnesier aufruft. Perikles weist darauf hin, daß die Peloponnesier Bauern sind, die von ihrer Hände Arbeit leben, und beobachtet dann – und gilt das nicht noch bis in das 20. Jahrhundert!: „Der Bauer setzt im Kriege lieber seine Person ein als sein Geld, weil er darauf rechnet, selbst allenfalls mit heiler Haut davonzukommen, während er darauf gefaßt sein muß, sein Hab und Gut im Laufe des Krieges draufgehen zu sehen, zumal wenn der Krieg, wie diesmal doch wahrscheinlich, sich über Erwarten in die Länge zieht."*

Einen Platz gab Engels den Griechen „wie kein andres Volk ihn je beanspruchen kann". Wunderbar sind die Leistungen der Griechen, gerade auch auf dem Gebiet der Wissenschaft als Produktivkraft, als Element der Produktionsverhältnisse wie auch des Überbaus, der Politik im weitesten Sinne des Wortes!

* Ebendort, S. 107 f.

KAPITEL III

Zwischen Griechenland und Renaissance

Der bekannte Wissenschaftshistoriker Charles Singer läßt in seinem Buch A Short History of Scientific Ideas to 1900 den beiden Kapiteln über die Wissenschaft im antiken Griechenland und in Alexandria zwei weitere folgen, die er so überschreibt*:

Das Versagen der Inspiration. Wissenschaft die Magd der Praxis:
Das kaiserliche Rom (50 v. Chr. – 400 n. Chr.)
und
Das Versagen des Wissens. Das Mittelalter: Theologie, Königin der Wissenschaften (400 – 1400).

Engels spricht in seinen schon mehrmals zitierten Notizen und Fragmenten zur Dialektik der Natur von der „finsteren Nacht des Mittelalters"** in den Naturwissenschaften.

Colin Clark hält die folgenden Bevölkerungszahlen für die wahrscheinlichsten in Europa***:

Jahr	Millionen	Jahr	Millionen
14	40	1000	39
350	28	1200	52
600	19	1340	85
800	29		

Nun gut – in Europa war auf wissenschaftlichem Gebiet nach den Griechen nichts los, das weiß man schließlich, mag man einwenden: Aber die Araber! die ja auch in Europa wirkten. Doch was leisteten diese wirklich? Wightman bemerkt: „Wenn wir den Arabern die Erhaltung der griechischen Kultur schulden, so verdanken wir ihnen doch auch kaum einen Fortschritt darüber hinaus."° Und die vielbändige „Geschichte der Philosophie", die seit 1957 in der Sowjetunion erschien und die die Tendenz hat, den außereuropäischen Leistungen besondere Aufmerksamkeit zu widmen, bemerkt: „Die arabische Wissenschaft, die dazu berufen war, die Bedürfnisse des wachsenden Handels, der Landwirtschaft und Industrie zu

* A. a. O., Oxford 1962, S. VIII f.

** *K. Marx, F. Engels,* Bd. 20, a. a. O., S. 456.

*** *C. Clark,* Population growth and land use. London 1967, S. 97.

° *W. P. D. Wightman,* The growth of scientific ideas, Edinburgh, London 1950, S. 44.

befriedigen, erreichte im 8. – 12. Jahrhundert einen höheren Stand als die westeuropäische Wissenschaft jener Zeit. Die Araber schufen eine Reihe von Wissenschafts- und Bildungszentren, unter denen Bagdad im 8. – 9. Jahrhundert und Córdoba im 10. Jahrhundert besonders hervorragten. Wie fortschrittlich die arabische Wissenschaft eingestellt war, ersieht man aus dem Interesse für Experimental- und Naturwissenschaften und aus der intensiven und vielseitigen Tätigkeit auf dem Gebiet der Übersetzung und Kommentierung klassischer Quellenschriften."*
Und was die „Geschichte der Philosophie" dann an Einzelleistungen aufzählt, ist nicht aufregend. Das sind Fortschritte der Art, wie sie die Griechen „nebenbei" vollbrachten.
Zwischen Griechenland und Renaissance scheint nichts von Besonderheit in Europa und in den Europa stark beeinflussenden byzantinischen und islamischen Reichen vollbracht worden zu sein.

Und doch ist das nur eine Teilwahrheit.
Beginnen wir mit einer näheren Untersuchung der Verhältnisse im Römischen Reich und hören wir zunächst Dampier: „Die Römer waren hervorragende Juristen, Soldaten und Administratoren, hatten aber wenig schöpferische Begabung auf geistigem Gebiete: die Kunst, Wissenschaft und Medizin von Rom waren von den Griechen entlehnt. Die Römer interessierten sich für Wissenschaft nur insofern, als diese eine Hilfe im praktischen Leben darstellte. Sie erfaßten nicht die grundlegende Tatsache, daß Erkenntnis um ihrer selbst willen gesucht werden muß, und die Folge davon war, daß schon nach wenigen Generationen die reine Wissenschaft, und bald darauf auch die angewandte Wissenschaft, keine Erfolge mehr aufzuweisen hatten."**
Auf einem Gebiet gibt Dampier einen Fortschritt zu:
„Die griechische Medizin blühte sowohl in Alexandria als auch in Rom weiter. Celsus schrieb unter der Regierung des Tiberius eine Abhandlung über Medizin und Chirurgie, in der er zahlreiche überraschend moderne Operationen beschreibt. Er hat uns auch eine Geschichte der Medizin in Alexandria und Rom hinterlassen. Seine Werke waren im Mittelalter verschollen, wurden aber frühzeitig genug wiederentdeckt, um die Renaissance zu beeinflussen. Zu einer etwas späteren Zeit unternahm Galenus (129 – 200 n. Chr.) Sektionen an Tieren und einigen menschlichen Leichen und untersuchte durch Vivisektion die Wirkungsweise des Herzens und des Rückenmarks. ...
Da die medizinische Schule besonders für die Armee von praktischem Wert war, hatte sie einen längeren Bestand als die reine Wissenschaft und Philosophie, die bereits im zweiten Jahrhundert n. Chr. Anzeichen ihres bald darauf erfolgten Zusammenbruchs verraten.
Dagegen blühten in Rom alle praktischen Künste noch weiter. Die Errichtung öffentlicher Badeanstalten mit Aquädukten, die das frische Wasser heranbrachten,

* Geschichte der Philosophie, Bd. I. Berlin 1960, S. 206.

** *W. C. Dampier,* A shorter history of science, hier zitiert nach: Kurze Geschichte der Wissenschaft. Zürich 1946, S. 50 f.

verschiedene sanitäre Einrichtungen, Krankenhäuser und öffentlicher Sanitätsdienst, militärische und zivile Ingenieurarbeiten legen ein beredtes Zeugnis von dem praktischen Genius des römischen Volkes ab."*

In dem Moment, wo wir begreifen, daß Gesellschaftswissenschaften schließlich auch Wissenschaften sind, ersehen wir selbst aus den Äußerungen Dampiers, daß gar keine Rede von einem allgemeinen Verfall der Wissenschaften in Rom sein kann.

Gegen seinen Willen verrät das Gleiche Mason: „Zur Wissenschaft trugen die Römer nur in geringem Maße bei. Ihre Leistungen lagen auf anderen Gebieten und traten vor allem dort hervor, wo es um die Lösung organisatorischer Probleme ging. Sie richteten einen öffentlichen Gesundheitsdienst ein, bauten Straßen und Aquädukte, führten den Julianischen Kalender ein und schufen das Römische Recht zur straffen Organisation ihres Lebens."** Taylor bemerkt: „Rom war weniger ein Zentrum der Naturwissenschaften (science) als der Literatur, Geschichte und des Rechts."***

Es scheint sich also folgendes für Rom zu ergeben: Stillstand gegenüber den Griechen auf dem Gebiete der Naturwissenschaften mit Ausnahme der Medizin und Fortschritt auf dem Gebiete der Gesellschaftswissenschaften.

Über den (relativen) Stillstand auf dem Gebiet der Naturwissenschaften herrscht in der Tat Einigkeit. Genannt werden im allgemeinen nur Kompilationen. Taylor bemerkt: „Die Griechen ... waren die Schöpfer des wissenschaftlichen Geistes und nahezu aller (Natur-) Wissenschaften der klassischen Zeit; denn darin waren die Römer nur ihre unselbständigen Schüler. Ihre besten Leistungen waren um 150 v. Chr. vollbracht. Danach haben wir viele Enzyklopädisten, die dicke Wälzer aus den Büchern anderer kompilieren und vielleicht gelegentlich einiges selbst hinzufügen. Die Naturgeschichte des Plinius ist, wenn sie auch massenhaft Informationen enthält, armselig unkritisch."°

Die große und oft genannte Ausnahme auf dem Gebiete der Naturwissenschaften ist die Medizin. Diese machte jedoch nicht nur, wie schon bemerkt, Erkenntnisfortschritte, sondern erreichte auch in der Praxis der Organisation einen hohen Stand. Es wurden zahlreiche medizinische Fach- und Hochschulen im ganzen römischen Reich geschaffen. Die Lehrer erhielten vom Staat ein festes Gehalt. Gleichzeitig wurde der Sanitation ernste Aufmerksamkeit gewidmet, und großartige Anlagen wurden errichtet. Wenige Städte verfügen heute, nach der Mitte des 20. Jahrhunderts, über ein Wasserzufuhrsystem wie das alte Rom. Wenige englische Kolonien verfügten in diesem Jahrhundert über ein Hospital-System wie zahlreiche römische Provinzen, wenige über so viele Stadt- und Institutionsärzte wie diese.

Zusätzlich könnte und sollte man noch die geographische Forschung nennen, über die Singer völlig zu recht unter der Überschrift „Geographie und Imperialismus" berichtet.°°

* Ebendort, S. 52 f.

** *St. F. Mason,* Geschichte der Naturwissenschaft (Übers.). Stuttgart 1961, S. 76.

*** *F. S. Taylor,* A short history of science and scientific thought. New York 1949, S. 52.

° Ebendort, S. 37.

°° A. a. O., S. 108.

Das heißt, die Naturwissenschaften machten noch Fortschritte auf zwei Gebieten, die engstens mit Krieg und Eroberung zusammenhingen.

Warum aber nicht auf anderen Gebieten? Solche Fragen sind im allgemeinen schwer zu beantworten, in diesem Fall jedoch, wie mir scheint, leicht. Was konnten die Naturwissenschaften noch leisten nach Archimedes und Heron? Wenn die Naturwissenschaften sich freischwebend, „aus eigenem Geist", entwickeln könnten, dann allerdings müßte man sich wundern, daß es nicht weiter ging. Aber Singer hat er völlig unrecht, wenn er seine Geschichte der Wissenschaften in Rom, wie zu Anfang dieses Kapitels zitiert, „Das Versagen der Inspiration. Wissenschaft die Magd der Praxis" überschreibt. Die „Inspiration" pflegt aus der Praxis zu kommen, und ob inspiriert oder nicht, die Wissenschaft ist nun einmal stets mehr oder weniger die „Magd der Praxis", weshalb auch die Grundlagenforschung nicht auf die Dauer fortschreiten kann, wenn sie nicht immer wieder von der zweckgebundenen Wissenschaft, von der Magd der Praxis inspiriert und genährt wird.

Die Magd aber hatte unter den Griechen schon fast alles gegeben, was sie unter Sklavenhalterverhältnissen geben konnte. Die Naturwissenschaften hatten den höchstmöglichen Stand erreicht, ja hatten ihn mit Heron bereits überschritten: Die Erfindung der Dampfmaschine können wir heute bewundern – aber sie war historischer Unsinn und wurde auch entsprechend – zur Betreibung von Marionetten – verwendet. Nicht die Römer waren unfähig, wissenschaftlich Großes zu leisten, sondern die Griechen hatten bereits fast alles geleistet, was eine Sklavenhaltergesellschaft leisten konnte.

Ganz anders ist die Situation auf dem Gebiete der Gesellschaftswissenschaften, die sich, zwar keineswegs ausschließlich, aber doch überwiegend, mit Problemen, die die Produktionsverhältnisse der Gesellschaft stellen, beschäftigen müssen.

Rom begann seit der Mitte des 3. Jahrhunderts vor unserer Zeitrechnung ein Weltreich zu erobern, dessen Ordnung und Verwaltung zu den größten historischen Leistungen einer Ausbeuterklasse gehört. Das erste Jahrhundert vor und die beiden ersten Jahrhunderte nach unserer Zeitrechnung sind die Blütezeit der Wirtschaft und Kultur Roms. Dem Kaiser Augustus um die Wende unserer Zeitrechnung gelang, was Alexander dem Großen, der so jung starb, versagt war: die feste Fundierung einer Weltmacht, die in relativem Frieden (Pax Romana) zwei Jahrhunderte hindurch sich eines für die damalige Zeit erstaunlichen Wirtschaftswohlstandes erfreute. Nach dem Ende des zweiten Jahrhunderts eroberte Rom keine neuen reichen Gebiete mehr, und da der Luxus der herrschenden Klasse ständig zunahm, da auch die Bürger der Stadt Rom nicht ihren Lebensstandard einbüßen sollten, denn sie waren die „Bürgeraristokratie", auf die sich die herrschende Klasse zu stützen und die sie mit „Brot und Spielen" zu korrumpieren suchte, so erhöhte man die Steuern und Tribute im Weltreich mit, wie wir noch sehen werden, für die Werktätigen und den Bestand des Imperiums im Laufe der Zeit katastrophalen Konsequenzen. Gibbon gibt in seinem klassischen Werk History of the Decline and Fall of the Roman Empire (1782–1788) das Todesjahr des Marc Aurel, 180, als Stichjahr für den Beginn des Verfalls des römischen Reiches. Natürlich meinte weder er noch meinen wir, wenn wir das Ende des zweiten Jahrhunderts als

Meilenstein der Entwicklung nennen, ein genaues Jahr als Ausgangspunkt des Niedergangs zu geben, aber wie genau erfaßte doch Gibbon die Verhältnisse allen denen gegenüber, die die Blüte Roms noch im dritten oder gar vierten Jahrhundert andauern sehen oder gar den Verfall früher legen wollen.

Die entscheidenden Leistungen Roms auf dem Gebiete der Gesellschaftswissenschaften liegen auf dem Gebiete der Leitung und Verwaltung. Und das ist, wenn die Leistungsfähigkeit einer Gesellschaftsordnung auf den meisten anderen Gebieten der Kultur schon (durch die Griechen) ausgeschöpft worden ist, und wenn Roms größte historische Leistung im Aufbau und in der jahrhundertelangen Erhaltung eines Weltreiches besteht, nur natürlich.

Diesen Genius für wissenschaftliche Leitung und Verwaltung spüren wir auch auf den kleinsten und beschränktesten Gebieten gesellschaftlicher Tätigkeit. Erst in jüngster Zeit beschäftigt man sich wieder ausführlicher zum Beispiel mit der römischen Betriebswirtschaft, insbesondere auch in der Landwirtschaft. So erklärte zum Beispiel Kuzishchin: „Wenige Forscher bezweifeln heute das hohe Niveau der Organisation des römischen Landgutes, die wohldurchdachte Verteilung der Arbeitskräfte, die störungsfreie Arbeitsdisziplin, die Spezialisierung der Arbeiter ... Das Studium der römischen landwirtschaftlichen Abhandlungen führt zu der Schlußfolgerung, daß während des ersten Jahrhunderts unserer Zeitrechnung in Italien eine rationelle und gut durchorganisierte Landwirtschaft existierte. Sie basierte auf praktischer Erfahrung, theoretischem Wissen und wohlgeplanter Organisation der Arbeit."*

Viel gewaltiger und folgenreicher waren natürlich die Leistungen Roms auf dem Gebiete der Staats-, der Imperiumsverwaltung, über die wir ein großes Tatsachenmaterial besitzen, ohne daß dieses von marxistischer Seite schon zusammenfassend unter spezieller Hervorhebung der darin enthaltenen gesellschaftswissenschaftlichen Leistung bearbeitet worden ist.

Die größte, man möchte sagen, die einzigartige Leistung der römischen Gesellschaftswissenschaften, die bis in unsere Zeit noch nachwirkt, ist aber das Römische Recht, „die vollkommenste Ausbildung des auf Privateigentum beruhenden Rechts, die wir kennen", wie Engels im „Anti-Dühring" formuliert. Und in einer Zeit, die dem Römischen Recht ideologisch so feindlich wie nur möglich gegenüberstand, rühmt ein deutscher Rechtswissenschaftler an ihm „die unbedingte Deckung von Lebenssinn und gedanklicher Form, die vollkommene Anpassung an die soziale Gestalt einer gegebenen Gemeinschaft, die Vorherrschaft unbegrifflicher Werte wie Herkommen und Autorität gegenüber dem Zweck und der Vernunft. ... Für den Ort des römischen Rechts folgt heute daraus: Es ist in der modernen Rechtswissenschaft mit aufgehoben und bleibt daher dem wissenschaftlichen Bewußtsein vom Recht notwendig wie Euklid der Mathematik, die antike Kunst dem Künstler und die antike Philosophie dem Denker der Gegenwart."** In der schon genannten sowjetischen Geschichte der Philosophie heißt es: „Die politischen Denker des Alten

* *V. I. Kuzishchin,* Problems of slave-labour productivity in Roman agriculture. "Nauka" Publishing House, Moscow 1970, S. 9 und 14.

** *Fr. Wieacker,* Vom römischen Recht. Leipzig 1944, S. 195 und 284.

Roms hatten bedeutenden Anteil an der Ausarbeitung der Theorie des Rechts. Der Klassencharakter des römischen Rechts bestand darin, daß es auf gesetzgeberischem Wege die Ausbeutung der Sklaven und der ärmsten Schichten der freien Bevölkerung sanktionierte, das Privateigentum und die Privilegien der Sklavenhalter schützte und die Sklaven außerhalb des Gesetzes stellte. Die Ausbeutung des Menschen wurde zu einem ewigen und ‚natürlichen' Verhältnis der Menschen erklärt."* Das ist richtig, aber völlig ungenügend. Selbstverständlich hatte das Römische Recht die Aufgabe – und es erfüllte sie großartig –, die Produktionsverhältnisse durch Gesetze und ideologisch zu sichern. Selbstverständlich hatte es die Aufgabe, die römischen Rechtsverhältnisse als die einzig moralischen darzustellen. Es war aber zugleich das Recht des größten Imperiums vor dem englischen Weltreich und ordnete seine Verhältnisse in erstaunlicher Weise.

Als der Vater der römischen Rechtswissenschaft gilt Publius Mucius Scaevola, der wohl als erster ein System von Rechtsprinzipien aufzubauen suchte. Unter seinem Einfluß und dem seiner Schüler entwickelte sich die Rechtswissenschaft zu so hohem Ansehen, daß es wenig mehr als hundert Jahre nach seinem Tode absolut üblich war, daß Rechtswissenschaftler die Richter offiziell berieten. Die Blüte der römischen Rechtswissenschaft fällt in das 2. Jahrhundert unserer Zeitrechnung. Namen wie Celsus, Caecilius Africanus und vor allem Gaius, wie auch der noch in das 3. Jahrhundert hinein lebenden Cervidius Scaevola, seines Schülers Papinian, des Paulus und Ulpian sind allen Rechtshistorikern bekannt. Die römischen Rechtswissenschaftler leisteten gleich Großes auf allen Rechtsgebieten, auf dem des Zivilrechts und dem des Strafrechts, auf dem des Staatsrechts und dem des jus gentium, des Rechts der Fremden. Auch rechtsphilosophische Überlegungen wie etwa die Idee eines Naturrechts und die Komplikationen, die eine solche Konzeption bringt – hatten doch nach dem Naturrecht die Sklaven viel weitergehende Rechte als ihnen das Zivil- oder Fremdenrecht zustand – fanden Eingang in die römische Rechtswissenschaft. Nur auf dem Gebiete des internationalen Rechts, des Völkerrechts konnten sie nichts leisten, da die „ganze Welt" ihnen gehörte.

Fast alle diese Rechtswissenschaftler hatten zugleich hohe Staatsämter. Der alte Mucius war Konsul (133 v.u.Z.) und Oberster Richter, pontifex maximus, gewesen, Cervidius Scaevola war Mitglied des Staatsrats von Marc Aurel, Papinian war prätorianischer Präfekt, ebenso Ulpian und Paulus.

Wie das juristische Denken auch die kleinste Gemeinschaft durchzog, mag hier illustriert sein durch die Tatsache, daß der adoptierte Sohn dem natürlichen völlig gleichgestellt war, während der außerhalb der Ehe geborene Sohn als nicht-verwandt galt. Die rechtliche hatte die natürliche Beziehung (des unehelichen Sohnes) völlig verdrängt.

Wie das juristische Denken das ganze römische Kulturleben durchzog, das zeigt sein Ende. Das römische Reich liegt bereits im Sterben, keine politischen noch militärischen, keine künstlerischen noch wissenschaftlichen Leistungen von Bedeutung sind seit langem zu vermelden. Da reißt sich noch einmal mit letzter Kraft die Rechts-

* A. a. O., S. 127.

wissenschaft zusammen, ein letztes Aufglimmen römischer Kultur in der Sterbestunde des Imperiums, und bringt im 6. Jahrhundert den Codex des Justinian hervor, das Testament der römischen Rechtswissenschaft, das in den folgenden Jahrhunderten immer wieder ergänzt (und erläutert) neu aufgelegt wurde und auch heute noch zu den Schätzen der Weltkultur gehört. Und das, obgleich es nur eine Kompilation des Rechts der vorangehenden Jahrhunderte war – aber als Kompilation eine großartige Leistung, von der Dante rühmte, daß sie dem römischen Recht die endgültige Form, „frei vom Exzessiven und Irrelevanten" gab.

Im gleichen Jahr aber, in dem die erste Ausgabe des Codex erschien (529), verjagte der Kaiser die Überreste der philosophischen Schulen Athens, und die letzten Platonisten fanden Zuflucht am Hofe des Perserkönigs.

Und so können wir abschließend zusammenfassen:

Niemand kann leugnen, daß die Gesellschaftswissenschaften in Rom auf dem Gebiete des Rechts eine Blüte hatten wie nie zuvor und wie auch niemals wieder später. Keine Klasse hat bisher ein so durchgearbeitetes, so die Produktionsverhältnisse förderndes und erhaltendes Rechtssystem entwickelt wie die Sklavenhalterklasse Roms. Selbstverständlich hat mit der Entwicklung der Produktionsverhältnisse seit dieser Zeit auch das Recht einen höheren Inhalt gewonnen. Daß jedoch eine entsprechende rechtswissenschaftliche Leistung vorgelegen hat, wird man nicht sagen können.

Werke wie die von Hammurabi oder Solon waren Einzelereignisse, die natürlich ihre Vorgeschichte und Nachgeschichte hatten. Das Römische Recht wuchs und währte durch Jahrhunderte und hat eine Nachwirkungsgeschichte von Jahrtausenden.

Allein schon mit seinem Recht hat Rom seine Aufgabe in der Geschichte der Wissenschaft würdig erfüllt.

Ist es die gewaltige Leistung Griechenlands, auf dem Wege über die Technik wie auch auf anderen (Anwendung der Geometrie und Astronomie auf Probleme der Schiffahrt zum Beispiel) den Einfluß der Naturwissenschaften als Produktivkraft gewaltig gehoben zu haben, so liegt die Hauptleistung von Rom in der Verwandlung der Gesellschaftswissenschaft des Rechts in ein überaus wirksames Element der Produktions- und Herrschaftsverhältnisse eines Imperiums.

Dabei sind wir uns natürlich klar darüber, daß die Rolle der Naturwissenschaften als Produktivkraft in der Antike noch eine sehr kleine war – nicht etwa, weil viel Naturwissenschaft betrieben wurde, die sich nicht in Produktivkraft verwandelte, sondern weil ein sehr großer Teil der Produktion noch auf reiner handwerklicher Erfahrung beruhend betrieben wurde.

Dabei sind wir uns natürlich ebenso klar darüber, daß die Rolle der Gesellschaftswissenschaften als Element der Produktionsverhältnisse in der Antike noch eine sehr kleine war – nicht etwa, weil viel Gesellschaftswissenschaft betrieben wurde, die sich nicht in ein Element der Produktionsverhältnisse verwandelte, sondern weil ein sehr großer Teil der Schutz- und Regelungsmittel der Produktionsverhältnisse nicht-wissenschaftlichen, entweder reinen praktizistischen Erfahrungs- oder mystischen, religiösen und ähnlichen Charakter hatte. –

Mit dem Verfall des Römischen Reiches verfiel die Wissenschaft, und was noch viel schlimmer und gefährlicher: es verfiel die handwerkliche und landwirtschaftliche Erfahrung.

Der Verfall beruht natürlich auf dem Verfall der Produktionsweise. Wie und warum verfiel sie?*

Im Modell, wie wir es für den Übergang von der Urgemeinschaft zur Sklavenhaltergesellschaft und von der feudalen zur kapitalistischen Gesellschaft kennen, geht es so vor:

1. Die Produktivkräfte entwickeln sich immer stärker und verlangen eine neue Ordnung der Gesellschaft.
2. Als Vertreter der Interessen der neuen Produktivkräfte, die sie benutzen, entwickelt sich im Schoße der alten Gesellschaft eine künftige herrschende Klasse.
3. (Beim Übergang vom Feudalismus zum Kapitalismus:) Die Werktätigen sind nicht länger bereit, in ihrer immer elender werdenden Lage zu leben und drängen in revolutionären Bewegungen zum Sturz der alten Gesellschaftsordnung.

Im Römischen Reich, das Griechenland, Spanien, England, Frankreich, Teile Germaniens und Asiens sowie Nordafrika einschloß, kann seit dem dritten Jahrhundert unserer Zeitrechnung von einer stärkeren Entwicklung der Produktivkräfte nicht die Rede sein. Im Gegenteil: nachdem die römische Sklavenhaltergesellschaft im ersten und zweiten Jahrhundert unserer Zeitrechnung ihren Höhepunkt erreicht hat, beginnt ein zunächst langsamer, dann durchaus merklicher und schließlich im vierten Jahrhundert ganz schneller Verfall der Produktivkräfte.

Und zwar aus zwei Gründen:

Einmal hat das Reich seine Expansionsmöglichkeiten erschöpft – um neue Sklaven zu erhalten, sind aber immer neue Kriege mit immer neuen Ländern notwendig. Das heißt, eine Quelle der Zufuhr neuer Produktivkräfte (Sklaven) beginnt zu versiegen.

Und sodann wird der Kern der herrschenden Klasse – Großgrundbesitzer, Kaufleute, Manufakturisten, Bankiers –, der in Rom, der Hauptstadt des Imperiums, residiert, in seiner Lebenshaltung und in seinen Herrschaftsformen (Unterhaltung einer riesigen militärischen und zivilen Bürokratie) immer parasitärer, so daß er zur Erhaltung seiner Gesellschaftsordnung einen immer größeren Teil des Mehrprodukts abschöpfen muß.

Um der Notsituation abzuhelfen, wird – wie beim Niedergang der Feudal- und der kapitalistischen Gesellschaft – der Staat immer stärker eingesetzt.

Beobachten wir all dies etwas näher.

Unter dem Sklavenmangel hatten vor allem auch die Großgrundbesitzer zu leiden. Ihre Großwirtschaft sucht nun nach neuen Wegen der Bearbeitung ihrer Latifundien, indem sie diese in Parzellen, Kleingüter usw. aufteilen und verpachten. Auch versuchen sie, mit in neuen Abhängigkeitsformen Gefesselten, mit Kolonen und Halbfreien, mit am Mehrprodukt interessierten Sklaven usw. als Pächtern oder Ein-

* Vgl. zum folgenden: *J. Kuczynski*, Grundzüge der vorkapitalistischen Produktionsweisen. Berlin 1968, S. 28 ff.

gesessenen das Land zu bearbeiten und Mehrprodukt zu gewinnen. Die alten Abhängigkeits- und Unterdrückungsformen beginnen sich also aufzulösen. In der Tat, es gibt kaum ein Gebiet wirtschaftlicher Verhältnisse, das so deutlich die Zersetzung der antiken Wirtschaftsverfassung zeigt, wie das Durch- und Nebeneinander verschiedener Varianten von Abhängigkeitsformen der kleinen Landbebauer. In einer seiner frühen Schriften weist der bekannte Althistoriker Rostovtzeff* darauf hin, daß es in dieser Zeit nicht mehr gelang, ein wohlgefügtes System des Rechts für das Kolonat, eine der vielen Formen der Abhängigkeit, zu schaffen, während es doch im Römischen Reich stets eine saubere Systematik des Bürger- und Sklavenrechts gegeben hatte. Wie unmittelbar wirkt sich hier die Zersetzung der Basis in der Gesellschaftswissenschaft, im Recht aus!

Neben dem Kolonat entstanden andere Formen der halben Freiheit, ohne Bindung an den Boden, etwa mit Dienst- oder Geldverpflichtungen, ohne deren Erfüllung allerdings die Aufgabe des Betriebes und die Abwanderung verboten waren. Wir finden auch eine allmähliche Auflösung des Sklavenverhältnisses etwa in der Form der Umwandlung der Sklaverei in Kolonat oder irgendein anderes Dienstverhältnis. Schließlich begegnet uns eine Art von staatlicher Dienstwirtschaft, die auch, wie man es nennen könnte, Arbeitsdienstpflicht auf Lebensdauer mit einschloß. Da nämlich die Landflucht infolge der praktisch restlosen Abschöpfung des Mehrprodukts, ja des Raubes eines Teiles des Konsumtionsfonds überhandnahm, zwang der Staat die Bebauer des Landes durch Gesetze, auf ihrem Besitz zu bleiben, um die regelmäßigen wie auch die immer wiederkehrenden außerordentlichen Steuern und Lieferungsaufgebote sicherzustellen.

Den gleichen staatlichen Zwang zum Verbleiben im Beruf finden wir auch in zahlreichen anderen Wirtschaftszweigen. Er begegnet uns genau so in der Industrie, und zwar sowohl in der Großindustrie wie im Kleingewerbe. Auch hier ist der Zusammenhang mit den steigenden Einnahmebedürfnissen des Staates (Abschöpfung vom Mehrprodukt, Umverteilung der Einkommen zugunsten der parasitären herrschenden Klassen) und der Lieferungsunwilligkeit der Produzenten deutlich. Es wurden etwa den Handwerkvereinen Auflagen für Natural- oder Geldlieferungen gemacht. Solange sie ihnen nachkommen konnten, ließ man sie frei wirtschaften. Blieben sie im Rückstand und führte das dann zur Flucht aus dem Beruf oder zur Übersiedlung in eine andere Gegend, so wurden die Handwerker, ob abhängig oder frei, an ihren Beruf gebunden. Half auch dieses nicht, wurden die Betriebe bzw. die Vereinigungen verstaatlicht.

Die Verstaatlichung wurde mehr und mehr als Ausweg aus den Schwierigkeiten gewählt. Und entsprechend wuchs der ursprünglich nicht sehr große Sektor der Staatsbetriebe zu ungeheuerlichen Proportionen. Neben Waffenwerkstätten und Münzwerkstätten finden wir jetzt auch staatliche Bäckereien, Textilbetriebe, Ziegeleien, Papyruswerke, Bleigießereien usw. In diesen Betrieben wurden sowohl gebundene Arbeiter und Strafgefangene als auch Sklaven und Kriegsgefangene (auch

* Vgl. *M. I. Rostovtzeff*, Artikel „Kolonat" im Handwörterbuch der Staatswissenschaften, 3. Auflage, Jena 1910, Bd. 5, S. 913 f.

eine neue Kategorie der Werktätigen, die sich jedoch kaum von der der Sklaven unterschied) beschäftigt.

Dazu kam vielfach die Verstaatlichung des Transports und in Verbindung damit die der Werften. Schließlich ging man auch zur Verstaatlichung von Teilen des Handels, insbesondere des Lebensmittelhandels, über. Das heißt, es wurden alle wichtigen Wirtschaftszweige, die dem Heer dienten, und in lokalem und provinziellem Maßstab alle diejenigen, die nicht genügend zum Steueraufkommen beitrugen, unter direkte staatliche Kontrolle genommen. Der einzige Weg, auf dem sich die herrschende Klasse noch halten zu können glaubte, war die Verstaatlichung des wirtschaftlichen Lebens.

Zu alledem versuchte man noch einen anderen Ausweg aus den Schwierigkeiten, mehr und mehr Mehrprodukt abzuschöpfen, nämlich den der Münzverschlechterung oder Inflation. Sie begann in großem Ausmaß während des 3. Jahrhunderts und wurde nach verschiedenen Reformversuchen immer wieder von neuem durchgeführt.

All diese Faktoren führten natürlich zu einem allmählichen Rückgang der allgemeinen Wirtschaftsleistung. Die Erträge der Wirtschaft, die jährliche Produktion der verschiedenen Wirtschaftszweige, die jährlichen Leistungen der Menschen gingen zurück. Es begann, so unglaublich das klingt, ein Interesse der Menschen am Verzicht auf Mehrproduktion, da diese ihnen ja doch nur weggesteuert wurde. Die Masse der kleinen Produzenten hob den Ertrag ihres Landes kaum noch über das zur Versorgung der Familie notwendige Maß hinaus. Und da es gefährlich wurde, auch nur so viel mehr zu produzieren, als nötig ist, um durch Verkauf in der Stadt andere Waren, wie Textilien oder Werkzeuge, zu kaufen, so begann man, wie vor der Teilung der Arbeit in Landwirtschaft und Handwerk, wieder alles selbst zu produzieren. Daraufhin zogen sich die Handwerker aus der Stadt auf das Land zurück, und man beschränkte sich wieder auf ganz engen lokalen Tauschhandel wie tausend Jahre zuvor. Ja, die Entwicklung ging noch weiter zurück, und die handwerkliche Arbeit begann überhaupt als selbständige Produktionsform zu verschwinden. Mehr und mehr Handwerke wurden direkt an den mittleren und großen landwirtschaftlichen Betrieb angegliedert, während die kleinen Bauern das Handwerk wieder selbst nebenberuflich betrieben.

Wir beobachten allgemein Rückgang zu primitiveren Wirtschaftsformen, den Verfall der Sklaverei in die Vergangenheit der Barbarei.

Die Produktivkräfte werden schwächer und schwächer, Mensch und Gesellschaft verkommen. Wo liegt die Rettung?

Wo sind die Massen? Wo ist die neu zur Herrschaft drängende Klasse, die sie in den Kampf führt?

Wir wissen von heroischen Sklavenkämpfen. Nie wird die Geschichte den heldenhaften Sklavenaufstand unter Spartakus im Jahre 73 vor unserer Zeitrechnung vergessen.

Doch sind die Sklaven in der Lage, eine revolutionäre Umwälzung zu bringen? Marx bemerkt im Vorwort von 1869 zum „Achtzehnten Brumaire des Louis Bonaparte", „daß nämlich im alten Rom der Klassenkampf nur innerhalb einer privilegierten Minorität spielte, zwischen den freien Reichen und den freien Armen, während die große produktive Masse der Bevölkerung, die Sklaven, das bloß passive Piedestal für jene Kämpfer bildete"*.

Man stelle sich doch diese Sklavenmassen vor. Aus allen Gegenden der Welt zusammengeholt sind sie oft nicht einmal in der Lage, sich untereinander zu verständigen – nur eines verstehen sie: die Tränen, die Melodie des Klageliedes des anderen. Der Herr hat volle Macht über sie, kann sie jederzeit züchtigen, ja morden – und das Recht ist auf seiner Seite. Das Recht und auch die öffentliche Meinung, die die der armen Freien mit einschließt. Oder sollte man von den römischen Bauern und Handwerkern ein proletarisches Solidaritätsgefühl für Kriegsgefangene aus allerlei unterdrückten Ländern erwarten?!

Die Sklavenhaltergesellschaft des Römischen Reichs wurde nicht durch den Aufstand der unterdrückten Klassen, geführt von einer neuen zur Macht drängenden Klasse (die es infolge der Rückentwicklung der Produktivkräfte nicht gab), gestürzt. Und darum verfiel sie allmählich auf den Stand der Wirtschaft fern vergangener Zeiten zurück – bei gleichzeitiger Verwandlung der höchsten Kultur, die die Menschheit bis dahin gekannt hat, in Perversion und Laster der herrschenden Klassen.

Wenn nun primitivere Wirtschaftsformen, Formen der Naturalwirtschaft, die hochentwickelten der vorangegangenen Jahrhunderte ablösten, dann erhielten aber auch primitivere Völker die Möglichkeit, sich innerhalb des Verbandes des Römischen Reiches zu erheben und erfolgreich zur Herrschaft zu streben – nicht in Klassen, sondern als Völker. Man kann sagen, daß das Römische Reich, daß die antike Gesellschaft nicht durch unterdrückte Klassen, sondern durch unterdrückte „nationale"** Gruppen, durch unterdrückte, beraubte Völker gestürzt wurde. Es war, auf der Basis des sozialen und staatlichen Verfalls, die „nationale" Unterdrückung, die schließlich zur Sprengung der antiken Gesellschaft führte. Es waren nicht die Sklaven oder die Bauern, nicht die freien Arbeiter oder das Kleinbürgertum, die die alte, schon gebrechliche Gesellschaftsform endgültig zerbrachen, sondern es waren die Germanen – eine „nationale" Gruppierung innerhalb und vor allem außerhalb des Römischen Reiches, die vielfach noch auf der höchsten Stufe der Urgemeinschaft lebte. Es war nicht eine mit höherer Produktivität arbeitende neue herrschende Klasse, es waren vielmehr in der Produktivität zurückgebliebene Völker, die die Macht eroberten.

Es war eine niedrigere Entwicklungsstufe der Menschheit, die sich hier einer entwickelteren gegenüber durchsetzte. Das war möglich, denn die entwickeltere war bereits in Agonie verfallen, ja mehr noch, sie befand sich im Prozeß der Rückentwicklung zu einer niedrigeren Gesellschaftsform.

Unter diesen Umständen wird es nicht verwundern, daß es annähernd ein halbes Jahrtausend dauerte, bis endlich im 8. Jahrhundert sich eine neue Gesellschafts-

* *Marx/Engels*, Werke. Bd. 16, Berlin 1962, S. 359.

** Wir setzen hier „national" in Anführungsstriche, um zum Ausdruck zu bringen, daß es sich noch nicht um voll ausgebildete Nationen handelt, aber doch um Gemeinschaften, aus denen im Verlauf des Kampfes gegen Rom „neue Nationalitäten" (Engels) erwuchsen und die in dieser Zeit bereits „nationale Eigenschaften" (Engels) hatten.

ordnung in Europa aus dem Chaos der Völkerwanderungen und dem Vernichtungsprozeß des Römischen Reiches herauskristallisierte.

Unter diesen Umständen kann es aber auch nicht verwundern, daß die neue Gesellschaftsordnung zunächst mit ihrer Produktivität beachtlich unter der alten (vor deren völligem Verfall) lag und dementsprechend auch auf niedrigerem Kulturniveau lebte.
Und doch nennen wir die Feudalordnung der Sklavenhaltergesellschaft überlegen; und doch meinen wir, daß sie einen Fortschritt in der Geschichte der Menschheit darstellt?
Ja, so ist es, und zwar nur aus einem einzigen Grunde: an die Stelle des Sklaven trat der hörige, halbfreie Bauer und der noch weniger gebundene Geselle, der freier Meister werden konnte.
Was war der mit der Halbfreiheit verbundene, in der Ökonomie vorhandene Fortschritt, den der hörige Bauer gegenüber dem Sklaven darstellte? Doch dieser: Während unter dem System der Sklaverei das gesamte Produkt dem Herrn des Sklaven gehörte und dieser dann dem Sklaven etwas gab, damit er am Leben bleiben und weiter arbeiten konnte, geht unter dem Feudalismus (abgesehen von seiner Verfallsperiode) dem Hörigen das gesamte Produkt seiner Arbeit zu, jedoch muß er einen Teil in Sachgut oder Geld an den Feudalherrn abgeben – es sei denn, er wird teilweise durch Frondienste zur direkten Mehrproduktion für den Feudalherrn befohlen. Das heißt, nicht nur der Unterdrücker und Ausplünderer, sondern auch der Unterdückte und Ausgeplünderte ist am Mehrprodukt beteiligt. Das Mehrprodukt geht zu einem beachtlichen Teil an den Feudalherrn; aber die Tatsache, daß ein Teil des Mehrprodukts dem Hörigen rechtmäßig zukommt und daß dieser Teil vielfach durch größere Arbeitsleistung erhöht werden kann, macht das feudale System zu einem fortschrittlichen gegenüber dem antiken und erlaubt zunächst überhaupt seine Existenz. Nur die Tatsache, daß der Ausgebeutete einen Teil des Mehrprodukts behält, ja daß der Teil des Produkts, der den unterdrückten Schichten zufällt, unter Umständen erhöht werden kann, führt dazu, daß eine Wiederentwicklung der Produktionsinstrumente (Technik) stattfindet, daß verlassenes und verwildertes Land wieder bebaut wird, daß Wälder gerodet und in Ackerland verwandelt werden, daß eine kolonisatorische Besiedlung von wüstem Land stattfindet, daß sich nach dem Verfall der vorangehenden Jahrhunderte mit ihren Wanderungen und Kriegen jetzt die Bevölkerung relativ schnell vermehrt und sich Arbeit und Lebensunterhalt für alle finden.
All das schließt natürlich einen erneuten Aufschwung der Sammlung von Erfahrungen und der Technik in Landwirtschaft und Handwerk ein. Einen Aufschwung, der groß genug ist, um die herrschende Klasse auch wieder empfänglich zu machen für wissenschaftliche Leistungen. Die „Heiden“, die Araber, gegen die die Kirche die Kreuzzüge organisierte, waren es, die die wissenschaftliche Tradition der Antike übernahmen und dann in ihren siegreichen Einfällen nach Europa direkt dort zu etablieren begannen. Auch führte im Laufe der Zeit der wirtschaftliche Aufschwung Europas zu eigenen wissenschaftlichen Leistungen.

Wie aber kam dieser neue Aufschwung zustande in einer Umwelt, die wie die Jahrhunderte von 500 bis 900 oder 1000 von Analphabeten bevölkert wurde, in der der Welthandel wie auch der Binnenhandel einen Tiefstand erreichten, wie ihn Europa und der vordere Orient seit 2000 Jahren nicht gekannt hatten, in der vor allem Landwirtschaft getrieben wurde und, mit wenigen Ausnahmen, Städte nicht existierten bzw. wirtschaftliche und kulturelle Ruinen waren?

Ich glaube, daß die beiden entscheidenden Faktoren für den neuen Aufschwung die relative Freiheit vieler Menschen und eine urwüchsige Demokratie waren, die ihnen den Weg von der fremden Erfindung zur eigenen Anwendung der Erfindung erleichterten.

Das sei zunächst an der Entwicklung der Landwirtschaft gezeigt.*

Von größter Bedeutung für die Entwicklung der Landwirtschaft war der schwere Pflug, der von 8 Ochsen gezogen werden mußte. Wir kennen seine Herkunft nicht; in Europa tauchte er wohl zuerst bei den Slawen gegen Ende des 6. Jahrhunderts auf und verbreitete sich dann in den folgenden Jahrhunderten über Deutschland, Frankreich, die nordischen Länder. Er war natürlich ein sehr teures Produktionsmittel und konnte von einem einzelnen Bauern nicht gehalten werden – einmal weil allein schon der Unterhalt der Ochsen zu kostspielig für den Bauern war, und sodann weil dessen Stück Land viel zu klein war, um ihn entsprechend auszunutzen. Ganz anders war seine Rolle in einer Bauerngemeinschaft, in Deutschland in der von Engels so hoch bewerteten Markgenossenschaft. Engels hat die lange Existenz der Markgenossenschaft für einen hochbedeutsamen Faktor in der gesellschaftlichen Entwicklung auf dem Lande gehalten. Und ich glaube, man kann sagen, daß der schwere Pflug einer der wichtigsten Faktoren, vielleicht sogar in der Ausbreitung, in jedem Fall in der Erhaltung der Markgenossenschaft war. Während das Herkunftsland und auch die Slawen von dem schweren Pflug, soweit er überhaupt verwendet wurde, wenig gesellschaftlichen Nutzen hatten, wurde er zu einem bedeutsamen technischen und gesellschaftlichen Faktor in Mittel- und Westeuropa. Mittel- und Westeuropa gingen den Weg von der invention zur innovation, von der Entdeckung zu ihrer praktischen Anwendung, und machten so die ausländische technische Erfindung zu einer wirksamen Realität, die nicht nur die Produktivität in der Landwirtschaft erheblich hob, sondern auch einen bedeutsamen Einfluß auf die Produktions- und politischen Verhältnisse hatte – Markgenossenschaft als gemeinsames Produktionsverhältnis und Hort der Demokratie.

Noch ein zweites, ein Doppelbeispiel sei gegeben, das die Ausrüstung des Pferdes betrifft.

Beginnen wir mit Hufeisen und Kummet. Beide sind – entsprechend dem niedrigen herrschenden Kulturniveau – wieder keine Entdeckungen jener Zeit wirtschaftlichen Darniederliegens in Mittel- und Westeuropa. Beide kamen nach Mittel- und Westeuropa in dieser Zeit wohl von den Slawen, die aber keinen Gebrauch von ihnen machten. Es waren die freien oder relativ freien Bauern Mittel- und Westeuropas,

* Vgl. zum folgenden die Arbeiten von *Marc Bloch* und seinen Schülern, z. B. *M. Bloch*, Les charactères originaux de l'histoire rurale française. Oslo 1931, Paris 1955 – und das Buch von *Lynn White Jr.*, Medieval technology and social change, Oxford 1963.

die das Pferd als hochproduktives Zugmittel in die Landwirtschaft, also als Ersatz für den Ochsen, einführten – was nicht bedeutet, daß das Pferd nicht in anderen Ländern auch in der Landwirtschaft verwendet wurde, aber eben nicht mit so hoher Produktivität.

Wenn man sagt, daß für schwere Zugleistungen das Zugtier nicht mehr wert ist als seine Hufe, dann kann man sich leicht vorstellen, was das Hufeisen für die Landwirtschaft bedeutet hat.

Was aber den Kummet betrifft, so steigerte er die Zugkraft des Pferdes um das Vielfache. Drückten doch alle vorangehenden Geschirre so stark gegen die Luftröhre des Pferdes, daß es an jeder ernsten Zugleistung verhindert wurde. Daher verwandte man in der Antike Pferde in der Hauptsache nur für leichte Kampfwagen, während schwere Lasten durch Masseneinsatz menschlicher Zugkraft, vor allem von Sklaven, befördert wurden. Da nun das Pferd gegenüber dem Ochsen wesentlich schneller ist, so bedeutet die Benutzung des Pferdes mit Hufe und Kummet gegenüber dem Pferd in der Antike eine Verdoppelung und Verdreifachung der Zugkraft, gegenüber dem Ochsen mit Kummet jedoch wegen seiner größeren Geschwindigkeit und wohl auch größeren Ausdauer eine Leistungserhöhung um 50 bis 100 Prozent.

Ganz abgesehen von der gesellschaftlichen Bedeutung der Erhöhung der Produktivität der landwirtschaftlichen Produktion hat die Einführung des „modern“ ausgerüsteten Pferdes aber auch noch große Bedeutung für die Produktions- und Siedlungsverhältnisse. Die größere Geschwindigkeit des Pferdes verbunden mit seiner großen Zugkraft erlaubt dem Bauern, ferner liegende Felder zu bearbeiten, das heißt, er kann auch ferner von seinen Feldern wohnen. Man sollte die Bedeutung des „modern“ ausgerüsteten Pferdes für die Siedlung in Dörfern und damit für eine Tendenz des Lebens, die sich gegen die Vereinzelung und Isolierung der bäuerlichen Produktion richtet, nicht unterschätzen.

Jedoch – und das ist der zweite Teil des Beispiels von der Rolle der Entwicklung der Technik bei der Ausrüstung des Pferdes – müssen wir noch eines weiteren Ausrüstungsgegenstandes gedenken: des Steigbügels. Dieser spielte für die Landwirtschaft keine größere Rolle. Um so größer war seine Bedeutung für das Kriegswesen, das ja in dieser Zeit eine Waffe der Landwirtschaft war – die Gewalt als Mittel der Ökonomie.

Marx hat auf eine andere Seite der Rolle des Krieges und des Kriegsdienstes für die Entwicklung der feudalen Produktionsverhältnisse hingewiesen, als er sagte: „Der Kriegsdienst, der den Ruin der römischen Plebejer so sehr beschleunigte, war auch ein Hauptmittel, wodurch Karl der Große die Verwandlung freier deutscher Bauern in Hörige und Leibeigene treibhausmäßig förderte.“*

Welche Rolle spielte der Steigbügel für die Entwicklung der feudalen Produktionsverhältnisse, und wie gestaltete sich seine Einführung in Mittel- und Westeuropa? Natürlich ist er keine eigenständige Entdeckung. Seine Vorformen und auch schon Ausbildung finden wir im frühen Indien und China. Nach unserer Zeitrechnung

* *Marx/Engels,* Werke. Bd. 23, Berlin 1962, S. 755.

kommt er nach Persien und Byzanz, auch die Slawen übernehmen ihn. In Westeuropa taucht er wohl zuerst am Anfang des 8. Jahrhunderts auf. Zu einem Faktor von größter gesellschaftlicher Bedeutung wurde er aber erst, als Karl Martell ihn zu Ende des ersten Drittels des 8. Jahrhunderts zur technischen Grundlage seiner Heeresreform machte, indem er der Reiterei den Schwerpunkt des Angriffs zuwies. Lynn White, der sich mit dem Problem der Rolle des Steigbügels sehr ausführlich beschäftigt hat, legt ausführlich dar, daß der Steigbügel die Kampfkraft des Reiters ungemein erhöht, die Lanzenführung außerordentlich erleichtert und zugleich als Abwehr eine immer schwerere und entsprechend teurere Rüstung erfordert.

Diese Wandlung in der Strategie des Kampfes, die zugleich eine sehr beachtliche Verteuerung des Krieges bedeutete, zwang den Herrscher einerseits, seinen Reitern mehr Land als ökonomische Basis des Kriegsdienstes zu geben – wie umgekehrt die Kriege zur Ausdehnung der eigenen Landwirtschaft geführt wurden – und schied andererseits die Reiter in zunehmendem Maße von dem „einfachen Fußvolk". So wie Marx gezeigt hat, daß der Kriegsdienst bzw. der Loskauf von ihm die einfachen freien Bauern in Abhängigkeit führte, so sehen wir hier, wie die Reiterei mit Steigbügel und immer schwererer Rüstung die Reiter (Ritter) durch Landschenkungen immer begüterter machte.

Die soziale und Klassenscheidung wird außerordentlich beschleunigt. Aus den Freien des achten Jahrhunderts werden im 9. Jahrhundert – für das Heeresaufgebot – „Minderbemittelte, jedoch Freie, die sich aber nicht aus eigenen Mitteln voll ausrüsten können", dann „Freie zweiter Ordnung", bis im 10. Jahrhundert der Ausdruck miles nicht mehr wie seit altrömischer Zeit Soldat, sondern nur noch Ritter bedeutet.

Warum sind wir hier so relativ ausführlich auf die technische Entwicklung in Landwirtschaft und Kriegswesen eingegangen – in einer Zeit, die so gar nichts für die Entwicklung der Wissenschaft geleistet hat?

Einmal weil die gegebenen Beispiele so deutlich den Einfluß der Technik auf die Gestaltung der Produktionsverhältnisse zeigen – und die weiteren Anforderungen der Technik werden ja später die Wissenschaft zu neuem Leben erwecken, deren Einfluß auf die Gestaltung der ganzen Produktionsweise von immenser Bedeutung sein wird.

Sodann aber, um zu zeigen, welche Rolle die Problematik nicht so sehr der Übernahme fremder Errungenschaften, sondern ihre Wirksamkeit erst durch die Übernahme spielt. Ganz offenbar waren die Völker Mittel- und Westeuropas in dieser Zeit ganz besonders begabt, solche fremden, in ihren Ursprungsländern relativ unwirksamen Erfindungen auszunutzen. Und diese Begabung ist nicht eine natürliche, biologisch begründete, sondern beruht wohl auf der Tatsache, daß in ihnen die persönliche Freiheit, insbesondere von Ausbeutung, größer und weiter verbreitet war als in den Ursprungsländern der Erfindungen.

Der Anteil am Mehrprodukt oder sogar die Möglichkeit, das ganze Mehrprodukt zu behalten, befähigte diese kulturell im Vergleich zu den Griechen und Römern so zurückgebliebenen Völker, die noch unfähig zu bedeutenden technischen Leistungen, gar nicht zu reden von wissenschaftlichen Fortschritten, waren, fremde Erfindungen

sich so anzueignen, daß sie zu einem bedeutsamen Faktor des gesellschaftlichen Lebens wurden.
Auf diese Eigenheit der Entwicklung zwischen dem achten und zehnten Jahrhundert hat man bisher wohl noch nicht hingewiesen – eine Zeit, in der weder Bauern noch Könige lesen und schreiben konnten, während in Rom Bekanntmachungen öffentlich durch Maueranschläge den Bürgern zur Lektüre gegeben worden waren, eine Zeit aber, in der der Anteil am Mehrprodukt die Menschen wach und aufgeschlossen machte für die Anwendung fremder Erfindungen.

In den nun folgenden Jahrhunderten zeigen sich die ersten Folgen langsamen Wirtschaftswachstums und steigenden Mehrprodukts auf Grund angewandter Technik aus fernen Ländern. Der Handel beginnt im Norden, in den baltischen Gewässern wie in der Nordsee, und im Süden, wo Venedig eigentlich nie ganz den Kontakt mit Konstantinopel verloren hatte, aufzublühen. Als Kreuzzüge religiös aufgezogene Raubkriege bringen neue Kontakte und neuen Reichtum. Die Textilproduktion wächst in neuerwachten und neugegründeten Städten, vor allem in Norditalien und Holland, und Textilrohstoffländer wie England mit seiner Wolle nehmen an dem schnelleren Aufschwung teil. Der Schiffsbau gewinnt an Bedeutung, und Pisa widmet einen Teil der Beute aus seinen nordafrikanischen Raubzügen dem Bau seiner großen Kathedrale. Bald fließen auch die Handelsströme des Nordens und Südens zusammen, und die Handelsflotten Venedigs wie Genuas fahren mindestens einmal im Jahr nach London, Brügge und in andere nordische Häfen, während aus Süddeutschland mehr und mehr Transporte nach Norditalien gehen. Geld verschiedenster Währung und in verwirrendem Wert beginnt auf den Märkten zu erscheinen, die Kaufleute werden zu einer wirtschaftlichen Macht und vertreiben den landwirtschaftlichen Großgrundbesitz als Herrn aus den Städten, im Norden, wie im Süden, wie den Rhein entlang. Die Messe von Champagne wird gar zu einer Dauererscheinung, die das ganze Jahr hindurch offen ist. Die Wasserkraft wird für Mühlen der verschiedensten Art benutzt und auch die Kraft des Windes. Die Technik der Textilindustrie schreitet voran, Meliorationen wie Dämme und Kanäle steigern die Fruchtbarkeit auf dem Lande, wo man auch mit dem Anbau technischer Kulturen, deren die wachsende Industrie bedarf, beginnt. Der Luxus der Herrschenden wächst, und strenger gewordene feudale Fesseln werden wieder gelockert, wenn der Bauer Geld dafür zahlen kann.
So verlaufen das elfte, zwölfte und dreizehnte Jahrhundert in starkem wirtschaftlichem Aufschwung in großen Teilen Europas.
Und mit dem Wachstum der Wirtschaft, des Mehrprodukts, des Reichtums beginnt sich auch wieder das Bedürfnis nach Kultur, nach Schönheit und Wissenschaft zu regen. Allgemein in den Städten. Pirenne, der belgische Erforscher der Wirtschaft seines Landes (und ganz Europas) in dieser Zeit berichtet uns von reichen Bürgern in Ypern, die sich um 1250 Privatlehrer für ihre Kinder nehmen, denn das Wissen, das die Kirche vermittelt, genügt nicht für das neue Leben*, und der Mönch Bonve-

* *H. Pirenne,* L'instruction des marchands au Moyen Age, in: Annales d'Histoire économique et sociale. Heft 1, 1929, S. 20.

cinus de Rippa erzählt uns in seinem Buch über Mailand, daß es am Ende des 13. Jahrhunderts dort mehr als 70 Lehrer für Laienschulen gegeben habe, mehr als ein hauptberuflicher Lehrer auf 1000 Kinder – eine im Vergleich zu den vorangehenden Jahrhunderten erstaunlich hohe Zahl.

Wie die Kaufleute und reichen Handwerker das Bedürfnis nach eigenen Schulen für ihre Kinder entwickeln, die sie auf ihren wirtschaftlichen Beruf vorbereiten, so gestalten die Bürger auch ihren eigenen Prachtstil bei den Bauten und ersetzen die römische, die romanische Bauweise durch die neue Gotik.

Die Literatur beginnt sich ebenfalls von der Kirche zu entfernen und einen eigenen Landesstil in der eigenen Landessprache zu schreiben. Das Chanson de Roland, die Tales of King Arthur, Tristan und Isolde, Reinecke Fuchs gehören zu den schönsten Blüten dieser Zeit.

Und langsam beginnt auch die Wissenschaft sich zu regen, um auf naturwissenschaftlichem Gebiet in dem Werk von Roger Bacon einen ersten und sogleich erstaunlichen Höhepunkt zu erreichen – und zwar sowohl wegen Bacons Bedeutung für die Methodologie der Forschung wie auch wegen seiner naturwissenschaftlichen Forschungsresultate. Roger Bacon, der wohl von 1214 bis 1294 lebte, war ein Franziskanermönch, der für seinen Forschungseifer viele Jahre hindurch Schreibverbot und zumindest Hausarrest hatte. Sein Lehrer war Robert Grosseteste, Kirchenfürst, Kanzler der Universität Oxford, ein bedeutender Naturwissenschaftler, insbesondere auch Mathematiker, der als erster Griechen aus dem byzantinischen Reich nach England holte, um dem Griechischen unter den Gelehrten Englands wieder Eingang zu geben.

Roger Bacon war ein ungewöhnlich gebildeter Mann der Welt. Er lehrte an den Universitäten von Oxford und Paris; in seinen Schriften wie Briefen und Reden erwähnte er die wichtigsten politischen, militärischen und allgemein gesellschaftlich bedeutenden Geschehnisse seiner Zeit, ebenso wie die größten Gelehrten seiner Vergangenheit: Griechen, Römer, Araber und kirchliche Gestalten aus Ost und West.

Zwei entscheidende Charakteristika seiner wissenschaftlichen Haltung müssen hier hervorgehoben werden:

Erstens hat nach Bacon Wissenschaft nur Sinn, wenn sie nützlich ist. Ja, meint er, wenn wissenschaftliche Erkenntnisse keinen unmittelbaren Nutzen haben, dann können sie nur untergeordnete Elemente eines gesamtnützlichen Wissenschaftssystems bilden. In der Einleitung zu seiner optische Probleme behandelnden Schrift De Scientia Perspectiva* bemerkt er ausdrücklich: „Nur das, was nützlich ist und zahlreiche und herrliche Wahrheiten umfaßt, kann eine Wissenschaft für sich bilden, sonst genügt es, den Gegenstand als einen Teil einer anderen Wissenschaft zu behandeln."

In seinem Opus Majus lauten Überschriften einzelner Teile so: „Über den Nutzen der Grammatik", „Über den Nutzen der Mathematik". Natürlich – wie könnte es anders sein? – bedeutet Nutzen: Nutzen für die Kirche. Eine gute Entwicklung der geographischen Wissenschaft würde zum Beispiel den Missionaren das Leben

* Ursprünglich Teil V des Opus Majus.

erleichtern, und die Ausbildung der Optik, die Bacon besonders am Herzen lag, würde zum Beispiel die Konstruktion von Brenngläsern erlauben, mit denen man Städte und Armeen der Feinde des Christentums vernichten könnte. Sprachwissenschaften – Hebräisch und Griechisch – seien nützlich, um den korrekten Bibeltext festzustellen oder – Arabisch –, um die Ungläubigen zu bekehren.

Es ist, wie schon angedeutet, zunächst einmal völlig gleichgültig, für wen die Wissenschaft nützlich sein soll. Allein schon die Wiedereinführung der Kategorie der Nützlichkeit für die Wissenschaft mit solcher Bestimmtheit und Betonung ist von allergrößter Bedeutung. Wenn sie noch nicht als Produktivkraft genannt wird, so doch bereits als Destruktivkraft (im Kriege) und als Element der Produktionsverhältnisse in indirekter Weise, denn natürlich muß die Wissenschaft als Überzeugunsmittel für Ungläubige oder als Mittel der Bibelinterpretation der Erhaltung der feudalen Verhältnisse Europas dienen.

Neben der Etablierung der Wissenschaft als einer nützlichen Angelegenheit, ja als einer Sache, deren Bedeutung ausschließlich von ihrer Nützlichkeit abhängt und an ihr zu messen ist, ist die zweite große Leistung von Bacon die Haltung, die er während der wissenschaftlichen Betätigung einnimmt.

Schon seine Begründung im ersten Teil des Opus Majus für das „Versagen" der Römer auf dem Gebiete der Wissenschaften ist, wenn auch meiner Ansicht nach falsch, von höchster Bedeutung.

Er sieht vier Haupthindernisse (offendicula):

Autoritätsglauben (fragiliset indignae auctoritas exemplum)
Traditions- und Brauchgebundenheit (consuetudinis diuturnitas)
Blinder Glaube an allgemeines Gerede (vulgi sensus imperiti)
Verbergen der Unwissenheit durch Vorspiegelung von Wissen
(propriae ignorantiae occultatio cum ostentatione sapientiae apparantis).

Das ist natürlich ein massiver Angriff auf die Scholastik seiner Zeit. Dem so üblichen Autoritätsglauben, den er auch bei den Römern tadelte, pflegte er mit dem Spruch zu begegnen: Aliud tempus fuit et aliud nunc est. Es war eine andere Zeit damals und ist eine andere heute. Und diesen Angriff verbindet er mit dem Lob der Erfahrung, der Empirie (das ist die richtige Übersetzung des Bacon'schen „experientia", nicht etwa Experiment oder Experimentieren, was natürlich nicht bedeutet, daß er nicht auch experimentiert), als einzigem wirklichen wissenschaftlichen Wahrheitsbeweis. Easton gibt folgendes Modell des Bacon'schen Erkenntnisprozesses*

Offenbarung und Glaube
Erfahrung und Sicherheit
Naturphilosophie, Mathematik.

Oder auch so nach Bacon: Erstes Stadium: Gläubigkeit, zweites: Erfahrung, drittes: Verstand.

Erfahrung, Empirie sind die Prüfsteine für alle Wahrheit.

Würschmidt bemerkt anschließend an eine Analyse von Bacons Schrift De Speculis, insbesondere seiner Ausführungen zum Brennspiegel:

* *St. C. Easton,* Roger Bacon and his search for a universal science. New York 1952, S. 176.

„Aus der vorliegenden Darstellung geht hervor, in welcher Weise R. Bacon auf dem Gebiete der Naturwissenschaften gearbeitet hat. Er hat hier versucht, ein spezielles Problem nach allen Richtungen zu diskutieren, und zwar geht er von den überlieferten Theorien aus, prüft diese an Erfahrung und Experiment, um bei einem etwaigen Widerspruch zwischen Theorie und Erfahrung nach einer widerspruchsfreien Theorie zu suchen. Die mathematischen Hilfsmittel verwendet er, soweit es ihm der Stand seines Wissens erlaubt, indem er sie zur Erklärung der beobachteten Tatsachen anwendet; er macht die mathematische Untersuchung aber niemals zum Ausgangspunkt seiner Betrachtungen, wie das bei den arabischen Gelehrten vielfach der Fall ist. Hierdurch unterscheidet sich seine Arbeitsmethode ganz wesentlich von der mehr das rein Mathematische betonenden der Araber; von seinen christlichen Zeitgenossen hebt er sich ab durch die stete Betonung der Wichtigkeit der Erfahrung und des Experimentes gegenüber den Überlieferungen der früheren Gelehrten, dem Autoritätsglauben der Scholastiker.

Wir fassen das Resultat unserer Untersuchung nochmals zusammen:

R. Bacon hat in dem vorliegenden Werk De speculis geradzu ein Muster für die gründliche Behandlung eines naturwissenschaftlichen Problems geschaffen, das wertvoll bleibt, wenn auch manche Irrtümer sich in ihm finden, die durch die Weiterentwicklung der Wissenschaft überwunden worden sind."*

Und zu dieser Leistung kommt noch eine wunderbar realistische Phantasie hinzu, die ihn ahnen läßt: „Es werden Maschinen gebaut werden, mit denen die größten Schiffe, von einem einzigen Menschen gesteuert, schneller fahren werden, als wenn sie mit Ruderern vollgestopft wären; es werden Wagen gebaut werden, die sich ohne die Hilfe von Zugtieren mit unglaublicher Geschwindigkeit bewegen werden; Flugmaschinen werden gebaut werden, mit denen ein Mensch die Luft beherrschen wird wie ein Vogel; Maschinen werden es erlauben, auf den Grund von Meeren und Flüssen zu gelangen." Und White, der diese Worte an den Schluß seines Buches setzt, fügt hinzu, daß Bacon hier „im Namen der Ingenieure seiner Zeit gesprochen"**. Kein Wunder, daß sich später unter seinen begeisterten Lesern auch Columbus befindet.

Man muß noch einige Worte zu den Gesellschaftswissenschaften vor der Renaissance sagen. Sicherlich gab es auf einzelnen Gebieten Ansätze zu wissenschaftlicher Arbeit. Sie sind bisher im allgemeinen noch ungenügend untersucht. Wenn Augustinus zum Beispiel „nachweist", daß der geistlichen Macht das Primat über die weltliche gehört, dann setzen wir mit Recht das Wort nachweist in Anführungsstriche, weil es sich inhaltlich um keinen Wahrheitsbeweis handelt, wohl aber enthält natürlich die Methodologie des Nachweises, die Logik, der Aufbau der Argumente, wissenschaftliche Elemente. Genau das gleiche läßt sich über die immer stärker ausgebaute Methodologie der kirchlichen Propaganda sagen. Die Hierarchie als feinst ausgebau-

* *J. Würschmidt,* Roger Bacons Art des wissenschaftlichen Arbeitens, dargestellt nach seiner Schrift De Speculis. In: Roger Bacon. Essays. Collected and edited by A. G. Little. Oxford 1914, S. 239.

** *Lynn White Jr.,* Die mittelalterliche Technik und der Wandel der Gesellschaft. München 1968. S. 107.

tes Struktursystem der feudalen Gesellschaft ist natürlich zunächst nur Herrschaftstechnik. Man muß jedoch sehr ernstlich überlegen, ob sich nicht auch Ansätze zu einer Wissenschaft von der Hierarchie als Teil einer Gesellschaftswissenschaft zur Aufrechterhaltung der Eigentums- und Herrschaftsverhältnisse finden. Weiter: es ist offenbar, daß die dem Feudalismus eigentümliche territoriale Zersplitterung die Ausbildung nur eines sehr allgemeinen, relativ inhaltlosen, vielfach durch die jeweiligen praktischen Möglichkeiten bestimmten Rechts„systems" erlaubte, das einer wissenschaftlichen Durchdringung wenig Chancen gab. Man denke nur an die so bunte, so außerordentlich verschiedenartige, auf die Isolierung des privaten vom gemeinsamen Eigentum ausgerichtete Erbgesetzgebung oder richtiger Summe von Erbmaßnahmen und -bräuchen im frühen Feudalismus.* Wesentlich stärker schon sind die wissenschaftlichen Elemente des Kanonischen Rechts, dessen Geltungsbereich ja sehr groß und so einer wissenschaftlichen Systematisierung zugänglicher war.

So richtig es darum ist, festzustellen, daß nach langer Zeit des Verfalls die Technik vor der Renaissance im feudalen Europa einen beachtlichen, ja teilweise erstaunlichen Aufschwung nahm, und bisweilen schon zu erfreulichen (nicht mehr!) naturwissenschaftlichen Einzel- und Teilleistungen führte, so kann man wohl auch sagen, daß nach der Konsolidierung der feudalen Produktionsverhältnisse sich eine bemerkenswerte gesellschaftliche, auf wohlbeachteten Erfahrungen basierende Praxis der politischen, ideologischen, gesetzlichen Regelung der Eigentums- und Herrschaftsverhältnisse entwickelte, die auch Ansätze zu gesellschaftswissenschaftlichen Leistungen brachte.

Als Krönung ideologischen Denkens mit ganz starkem wissenschafts-methodologischem Einschlag sei abschließend noch als in gewisser Weise einzigartiger Leistung der Summa Theologiae von Thomas von Aquinas gedacht. In ihr verbanden sich alle großen ideologischen Strömungen der europäischen Feudalzeit: die Lehre des westlichen Christentums, der sogenannte Aristoteles – sogenannt, da nur ein Teil seiner Gedanken, und diese bisweilen auch nur aus zweiter Hand, damals bekannt waren – und schließlich auch Einflüsse der arabischen Kultur. Griechische Metaphysik und jüdisch-christliche Religion, überhaucht von arabischen Nuancierungen, fanden Eingang und Lösung in Einheit in diesem Werk.

Allein schon seine feste Fundamentierung der Begründung der schon zuvor, insbesondere von den Averrhoiden, versuchten Unterscheidung und der Gleichberechtigung (wenn auch nicht Gleichwertigkeit) der Erfassung der Welt durch den Glauben (fides) und den wissenschaftlichen Verstand (scientia) hat Thomas von Aquinas zu einem intellektuellen Riesen gemacht, der bis heute noch in der bürgerlichen Philosophie wirksam ist – insbesondere nach der Neubelebung seiner Ideologie und ihrer Wirksamkeit durch den englischen Konvertiten John Henry Newman und Leo XIII (in der Enzyclica Aeterni Patris, 1878). Gerade wir Marxisten können seine Bedeutung einschätzen, da die Anhänger des Thomas von Aquinas heute auf ideologischem

* Vgl. dazu insbesondere die Arbeiten sowjetischer Forscher wie *A. I. Neusychin* und *A. R. Korsunsky*.

Gebiet zu unseren schärfsten und einflußreichsten Gegnern sowohl unter den Theologen wie auch unter den Philosophen gehören.
Wenn George Clark allgemein, und sicher auch dabei an Thomas von Aquinas denkend, mit Recht bemerkt, daß in jener Zeit „der Standard genauen methodologischen Denkens von den großen Theologen, Philosophen und Juristen gesetzt wurde. Der Astrologe und der Alchemist hatten etwas vom Charlatan an sich"*, dann sei genau im Zusammenhang mit den trotz ihrer methodologischen Größe im tiefsten Grunde unwissenschaftlichen Lehren des Thomas von Aquinas noch einmal daran erinnert, daß die Feudalzeit auch auf dem Gebiete der Naturwissenschaften die Herausbildung einer pointierten wissenschaftlichen Haltung (Methodologie) wie der so hervorragend von Roger Bacon gezeigten hervorgebracht hat.

* *G. Clark*, Early modern Europe. 2nd. ed. in Oxford Paperbacks. London, New York, 1966, S. 103.

KAPITEL IV

Die Renaissance

Es gibt eine Zeit in der Geschichte der Menschheit, für die sich Engels nicht nur ganz allgemein, sondern auch in ihren Einzelgestalten so begeisterte, daß man bei seiner Schilderung fast (!) das Gefühl hat: damals machten Männer Geschichte.
In der sogenannten „Alten Einleitung" zur „Dialektik der Natur" bemerkt Engels zunächst allgemein zur Zeit: „Die moderne Naturforschung, die einzige, die es zu einer wissenschaftlichen, systematischen, allseitigen Entwicklung gebracht hat im Gegensatz zu den genialen naturphilosophischen Intuitionen der Alten und den höchst bedeutenden, aber sporadischen und größtenteils resultatlos dahingegangenen Entdeckungen der Araber – die moderne Naturforschung datiert wie die ganze neuere Geschichte von jener gewaltigen Epoche, die wir Deutsche, nach dem uns damals zugestoßenen Nationalunglück, die Reformation, die Franzosen die Renaissance und die Italiener das Cinquecento nennen, und die keiner dieser Namen erschöpfend ausdrückt. Es ist die Epoche, die mit der letzten Hälfte des 15. Jahrhunderts anhebt. Das Königtum, sich stützend auf die Städtebürger, brach die Macht des Feudaladels und begründete die großen, wesentlich auf Nationalität basierten Monarchien, in denen die modernen europäischen Nationen und die moderne bürgerliche Gesellschaft zur Entwicklung kamen; und während noch Bürger und Adel sich in den Haaren lagen, wies der deutsche Bauernkrieg prophetisch hin auf zukünftige Klassenkämpfe, indem er nicht nur die empörten Bauern auf die Bühne führte – das war nichts Neues mehr –, sondern hinter ihnen die Anfänge des jetzigen Proletariats, die rote Fahne in der Hand und die Forderung der Gütergemeinschaft auf den Lippen. In den aus dem Fall von Byzanz geretteten Manuskripten, in den aus den Ruinen Roms ausgegrabnen antiken Statuen ging dem erstaunten Westen eine neue Welt auf, das griechische Altertum; vor seinen lichten Gestalten verschwanden die Gespenster des Mittelalters; Italien erhob sich zu einer ungeahnten Blüte der Kunst, die wie ein Widerschein des klassischen Altertums erschien und die nie wieder erreicht wurde. In Italien, Frankreich, Deutschland entstand eine neue, die erste moderne Literatur; England und Spanien erlebten bald darauf ihre klassische Literaturepoche. Die Schranken des alten Orbis terrarum wurden durchbrochen, die Erde wurde eigentlich jetzt erst entdeckt und der Grund gelegt zum späteren Welthandel und zum Übergang des Handwerks in die Manufaktur, die wieder den Ausgangspunkt bildete für die moderne große Industrie. Die geistige Diktatur der Kirche wurde gebrochen;

die germanischen Völker warfen sie der Mehrzahl nach direkt ab und nahmen den Protestantismus an, während bei den Romanen eine von den Arabern übernommene und von der neuentdeckten griechischen Philosophie genährte heitre Freigeisterei mehr und mehr Wurzel faßte und den Materialismus des 18. Jahrhunderts vorbereitete."

Großartig, diese souveräne Übersicht der gesellschaftlichen Hauptbewegungen in wenigen Zeilen!

Und nun weiter: „Es war die größte progressive Umwälzung, die die Menschheit bis dahin erlebt hatte, eine Zeit, die Riesen brauchte und Riesen zeugte, Riesen an Denkkraft, Leidenschaft und Gharakter, an Vielseitigkeit und Gelehrsamkeit. Die Männer, die die moderne Herrschaft der Bourgeoisie begründeten, waren alles, nur nicht bürgerlich beschränkt. Im Gegenteil, der abenteuernde Charakter der Zeit hat sie mehr oder weniger angehaucht. Fast kein bedeutender Mann lebte damals, der nicht weite Reisen gemacht, der nicht vier oder fünf Sprachen sprach, der nicht in mehreren Fächern glänzte. Leonardo da Vinci war nicht nur ein großer Maler, sondern auch ein großer Mathematiker, Mechaniker und Ingenieur, dem die verschiedensten Zweige der Physik wichtige Entdeckungen verdanken; Albrecht Dürer war Maler, Kupferstecher, Bildhauer, Architekt und erfand außerdem ein System der Fortifikation, das schon manche der weit später durch Montalembert und die neuere deutsche Befestigung wieder aufgenommenen Ideen enthält. Machiavelli war Staatsmann, Geschichtsschreiber, Dichter und zugleich der erste nennenswerte Militärschriftsteller der neueren Zeit. Luther fegte nicht nur den Augiasstall der Kirche, sondern auch den der deutschen Sprache aus, schuf die moderne deutsche Prosa und dichtete Text und Melodie jenes siegesgewissen Chorals, der die Marseillaise des 16. Jahrhunderts wurde. Die Heroen jener Zeit waren eben noch nicht unter die Teilung der Arbeit geknechtet, deren beschränkende, einseitig machende Wirkungen wir so oft an ihren Nachfolgern verspüren. Was ihnen aber besonders eigen, das ist, daß sie fast alle mitten in der Zeitbewegung, im praktischen Kampf leben und weben, Partei ergreifen und mitkämpfen, der mit Wort und Schrift, der mit dem Degen, manche mit beidem. Daher jene Fülle und Kraft des Charakters, die sie zu ganzen Männern macht. Stubengelehrte sind die Ausnahme: entweder Leute zweiten und dritten Rangs oder vorsichtige Philister, die sich die Finger nicht verbrennen wollen."*

Riesen waren die Führer der Menschheit in eine neue Zeit, und so, plastisch und aufregend, zeichnet sie Engels.

Burckhardt, der feinfühlige idealistische Historiker der Renaissance, dessen Werk sowohl Kunst wie Wissenschaft ist, und daß man mit Genuß immer wieder in die Hand nimmt, schreibt über die riesenhafte Vielseitigkeit dieser Menschen: „Das 15. Jahrhundert ist zunächst vorzüglich dasjenige der vielseitigen Menschen. Keine Biographie, welche nicht wesentliche, über den Dilettantismus hinausgehende Nebenbeschäftigungen des betreffenden namhaft machte. Der florentinische Kaufmann und Staatsmann ist oft zugleich ein Gelehrter in beiden alten Sprachen; die berühmtesten

* A. a. O., S. 311 f.

Humanisten müssen ihm und seinen Söhnen des Aristoteles Politik und Ethik vortragen; auch die Töchter des Hauses erhalten eine hohe Bildung, wie denn überhaupt in diesen Sphären die Anfänge der höheren Privaterziehung vorzüglich zu suchen sind. Der Humanist seinerseits wird zur größten Vielseitigkeit aufgefordert, indem sein philologisches Wissen lange nicht bloß wie heute der objektiven Kenntnis des klassischen Weltalters, sondern einer täglichen Anwendung auf das wirkliche Leben dienen muß. Neben seinen plinianischen Studien z. B. sammelt er ein Museum von Naturalien; von der Geographie der Alten aus wird er moderner Kosmograph; nach dem Muster ihrer Geschichtsschreibung verfaßt er Zeitgeschichten; als Übersetzer plautinischer Komödien wird er wohl auch der Regisseur bei den Aufführungen; alle irgend eindringliche Formen der antiken Literatur bis auf den lucianischen Dialog bildet er so gut als möglich nach, und zu dem allen funktioniert er noch als Geheimschreiber und Diplomat, nicht immer zu seinem Heil."*

Wie prosaisch und fast uninspiriert klingt hier Burckhardt neben Engels!

Vier Namen nennt Engels im einzelnen: Leonardo da Vinci, Albrecht Dürer, Machiavelli, Luther.

Zwei von ihnen verdanken Weltruhm ihrer Kunst als Maler. Daß Luther einer der größten Sprachkünstler Deutschlands war, ist allgemein anerkannt, und Romanisten kennen auch die Dichtungen Machiavellis.

Eines der Wunder jener Zeit, das sich in der Geschichte der Menschheit nicht wiederholt hat, ist die so erstaunliche fruchtbare Schöpferkraft so vieler großer Menschen zugleich als Künstler und als Wissenschaftler. Nicht nur die Vielseitigkeit des Wissenschaftlers ist so bedeutsam, sondern die Vielseitigkeit des Menschen, der sowohl Wissenschaftler und Künstler wie Politiker und stets auch, wenn man so formulieren darf, Abenteurer, Erlebnissucher in Gesellschaft und Natur ist. Der „allseitige Mensch", l'uomo universale, wie die Italiener formulieren, war das Ideal der Zeit.

Der universale Mensch – jedoch niemals als rein rezeptive, kontemplative Gestalt, der alles versteht, sondern als Wesen, das wissend und weise sehen wie erkennen kann, zugleich aber überall handelt, in der Produktion und in der Politik, in der Natur und im Kriege. Der universale Mensch auch in diesem höchsten Sinne: als sehender und erkennender Praktiker.

Und diese universalen Menschen lebten in Stadtstaaten, die ebenso einzig waren wie sie – nur die Blüte Griechenlands schenkte der Menschheit ähnliches.

Da ist die Republik Venedig, die eigentlich während der ganzen Feudalzeit regen Handel und gute Verbindung zum Osten, insbesondere mit Konstantinopel, gehabt hatte. Schon am Ende des 11. Jahrhunderts war Venedig zur Metropole des levantinischen Handels geworden. Bald wurden venezianische Kaufleute auch Lieferanten für Luxuswaren, die einzelne, bis herauf zu Königen, im Norden Europas kaufen konnten, so daß sie einen dünnen und teuren Warenstrom zwischen kleinasiatischen, nordafrikanischen und baltischen Handelszentren vermittelten. Byzantinische Kultur und durch sie auch die der Antike tröpfelte über Venedig hierhin und

* *J. Burckhardt*, Die Kultur der Renaissance in Italien. Gesammelte Werke, Bd. III, Berlin o. J. S. 94.

dorthin auf den europäischen Kontinent. Venedigs Bürokratie für auswärtige Angelegenheiten nahm unter solchen Umständen einen erstaunlichen Aufschwung. 500 Jahre später entdeckte Ranke die Berichte seiner Botschafter als so wichtige Quelle für die Geschichte jener Zeit.

Da ist das Mailand der Visconti und der Herzöge der Sforza-Familie und der großartigsten gotischen Kathedrale Italiens, des Mailänder Doms. Mailand war das Hauptwirkungsgebiet des genialen Architekten Bramante, und Leonardo da Vinci verbrachte 15 Jahre seines großen Lebens dort, unter anderem auch als Architekt der Kathedrale, als Ingenieur beim Bau des Martesanakanals – und als Maler des „Abendmahls".

Nur mit Namen erwähnt seien die Stadtstaaten von Genua und Mantua, von Ferrara und Urbino, von Perugia und das päpstliche Rom, um schnell zur Perle aller Stadtstaaten, zum Athen Norditaliens, zu Florenz zu kommen. Zu Florenz, über das Burckhardt schreibt: „Die höchste politische Bewußtheit, den größten Reichtum an Entwickungsformen findet man vereinigt in der Geschichte von Florenz, welches in diesem Sinne wohl den Namen des ersten modernen Staates der Welt verdient. Hier treibt ein ganzes Volk das, was in den Fürstenstaaten die Sache einer Familie ist. Der wunderbare florentinische Geist, scharf raisonnierend und künstlerisch schaffend zugleich, gestaltet den politischen und sozialen Zustand unaufhörlich um und beschreibt und richtet ihn ebenso unaufhörlich. So wurde Florenz die Heimat der politischen Doktrinen und Theorien, der Experimente und Sprünge, aber auch mit Venedig die Heimat der Statistik und allein und vor allen Staaten der Welt die Heimat der geschichtlichen Darstellung im neueren Sinn."*

Vielleicht denkt er bei den Historikern an Machiavellis Istorie Fiorentini oder an den Kaufmann Giovanni Villani, der in seinem „Buch über die berühmten Bürger des Staates Florenz" wohl den ersten Versuch zu einer modernen „vaterländischen Geschichte" machte. Villani, der seine historischen Arbeiten zur gleichen Zeit begann, als Dante die Divina Commedia beendete. Dante, der größte Dichter Italiens, in dessen Werk wir so deutlich den Übergang zur neuen Zeit der Renaissance verspüren, ein Geist von wundervoller Unabhängigkeit des Denkens, dessen Worte „Geh deinen Weg und laß die Leute reden!" Segui il tuo corso, e lascia dir le genti Marx an das Ende des Vorworts zum „Kapital" setzte. Dante, der größte Bürger von Florenz, dessen Porträt wir seinem großen florentiner Landsmann Giotto verdanken, dem gleichen Giotto, der wie da Vinci in Mailand den Bau des Domes von Florenz überwachte. Und neben dem größten Dichter seines Landes sollten wir den größten Lyriker, Petrarca, nennen, dessen Vater mit Dante aus Florenz verbannt worden war, der so selten in Florenz weilte und doch wie Dante und sein enger Freund Boccaccio – Machiavelli wies später darauf hin – nicht italienisch, nicht toskanisch, sondern florentinisch schrieb.

1348 wurde die Universität von Florenz gegründet, und auf den Lehrstuhl für die Erklärung der Divina Commedia wurde Boccaccio berufen, und zwei Jahre später, 1350, wurde ein Malerverein geschaffen, in dem sich die Schüler Giottos zusammen-

* Ebendort, S. 50.

taten. Die Universität wurde schnell zu einem Zentrum griechischer und lateinischer Studien. Die Stadtverwaltung aber machte es zum Brauch, Wissenschaftler zum Kanzler der Geschäfte zu ernennen. Einer von ihnen, Coluccio Salutati, verdankt seinen Ruhm nicht seinen klassischen Studien, nicht seinen Gedichten, sondern den Briefen, die er im Namen der Republik an Fürsten und Gelehrte geschrieben.
So, in wenigen Stichworten, sei über das Florenz des 14. Jahrhunderts geschrieben, und diesem 14. folgt das glänzende 15. Jahrhundert unter der Herrschaft der Medici! das Jahrhundert, in dem auch Leonardo da Vinci, dessen Vater ein florentinischer Beamter war, die ersten Jahrzehnte seines Lebens in Florenz verbrachte, wohin er auch immer wieder zurückkehrte, wo er auch die Mona Lisa malte.
Folgt das glänzende 15. Jahrhundert, in dem nicht nur die Kultur neuen Glanz erhält, in dem auch die großen Kaufmannsfamilien eine neue Blüte erreichen.* Die Strozzi, die sich das schönste Palais der Stadt bauen, Großbankiers, vertraute Berater zweier Päpste und später große Militärs in Frankreich – die Guicciardini, die gleichzeitig bedeutende Gelehrte hervorbringen und so viel Reichtum zusammenraffen, daß er, sorgsam gepflegt, bis heute reicht – die Gondi, ebenfalls Erbauer eines prachtvollen Palais, einer von ihnen geht mit Katharina von Medici nach Frankreich und wird ihr Hofhausmeister – die Capponi mit Unternehmen sowohl in Florenz wie in Rom, Pisa und Lyon, Produzenten von Seide und Bankiers, in höchster Staatsstellung nach der Herrschaft der Medici ....
So, in wenigen Stichworten, sei über die Sternengruppe norditalienischer Städte geschrieben.

Von diesem Italien, von Rom und vom Norden, in dem Marx schon im 14. Jahrhundert die ersten Elemente des Kapitalismus entdeckte, in dem das moderne Bürgertum, das handelnde und großproduzierende Bürgertum schon so früh zu solcher Blüte erwachte, von dort nahm die Renaissance, die Wiedergeburt der Antike, und die Naissance, die Geburt der Moderne, ihren Ausgang.
Eine kleine Schicht von Patriziern beherrschte Florenz und Venedig und die päpstliche Kurie. Noch war ihr modernes Streben nach ständig wachsendem Profit verbunden mit dem Sinn für Reichtum des Lebens, der Konsumfreudigkeit der Feudalzeit. Nicht jede Liebesregung, nicht jedes Kunstwerk, nicht einmal jeder Bau, jedes Tuchmuster sollten in Tauschwert zu Profitzwecken verwandelt werden. Wie kann man unter solchen Umständen sich größeren Ruhm und Nicht-Vergessen in späteren Generationen sichern als durch Prachtbauten: Villen für das eigene Geschlecht wie öffentliche Bauwerke! Und ist es dann nicht natürlich, daß Architekten eine besondere Rolle in der Gesellschaft spielen.
Architekten aber sind, von vornherein gewissermaßen, Menschen besonderer Art. Sie sind Künstler natürlich. Aber sind sie nicht auch Mechaniker, Ingenieure? Sind sie nicht – in einer Zeit, in der eine mächtig wachsende Wirtschaft (Produktion wie Handel), in der eine auf dieser Basis sich entwickelnde und dieser Basis dienende Wissenschaft Menschen voll neuer Sicht und Ideen in der verschiedensten Richtung

* Vgl. dazu auch *R. A. Goldthwaite*, Private wealth in Renaissance Florence, Princeton 1968.

fordern – genau der Typ von Berufstätigen, der am besten in eine solche Gesellschaft wie die der Renaissance im Italien des 15. Jahrhunderts paßt?

Zumal schon zuvor, zur Zeit der feudalen Blüte des 12. und 13. Jahrhunderts, in ganz Europa der Architekt, der „Baukünstler", nicht nur auch Bildhauer und Maler, sondern auch Bauhandwerker gewesen war, das heißt Maurer sowohl wie auch Statiker. Wenn „arte" im Italienischen sowohl Kunst wie Handwerk bedeutete (werden doch noch heute im Englischen Handwerker artisans, auch im Französischen artisans genannt), dann zeigt sich darin die enge Verbindung von Kunst und handwerklicher Erfahrungspraxis.

Und wenn sich auf der handwerklichen Erfahrungspraxis in der Renaissance wieder die Wissenschaft erhebt – wird das dann in der Produktion von Textilwaren geschehen, in der entweder billige Massenware oder nur mit der Hand zu fertigende Kunstwerke geschaffen werden und die Chemie noch keine Rolle spielen kann? Sicher nicht! Wohl aber bietet der Bau – sei es der von Häusern, Palästen und Kirchen, sei es der von Befestigungen und Straßen (wachsender Handel und Verkehr!), sei es der von Schiffen oder Kanälen und sanitären Anlagen – neue und riesige Möglichkeiten für die Anwendung der Wissenschaften und verlangt ihre Entwicklung. Bau und Handel, beide verbunden mit dem Krieg in Kastellen und mit Piraterei, sind es vor allem, in denen die Produktivkräfte nach wissenschaftlicher Nahrung zu ihrer Stärkung rufen.

Es verwundert daher auch nicht, in Burckhardts Werk über „Die Baukunst der Renaissance in Italien" etwa die folgende Bemerkung zu finden: „Präzise Geister achteten an der Baukunst überhaupt mehr die mathematische als die künstlerische Seite. Frederigo von Urbino schreibt 1468: ‚die Architektur ist gegründet auf Arithmetik und Geometrie, welche zu den vornehmsten unter den sieben freien Künsten gehören, weil sie den höchsten Grad von Gewißheit in sich haben'." Und auch folgende: „In einer Zeit, da selbst der Krieg oft eine Sache der Kunst und der Eleganz wurde, mußte auch der Festungsbau, soviel als möglich war, in den Kreis des Schönen gezogen werden. ... Fast alle namhaften Architekten waren zugleich Festungsbaumeister und Ingenieure, und empfahlen sich den Großen als solche oft mehr denn durch ihre Kunst im engern Sinn (s. die Biographien der drei Sangallo, des Sanmicheli u. a. bei Vasari, und über Franc. di Giorgio sowohl Vasari als Milanesi II, p. 416 bis Ende). Der berühmte Brief, mit welchem sich Lionardo da Vinci bei Lodovico Moro einführt, zeigt dies klar. Lettere pittoriche I, Append. I."*

Betrachten wir kurz, doch konkret, den wohl bedeutendsten unter den frühen Renaissance-Architekten Italiens, den Florentiner Filippo Brunellesco (1377–1446). Burckhardt erwähnt ihn in seiner „Kultur der Renaissance" zuerst im Zusammenhang mit einer Aufzählung des Großen, das Florenz geleistet, nach einer Schrift des 15. Jahrhunderts: „Eine Aufzeichnung vom Jahr 1422** berührt mit einem und demselben Federzug die 72 Wechselbuden rings um den Mercato nuovo, die Summe des Barverkehrs (2 Millionen Goldgulden), die damals neue Industrie des gesponnenen Goldes, die Seidenstoffe, den Filippo Brunellesco, der die alte Architektur

* *J. Burckhardt*, a. a. O., Bd. II. S. 42 und 165 f.

** Ex annalibus Ceretani, bei Fabroni, Magni Cosmi vita, Adnot. 34.

wieder aus der Erde hervorgräbt, und den Lionardo Aretino, Sekretär der Republik, welcher die antike Literatur und Beredsamkeit wieder erweckt; endlich das allgemeine Wohlergehen der damals politisch ruhigen Stadt und das Glück Italiens, das sich der fremden Soldtruppen entledigt hatte."*

Ja, so gehört Brunellesco in eine Aufzählung der Leistungen und Reichtümer von Florenz, wo er geboren wurde und starb ... oder sollte er, der als Goldschmied begann, nicht zur Statistik des Goldverkehrs gehören, nicht zum gesponnenen Gold ... oder sollte er, der Festungsbauer, nichts mit der Entledigung von Söldnertruppen zu tun haben?

Ja, haben wir nicht überhaupt unrecht, von dem Künstler Brunellesco auszugehen? Olschki charakterisiert ihn so: „Er war ein künstlerisches und technisches Genie, der Mann, der die Bedeutung der Mathematik für die Kunst und die Technik erkannte, und der mit ihrer Hilfe die Probleme löste, an welchen man schon einige Jahrzehnte im stillen und versuchsweise herumgedacht und -gearbeitet hatte. Seine theoretischen Interessen erstreckten sich daher auch auf die Gebiete der Kunst, die er sonst nicht aktiv pflegte. Es waren seine Begabung und sein Interesse für die Mathematik, die ihn zur Feststellung der Regeln für die malerische Perspektive führten, und seine Malereien – von denen wir allerdings nur etwas durch seine Biographen Manetti und Vasari wissen – scheinen in der Tat nur Versuche gewesen zu sein, vorhandene Gebäudegruppen seiner Vaterstadt linienrichtig aufzunehmen. So war das wissenschaftliche Aufsuchen und die gesetzmäßige Anwendung perspektivischer Regeln ein für allemal angebahnt, und auf dieser Basis entwickelte sich einerseits die illusionistische Malerei, deren Richtung die realistischen Triebe seiner Zeit aufgaben, andererseits das Studium der Optik und der Mathematik, deren Entwicklung sich in den kunsttheoretischen Schriftstellern des Quattrocento verfolgen läßt. Durch seine mathematische Begabung konnte Brunelleschi dann in der Betrachtung römischer Bauten zur Fixierung der Regeln gelangen, durch welche die ‚proportione armonica' eines Gebäudes, nach der technischen wie nach der ästhetischen Seite hin, durch Anwendung von Geometrie und Arithmetik erreichbar wurde. Dieselben von der Technik geforderten ökonomischen Hilfsmittel waren deshalb für die Verwirklichung jenes ästhetischen Ideals tätig."

Im einzelnen berichtet Olschki so über die wissenschaftlichen Probleme, die Brunellesco irgendwie zu lösen hatte: „Wie vielseitig seine theoretischen Interessen sein mußten, zeigt uns die Aufzählung einiger seiner bedeutendsten technischen Schöpfungen, die sie jedesmal anregten und erweiterten. Beim Projektieren und Ausführen der Florentiner Domkuppel, beim Errichten der Festungen in Pisa und Vico Pisano, der Kastelle im Elsa-Tal, bei der ihm anvertrauten Regulierung des Arno, beim Bau der Po-Dämme, die er im Auftrage Niccolos III. und Francesco Gonzagas in Ferrara bzw. in Mantua ausführte, und endlich beim Entwerfen der Hafenbefestigungen von Rimini und Pesaro fand sich der Meister, wegen der Neuheit der Anforderungen der Zivil- und Militärtechnik vor neuen statischen, hydraulischen und ballistischen Problemen, die seine technische Fertigkeit ebenso anregen mußten wie seine theoretischen Interessen. Es waren Probleme von ungewöhnlicher Größe, die

* A. a. O., S. 53.

jedesmal Überlegungen, Untersuchungen und Versuche erheischten und mithin nicht durch technische Routine allein zu lösen waren. Die Maschinen, die Brunelleschi für den Bau der Florentiner Domkuppel zusammenstellte, waren kombinierte Hebel und schiefe Ebenen neuer Konstruktion; die Riesenschiffe, die er herstellen ließ, um die Materialien für die baulustige Stadt herbeizuschaffen, lenkten seine Blicke auf die damit verknüpften hydraulischen Probleme; die Festungswerke verlangten die mathematische Feststellung der Verhältnisse zwischen Widerstand und Stoß, während die Hafenanlagen mit ihren komplizierteren Einrichtungen alle Gebiete der Technik beschäftigten und alle Erfahrungen des Technikers in ihren Dienst stellten. Der Mangel an sicheren näheren Angaben zwingt uns, hier lediglich die kulturelle Grundlage jener Tätigkeit des theoretischen Denkens zu sehen, dessen Entfaltung uns bereits in der nächsten Generation die Werke L. B. Albertis zu verfolgen erlauben. Aber wenigstens eine der Neuerungen des Meisters erlaubt uns festzustellen, daß er Theorie und wissenschaftliche Abstraktion in den Dienst der Technik, der Kunst und des Lebens zu stellen vermochte, nämlich die malerische Perspektive. Die Idee eines abstrakten Fluchtpunktes und diejenige der Intersekation des Strahlenkegels durch eine Fläche, die mit den Strahlen das Bild in mathematisch-exakten Proportionen aufnehmen soll, sind Erfindungen, die ebenso von einem praktischen wie von einem wissenschaftlichen Genie Zeugnis ablegen. Denn mit diesen idealen Konstruktionen sieht Brunelleschi eine Weile von der Wirklichkeit ab, um dann die Abstraktion für die Praxis, d. h. für die Wirklichkeit, zu verwerten.*"**

Welch eine gewaltige Produktivkraft stellten die wissenschaftlich-technischen Leistungen Brunellescos dar! Und wie eng, wenn auch häufig durch Zwischenglieder, waren Theorie und Praxis verbunden ... wenn auch durch Zwischenglieder, die aber selbst wieder eine Verbindung von Theorie und Praxis darstellen:

Da sind die Mathematik und die Architektur.

Dazwischen liegen Kenntnis der Materialien und ihrer statischen Eigenschaften. Und mittendrin die Proportionen und Muster, die Brunellesco den Steinmetzen in Rüben vorschneidet.

So und ähnlich auf zahlreichen anderen Gebieten, auf denen er arbeitet.

Jedoch nicht auf dem der Malerei mit der Einführung der Perspektive. Alle die, die über Realismus und sozialistischen Realismus schreiben, sollten über die perspektivische Malerei nachdenken – und auch über den so „realistischen" Idioten, der sich weigerte, die Irrenanstalt zu verlassen, da die genau gerade von der Anstalt fortführende Landstraße am Ende so eng erschien, daß er mit seinem Koffer nicht würde durchkommen können.

Jedoch nicht auf dem der Malerei mit der Einführung der Perspektive? War es nicht der Architekt und der Kenner der Mathematik*** Brunellesco, der die Per-

* Damit beginnt nicht nur die Geschichte der malerischen Perspektive, sondern auch diejenige der darstellenden Geometrie.

** *L. Olscbki,* Die Literatur der Technik und der angoewandten Wissenschaften vom Mittelalter bis zur Renaissance. Leipzig 1919, S. 39 f. und 42 ff.

*** Über Brunellesco als Mathematiker vgl. *P. Sanpaolesi,* Ipotesi sulle conoscenze matematiche, statiche e mechaniche del Brenelleschi. Arti belle, Milan 1951.

spektive entdeckte! Und baute er nicht ganz konkret perspektivisch, so daß das Auge nicht nur allgemein ästhetisch, sondern ganz speziell perspektivisches Wohlgefallen fand! Argan bemerkt darum mit Recht, daß es „unmöglich, Brunelleschis Untersuchungen über Perspektive von seiner künstlerischen Tätigkeit, das heißt von seiner Architektur, zu trennen"*. Panofsky formulierte, daß „vom Standpunkt der Renaissance mathematische Perspektive nicht nur eine Garantie der Korrektheit, sondern auch, und vielleicht vor allem, eine Garantie ästhetischer Vollendung war"**.
Wie eng war damals doch alles miteinander verbunden: Natur und Gesellschaftswissenschaften und auch die Kunst – nicht nur in der Tätigkeit des einzelnen Menschen, sondern auch integriert in sich! –
Natürlich trug Brunellesco nicht nur zur Erschütterung der feudalen Ideologie – nicht zum wenigsten durch die perspektivische Malerei, sondern auch zur Erschütterung der Produktionsverhältnisse, sei es durch herrliche Laienbauten, sei es Hilfe zu militärischen Siegen des Bürgertums gebend, bei.
Andererseits half er – wie konnte es in dieser Übergangszeit anders sein! – auch bei der Festigung der alten Produktionsverhältnisse, sei es durch Kirchenbauten zum Ruhme des „feudalen Bollwerks der Kirche" (Marx) oder auch durch mechanische Spielereien von vornehmlich ideologischer Bedeutung, etwa wenn er für das Annunciatenfest auf der Piazza S. Felice eine kunstreiche Apparatur konstruierte, die eine Himmelskugel darstellte, die von zwei Engelskreisen umschwebt wurde und von der der Erzengel Gabriel herabflog.
Brunellesco war, wie so viele „Riesen" seines und des folgenden Jahrhunderts, ein „Kind des Volkes", begann, wie schon bemerkt, als Handwerker und arbeitete für Auftraggeber jeder Art, für Kirchenfürsten, für Stadtfürsten aus alten wie aus neureichen Geschlechtern. Wie die Berufe ineinanderflossen – Mathematiker und Ingenieur, Schiffs- und Kirchenbauer –, so auch die Klassen und Schichten, da in einer Übergangsgesellschaft so viele Schranken angebrochen sind, daß der einzelne Begabte nicht selten den Weg von dieser Klasse und Schicht in jene findet, insbesondere in einer Gesellschaftsordnung, in der der Kunsthandwerker wie die Kurtisane, der Dichter wie der Wissenschaftler überall gern gesehen sind.
Zurückgestaut mehr als anderthalb Jahrtausende bricht jetzt die Blüte der Wissenschaft von neuem auf, stärker leuchtend denn je, nun für immer gesichert, den Boden, auf dem sie wächst, immer erneut befruchtend – welch Naturwunder! Welch Wunder der Statik! der Überbau formt auch das Fundament: die Wissenschaft als Produktivkraft und Mittel zur Gestaltung der Produktionsverhältnisse!

Wandern wir aus dem Italien des 15. Jahrhunderts in das England des 16. Jahrhunderts, und von der Architektur zur Mathematik.

* *G. C. Argan*, The architecture of Brunelleschi and the origins of perspective theory in the fifteenth century. In: Journal of the Warburg and Courtauld Institutes, Vol. 9. London 1946, S. 103. Vgl. auch ebendort, Vol. 16, London 1953: *R. Wittkower*, Brunelleschi and „Proportion in perspective", S. 275 ff.

** *E. Panofsky*, The Codex Huygens and Leonardo da Vinci's art theory. London 1940, S. 160 f.

England im 16. Jahrhundert: Sieger über die große katholische Weltmacht Spanien, Sieger über Holland, den frühkapitalistischen Konkurrenten, Sieger auf dem Meere! Entdecker neuer Seewege, Gründer von Kolonien, Räuber von kostbaren Geweben und Gewürzen, von Gold und Silber in „alten und neuen" Kontinenten!

England, das als erstes christliches Land sich eine eigene nationale Kirche geschaffen und das Deutschland, welches zu Beginn des Jahrhunderts noch an der Spitze des wirtschaftlichen Fortschritts gestanden, weit hinter sich gelassen.

England, dessen Kunst und Wissenschaft, dessen Politik und Wirtschaft Riesen über Riesen hervorbrachte: Shakespeare und Francis Bacon, Raleigh, Cecil und so viele andere.* Riesen in einer Zeit, in der der Dichter Marlowe, wegen Atheismus angeklagt, dem Staatstode wohl nur deswegen entging, weil er, während die Häscher ihn schon suchten, privat beim Streit in einer Kneipe ermordet wurde, während sein Freund der Dramatiker Kyd, in die gleiche Anklage verwickelt, nur gefoltert wurde.

Es ist nicht verwunderlich, daß der Hauptträger der wissenschaftlichen Entwicklung die Bourgeoisie selbst ist. Und innerhalb der Bourgeoisie sind es die Kaufleute, die die Hauptrolle spielen, ebenso wie die wissenschaftliche Entwicklung gerade auch noch von den Bedürfnissen des Handels am stärksten bestimmt wird. So wie die Zirkulation die aufregendste, aufreizendste Quelle der ursprünglichen Akkumulation von Kapital ist, die am meisten auffallenden und glänzendsten Erfolge in der Anhäufung von Kapital bringt, so entspringen die größten wissenschaftlichen Erfolge eben den Bedürfnissen der Zirkulation, des Handels, der Kaufleute. Mathematik, Astronomie und Physik entwickeln sich auf Grund der dringenden Anforderungen, die die englische Handels- und Kriegsflotte, die East India und Africa Company, die reichen Kaufleute Londons und die Sklavenhändler Bristols stellen.

Groß und bedeutsam ist die Vergangenheit dieses englischen Handels. Ein Standardwerk beschreibt sie so:

„... tatkräftige Männer, welche den Bann brachen, der lange Zeit auf dem Handel der Engländer lag und der englischen Flagge und dem englischen Kaufmann eine angesehene Stellung im Weltverkehr verschafften. Bescheiden ist anfänglich ihre Rolle, da die Fremden einen beträchtlichen Vorsprung hatten. Um die Mitte des 14. Jahrhunderts sind in ganz England nur 169 reiche Kaufleute, an die der König im Fall der Geldnot sich wenden kann. Das 16. Jahrhundert dagegen zählt schon mehr als 3000, welche allein dem Seehandel oblagen.

Die Geschichte hat treu das Gedächtnis der hervorragendsten englischen Kaufleute bewahrt. Das 13. Jahrhundert nennt, um nur auf einige hinzuweisen, als solche Pioniere den auch als Gründer eines College bekannten J. Pultney, ferner Gr. de Rokesly, der ein großer Wollhändler und der reichste Goldschmied jener Tage war und später zum Inhaber des Wechselamtes und zum Münzvorstand sich emporschwang, weiter das Geschlecht der Thornes, die an den Kreuzzügen sich beteiligten und den Handel nach dem Mittelmeer begannen. Im 14. Jahrhundert ragten hervor

* Vgl. zum folgenden auch meine „Geschichte der Lage der Arbeiter unter dem Kapitalismus". Bd. 22, Berlin 1964, S. 123 f.

Richard und Wilhelm de la Pole, zugleich die Hauptberater Eduards III., besonders aber R. Whittington, den das Lied so herrlich preist:

Es denkt mein Herz mit Ehrfurcht und mit Wonne
An Richard Whittington, des Handels Sonne,
Den Angelstern und die erles'ne Blume
Der Kaufmannschaft. Was hat zu Englands Ruhme
Und Vorteil nicht sein Reichtum uns gewährt!
Noch heute wird sein Name hoch geehrt.
Papier und Feder tut mir nicht genüge
Zu würd'ger Schild'rung seiner edlen Züge.
Des Kaufmanns höchster Ruhm wird ihm zuteil;
Mehr sag' ich nicht. Gott geb' ihm Ruh' und Heil.*

Im 15. Jahrhundert glänzten neben Roger Thornton aus Newcastel, neben dem Mercer Geoffroy Boleyn, dem Urgroßvater der Königin Elisabeth mütterlicherseits, vor allem die Kaufleute Barantyn, W. Cotton, W. Walderma aus London, Rob. Sturmyn aus Bristol, Taverner aus Hull, welche den Handel nach Italien und in die Levante förderten, Th. Smith, Th. Tirry, W. Cabol, Th. Baker aus London, welche im Bunde mit den Bristolern den Verkehr mit Lissabon unterhielten, das Haus der Jays aus Bristol, das an den Entdeckungsfahrten sich beteiligte, W. Cannyngs, ebenfalls aus Bristol, der den Fischhandel in seine Heimatstadt zog, die Fahrten nach Island und Preußen betrieb, 800 Seeleute und 10 Schiffe mit einem Gehalt von 2930 Tonnen beschäftigte.

Am Anfang des 16. Jahrhunderts ist die Unternehmungslust schon so allgemein, die Zahl der Kaufleute so groß, daß es schwierig ist, einzelnen eine hervorragende Stellung einzuräumen."**

Einzeln kann man sie nicht mehr aufzählen. Wohl aber ihre Gesellschaften, die East India, die Africa und manche andere Company. Und sie sind es, die die Naturwissenschaften entwickeln und fördern.

Ganz wörtlich ist das zu nehmen. Der große Mathematiker John Dee (1527–1606) war technischer Berater der Moskau-Kompagnie und fertigte Landkarten für Gilbert, der als Erster englische Kolonien in Nordamerika ernstlich plante. Thomas Digges, Freund und Schüler von John Dee, ebenfalls Mathematiker, fuhr jahrelang zur See – sein Sohn Dudley (1583–1639), führend in der parlamentarischen Opposition gegen das Regime von Jacob I. und Karl I., war Großaktionär der East India Company, während sein Vater Leonhard, führender Popularisator der Mathematik unter Handwerkern, das Teleskop erfunden haben soll. Eine der großen Gestalten der Londoner Bourgeoisie, Henry Billingsley, ein Freund John Dees und 1596 Lord-Bürgermeister der Stadt, bereitete die erste Übersetzung von Euklids Geometrie ins Englische vor. Im Zusammenhang mit der Verbürgerlichung der Wissenschaft steht die soziale Ver-

* Libell of English Policye. Hertzbergs Übersetzung. Leipzig 1878, Vers 486 fg.
** *G. Schanz*, Englische Handelspolitik gegen Ende des Mittelalters. Bd. 1, Leipzig 1881, S. 327 f.

breiterung ihrer „personellen" Basis. Wissenschaftler, Experimentierer tauchen aus allen Schichten auf. Robert Norman, hervorragend als Erforscher magnetischer Eigenschaften, Seemann und Kompaßmacher, stolz, daß er kein Buchgelehrter, propagiert das Recht jedes experimentierenden Beobachters, wissenschaftlich zu arbeiten und wendet sich scharf gegen die „Denker am grünen Tisch". In die gleiche Kerbe haut Gabriel Harvey, Seilemachers Sohn und Freund von Spenser*, der unter den bedeutenden Erfinder-Technikern stolz aufzählt: „Humfrey Cole, einen mathematischen Mechaniker, Matthew Baker, einen Schiffszimmermann, John Shute, einen Architekten, Robert Norman, einen Seefahrer, William Bourne, einen Kanonier, John Hester, einen Chemiker ... vernünftige, eifrige Praktiker, wie ungelehrt auch in Schulen und unbelesenen Büchern."**

Natürlich erfordert die Entwicklung einer bürgerlichen Kultur eine Wandlung im Unterrichtswesen. Im 15. Jahrhundert werden zahlreiche Schulen vielfach mit Geldern von Bürgern und ländlichen Kapitalisten gegründet, um auf ihnen die zukünftigen Bürgermeister, Kaufleute, Richter usw. auszubilden. Der große Pädagoge der ersten Hälfte des 16. Jahrhunderts Thomas Elyot entwickelt in seinem „The boke named the Governour" das Erziehungsziel seiner Epoche für die Beamten des frühen Tudorstaates. „Seine erzieherischen Forderungen entsprechen weitgehend den neuen Bedürfnissen des absolutistischen Staates mit seiner zentralen Gerichtsbarkeit, Administration und seinen nationalen Aufgaben nach innen und außen. Nur eine wohlausgebildete und zahlreiche Bürokratie, die sich aus einem absolutistischen Hofadel oder dem verbürgerlichten Neuadel rekrutierte, konnte diesen neuen Anforderungen gewachsen sei."***

Doch die Entwicklung rast in diesem Jahrhundert. In seiner zweiten Hälfte fordert die Bourgeoisie bereits eine besondere höhere Ausbildungsanstalt für ihr „wichtigstes Gewerbe", und Thomas Gresham entwirft folgendes Programm für den Unterricht in seiner, wie wir heute sagen würden, „Hochschule für Kaufleute": „Entsprechend den Greshamschen Bestimmungen sollten als Hauptfächer Religion, Rechtskunde, Arzneikunde, Astronomie, Vermessungskunde, Redekunst und Musik gelehrt werden. Danach scheint es, als ob Gresham die Fachbildung des Kaufmanns ganz außer acht gelassen habe. Aber es scheint nur so. Denn der Satzungsentwurf gibt Anordnungen über die Ausführung der Greshamschen Bestimmungen und geht dabei auf die zu behandelnden Stoffe und die einzuschlagende Methode ein. Was letztere anbetrifft, so verlangt er, daß man nicht in der ‚Weise der Universitäten' vortrage, sondern mehr Gewicht auf die praktische Seite der zu lehrenden Gegenstände lege und das Fassungsvermögen der dem Kaufmanns- und Bürgerstande entstammenden Studierenden berücksichtige. In bezug auf die zu behandelnden Stoffe nennt er die Themen, auf die sich die Vorlesungen zu erstrecken hatten, und hier zeigt sich, daß in der Tat der Berufsausbildung des Kaufmanns weitgehend Rechnung getragen worden ist. Besonders war das der Fall bei der Behandlung der Rechtskunde, wo

* „Heute haben Wenige alles, und alle haben nichts", heißt es in Spensers „Mother Hubbard's Tale"!

** The Works of Gabriel Harvey, ed. A. B. Grosart, Bd. II. London 1885, S. 289 f.

*** *R. Weimann*, Drama und Wirklichkeit in der Shakespearezeit, Halle 1958, S. 75.

Vorlesungen über ‚Zins und Zinsfuß', über ‚Handel und Kaufleute', über ‚Einkauf und Verkauf', übeer ‚Handelsgesellschaften', über ‚Kommissionsgeschäfte', über Maklergeschäfte', über ‚Monopole' u. a. m. vorgeschrieben waren ..., dann auch bei der Behandlung der Astronomie und der Vermessungskunde, wo über die Beschaffenheit unseres Planeten, über die Länder der Erde, über den Gebrauch von Schiffahrtinstrumenten, über Schiffahrtkunst für Seefahrer u. a. m. vorgetragen werden sollte."*
Wissenschaft als Produktivkraft, präzise als Transport- und Handelskraft, so lautet das Programm des Gresham College, dieser Hochschule für Kaufleute! Kein Wunder auch, daß 90% der naturwissenschaftlichen Werke Englands zwischen 1500 und 1640 in der Nationalsprache veröffentlicht wurden – in den vorangehenden Jahrhunderten war natürlich Latein die Gelehrten-Sprache gewesen. Ein Wunder aber: die populärwissenschaftliche Literatur Englands machte damals annähernd den gleichen Prozentsatz der gesamten Buchveröffentlichungen aus wie im 20. Jahrhundert.**
100 Jahre nach seiner Gründung, in der Zeit nach der englischen Revolution, unter dem reaktionären Regime der späten Stuarts, als die Naturwissenschaftler aus Cambrigde und Oxford vertrieben wurden, sammelten sie sich in London um das Gresham College, zu dem auch 4 von den 12 Gründungsmitgliedern der Royal Society gehörten. Ja, so nahe waren sich diese beiden Institutionen der modernen Wissenschaft, daß Samuel Butler und andere sie bisweilen verwechselten – so nannte Butler Thomas Sprat, den Verfasser eines berühmten Werkes über die Royal Society (1667), „den Historiker von Gresham College". Der Name Gresham war in den letzten Jahren des 17. Jahrhunderts so eng mit dem Begriff der „modernen Naturwissenschaften" verbunden, daß die Reaktion deren hervorragendste Vertreter „die Männer von Gresham" (the Men of Gresham) titulierte.***

Betrachten wir nun im einzelnen noch näher das Leben und Wirken eines der hier schon genannten Männer, John Dees.
Sohn eines kleinen Hofbeamten gelang es ihm, auf eine gute Schule und von dort nach Cambridge auf die Universität zu kommen. Auf Cambridge folgten, wie bei so vielen versprechenden jungen Wissenschaftlern, Lehrjahre auf dem Kontinent, während der er die Koryphäen seiner Zeit auf dem Gebiete der Geographie zu wohlwollenden Freunden gewann: Gemma Phrysius, den flämischen Mathematiker und Kartographen in Löwen, Pedro Nuñez, den großen portugiesischen Mathematiker und Kosmographen, Gerhard Mercator, weltberühmt durch seinen Globus und seine Weltkarten, ebenfalls in Löwen (und in Duisburg), Orontius Finaeus, Professor der Mathematik am Collège de France, und schließlich Ortelius, den Antwerpener Kosmographen.
In England war er bald der Mittelpunkt eines Kreises bedeutender Gelehrter. Er und seine Freunde bildeten eine Art von „Akademie". Humphrey Gilbert, der zu diesem Kreis gehörte, petitionierte die Königin Elisabeth, die „Akademie" auf Staatskosten

* *H. Dietze,* Sir Thomas Gresham. Dresden 1913, S. 76 f.
** *Fr. R. Johnson,* Astronomical thought in Renaissance England. Baltimore 1937, S. 3 und 9.
*** Vgl. dazu auch *R. F. Jones,* Ancients and moderns. 2nd ed. St. Louis 1961, S. 267 und 272.

zu formalisieren; in seiner Bittschrift legte er den Hauptwert auf die Ausbildung von Ingenieuren für Befestigungsbauten und von „Artillerie-Wissenschaftlern“, Geographen, Schiffskapitänen und Piloten. Sein Wunsch ging ebensowenig in Erfüllung wie die 1556 vorangehende Bitte Dees an die Königin Mary, aus den Besitzständen der Klöster eine Nationalbibliothek aufzubauen.* Dee ging dann an die Sammlung einer eigenen Bibliothek, die schließlich über 4000 Bücher und Manuskripte umfaßte: der Wissenschaftler, der mit den meisten Werken in ihr vertreten war, hieß Roger Bacon. Die Bibliothek stand sowohl den großen Kapitänen und Expeditionsleitern wie Raleigh, Frobisher, Drake oder dem großen Geographen Hakluyt wie auch Hunderten von einfachen Piloten und Steuermännern zur Verfügung.

Groß war auch der Kreis von engen Freunden und guten Bekannten um ihn. Nennen wir einige Namen: den Herzog von Northumberland und seine beiden Söhne, die Lords Dudley, Sir Francis Walsingham, Sir Christopher Hatton, Walter Raleigh, Lord Burghley, Edward Dyer – und auch die Königin besucht ihn und holt ihn noch häufiger an den Hof. Man mag sagen: Adel, hoher Adel, Höflinge und Minister. Richtig. Man kann aber auch sagen: Geschäftsleute. Denn der Herzog von Northumberland interessierte sich mit einem Kreis von City-Kaufleuten für einen schnellen Weg nach China, von dem man sich guten Absatz von Wollwaren versprach; Sir Francis Walsingham ist zwar langjähriger Minister Elisabeths, zugleich aber: Am Beginn des Jahres 1583 sitzen Dee und Adrian Gilbert, Spezialist für Pläne einer Nord-West-Passage nach China, im Hause des ersteren bei neuen Expeditions-Beratungen zusammen, als Walsingham zu Besuch kommt; gleich setzt er sich zu ihnen, um von ihren Plänen zu hören; am nächsten Tag holt Walsingham sie zu sich und wird in ihre Überlegungen „eingeweiht“, wie Dee in sein Tagebuch notiert. Drei Wochen später besucht Walsingham Dee von neuem, diesmal mit dem Dichter und Höfling Dyer, um die Pläne von neuem zu diskutieren; und wieder 16 Tage später sucht Dee mit Gilbert die Leiter einer der großen Handels- und Schiffahrtsgesellschaften, der Muscovy Company, die bereits von Walsingham vorbereitet sind, auf, um mit ihnen die Durchführung einer Forschungsfahrt durchzusprechen. **Wen hatten wir noch genannt? Burghley, der größte Minister Elisabeths und Landraffer, der natürlich auch in der Piraterei und der Suche nach dem Stein des Weisen spekulierte – Hatton, führend im Kampf gegen Spanien, ebenfalls Spekulant in „Schiffahrtsreisen“ – und schließlich Raleigh, ebenso glänzend als Held des Seekrieges, Pirat, Hofmann, Bergwerkbesitzer und Historiker.

Dee beriet die größten Schiffs- und Handelsflottenkapitäne seiner Zeit und erhielt Privilegien wie andere Formen der Beteiligung an möglichen Erfolgen von Forschungsreisen. Er verfertigte verbesserte Kompasse, deren Konstruktionstechnik er wohl geheim hielt. Immer und immer wieder bemühte er sich um eine verbesserte Ausbildung des oberen Schiffspersonals, wie um neue Absatzwege für englische Pro sellschaften, der Muscovy Company, die bereits von Walsingham vorbereitet sind, die durch die Mathematik verwissenschaftlicht werden sollte. Er schreibt: „Aus die-

* Ein zweiter Versuch bei Cecil im Jahre 1574 scheiterte ebenfalls.

** Vgl. dazu *E. G. R. Taylor,* Tudor geography 1485–1583. London 1930, S. 137 f.

sen Leistungen (der Mathematik) ist die Großtat der Geodäsie oder der Landvermesserkunst entsprungen: Ländereien, Wälder und Gewässer geschickter aus der Ferne zu vermessen und aufzunehmen. Aber Gott weiß in jeder Einzelheit, wieviel Falsch und Unrecht bisher in diesen Reichen Englands und Irlands, ob durch Unwissenheit oder Betrug kann ich nicht sagen, zu meiner Zeit durch ungenaue Vermessungen und Aufnahmen verübt worden ist." Und bemerkt dann, „daß das durch eine Verbesserung der Landvermessung gesparte Geld ausreichen würde, um an jeder der beiden damaligen englischen Universitäten eine Dozentenstelle für Mathematik einzurichten."

So ist Dee als Mathematiker zutiefs ergeben der Förderung der Produktivkräfte. (Man darf jedoch nicht glauben, daß dieser Dienst an den Produktivkräften ein leichter war. Viele Kapitäne, auch unter den großen Helden der See, wie etwa Frobisher, fanden die neuen Instrumente zu kompliziert und die laufend notwendigen Berechnungen zu gelehrt. Das heißt, auch wenn die neuen wissenschaftlichen Erkenntnisse schnell zur Produktivkraft wurden, war ihre Verbreitung, genau wie in der Antike, doch noch gering.)

Förderung der Produktivkräfte auf allen Ebenen der Gesellschaft! Nicht zum mindesten durch Qualifizierung der Produktivkraft Mensch. Setzt Dee sich doch für die Übersetzung des Euklid ein, um den „einfachen Handwerkern" den Weg zu „neuen Leistungen, wunderbaren Maschinen und Instrumenten" zu erleichtern.

Gleichzeitig drängt es Dee, englische (kapitalistische) Produktions- und Herrschaftsverhältnisse über die ganze Welt zu verbreiten. Er träumte von England als der Herrin Nordeuropas und Nordasiens (Mistress of a Northern Empire – Nord-West-Passage!) und schrieb darüber 1565 eine Abhandlung Synopsis Reipublicae Britannicae. 1576 veröffentlichte er den ersten Band seines großen Werkes „British Impire" oder „The Imperium Brytannicum", der Hatton gewidmet war und vorn ein Bild Elisabeths an der Spitze des „christlichen Schiffes Europa" zeigt. Nur verständlich, daß er die Forderung nach einer „stehenden Flotte" stellte.

Daneben war er Astrologe und Alchemist, welch letztere Tätigkeit ihn am Lebensabend hauptberuflich beschäftigte; doch darf man nicht vergessen, daß gerade die Chemie der Alchemie viel verdankt, ja daß Dee in der Vorrede zum Euklid seines Freundes Billingsley die „archemistrie" als scientia experimentalis definiert, und daß Copernicus und Kepler selbstverständlich auch Astrologen waren.

Auch wurde er zu Hofdiensten herangezogen: als Jean Bodin, der große französische Staats- und Rechtswissenschaftler, am Hofe Elisabeths empfangen wurde, machte zunächst Dee die Honeurs.

Was für eine Gestalt der englischen Renaissance – dieser bedeutendste englische Mathematiker seiner Zeit! Was für ein Förderer der Produktivkräfte und der Produktionsverhältnisse!

* Nach der Übersetzung in *St. F. Mason*, a. a. O., S. 299 aus Dees Vorwort zu der schon erwähnten Euklid-Übersetzung seines Freundes Billingsley.

Brunellesco, Architekt in Italien – Dee, Mathematiker in England: wenden wir uns noch einem Gesellschaftswissenschaftler zu, Hugo Grotius (1583–1645) aus Holland, Pensionär des französischen Königs und Gesandter Schwedens ... denn so gefestigt schon manche Nationalstaaten in dieser Zeit sind, der einzelne Bürger ist noch vielfach disponibel und steht diesem oder jenem Staate zur Verfügung.

Die Renaissance ist in der Tat die Zeit, in der Nationalstaaten entstehen, zunächst embryonisch vorpraktiziert in den Stadtstaaten Norditaliens. In der Zeit der Blüte des Feudalismus hatte sich Europa noch als Einheit gefühlt, als christliches Europa (man erinnere sich, daß noch 1576 Elisabeth von England als „Kapitän" des „christlichen Schiffes Europa" abgebildet wird), die Völker Europas galten auch noch als Eines, als populus romanus, als Römisches Volk (war doch der Kaiser ein römischer Herrscher und die Herrscher Frankreichs, Englands und Spaniens suchten in der Vergangenheit nach Verbindungen zu Rom, ebenso wie nordische und slawische Juristen sich und ihr Volk als Teil der Respublica Christiana betrachteten). Das wurde jetzt anders.

Die Anfänge neuer Verhältnisse und Beziehungen beobachten wir in Norditalien mit dem Entstehen neuer, kapitalistischer, Produktionsverhältnisse und den ihnen entsprechenden Formen der Unterdrückung, den festgefügten Stadtstaaten. Festgefügte Nationalstaaten aber erfordern auch neue Beziehungen zwischen den Staaten, erfordern neue Formen des Verkehrs der Staaten miteinander, also neue Formen der Diplomatie, und eine rechtliche Regelung des Verkehrs, die Schaffung von spezifischen Rechtsbeziehungen zwischen den Staaten, die Schaffung eines internationalen Rechts.

Es ist interessant in diesem Zusammenhang, daß Wladimir Potjomkin im ersten Band der von ihm herausgegebenen Geschichte der Diplomatie die mit dem Entstehen von Nationalstaaten verbundenen Wandlungen der Diplomatie zunächst am Beispiel Frankreichs untersucht, dann aber seine nachfolgenden Ausführungen so beginnt: „Die Hauptrolle beim Entstehen der modernen Diplomatie spielte, nach der Ansicht der Mehrheit der Historiker, Italien."* Und Mattingly hat seitdem wohl eindeutig nachgewiesen, daß die norditalienischen Staaten in der Tat die ersten waren, die die „neue Diplomatie", vor allem die Einrichtung permanenter diplomatischer Mission, auf breiter Basis einführten.**

Die Geschichte der Diplomatie scheint von entscheidender Bedeutung für eine Untersuchung der Geschichte des internationalen Rechts in der Zeit des Werdens der modernen Nationalstaaten der Bourgeoisie. Wenn Potjomkin bemerkt: „Die Regierung Ludwig XI., die so große Bedeutung für die Einigung Frankreichs hatte, hatte großen Einfluß auf die Entwicklung der europäischen Diplomatie"***, oder „Die Herausbildung der großen Mächte und die Entwicklung der internationalen Beziehungen veranlaßten die Nationen dazu, Gesetze zu schaffen, die ihre Beziehungen untereinander regeln könnten. So entstanden das Recht der Diplomatie und das internationale Recht"°, dann zeigt er ganz deutlich die enge Verbindung zwischen dem Entstehen

* Hier zitiert nach *V. Potiemkine* (ed.), Histoire de la diplomatie, Bd. 1, Paris o. J., S. 144.

** *G. Mattingly*, Renaissance diplomacy, Harmondsworth, Penguin Books, 1965, Teil 2.

*** A. a. O., S. 143.

° Ebendort, S. 167.

der Nationalstaaten, des modernen internationalen Rechts und der modernen Diplomatie.
Die Entstehung der modernen Staaten, des internationalen Rechts und der Diplomatie zwischen solchen Staaten hängen in der Tat aufs engste zusammen – zumal sie ja auch den gleichen Nährboden, das Emporkommen des Bürgertums als Resultat des Entstehens kapitalistischer Handels- und dann kapitalistischer Produktionsverhältnisse haben.
Wenden wir uns nun dem größten unter den Begründern des modernen, des kapitalistischen internationalen Rechts zu, Hugo Grotius, der – wie könnte es anders sein – auch auf dem Gebiete der Ausbildung der Diplomatie Bedeutendes geleistet hat ... etwa in der Befürwortung der „absoluten Extraterritorialität" der Botschaft und ihres Personals.
Doch Grotius ist eine Gestalt der Renaissance, und darum müssen wir auch entsprechend beginnen, wenn wir ihn charakterisieren wollen:
Gesellschaftswissenschaftler -- Historiker, Philologe und vor allem Rechtswissenschaftler wie praktizierender Jurist; daneben auch Theologe und Dichter in lateinischer und holländischer Sprache; sowie Übersetzer eines griechischen Dramas ins Lateinische und auch Dramatiker aus Eigenem. Mit 11 Jahren ging er auf die Universität, ein Wunderkind, das von dem Kurator der Universität Leiden mit einem zu seinen Ehren verfaßten Gedicht empfangen wurde. Nach Beendigung seiner Studien wurde er mit 15 Jahren Mitglied einer Delegation Hollands an den französischen Hof; von dort reiste er nach Orléans, dessen Universität ihm am 5. Mai 1598 eine Art von Ehrendoktorat gab; überall wurde er in der Gesellschaft eingeführt und lernte auch den Prinzen Condé kennen, dem er sein erstes Buch widmete, über das Wehberg schreibt: ... „eine Neu-Ausgabe der bekannten Schrift des neuplatonischen Philosophen Martianus Capella: ‚De nuptiis Philologiae et Mercurii'. Es handelt sich um eine Einführung in die freien Künste unter Anknüpfung an den allegorischen Mythos von der Hochzeit des Merkur mit der Philologie. Die Publikation dieses Buches durch Grotius bedeutete mehr als eine Neu-Ausgabe, vielmehr eine das Staunen der Zeitgenossen erregende Revision des überlieferten Textes."* Mit 16 Jahren wurde er als Anwalt an den Gerichtshöfen im Haag zugelassen. Ein junger Renaissance-Riese!
Sein Ruhm ruht heute auf dem Werke „Über das Recht des Krieges und des Friedens" (De jure belli ac pacis), gleich groß durch kritische Verarbeitung aller vergangenen Leistungen und als erste umfassende Systematik des Völkerrechts, so daß der große italienische Gesellschaftswissenschaftler Giovanni Battista Vico ihn zwei Menschenalter später den Syndikus der Menschheit, generis humani juristconsultus, nennen wird.
Hier wollen wir uns jedoch nur mit einer Spezialleistung von Grotius beschäftigen, deren Untersuchung mehr Raum in der Rechtsgeschichte einnehmen sollte, da sie eine wundersame Widerspiegelung der Widersprüche in den Produktionsverhältnissen erlaubt und die verschiedenen Lösungen in der Zeit von Grotius den Charakter der

* *H. Wehberg*. Hugo Grotius. Wiesbaden 1956, S. 9.

Produktionsverhältnisse recht wesentlich mitbestimmt haben. Sagt Marx, daß das Recht des Eigentums nur die Überbauerscheinung der Produktionsverhältnisse ist, so geht es uns hier speziell um das Eigentumsrecht am Meer.

Den machtpolitischen Hintergrund schildert Wolf so: „Der Papst hatte als Schiedsrichter im Jahre 1496 die überseeischen Länder und Meere in eine portugiesische und in eine spanische Interessensphäre geteilt. 1580 war Portugal von Spanien unterworfen worden. Der Streit um die Seeherrschaft schien damit beendet zu sein. Nach der Unabhängigkeitserklärung von 1581 wurde aber Holland ein neuer, gefährlicher Gegner Spaniens im Kampf um den Seehandel. 1602 war die Ostindische Compagnie gegründet worden. Jetzt versuchten die von Spanien abhängig gewordenen Portugiesen, den holländischen Kaufleuten Konkurrenz zu machen. Als daraufhin ein portugiesisches Handelsschiff in der Malakkastraße von einem Holländer gekapert wurde, erhob sich ein heftiger Disput: gab es ein Recht auf freie Schiffahrt im Meer? Oder galt hier noch das Recht des Stärkeren? Konnte jeder jeden anhalten oder kapern oder gab es ein besonderes Prisenrecht? Verbot das nicht die Religion? Wer also war hier im Recht, Holländer oder Portugiesen?"*

Grotius, zu Beginn seiner zwanziger Jahre bereits als glänzender Advokat berühmt, wurde von der Ostindischen Compagnie beauftragt, ihren Fall aufzunehmen und schrieb sofort ein ganzes Buch zu ihrer Verteidigung, das eine Theorie des Prisenrechts gab. Von dem 1606 vollendeten Werk wurde, wohl aus politischen Gründen – die Portugiesen schienen nachgeben zu wollen, und man hatte vielleicht kein Interesse daran, sie durch prinzipielle Ausführungen zu reizen –, nur ein Kapitel veröffentlicht, das den Titel trug Mare Liberum, Das Freie Meer, oder wie man in Hinblick auf die Machtkontroverse besser übersetzen sollte, Das Keinem zu Eigentum gehörende Meer.

Wolf kommentiert: „Es ging also für Grotius um die Lösung einer praktischen Aufgabe der geistigen Landesverteidigung.** Ob man hier im Recht war, das schien eine Frage von lebenswichtiger Bedeutung für den holländischen Staatenbund. Gab es überhaupt ein Recht der Niederländer auf freies staatliches Leben, dann mußte es für sie auch eines auf freie Schiffahrt geben, denn Schiffahrt war für ein Volk von Kaufleuten notwendig. Deshalb hielt Grotius an dem Gedanken fest, daß die unbeschränkte Handelsfreiheit eine unverzichtbare Voraussetzung gleichberechtigten Verkehrs unter den Völkern sei. Aber hier half keine Berufung auf positive Satzungen. Der Raum, in dem sich der Kampf abspielte, lag außerhalb des Geltungsbereiches jeder nationalen Gesetzgebung, aber auch jenseits der territorialen Machtansprüche eines Herrschers. Bestanden zwischen den beteiligten Nationen keine besonderen Vereinbarungen, so erschien dieser Raum rechtsleer. In diese Lücke sprang das Naturrecht ein ... Das Recht des holländischen Volkes auf Selbstbehauptung seiner Handelswege wurde gleichzeitig als Gebot der Vernunft, als übereinstimmend mit

* *E. Wolf*, Große Rechtsdenker der deutschen Geistesgeschichte. 3. Aufl. Tübingen 1951, S. 265 f.

** „ ... fuit enim meum opus de Mare Libero optimo scriptum in patriam animo ..." (Brief an Camerarius vom 20. Mai 1637).

dem Willen Gottes und als Erfüllung eines Naturgesetzes dargelegt. Das war der Ausdruck eines neuen Geistes."*
Sicherlich: Ausdruck eines neuen Geistes, der den neuen Welthandels- und Weltkolonialverhältnissen entsprang.
Aber nicht die Lösung der Eigentumsfrage, die Grotius gab, sondern die Frage selbst entsprach den neuen Verhältnissen. Denn schnell stieß die Grotius'sche Lösung auf Widerstand.** Zuerst und vor allem in England, aber auch in Portugal und Spanien. Das bedeutendste Gegenwerk war John Seldens Mare Clausum, das geschlossene Meer, oder wie man richtiger übersetzen sollte, Das Meer als Eigentum, denn, wie der französische Rechtswissenschaftler Joseph Ortolan so schön formulierte: „Der englische Autor wollte sehr wohl, daß das Meer einen Herrn hatte, doch wollte er nicht, daß der Herr ein anderer als England war."***
Ja, selbst Grotius trat im Interesse der holländischen Eigentumsverhältnisse gegen sich auf. Dort, wo Holland nicht stark genug war, um das Meer als sein Eigentum zu betrachten, trat er für die Eigentumslosigkeit des Meeres auf. Dagegen ... doch hören wir dazu wieder den bedeutenden Völkerrechtler Wehberg:
„Es ist nun interessant festzustellen, welchen Standpunkt die Niederländer einige Jahre später in der gleichen Frage gegenüber den Engländern eingenommen haben. Die Engländer beschwerten sich nämlich, als die Niederländer in Indien Fuß gefaßt hatten, darüber, daß ihnen von den Niederländern das Prinzip der offenen Tür verweigert wurde. Nach der Vertreibung der Portugiesen hatten die Niederländer mit den eingeborenen Fürsten Indiens Verträge abgeschlossen, wonach diese ihre Produkte ausschließlich an die Niederländer zu verkaufen hatten. Letztere begründeten ihr Monopol damit, daß es eine Gegenleistung für den den Indern gegenüber den Spaniern und Portugiesen gewährten Schutz darstelle. Sie fügten das auf Billigkeit beruhende Argument hinzu, daß sie durch Konstruktion von Befestigungen und die Präsenz einer starken Kriegsflotte von 43 Einheiten erhebliche Aufwendungen gemacht, und daß die Engländer an diesen Kosten nicht teilgenommen hätten. In den Jahren 1613 und 1615 kam es zu bedeutsamen internationalen Konferenzen zwischen den Niederlanden und England. Einer der Wortführer der niederländischen Abordnung, von dem auch die maßgebenden Berichte nach dem Haag erstattet wurden, war Grotius. Bei diesen Verhandlungen betonten die Niederländer zwar das allgemeine Prinzip der Freiheit des Handels, erklärten aber berechtigt zu sein, durch die Vertäge mit den indischen Fürsten die Angehörigen anderer Völker vom Handel auszuschließen. Sie fügten hinzu, daß ja die Engländer die betreffenden Waren von den Niederländern kaufen könnten.
Nach einer sorgfältigen Durchsicht der auf jene Konferenzen bezüglichen Dokumente° komme ich zu dem Ergebnis, daß die Stellungnahme der damaligen nieder-

* *E. Wolf*, a. a. O., S. 266 f.

** Vgl. dazu auch *S. G. do Amaral*, Le „Mare Liberum" et ses adversaires. In: *A. Lysen*, Hugo Grotius. Opinions sur sa vie et oeuvres. Leyde 1925, S. 65 ff.

*** Zitiert ebendort, S. 71.

° Sie sind zum ersten Male 1940 in tome XV der „Bibliotheca Visseriana" veröffentlicht worden. Vgl. *Albert Hyma*, The Dutch in the Far East. A History of the dutch commercial and colonial Empire. Ann Arbor, Mich., 1942, S. 92 ff.

ländischen Abordnung und insbesondere des Grotius in Widerspruch stand zu der in der Schrift ‚Mare Liberum' vertretenen These, daß die Freiheit des Handels mit einem Volke mit keiner stichhaltigen Begründung aufgehoben werden könne, es sei denn, unter Zustimmung aller Völker. An diesem Standpunkt muß ich auch festhalten, obwohl Grotius später im zweiten Buche, Kapitel 2, Abschnitt XXIV seines großen Werkes ‚De jure belli ac pacis libri tres' ausgeführt hat: ‚Ich entsinne mich, daß man die Frage aufgeworfen hat, ob zwei Länder einen Vertrag miteinander schließen dürfen, wonach das eine die lediglich in seinem Lande wachsenden Früchte nur dem anderen verkaufen darf. Ich halte dies für zulässig, wenn das kaufende Land bereit ist, sie auch anderen zu einem billigen Preise abzulassen.' Ich gebe zu, daß dieser Standpunkt wohl am besten mit dem Völkerrecht der damaligen Zeit in Einklang steht. Mir kommt es hier allein darauf an zu zeigen, daß Grotius in seiner Schrift ‚Mare Liberum' jedes Handelsmonopol unbedingt bekämpft hat, daß er aber bei den Verhandlungen mit England diesem Standpunkt nicht treu geblieben ist . . .
Es ist wohl nicht Zufall, daß sich Grotius später in Abschnitt 38 der Prolegomena seines ‚De jure belli ac pacis' gegen die gutachtliche Tätigkeit der Völkerrechtslehrer wendet, von denen viele, wie er sich ausdrückt, ihre Darlegungen mehr ‚nach den Wünschen der Auftraggeber als nach den Bestimmungen des Rechts und der Billigkeit' geschrieben hätten."*

Großartig diese Widerlegung einer Gesellschaftswissenschaft „an sich", losgelöst von den Produktions- und den ihnen entsprechenden Eigentumsverhältnissen, durch die Praxis. Großartig aber auch die „Selbstkritik" von Grotius, der sich – natürlich vergeblich – darum bemüht, eine völkerrechtlich „absolute" Lösung für ein Problem zu finden, in dem sich die antagonistischen Widersprüche verschiedener Handelsvölker unter den Bedingungen des Übergangs vom Feudalismus zum Kapitalismus widerspiegeln, für ein Problem, das natürlich erst in einer vollendeten sozialistischen Welt gelöst werden kann.

Doch nicht auf die Lösung durch Grotius bzw. die Nicht-Lösung kommt es hier in erster Linie an, sondern darauf zu zeigen, wie die, sich nun zu einer fundierten Gesellschaftslehre entwickelnde, Wissenschaft vom Völkerrecht den Eigentums- und damit den Produktionsverhältnissen diente, ja durch die entsprechenden Handlungen der holländischen herrschenden Klasse (und die anderer Länder) zu einem Element der Produktionsverhältnisse wurde.

* *H. Wehberg*, a. a. O., S. 25 ff.

KAPITEL V

Francis Bacon, Philosoph der Wissenschaftlich-technischen Revolution*

Riesen nennt Engels die großen Gestalten der Renaissance, und über einige von ihnen haben wir ein wenig ausführlicher gesprochen – jedoch stets nur, entsprechend der Thematik unserer Abhandlung, unter dem Gesichtspunkt der Verwandlung der Wissenschaft in Produktivkraft, in ein Element der Produktionsverhältnisse oder wirkend auch auf andere Weise.

Einmal, nahe der Mitte unserer Arbeit, sei es erlaubt, eine Einzelgestalt länger und von verschiedenen Seiten her zu betrachten: Francis Bacon. Nicht in erster Linie, weil Bacon in seinem Leben und Wirken mehr und besser als andere den Renaissance-Menschen repräsentiert; Bacon war ein Mensch der Renaissance, doch als solcher nicht hervorragend unter seinen großen Zeitgenossen in Europa oder auch nur in England. Wohl aber ist Bacon einzig als Repräsentant der Wissenschaftlich-technischen Revolution seiner Zeit und der Moderne (im Sinne, wie Engels diesen Ausdruck gebraucht) überhaupt. Zwar steht auch hier Bacon nicht allgemein in vorderster Reihe, ja man überlegt sich, ob er überhaupt einen in der Masse der Menschen jener Zeit noch sichtbaren Standort hat, wenn man die Frage nach seiner Aktivität bei der Umsetzung der Denkkraft in Produktivkraft stellt. Einzig aber, bis heute, steht Bacon da in der Intensität und Weite seiner theoretischen und propagandistischen Beschäftigung mit dieser Aktivität. Wenn Marx ihn 250 Jahre später an Tiefe des Denkens auch auf diesem Gebiet übertrifft, so erscheint uns das nur natürlich und kann nicht einen Deut von der Größe Bacons nehmen.

So eindringlich wirkt Bacon mit seiner Lehre, daß die Grundhaltung dieses großen Materialisten auch von einem Idealisten wie Dilthey voll erkannt wurde, und da Dilthey bedeutend in der Charakterisierung von Menschen war, seien die folgenden Sätze von ihm zitiert: „In Bacon manifestiert sich der unbändige Lebens- und Gestaltungsdrang der Menschen der Renaissance in einer wissenschaftlichen Phantasie, welche die Herrschaft des Menschen über die gesamte Natur durch die Erkenntnis der Gesetze derselben herbeizuführen unternimmt. Diese Phantasie ist aber ganz positiv: die Imagination eines von Realitäten erfüllten Kopfes. Er konstruiert von diesem Wirklichen aus seine Methode wie eine ungeheure Maschine, welche die

* Erweiterte Darstellung nach: *J. Kuczynski,* Francis Bacon, Philosoph und realistischer Utopist der wissenschaftlich-technischen Revolution. In: „Jahrbuch für Wirtschaftsgeschichte", 1966, Teil II. Berlin 1966, S. 63 ff.

Last der ganzen Erfahrung heben soll. So tritt in ihm der Typus des Menschen der Renaissance in einer neuen Modifikation auf: es ist der Mensch, welcher seinem Willen, zu leben, zu herrschen und zu gestalten, ein Feld unbegrenzter Erweiterung durch Erkenntnis der Kräfte der Natur und durch Herrschaft über sie erobert. Die mittelalterliche Nachdenklichkeit über das Elend der Menschennatur bedarf nach ihm der Ergänzung durch das Studium der Prärogativen desselben. So betont er im Denken das schaffende Vermögen, im Willen die Verwirklichung der allgemeinen Wohlfahrt. Langsam steigen diese neuen mächtigen Beweggründe neben den kriegerischen und religiösen Affekten der feudalen Zeit auf und bemächtigen sich der Menschen. Von diesem neuen Standpunkte aus hat nun Bacon auch die Autonomie der moralischen Kraft und der sittlichen Erkenntnis zur Geltung gebracht."*

1. Wanderungen der Revolutionszentren für Wirtschaft und Kultur

Es ist nicht leicht, zuverlässige Vergleiche der wirtschaftlichen Stärke Deutschlands, Englands und Frankreichs im 15. Jahrhundert zu machen. Seit langem jedoch neigt die Forschung dazu, den besonders hohen Stand der deutschen Wirtschaft im 15. Jahrhundert hervorzuheben. Das gilt für den Bergbau, für die Textil- und Kleineisenindustrie wie auch für einzelne Zweige der Landwirtschaft.
Der Ausgang der Klassenkämpfe des 16. Jahrhunderts, die mit der Niederlage der Bauern 1525 und mit einer Zurückdrängung des städtischen Bürgertums im Laufe des Jahrhunderts zu einer Stärkung der reaktionären ländlichen Feudalkräfte führten, brachte zunächst Stillstand und dann Rückgang der wirtschaftlichen Kräfte in Deutschland. Als weitere Ursache kommt, worauf schon Engels sehr deutlich hingewiesen hat, eine Verlagerung der Welthandelswege durch die „Entdeckung" Amerikas hinzu.
Wenn wir die besondere wirtschaftliche Stärke Deutschlands im 15. Jahrhundert erwähnen, so wollten wir damit nicht sagen, daß es in Italien nicht einzelne Gegenden – aber eben nur sehr beschränkte Standorte im Norden – gab, in denen das Wirtschaftsniveau nicht noch beachtlich höher lag. Damit im Zusammenhang stand in Italien eine einzigartige Blüte der Kultur, die unter dem Begriff der Italienischen Renaissance in die Geschichte eingegangen ist, bis weit in das 16. Jahrhundert hinein dauerte und mit dem Tode Galileis ihre letzte große Blüte verlor.
Im Laufe des 16. Jahrhunderts verlagerte sich nun der Schwerpunkt des wirtschaftlichen Fortschritts nach England und Frankreich, stärker noch nach England, und auch die Zentren der Kultur wanderten in diese beiden Länder, wobei England zur führenden Nation der Welt in der Entwicklung der Naturwissenschaften und Technik wurde.
Bernal schildert die Entwicklung der Wissenschaft in dieser Zeit der Wanderungen der Revolutionszentren der Wirtschaft so:

* *W. Diltheys* Gesammelte Schriften, II. Bd., Weltanschauung und Analyse des Menschen seit Renaissance und Reformation. Leipzig und Berlin 1940, S. 261.

„In der ersten Phase kam es zu einem Angriff auf das gesamte Weltbild, das das Mittelalter vom Altertum übernommen hatte. Dieser Angriff fand seinen entscheidenden Ausdruck darin, daß Kopernikus das geozentrische Weltsystem des Aristoteles verwarf und es durch ein System ersetzte, in dem sich drehende Erde als Planet wie alle anderen Planeten ihre Bahn um die Sonne zog.
In der zweiten Phase wurde der Kampf trotz stärkster Opposition von Kepler und Galilei fortgeführt und von Harvey auf die Wissenschaft vom menschlichen Körper ausgedehnt. Das wurde mit Hilfe der neuen experimentellen Methoden erreicht, während in Bacon und Descartes die ersten Propheten dieses neuen Zeitalters entstanden.
Die dritte Phase schließlich sah den Triumph der neuen Wissenschaft, ihr schnelles Wachstum und ihre Ausbreitung auf neue Gebiete sowie ihre erste Organisierung in Gesellschaften. Es ist das Zeitalter der Boyle, Hooke und Huygens, das Zeitalter einer neuen mathematisch-mechanischen Philosophie. Die Arbeit vieler Hände und Köpfe wurde in Newtons Formulierung der Mathematischen Prinzipien der Naturphilosophie zusammengefaßt, einer Grundlage, auf der man die übrigen Zweige der Wissenschaft vertrauensvoll aufbauen zu können glaubte. Der Zweck wich der mechanischen Ursache, und das hierarchische Universum des Mittelalters wurde durch ein neues verdrängt und ersetzt."*
In der zweiten Phase nennt Bernal fünf weiterführende Männer – zwei von ihnen aus England, in der dritten sind es vier, von denen drei in England arbeiten.
Das erstaunt nicht. Hat doch die Forschung insbesondere des letzten Halbjahrhunderts die ganze Stärke des wirtschaftlichen Aufschwungs Englands seit der zweiten Hälfte des 16. Jahrhunderts herausarbeiten können, und der hervorragendste Erkunder der gewerblichen Verhältnisse Englands zur Zeit Elisabeths und Jacob I., der Amerikaner J. U. Nef, hat sogar die Frage aufgeworfen, ob man nicht von einer ersten industriellen Revolution in dem Jahrhundert von 1540 bis 1640 sprechen müßte. Gleichzeitig mit Nef hat der sowjetische Wissenschaftler B. Hessen in seiner Arbeit über die sozialen und ökonomischen Wurzeln von Newtons Principia 1931 darauf hingewiesen – die grundlegende Arbeit von Nef über The rise of the British coal industry erschien 1932, war jedoch in ihren Hauptergebnissen der Forschung schon zuvor bekannt –, welchen Aufschwung Mathematik und Technologie im 16. und 17. Jahrhundert genommen, wovon seiner Meinung nach (und hier sah er zu eng) vor allem das Transportwesen profitiert hätte.
In der Tat können wir für das 16. Jahrhundert eine Steigerung der Produktion in Bergwerken und Schwerindustrie um das Sechs- bis Achtfache annehmen. Einschließlich der Konsumgüterindustrie habe ich für die gewerbliche Güterproduktion Englands eine Steigerung um das Drei- bis Vierfache angenommen.**
Wichtig ist aber nicht nur die quantitative Steigerung. Ist es nicht bedeutsamer noch, daß im England des 16. Jahrhunderts

* *J. D. Bernal,* a. a. O., S. 233.

** Vgl. dazu meine Geschichte der Lage der Arbeiter unter dem Kapitalismus, Bd. 22, Berlin 1964, S. 67.

Kohle auf zahlreichen Gebieten das Holz zu ersetzen beginnt, Eisen und Stahl mehr und mehr, statt vor allem für Waffen und Luxuswaren, für Gegenstände des täglichen Gebrauchs Verwendung finden,
neue Industrien wie die Glasindustrie aufkommen, andere jetzt erst wirklich eine Rolle spielen wie die Salpeter- und die Seifenproduktion,
andere ihre ersten Anfänge finden wie die Produktion und das Legen von Holzschienen, um den Kohlentransport zu erleichtern?!
Und ähnlich wie wir bei der Entwicklung der Eisen- und Stahlindustrie oder der Glasindustrie darauf hinweisen müssen, daß ihre Produktion nicht nur mengenmäßig steigt, sondern vor allem auch die Gegenstände des täglichen Lebens erfaßt, können wir für die wissenschaftliche Entwicklung feststellen:
Die Hauptträger der technisch-wissenschaftlichen Entwicklung kommen aus der Klasse der Produzenten und dienen ihr. Sie setzen sich aus Handwerkern, die sich zu Technikern entwickeln, und aus Gelehrten, die ebenfalls Techniker werden, zusammen. Mason schildert diesen Prozeß so:
„Während des 16. Jahrhunderts begann die Schranke zwischen der handwerklichen Tradition und der der Gelehrten, die bis dahin die mechanischen von den freien Künsten geschieden hatte, an Bedeutung zu verlieren. Einerseits verschwanden jetzt dadurch, daß Handwerker das ihnen überlieferte Wissen aufzuzeichnen anfingen und sich dabei wissenschaftliche Kenntnisse aneigneten, die Zunftgeheimnisse, andrerseits gewannen aber auch einige Gelehrte Interesse an den Erfahrungen und Methoden der Handwerker...
So vermochte die handwerkliche Tradition des 16. Jahrhunderts zwar gute Experimentatoren wie Norman hervorzubringen, jedoch keine Theoretiker. Letztere fanden sich aber unter den zeitgenössischen Gelehrten, und diejenigen unter ihnen, die sich für die handwerkliche Literatur interessierten, lieferten dann auch die Theorie, die den Handwerkern fehlte....
Die Arbeiten von Gilbert und Norman bedeuten den Beginn einer Vereinigung zwischen den handwerklichen Lehren und wissenschaftlichen Kenntnissen, zwischen dem empirischen Studium und der theoretischen Interpretation der Natur. Norman hat dabei die Grenzen der alten handwerklichen Tradition noch nicht vollkommen überschritten, da er noch keine Erklärungen für seine Entdeckungen zu entwickeln vermochte. Andererseits konnte auch Gilbert nicht jeglichen Einfluß der von ihm verworfenen scholastischen Tradition vermeiden. Seine Theorien waren von spekulativer Natur, selbst wenn sie auf Experimenten beruhten....
So hatte zu Beginn des 17. Jahrhunderts die Entwicklung der modernen Naturwissenschaft eingesetzt, wenn auch ihre charakteristischen neuen Eigenschaften nicht gleich in ihrer vollen Tragweite erkannt wurden. Zwar waren die handwerkliche Tradition und die der Gelehrten im Laufe des 16. Jahrhunderts allmählich ineinander aufgegangen und hatten dabei zu einer neuen Forschungsmethode geführt, aber nur wenige Leute erkannten, was diese Entwicklung in sich barg, und noch weniger wußten um die Beschaffenheit und Anwendungsmöglichkeit der neuen Methode." *

* *St. F. Mason*, a. a. O., S. 116 ff.

Es waren die obere Kleinbourgeoisie und die Kaufleute, die ihre Kinder in das Gresham College und auf Universitäten schickten, die zu Trägern des technisch-wissenschaftlichen Fortschritts geworden waren.
Doch wäre es falsch, Bourgeoisie und Hof scharf trennen zu wollen. The School of Night zum Beispiel war ein Kreis bedeutender Männer, die sich um Raleigh, den zeitweilig so erfolgreichen Höfling und Favoriten der Königin, den großartigen Prosaisten, den todesmutigen Piraten, beladen mit reichster Beute, sammelten.* Zu diesem Kreis gehörten der Mathematiker Thomas Hariot, der Dramatiker Christopher Marlowe und der heute nur noch als Homerübersetzer allgemein bekannte George Chapman ebenso wie die Earls von Northumberland und Derby. Auch muß man in diesem Zusammenhang darauf hinweisen, daß das Volkstheater, in dem Shakespeares Stücke aufgeführt wurden, vom Hofe protegiert wurde.**

All dies spielt sich auf einer ökonomischen Basis ab, die, mit der Hollands, in der Gesellschaftsformation die fortgeschrittenste der Welt ist. Sie ist qualitativ überwiegend kapitalistischen Charakters, bringt Mehrwert, der in Profit verwandelt wird, hervor und beschäftigt freie Lohnarbeiter – trotz beachtlicher feudaler Bestandteile.***

2. Francis Bacon – der Charakter

In dieser Zeit wirkte Francis Bacon, geboren am 22. Januar 1561 und verstorben am Ostermorgen des 9. April 1626.
Bacon ist eine der großen Gestalten der Kultur – speziell der Wissenschaftsgeschichte. Die besten Analysen seiner Werke stammen von dem deutschen Philosophiehistoriker Kuno Fischer° und dem englischen Marxisten Benjamin Farrington°°. Ein glanzvolles Essay schrieb Macaulay°°° und vitriolische Kritiken Joseph de Maistre†° wie Justus von Liebig°†.

* Über die School of Night vgl. *M. C. Bradbrook,* The School of Night: A study in the literary relationships of Sir Walter Raleigh. Cambrigde 1936.

** Die letzte größere Studie zu dieser Thematik ist *Robert Weimanns* „Shakespeare und das Volkstheater seiner Zeit" in: Shakespeare Jahrbuch, Bd. 100/101, Weimar 1965.

*** Vgl. dazu die ausführliche Analyse in meinem obengenannten Buche.

° *K. Fischer,* Francis Bacon und seine Nachfolger. 2. Aufl. Leipzig 1875. Mit Recht schreibt Manfred Buhr im Vorwort zu seiner Ausgabe des Novum Organon (Berlin 1962, S. VII): „Innerhalb der bürgerlichen Philosophiegeschichtsschreibung kommt Kuno Fischer in seinem Werk ‚Francis Bacon und seine Schule', von Hegel ausgehend, einer adäquaten Einschätzung der Baconschen Philosophie am nächsten."

°° *B. Farrington,* Francis Bacon, philosopher of industrial science. London 1951.

°°° *Th. B. Macaulay,* Critical and historical essays, Bd. 2, im folgenden zitiert nach der Everyman's Library-Ausgabe, London 1923, S. 290–398.

†° *J. de Maistre,* Examen de la philosophie de Bacon, 2 Vols. Paris und Lyon 1886.

°† *J. von Liebig,* Über Francis Bacon von Verulam und die Methode der Naturforschung. München 1863.

Bacons Vater Nicholas, in erster Ehe mit der Schwester von Thomas Greshams Frau verheiratet*, war einer der höchsten Beamten des Landes, Großsiegelbewahrer, und gehörte zu jener Gruppe von Staatsmännern, die jetzt hochkamen: aus kleinem Adel oder wohlhabendem Bürgertum, gentlemen, an den Universitäten Oxford oder Cambridge gebildet, die „erste Generation von berufsmäßigen Staatsmännern", wie sie Macaulay nennt. Die Cecils, Walsinghams, Bacons sind neue Menschen mit neuen bürgerlich-kapitalistischen Ideen.

Seine Mutter Anna war die Schwägerin des Ersten Ministers der Königin, William Cecil, und die Tochter des Lehrers König Eduard VI. Sie war eine hochgebildete Frau, las und schrieb nicht nur lateinisch und griechisch – englisch geschriebene Bücher kamen gerade erst auf den Markt –, sondern galt auch als gewandte Theologin.

Francis Bacon wuchs also mit besten Aussichten in den besten Kreisen der Gesellschaft auf. Er hatte jedoch Pech. Sein Vater starb 1580, ohne die Erbschaft für den jüngsten Sohn geregelt zu haben, und sein Onkel, der Erste Minister, hatte einen Sohn Robert, den er zu seinem Nachfolger erzog und für den er in Bacon eine Konkurrenz gesehen zu haben scheint. Für einen ein halbes Jahrhundert lang, ganz gleich wie sein Einkommen, stets verschuldeten Mann wie Bacon, der überdies ehrgeizig und auf eine Hof- wie Staatskarriere bedacht war, eine wahrlich ungünstige Situation!

Da Bacon überdies ein zwar eifriger, doch nicht übermäßig begabter Intrigant und in seinem Strebertum nicht immer konsequent war, so bisweilen der Königin mißfiel und nicht immer die geschicktesten Verbindungen knüpfte, dazu stets im Schatten der Cecils, die ihn nicht mochten, lebte, verwundert es nicht, daß er unter Elisabeth nicht recht hochkam. Natürlich war er Mitglied des Unterhauses, ein nicht erfolgloser Anwalt, geachtet als Schriftsteller – aber bis zum Tode von Elisabeth, 1603, als Bacon 42 Jahre alt ist, geht es auf der Leiter der Ämter nicht recht vorwärts.

Der neue König, Jakob I., schlägt ihn wenigstens zum Ritter, und 1605 heiratet Bacon eine wohlbegüterte Bürgerstochter, von der wir erst wieder hören, als er gegen Ende seines Lebens sein Testament zu ihren Ungunsten ändert – der Grund dafür wird verständlich, wenn wir bemerken, daß Alice Bacon bald nach dem Tode ihres Mannes einen ihrer Diener heiratete.

1607 beginnt Bacons steiler Aufstieg am Hofe, seit 1615 unter dem Protektorat des königlichen Günstlings Buckingham, der, als George Villiers geboren, es bis zum Herzog brachte, und dessen Familie später mit Barbara Villiers König Karl II. und mit Elisabeth Villiers König Wilhelm III. die notwendige Mätresse liefern wird. Das erste bedeutende Staatsamt, das Bacon erhielt, war das des Solicitor General, dem er sich schon 1594, also 13 Jahre zuvor, nahe geglaubt hatte. 1613 wurde er Attorney General, 1616 Mitglied des Privy Council, Keeper of the Great Seal, ein Amt, das auch sein Vater gehabt hatte, 1618 Lord Chancellor. Gleichzeitig wird er als Lord Verulam zum Peer ernannt, 1621 erhebt ihn der König zum Viscount St. Albans. Im gleichen Jahre der Korruption und anderer Verbrechen angeklagt, gesteht er seine Schuld und wird für ein paar Tage ins Gefängnis geworfen; eine hohe Geldstrafe wird ihm schnell erlassen, Verbannung vom Hofe und Verbot der

* Der Sohn aus dieser Ehe wird eine Tochter von Gresham heiraten.

Ausübung seiner Funktionen im Oberhaus werden ebenfalls im Laufe der Zeit aufgehoben.

Jedoch spielt Bacon seit 1621 bis zu seinem Tode fünf Jahre später keine politische Rolle mehr. Er verfügt über genügend Gelder und Geldleiher, um, wie immer verschuldet, sehr behaglich seinen Studien, Besuchen bei Freunden auf Reisen, Experimenten und guten Mahlzeiten leben zu können.

A. L. Morton bemerkt über Bacon: „Wahrscheinlich gibt es keinen großen englischen Schriftsteller, dessen Persönlichkeit weniger anziehend ist als die Bacons, und all die breit ausgearbeiteten Apologien seiner zahlreichen Bewunderer wie die Macht und Großartigkeit seiner Prosa steigern nur die Abneigung, die wir in der Gegenwart des Mannes fühlen."*

Kuno Fischer leitete seine Bemerkungen über den Charakter Bacons so ein: „Die Meinungen und Urteile über Bacons persönlichen Wert sind jahrhundertelang fast einmütig gewesen, sowohl in der Bewunderung als in der Verwerfung. Daß Bacon einer der fruchtbarsten Denker der Welt und namentlich Englands größter Philosoph gewesen sei, galt und gilt fast unbestritten bis auf den heutigen Tag, ebenso unbestritten war die Meinung von dem völligen Unwerte seines Charakters. Seit Pope gesagt hat, er sei einer der weisesten, herrlichsten und zugleich schlechtesten aller Menschen gewesen, ist diese rhetorische Figur gleichsam das Schema geworden, welches die Biographen mit der Charakteristik Bacons ausgefüllt haben; sie schildern denselben Mann als einen der erhabensten Philosophen und Staatsmänner, zugleich als einen der niedrigsten und verwerflichsten Charaktere, undankbar und falsch in der Freundschaft, geldgierig in der Ehe, servil im Parlament, bestechlich als Richter: so Lord Campbell in seinen Lebensbeschreibungen der englischen Kanzler**, so Macaulay in seinen Essays. Sie schildern uns ein psychologisches Rätsel. Auch ohne die Geschichte Bacons zu kennen, wird man zweifeln, ob ein solches Bild, das einem Monstrum ähnlich sieht, nach der Natur gezeichnet ist. Macaulay hat die Sache auf die Spitze getrieben, nach ihm verhalten sich Bacons Intelligenz und Charakter wie Engel und Satan. Dixon vergleicht diese Zeichnung einem Bilde nach Rembrandts Manier: ‚sonnenheller Mittag um die Stirn, tiefe Nacht um das Herz'. Er hat recht, wenn er hinzufügt: ‚die Natur macht keinen solchen Mann'. Andere haben den Charakter Bacons zu retten und mit seiner philosophischen Größe ins Gleichgewicht zu bringen gesucht; in dieser apologetischen Tendenz hat schon Montagu, einer der neueren Herausgeber der Werke Bacons, das Leben desselben geschrieben. Aber die Spitze dieser Richtung im ausdrücklichen und völligen Gegensatze zu Campbell und Macaulay hat Dixon in seiner ‚Persönlichen Lebensgeschichte Lord Bacons'*** zu bilden gesucht. Hier wird die frühere Beurteilungsweise geradezu umgekehrt, sämtliche Anklagepunkte und Vorwürfe, die gegen Bacon geläufig sind, verwandeln sich unter den Händen dieses Biographen in ebenso viele Beweggründe der Verteidigung und Lobpreisung."° Kuno Fischer kommt dann zu einem Urteil,

* *A. L. Morton,* The English Utopia. London 1952, S. 61 f.

** *John Campbell,* The lives of the lord chancellors of England. London 1845, vol. II, Ch. 51.

*** Personal history of Lord Bacon. From unpublished papers by *William Hepworth Dixon,* London 1861.

° *K. Fischer, a. a. O., S. 36 f.*

für das seine Einschätzung der Anklage gegen Bacon wegen Bestechlichkeit als Oberster Justizverantwortlicher typisch ist:
„Daß Bacon in seinem richterlichen Amte Geschenke angenommen hat, ist wahr, aber Geschenke sind noch nicht Bestechungen, es ist ein Unterschied zwischen ‚fees' und ‚bribes'. Wenn der Richter, während die Streitsache schwebt, Geschenke empfängt, die auf seinen Urteilsspruch einwirken, so hat er sich bestechen lassen; es ist nicht bewiesen, daß die Geschenke, die Bacon annahm, dieser Art waren. Er selbst hat entschieden in Abrede gestellt, daß er je für Geld Urteile gefällt, Dokumente ausgeliefert, geistliche Ämter verkauft habe; er habe nie im geheimen Geschenke empfangen, nie gegen Versprechungen, nie ‚pendente lite'. Er erklärte dem Könige in einer Unterredung, während der Vertagung des Parlaments, daß er an dem Verbrechen der Bestechung unschuldig sei ‚as the new born upon St. Innocent's day'. ...
Daß aber die höchsten Beamten in ihrem Amte Geschenke nahmen, war damals in England ganz an der Tagesordnung; das tat der König selbst, der Kanzler, der Oberrichter, der Staatssekretär usw. Wer tat es nicht? Die öffentlichen Bezahlungen waren keineswegs so geordnet und ausreichend, daß Privatbelohnungen entbehrt werden konnten, ohne welche z. B. die Angelegenheiten des privaten Rechts von seiten der Richter wären vernachlässigt worden. Geschenke dieser Art galten nicht für eine ‚judicial corruption', noch in dem ersten Parlament unter Jakob waren sie kein Gegenstand der Beschwerde, die Opposition dagegen begann erst in den folgenden Parlamenten von 1610 und 1614. Auch standen Bacons Vorgänger im Kanzleramt, die Hatton, Puckering, Egerton, in dieser Hinsicht keineswegs reiner da als er. Obwohl Bacon diese Mißbräuche einsah und bei seinen Verbesserungsplänen der Gesetze und öffentlichen Zusände die Abstellung derselben bezweckte, konnte er doch ihren Lockungen persönlich nicht widerstehen. Daß er sich die Früchte derselben schmecken ließ, war im höchsten Grade unklug, da er sehr gut wußte, wie die öffentliche Stimmung gegen die Mißbräuche, die er selbst tadelte und teilte, mit jedem Jahre bitterer und drohender wurde. ...
Auf diese Weise brauchte er natürlich weit mehr Geld, als er hatte, und ließ sich daher jene mißbräuchlichen Geschenke gern gefallen, bei denen es fraglich war, ob sie sich noch diesseits der Grenze gemeiner Bestechung hielten. In seiner Liebe zum Schein lag die wahre Bestechlichkeit seines Charakters: die Bestechlichkeit, die unter kein Strafgsetz fällt und der Grund ist jeder anderen. Es gibt viele, die ihn auf das härteste verdammen und in jenem inneren Grunde nicht um ein Haar besser sind als er: in der Liebe zum Tand, zu Reichtümern, Adelspatenten, Orden! In einer Hinsicht glauben sie besser zu sein, sie haben aus Liebe zum Tand mancherlei getan, aber nichts Polizeiwidriges."*
Weiter kann man in der Verteidigung gegen die Anklage der Bestechlichkeit kaum gehen, ohne lächerlich zu wirken.
Bleiben aber noch so viele andere üble Seiten an Bacons Charakter. Und ist es wirklich so, daß es unmöglich ist, wie Kuno Fischer meint, korrupt, voll niedrigen Ehr-

* Ebendort, S. 110 ff.

geizes, billig verdorben (nicht verbrecherisch-lasterhaft!) und zugleich ein bedeutender, humaner Denker zu sein? Macaulay zeichnet einen Ausschnitt seines Bildes von Bacon so: „In seiner Bibliothek standen alle seine seltenen Gaben unter dem Einfluß eines ehrlichen Strebens, eines weitherzigen Humanismus, einer echten Wahrheitsliebe. Dort trieb ihn keine Versuchung vom rechten Wege. Thomas von Aquinas konnte keine Zahlungen leisten, Duns Scotus keine Adelstitel verleihen, der Meister der Sentenzen keine reich dotierten Sinekuren und Ämter vergeben."*
Auch der Tod hatte nichts derartiges zu bieten, und so hören wir über Bacons letzte Tage: „Bacons Tod hängt mit einem Experiment zusammen, das er anstellte. An einem kalten Wintermorgen des Jahres 1626 begab er sich aufs Land und beschäftigte sich damit, ein Huhn mit Schnee auszustopfen, um irgendwelche physikalischen oder physiologischen Wirkungen zu beobachten. Ein plötzlicher Frostschauer überfiel ihn, und er suchte in einem nahegelegenen Grafenhause Unterkunft. Dort stellte man ihm ein Bett zur Verfügung, das unglücklicherweise feucht war. Eine Lungenentzündung war die Folge, der er nach acht Tagen erlag. Sein letzter Brief war an den abwesenden Grafen des Landhauses, in dem Bacon krank daniederlag, gerichtet; er vergißt nicht, darin zu erwähnen, daß das Experiment vortrefflich gelungen sei"**
Bacon war eigentlich kein zwielichtiger Charakter. Sein Charakter war eindeutig und schlecht im kleinlichen Sinne. Es gibt große Denker, die auch große Verbrecher waren. Bacon war ein großer Denker, kein Verbrecher jedoch, sondern nur ein mickriger Charakter.

3. Francis Bacon — der Denker

Die Größe des Denkers Bacon können wir auch an der Umgebung messen, in die ihn die Nachwelt gestellt hat. Oft wird er neben Descartes genannt, auch von Marx, der bemerkt, „daß Descartes ebenso wie Baco eine veränderte Gestalt der Produktion und praktische Beherrschung der Natur durch den Menschen als Resultat der veränderten Denkmethode betrachtete"***. Und Hegel bemerkt in seinen „Vorlesungen über die Geschichte der Philosophie": „Die dritte Periode, die des förmlichen Auftretens der neueren Philosophie, beginnt erst zur Zeit des dreißigjährigen Krieges, mit Baco († 1626), Jacob Böhme († 1624) oder Descartes († 1650)."°
Einen anderen Vergleich macht Fischer, die Leistung von Bacon und Spinoza gegenüberstellend: „Das im Wissen unsere Macht bestehe: in diesem echt philosophischen Satze stimmen Bacon und Spinoza überein. Nach Bacon macht uns das Wissen erfinderisch und darum mächtig, nach Spinoza macht uns das Wissen frei, indem es die Herrschaft der Affekte oder die Macht der Dinge über uns aufhebt. Darin zeigt sich die verschiedene Gedankenrichtung beider Philosophen. Spinoza setzt unsere Macht in das freie Denken, welche im Zustande ruhiger Weltbetrachtung beharrt und

* *Th. B. Macaulay*, a. a. O., S. 330.
** *W. Frost*, Bacon und die Naturphilosophie. München 1927, S. 27.
*** *K. Marx*, Das Kapital. Bd. I, Berlin 1947, S. 408.
° *Hegels* sämtliche Werke, Bd. XVa, Leipzig 1944, S. 252.

sich befriedigt, Bacon in das erfinderische Denken, welches praktisch auf den Weltzustand einfließt, denselben kultiviert und verändert. Das spinozistische Ziel heißt: die Dinge beherrschen uns nicht mehr; das baconische: wir beherrschen die Dinge! Bacon braucht die Macht der Erkenntnis praktisch, Spinoza theoretisch, beide im weitesten Verstande. Spinozas höchstes Ziel ist die Kontemplation, die den Menschen innerlich umwandelt und religiös macht. Bacons höchstes Ziel ist die Kultur, welche die Welt umwandelt und die Menschen zu ihrem Herrn macht."*

Bacons Zeitgenosse, der große Dramatiker Ben Jonson, äußerte sich über ihn: „Meine Ansicht von seiner Person wurde ihm gegenüber nie gesteigert durch seine Stellung oder seine Ehren; aber ich habe ihn verehrt und verehre ihn noch wegen der Größe, die allein ihm eigen war. Er erschien mir immer durch seine Werke als einer der größten und bewunderungswürdigsten unter allen Menschen, die seit vielen Geschlechtern gelebt haben. In seinem Unglück betete ich immer, Gott möge ihm Kraft geben; denn an Größe konnte es ihm nicht fehlen. Ich konnte auch nicht mit einem Wort oder einer Silbe mein Mitleid für ihn bezeugen, da ich wußte, kein Mißgeschick könne der Seelenstärke (virtue) Abbruch tun, sondern helfe eher, sie offenbar zu machen."** Manches würden wir heute anders formulieren, doch nichts von dem Gefühl der Größe nehmen, das auch jeder von uns in der Gedankenwelt Bacons empfindet.

Wenn wir die Werke großer Denker der Vergangenheit studieren, dann wird es bestimmte Leistungen geben, die stets im Zentrum unserer Aufmerksamkeit stehen müssen, mögen sie von aktueller Bedeutung sein oder nicht – so bei Bacon seine Lehre von den Erfindungen.

Und dann wird es andere Seiten geben, die vor allem auf Grund der spezifischen Situation, aus der der spätere Betrachter rückblickt, eine besondere Bedeutung haben. Eine solche Seite im Werk Bacons wollen wir im folgenden untersuchen.

Als Einleitung mag ein Zitat aus der schon zitierten Vorbemerkung Buhrs zum Novum Organon dienen. Er bemerkt dort: „Für die Gesamteinschätzung des Baconschen Werkes gilt ein Satz von Henry Thomas Buckle über Descartes. Buckle, einer der letzten bewußten Historiker der bürgerlichen Gesellschaft, sieht den Beitrag Descartes zur Herausbildung der bürgerlichen Gesellschaft weniger in theoretischen Neuschöpfungen als vielmehr im Abbau alter, überkommener Denkgewohnheiten. ‚Die Nachwelt ist ihm (Descartes – M. B.)', schreibt Buckle, ‚nicht so sehr für das, was er aufgebaut, als für das, was er niedergerissen, verpflichtet. Sein ganzes Leben war ein einziger glücklicher Feldzug gegen die Vorurteile und Überlieferungen der Menschen. Er war groß als Schöpfer, aber bei weitem größer als Zerstörer, er war der große Reformator und Befreier des europäischen Denkens.'*** Dasselbe kann von Bacon behauptet werden, ja die Feststellung Buckles trifft eigentlich in weit größerem Ausmaß auf ihn zu. Bacon war sicher groß als Schöpfer, allein er war bei

* *K. Fischer,* a. a. O., S. 149.

** Zitiert nach der Übersetzung in: *W. Frost,* a. a. O., S. 26.

*** Geschichte der Zivilisation in England. Leipzig und Heidelberg 1862, II, 2. Abtlg. 72.

weitem größer als Zerstörer. Der Bruch, den er als Ideologe des aufstrebenden Bürgertums mit der geistigen Vergangenheit, d. i. mit der ideologischen Tradition der feudalen Gesellschaft, vollzog, war tief und scharf. Besonders im Hinblick auf die Zerstörung hergebrachter Meinungen, Vorurteile und des Glaubens an Autoritäten zog Bacon eine scharfe Trennungslinie."*

Die neue Philosophie der Bourgeoisie entstand in einer für sie sehr schwierigen Situation.

Eine altgewordene Ideologie kann auf zweierlei Weise zugrunde gehen. Entweder zerflattert sie in tausend Richtungen, ohne direkten Zusammenhang mit der Realität bzw. mit den verschiedensten Apologien für ein und denselben Zustand. Auf solche Weise ging die Sklavenhaltergesellschaft in Griechenland und Rom ihrem Ende entgegen und auch heute die kapitalistische Gesellschaft. Oder die Ideologie erstarrt im Dogmatismus wie in Europa und auch in China am Ende des Feudalismus (oder besser, da es zweifelhaft ist, ob man den Ausdruck Feudalismus in gleicher Weise auf Europa und China anwenden kann: die Ideologie der dem Kapitalismus vorangehenden Gesellschaftsformation). Man könnte meinen, daß der Kampf, den wir heute gegen die „zerflatternde" Ideologie der Bourgeoisie führen müssen, leichter ist als der Kampf Bacons war, der sowohl gegen eine feindliche Ideologie wie auch gegen deren Dogmatismus als „wissenschaftliche Erkenntnismethode" gerichtet sein mußte. Wir wissen jedoch, daß das nicht der Fall ist, da der Kampf gegen eine „zerflatternde" Ideologie ganz offenbar die Neue Philosophie selbst besonders anfällig für Dogmatismus macht – man denke nur an die Entwicklung der marxistischen Gesellschaftswissenschaft in dem Vierteljahrhundert von 1930 bis 1955.

Wohl war Bacon nicht der erste, der gegen den Dogmatismus kämpfte. Schon Roger Bacon (1214–1294) ragte als Vorkämpfer selbständigen Denkens – natürlich im Rahmen der feudal-christlichen Ideologie! – hervor, und unter den unmittelbaren Vorläufern Francis Bacons sei hier vor allem Pierre de la Ramée (1515 bis 1572) als Protagonist der „natürlichen Weisheit" und des „menschlichen Verstandes" genannt.** In der Tat liegt manches Richtige in der Formulierung Macaulays: „Die Rolle, die Bacon in dieser großen Wandlung spielte, war nicht die von Robespierre, sondern die Napoleons."*** Manches Richtige, nicht mehr – denn Bacon war nicht nur der „Testamentsvollstrecker" einer ideologischen Revolution, er war auch, wie Robespierre, ein führender Revolutionär, vielleicht der führende Revolutionär. Ganz unrecht aber hat Liebig, wenn er behauptet: „Die Bekämpfung der Scholastiker durch Bacon war der Streit des berühmten Ritters mit den Windmühlen; denn ein Jahrhundert vor ihm waren die starren Fesseln der Scholastik schon gebrochen; in allen Zungen pries man die ‚Erfahrung', Leonardo da Vinci in Italien, Paracelsus in

* A. a. O., S. XVIII. Buhr läßt mitten im Zitat 3 Sätze aus, die Bacon mit Luther vergleichen.

** Wie groß der Einfluß von Ramée war, kann man auch daran ersehen, daß die Harvard Universität in den amerikanischen Kolonien in der technisch-naturwissenschaftlichen Gestaltung ihres Lehrprogramms von ihm beeinflußt worden zu sein scheint. Vgl. dazu *P. G. Perrin*, Possible scources of Technologia at early Harvard. In: „New England Quaterly", Vol. VII, 1934, S. 723 f.

*** *Th. B. Macaulay*, a. a. O., S. 365.

Deutschland, beide ein halb Jahrhundert vor ihm, und zu seiner Zeit Harvey und Gilbert in England."* Liebig hat wenig Ahnung von dem Klima der Zeit – schließlich lebten auch Rabelais und einige andere ihnen ähnlich Denkende vor den Enzyklopädisten – ohne daß wir den letzteren vorwerfen, sie kämpften gegen Windmühlen.

Der Kampf gegen den Dogmatismus mußte an zwei Fronten geführt werden: einmal gegen die Göttliche Offenbarung als Lehrbuch der Natur und sodann gegen die griechische Philosophie (Aristoteles und Plato) als das „allseitigste, tiefgründigste, umfassendste, abgeschlossene System" des menschlichen Wissens.

Was den Kampf gegen die Göttliche Offenbarung als Lehrbuch der Natur betrifft, so geht Bacon einen Weg, der auch von anderen Vertretern der Neuen Philosophie in Europa beschritten wird, ja, der im Grunde bereits von dem „Vollender" der feudalen Theologie und Philosophie, von Thomas von Aquinas, klar gewiesen war, der jedoch von Bacon stark modifiziert wird. Bacon entwickelt eine Theorie der „doppelten Wahrheit", der Wahrheit, an die man glaubt, und der Wahrheit, um die man weiß.

Sehr gut analysiert Fischer: „So besteht zwischen Religion und Philosophie eine Trennung, die jeden Wechselverkehr ausschließt: Philosophie innerhalb der Religion ist Unglaube, Religion innerhalb der Philosophie ist Phantasterei. Es kann auf dem baconischen Standpunkte der religiöse Glaube durch die menschliche Vernunft weder ergriffen noch geprüft werden. Er duldet keinerlei Vernunftkritik; er verlangt die blinde Annahme der göttlichen Offenbarungsstatute. Übernatürlich in ihrem Ursprunge, sind diese Offenbarungen undurchdringliche Mysterien für die menschliche Vernunft. Der Widerspruch unseres Willens entkräftet nicht die Verbindlichkeit der göttlichen Gebote, ebenso wenig entkräftet der Widerspruch unserer Vernunft die Glaubwürdigkeit der göttlichen Offenbarungen. Vielmehr bekräftigt gerade dieser Widerspruch ihre höhere göttliche Abkunft, vielmehr müssen wir die göttlichen Offenbarungen um so eher annehmen, je weniger sie unserer Vernunft einleuchten. Je ungereimter sie sind, desto glaubwürdiger, ‚je vernunftwidriger das göttliche Mysterium ist', lautet der baconische Kanon, ‚um so mehr muß es zur Ehre Gottes geglaubt werden'. Das Vernunftwidrige im menschlichen Sinne, weit entfernt, eine negative Glaubensinstanz zu sein, ist vielmehr eine positive, ein Kriterium der Glaubenswahrheit; nicht obgleich, sondern weil sie der menschlichen Vernunft zuwiderläuft, soll die göttliche Offenbarung geglaubt werden. Der religiöse Glaube soll nicht hinter der Wissenschaft, sondern jenseits derselben stehen auf einem ganz anderen Grunde; er soll unbedingt, ohne alle Vernunftgründe, ohne alle logische Hilfskonstruktionen, daher so gut als blind sein. Also auch im Gebiete der Theologie ist Bacon durchweg antischolastisch. Die Scholastik war eine spekulative Theologie, eine verstandesmäßige Beweisführung der Glaubenssätze, ein logisches Bollwerk der Kirche. Dieses Bollwerk zerstört Bacon im Interesse der Philosophie und Religion, die Philosophie soll es nicht aufbauen, die Theologie soll sich nicht mit solchen Mitteln befestigen; indem er beide trennt, zerstört er den scholastischen Geist, der beide vereinigt oder vermischt hatte."**

* *J. v. Liebig*, a. a. O., S. 55.

** *K. Fischer*, a. a. O., S. 403 f.

Man sieht, was Thomas von Aquinas keineswegs als notwendigen Gegensatz sah, wird von Bacon als geradezu unvereinbar angesehen, und je unvereinbarer, desto besser für die Religion und die Philosophie. Die Lehre von der „doppelten Wahrheit" hatte einen zweifachen Zweck. Einmal sicherte sie der Religion ihren Bestand im Glauben. Das mag politisch nützlich gewesen sein. Wir haben aber keinen Grund anzunehmen, daß Bacon nicht auch ehrlich gläubig war und sich unter allen Umständen seinen Glauben erhalten wollte. Der andere, für die Entwicklung viel bedeutsamere Zweck dieser Lehre von der „doppelten Wahrheit" war, die Wissenschaft von der Religion „rein zu halten" und damit vor den Eingriffen der Theologen zu schützen. Wobei wir unter Wissenschaft in erster Linie die Naturwissenschaften und ihre Methodologie verstehen müssen.

Die Naturwissenschaften waren natürlich den Theologen und somit damals allgemein suspekt. Ja, in gewisser Weise war die Natur an sich (das Irdische) eine Angelegenheit, mit der man sich besser nicht beschäftigte. Voll Einsicht bemerkt Willey: „Marlowes Faustus war kurz vor (Bacons) Advancement of Learning erschienen, und die Faustus-Legende bezeugt die Stärke der wie verhexten (fascinated) Furcht, mit der das Mittelalter der Naturwissenschaft begegnete. Schon seit eh und je gab es natürlich üble Kräfte in der Natur, die man fürchten und gewinnen mußte; aber während der christlichen Jahrhunderte war die Natur in einem ganz besonderen Sinne zum Herrschaftsbereich des Satans geworden. ... Bacons Aufgabe war es, so kann man sagen, nachzuweisen, daß die Naturwissenschaft prometheischen und nicht mephistophelischen Charakters war."*

Soweit man aber die wissenschaftliche Beschäftigung mit der Natur sowie der Methodologie ihrer Erkenntnis zuließ, sollte diese in der dogmatischen Beschäftigung mit den Lehren der Antike, vor allem denen von Plato (in der verzerrten Form des Plotinismus) und ganz speziell von Aristoteles vor sich gehen. Darum richtet Bacon in seinem Kampf gegen den Dogmatismus sein Hauptgeschütz gegen Aristoteles.

Zahlreich und oft zitiert sind die Äußerungen Bacons gegen den dogmatischen Glauben an die Lehren der Antike. Keine zeigt wohl so überzeugend die neue materielle und geistige Welt, in der Bacon kämpft, wie diese: „Es wäre ja auch eine Schande, wenn die Verhältnisse der materiellen Welt, nämlich die der Länder, Meere, Gestirne zu unserer Zeit bis ins Äußerste eröffnet und beschrieben worden sind, die Grenzen der geistigen Welt indes auf die Enge der alten Entdeckungen beschränkt bleiben sollten."**

Hier ist ausgesprochen die Veränderung der materiellen Welt als notwendige Ursache einer Veränderung der geistigen Welt genannt. Und in der Tat waren die materiellen Veränderungen, die scheinbar vor allem die Zirkulation betrafen – Entdeckungen neuer Länder, Intensivierung des Handels und der Schiffahrt –, faktisch jedoch die Produktion entscheidend beeinflußten – Herausbildung der kapitalistischen Produktionsverhältnisse – jedem sichtbar und offenbar. So jedem sichtbar und offenbar, daß der Hinweis auf die gewaltigen Veränderungen der materiellen Verhältnisse, welche

* *B. Willey,* The seventeenth-century background. Harmondsworth 1962, S. 35 u. 37.
** Novum Organon, a. a. O., S. 91.

entsprechende ideologische Veränderungen erforderten, nicht nur ein Appell an überzeugte Materialisten, sondern auch von agitatorischer Wirksamkeit auf bewußte oder unbewußte Idealisten sein mußte. Nur auf Dogmatiker, und das war die übergroße Mehrheit der Wissenschaftler damals, konnte dieser Appell keine Wirkung haben.
In der Tat hatte schon in den vorangehenden Jahrzehnten eine entsprechende Wandlung auf ideologischem Gebiete begonnen. Merton gibt folgende Übersicht über die Einrichtung wichtiger Universitätslehrstühle*:

1546 Fünf Regius Lehrstühle in Oxford und Cambridge von Heinrich VIII. errichtet, und zwar für
Theologie — Zivilrecht
Hebräisch — Medizin
Griechisch

1575 Schaffung des Gresham College in London mit Lehrstühlen für Mathematik und Astronomie

1583 Edinburgh Universität: Lehrstühle für
Mathematik — Astronomie

1619 Oxford Universität
Savilian Lehrstuhl für Geometrie

1621 Oxford Universität
Sedleian Lehrstuhl für Naturphilosophie
Savilian Lehrstuhl für Astronomie

Wenn man noch bedenkt, daß der einzige naturwissenschaftliche Lehrstuhl, der Regius-Lehrstuhl für Medizin, der 1546 in Cambridge errichtet worden war, vor allem Logik und Göttliche Natur (divinity) und kaum Physiologie unterrichtete, dann wird der Unterschied zur nachfolgenden Zeit, die mit der Gründung des Gresham College eingeleitet wird, besonders deutlich.

Die Vorwürfe gegen Aristoteles speziell sind zweierlei Art.
Die eine Art trifft im Grunde nicht Aristoteles selbst, sondern das Verhältnis der Wissenschaftler zu ihm. In einem der Essays über die Weisheit der Alten bemerkt Bacon: „Die Wissenschaften scheinen vor allem in ihren ersten Vertretern geblüht zu haben, in Aristoteles, Galen, Euklid, Ptolemäus usw., während ihre Nachfolger sehr wenig geleistet, wenige Versuche zur Leistung gemacht haben ... Die Menschheit sollte daher ermahnt werden, sich aufzurütteln, ihre eigenen Kräfte zu erproben und anzustrengen und sich nicht in volle Abhängigkeit von einigen Männern zu begeben, deren Fähigkeiten vielleicht nicht größer als ihre eigenen sind."** Diese Feststellung Bacons wird im Grunde von Bernal bestätigt, wenn er bemerkt, „daß kein großer umfassender Versuch der Lösung der Probleme von Natur und Gesellschaft in der Zeit von Aristoteles bis Bacon und Descartes gemacht wurde."*** Natürlich trifft diese Feststellung nur auf Europa zu, vielleicht auch für die Araber, und

* Vgl. dazu *R. K. Merton*, Science, technology and society in seventeenth century England. In: „Osiris", Vol. IV, Bruges 1938, S. 388.
** *Fr. Bacon*, The wisdom of ancients. In: Essays, New York o. J., S. 354.
*** *D. Bernal*, a. a. O., S. 148.

in keinem Fall auf die Gesellschaftswissenschaften, denn schließlich stellt der Feudalismus und seine ideologische Begründung, sei es im Feudalrecht oder anderswo, einen großartigen fortschrittlichen Versuch der Lösung der Probleme der Gesellschaft gegenüber den Sklavenhalterverhältnissen dar. Aber für die Naturwissenschaften und Technik in Europa haben Bacon und Bernal zweifellos recht.

Die zweite Art von Vorwürfen richtet sich gegen den ganzen Charakter der Philosophie von Aristoteles, wie sie Bacon sieht. Farrington formuliert so: „Die Logik des Aristoteles war ein Denkinstrument, ihr Ziel war logische Folgerichtigkeit. Bacons Logik war eine Anweisung zu handeln; ihr Prüfstein war ihre Wirksamkeit.“* Bacon war der Ansicht, daß die Philosophie des Aristoteles nichts anderes als eine von der Realität, die für ihn in der sich verändernden und zu formenden materiellen Welt bestand, losgelöste Lehre von der formellen Logik war.

Beide Arten von Vorwürfen zusammenfassend, schrieb Bacon in The Advancement of Learning: „Diese Art degeneriertes Lernen herrscht hauptsächlich unter den Scholastikern. Sie haben einen scharfen und starken Verstand, einen Überfluß an Freizeit und eine geringe Auswahl von Lektüre. Ihre Gehirne sind in den Zellen einiger weniger Autoren, hauptsächlich des Aristoteles, ihres Diktators, eingeschlossen so wie ihre Leiber in den Zellen der Klöster und Kollegien. Da sie wenig Geschichte der Natur oder der Zeit kennen, spinnen sie aus einer nicht eben großen Menge von Stoff, aber mit unendlicher Anstrengung des Verstandes unter uns jene mühseligen Netze der Gelehrsamkeit, wie sie in ihren Büchern existieren. Denn der Verstand und Geist des Menschen arbeitet, wenn er darüber arbeitet, was die Betrachtung der Werke Gottes ist, entsprechend dem Stoff und ist dadurch begrenzt, aber wenn er aus sich selbst arbeitet, wie die Spinne ihr Netz webt, dann ist er endlos und bringt tatsächlich Spinneweben von Gelehrsamkeit hervor, bewundernswert nach der Feinheit von Faden und Arbeit, aber ohne Substanz und Nutzen.“**

Welch eine treffliche Charakteristik des Dogmatismus und der Dogmatiker!

Daß Bacon (und Farrington) Aristoteles Unrecht tun, daß sie ihn nur so sehen, wie die meisten Gelehrten der Feudalzeit und die Reaktion in der Renaissance ihn sahen, daß die Philosophie des Aristoteles auch eine Anweisung zum Handeln war und nicht allein in formaler Logik bestand, ist in diesem Zusammenhang von untergeordnetem Interesse. Entscheidend ist die reale Bedeutung von Bacons Leistung als Vorkämpfer der Befreiung der Wissenschaft vom Dogmatismus, als Vorkämpfer für die praktische Bedeutung der Wissenschaft.

Bacon schrieb die meisten seiner Werke englisch, denn er wollte, daß sie von der Bourgeoisie gelesen werden konnten, und nur ein kleiner Teil der Bourgeoisie las

* *B. Farrington*, a. a. O., S. 94.

** *Bacon*, The proficience and advancement of learning, Book I. The Works of Francis Bacon, Baron of Verulam, Viscount St. Alban and Lord High Chancellor of England, collected and edited by James Spedding, Robert Leslie Ellis and Douglas Denon Heath. Vol. I–VII, London 1857 ff., Vol. III, S. 285 f. – Zitiert nach der Übersetzung in *G. Harig*, Die neue Auffassung vom Wesen der Wissenschaft bei Francis Bacon. In: „Deutsche Zeitschrift für Philosophie“, Jg. 5, Heft 4, Berlin 1957.

lateinisch. Wenn er wollte, daß sie auch auf dem Kontinent gelesen werden sollten, ließ er sie ins Lateinische übersetzen oder übertrug sie selbst.

Er war ein glanzvoller Prosaist – so großartig, daß Schopenhauer bemerkt: „Darum gleichen denn auch die lateinisch schreibenden Schriftsteller, welche den Stil der Alten nachahmen, doch eigentlich den Masken: man hört nämlich wohl was sie sagen, aber man sieht nicht auch dazu ihre Physiognomie, den Stil. Wohl aber sieht man auch diesen in den lateinischen Schriften der Selbstdenker, als welche sich zu jener Nachahmung nicht bequemt haben, wie z. B. Skotus, Erigena, Petrarka, Bako, Kartesius, Spinoza u. a. m."* Bacons schöpferische Sprachgewalt überwand auch die Schranken der stark formal gewordenen Stilistik des Lateinischen. Il n'y a rien dans la prose anglaise de supérieur à sa diction, meint Taine.** Dazu kam eine große Gabe der Rede. Eine Lobpreisung seiner Oratorik durch Ben Jonson endet mit den schönen Worten: „Jeder, der ihn hörte, hatte nur eine Furcht: daß er aufhören würde zu sprechen."

Und doch liegt mehr als ein Körnchen Salz in der bissigen Bemerkung Liebigs: „Durch seine Essays war Bacon in England einer der populärsten Schriftsteller geworden, und für einen so geistreichen Mann schien kein noch so hohes Ziel unerreichbar zu sein. Aber der Ruhm, den ihm seine Werke brachten, beruhte nicht auf der Anerkennung der Physiker, Astronomen, Chemiker, Ärzte oder Techniker, für die er doch sein neues Instrument der Erkenntnis erfunden hatte, sondern auf dem Beifall, den ihm der große Haufe der Dilettanten spendete."

Der große Philosoph der modernen Naturwissenschaften war von einigen der großen Naturwissenschaftler seiner Zeit nicht sehr geschätzt, wie umgekehrt Bacon einige ihrer bedeutendsten Leistungen mißachtete.

Man bedenke, daß in der Zeit von Bacons Hauptveröffentlichungen Kepler und Galilei ihre größten Entdeckungen machen. Über Galilei aber schrieb er 1617 an einen Freund: „Ich wollte lieber, die Astronomen Italiens hielten sich etwas mehr an die Erfahrung und Beobachtung, anstatt uns mit chimärischen und verrückten Hypothesen zu unterhalten."*** Meinte Bacon mit „chimärischen und verrückten Hypothesen" die kopernikanische Astronomie? Galilei wieder polemisierte gegen die Baconsche Lehre von Flut und Ebbe. William Gilbert, berühmt durch seine Experimente über Elektrizität am Bernstein, setzte Bacon, bei aller Hochachtung vor dessen Einzelexperimenten, mit den Alchimisten (im negativen Sinne des Wortes) gleich.° Von Harvey, dem Entdecker des Blutkreislaufs, hielt Bacon wenig, wie umgekehrt Harvey die Bedeutung der Werke Bacons nicht allzu hoch schätzte. Bacon selbst hat kein einziges Experiment durchgeführt, das heute als bedeutsam bekannt ist.

Die Situation ist dadurch kompliziert, daß Bacon sich mit Recht gegen zu starke Spezialisierung wenden muß, da man die Natur nur in ihrer Vielfalt erfassen könne, da so manches hier sich zeige und zugleich in gleicher oder modifizierter Form dort. Das gleiche gelte auch in gewisser Weise für die Gesellschaftswissenschaften und

* *A. Schopenhauer,* Parerga and Paralipomena, 2. Teil, § 282.

** *H. Taine,* Histoire de littérature anglaise. 4. Aufl. Bd. 1, Paris 1877, S. 392.

*** Zitiert nach Übersetzung in *W. Frost,* a. a. O., S. 38.

° Vgl. Novum Organon, a. a. O., S. 67.

die Kunst, die man niemals einzeln studieren dürfe und hinter deren Studium stets eine allgemeine Philosophie stehen müßte. Auf der anderen Seite wendet sich Bacon dagegen, daß manche Forscher, und hier erwähnt er Gilbert, auf einzelnen, sich auf ein enges Gebiet beschränkenden Forschungen eine ganze Philosophie aufbauen. Das sind echte Probleme sich entwickelnder Wissenschaft, die in der Praxis vor dem Marxismus nicht gelöst werden konnten und vielfach auch noch heute so manchen Marxisten praktische Schwierigkeiten machen. Man betrachte auch, wie Jones die Problematik behandelt. In einer Abhandlung über den Einfluß Bacons auf die Gründergeneration der Royal Society bespricht er auch Joseph Glanvills Buch „Plus Ultra: Or, the Progress and Advancement of Knowledge Since the Days of Aristotle" (1668) so: „Glanvill insistiert genau wie Sprat, daß die wahre Funktion der Royal Society nicht wäre, neue wissenschaftliche Theorien aufzustellen, sondern zu entdecken und genau zu berichten, ‚wie die Dinge de facto sind ... die Philosophie von Einbildungen und Kompositionen der Phantasie zu befreien ... eine wohlbegründete Naturgeschichte aufzubauen, die ... die Vorstellung an nüchterne Realitäten bindet.' Gegen Ende seiner Schrift sagt er: ‚Wir müssen suchen und sammeln, beobachten und untersuchen, und einen Vorrat für die Zeiten, die später kommen, anlegen.' Man kann keinen klareren Beweis als diese Ausführungen Glanvills für den stimulierenden Einfluß, den Bacons Idee einer allgemeinen Naturgeschichte auf das 17. Jahrhundert hatte, geben."* Jones hatte recht mit dem Einfluß Bacons auf die Idee einer allgemeinen Naturgeschichte. Aber nichts könnte Bacon ferner liegen als die Idee, die Royal Society müsse sich darauf beschränken, Fakten zu sammeln und Prozesse zu beobachten, dürfe jedoch keine Theorien entwickeln.

Wäre Bacon ein reiner Faktensammlungsenthusiast und Prozeßbeobachter gewesen, dann hätte der junge Leibniz nicht geschrieben: „Was wäre scharfsinniger, als die Physik des Descartes oder die Ethik des Hobbes. Und doch! Vergleicht man den einen mit Bacon, den anderen mit Campanella, so scheinen die beiden erstgenannten Autoren auf der Erde dahinzukriechen, während jene sich hoch zum Himmel erheben durch die gewaltige Weite ihrer Konzeptionen, ihrer Pläne und Unternehmungen und nach Zielen streben, die jenseits menschlichen Vermögens liegen."** Und Kant stellt der 2. Auflage seiner Kritik der Reinen Vernunft als Motto den Beginn des letzten Absatzes von Bacons Einleitung zur Großen Erneuerung der Wissenschaft, von der das Novum Organon nur einen Teil bildet, voran – Sätze, in denen Bacon seine Haltung zum eigenen Werk definiert. Die Enzyklopädisten aber betrachten sich direkt als Fortsetzer seines Werkes, und D'Alembert nannte Bacons Advancement of Learning einen Catalogue immense de ce qui reste à découvrir.

Wie merkwürdig die gesellschaftliche und speziell wissenschaftliche Position Bacons! Ein nicht sehr bedeutender Naturwissenschaftler, ja noch weniger: ohne rechtes Verständnis für einige ganz außerordentliche naturwissenschaftliche Leistungen seiner Zeit – und doch wohl der größte Philosoph des technischen Fortschritts, den die

* *R. F. Jones*, a. a. O., S. 240.

** *G. W. Leibniz*, Opera omnia. Hg. von L. Dutens. Bd. VI, Genf 1768, S. 303, nach Übersetzung von *E. Wolff*, Francis Bacon und seine Quellen. Bd. 1, Berlin 1910, S. 172.

Geschichte der Menschheit kennt. Seiner eigenen Meinung nach nicht sehr geschätzt für diese Leistung in England – wohl aber im gesellschaftlich weit rückschrittlicheren Ausland: so daß er in seinem Testament übergibt seine „Seele Gott im Himmel", seinen „Körper einem unbekannten Platz in der Erde" und seinen „Namen den folgenden Generationen und ausländischen Nationen".

Ausländischen Nationen und in England nachfolgenden Generationen ...

In der Tat stehen die folgenden Generationen ganz stark unter dem Einfluß von Bacon – so stark, daß 1661 J. Childrey ein Buch mit dem Titel Britannia Baconica schreiben konnte. Und als die Royal Society 1662 offiziell gegründet wurde – inoffiziell bestand sie als College of Philosophy seit 1645 –, bekannten Sprat, Boyle, Glanvill und andere, daß sie eine Idee von Bacon verwirklichten.* In seiner Geschichte der Royal Society bemerkt Thomas Sprat: „Ich will nur einen großen Mann nennen, der dies Unternehmen in seinem ganzen Ausmaß voraussah, und das ist Lord Bacon." So offenbar notwendig erschien den Menschen die Idee einer Wissenschaftszentrale, wie sie Bacon gefordert hatte**, und wie sie die Royal Society darstellen sollte, daß Comenius ihre Schaffung schon so voraussah: „Nichts schien sicherer als daß der Plan des großen Verulam in einem Teil der Welt ein allgemeines College, dessen einzige Aufgabe die Förderung der Wissenschaft sein sollte, zu eröffnen, verwirklicht werden würde."***

Bacons Idee folgend hatte der erste Klassiker der bürgerlichen Politischen Ökonomie William Petty schon 1648 die Schaffung eines College of Trade gefordert, damit neue Erfindungen „häufiger noch wären als neue Methoden in Bekleidung und Haushaltseinrichtung"°. Milton empfiehlt in seiner 1644 erschienenen Schrift On Education das Studium von Gegenständen, die „direkt die Sinne berühren", statt mit „intellektuellen Abstraktionen der Logik und Metaphysik" zu beginnen. John Hall und John Webster°° wünschten eine Veränderung des Kursussystems an den Universitäten zugunsten von Experimentalwissenschaften und zuungunsten der Klassischen Studien. Isaac Barrow aber, Professor für Griechisch in Cambridge, klagte: Ich sitze einsam wie eine attische Eule, die aus der Gemeinschaft aller anderen Vögel gestoßen worden ist, während die Klassen für Naturphilosophie gefüllt sind ... Ganz offenbar konnte Barrow diese Eulen-Einsamkeit nicht allzu lange ertragen, denn 1663 gab er den Lehrstuhl auf und nahm (als Vorgänger Newtons) die Berufung auf den neuerrichteten Lehrstuhl für Mathematik (Lucasian Professorship) an.°°°

* Vgl. dazu auch D. N. Clark, Science and social welfare in the age of Newton, Kap 1. Oxford 1937.

** Vgl. weiter unten.

*** *J. A. Comenius,* Opera didactica omnia. Buch II, Vorwort. Amsterdam 1657.

° *W. Petty,* Advice to S. Hartlib for the advancement of some particular parts of learning. London, 1648, S. 2.

°° *J. Hall,* Humble motion to the Parliament of England concerning the advancement of learning (London 1649), *J. Webster,* Academiarum examen (London 1653). Vgl. auch *R. K. Merton,* a. a. O., S. 381.

°°° Vgl. *H. Hettnér,* Geschichte der englischen Literatur. Braunschweig 1912, S. 188 ff. – Man mag sich wundern, daß ein Professor scheinbar so leicht so verschiedenartige Lehr-

Ja, man muß den Einfluß Bacons nach seinem Tode im 17. Jahrhundert nicht etwas geordneter sehen? S. R. Gardiner vergleicht in seiner Lebensdarstellung Bacons (Dictionary of National Biography) diesen mit Turgot und meint, wenn man seinen politischen Ideen gefolgt wäre, dann hätte sich die Revolution unter Cromwell als überflüssig erwiesen. Hill, der diesen Gedanken aufgreift, widmet in seinem Buche Intellectual Origins of the English Revolution* ein ganzes Kapitel Francis Bacon and the Parliamentarians, das heißt den Beziehungen Bacons zur bürgerlichen und bourgeoisen Opposition gegen das absolute Regime der frühen Stuarts, und meint mit Recht: „In vieler Beziehung waren Bacons Ideen denen der Parlamentarier näher als denen der Könige, welchen er diente."** Wie die Parlamentarier wollte Bacon ein England, dessen Reichtum „ruhte in den Händen von Kaufleuten, Bürgern, Kleinhändlern, freien Landbesitzern, Bauern und ihnen Gleichen."***

Als die Revolution ausbrach, erschienen seine Werke massenweise. Mehr Werke wurden 1640/41 aufgelegt als in den 14 Jahren, die 1640 seit seinem Tode vergangen waren, zusammengenommen. Jones hat völlig recht, wenn er bemerkt: „Der Commonwealth (die Schöpfung der Revolution) war eine hochbedeutsame Periode in der Geschichte der Wissenschaft. Er installierte Bacon als den dominierenden Einfluß der Zeit. Der Materialismus, Utilitarismus, die Demokratie, die soziale Bezogenheit, der Humanismus und die anti-autoritäre Haltung, die wir ausgesprochen oder ‚mißverstanden' in seinen Schriften finden, entwickelten sich schnell in der kongenialen Atmosphäre des Puritanismus." °

Und als später, unter den letzten Stuarts, die Reaktion wieder einsetzte, da zögerte einer ihrer Vertreter, Henry Stubbe, nicht, die Mitglieder der Royal Society, die sich als Schüler Bacons betrachteten, wegen ihrer vormaligen Verbindungen zu den revolutionären Puritanern als „Radikale" in Religion und Wissenschaft zu attackieren.

Die Geschichte von Bacons Einfluß und Ruhm im England des 17. Jahrhunderts ist also eng mit der wechselnden Stärke der Kräfte des Fortschritts in dieser Zeit verbunden.

Doch so groß der Einfluß von Bacon im 17. Jahrhundert in England und im 18. Jahrhundert in Frankreich, scheint sein Name in der Industriellen Revolution keine besonders große Rolle gespielt zu haben. R. E. Schofield nennt ihn in seiner material-gründlichen Studie der Lunar Society of Birmingham kein einziges Mal.

Heute aber, und gerade in den Ländern, die den Sozialismus aufbauen, sollte er einen Ehrenplatz unter den Großen der Vergangenheit, die wir als unsere Vor-

stühle einnehmen konnte. Wenn man aber bedenkt, daß noch 1827 der geniale Ingenieur und Mathematiker Charles Babbage genau den gleichen Lehrstuhl wie Barrow erhielt und 10 Jahre lang besetzte, ohne in dieser Zeit eine einzige Lektion zu geben, wird solch Wechsel verständlicher. (Vgl. dazu *M. Moseley*, Irascible genius. A life of Charles Babbage, inventor. London 1964, S. 91).

* *Chr. Hill*, a. a. O., Oxford 1965.

** Ebendort, S. 96.

*** Vgl. dazu *Fr. Bacon*, The Works (14bändige Ausgabe von 1862–1874) Bd. VII, 60 f.; Bd. VI, S. 406, 446 f.; Bd. VIII, S. 172 ff.

° *R. F. Jones*, a. a. O., S. 269.

kämpfer in dieser oder jener Richtung betrachten, einnehmen – vor allem wegen seiner „Wissenschaft der Erfindungen".

4. Die Wissenschaft der Erfindungen

Wir bemerkten einleitend zu dieser Studie, daß wir rückblickend auf bedeutende Denker der Vergangenheit einmal natürlich ihre Hauptleistung würdigen, sodann aber auch auf Werke hinweisen, die von besonderer aktueller Bedeutung sind. In einer Studie von Bacon geht es uns heute so, daß seine Hauptleistung zugleich ein spezifisches Werk von besonderer aktueller Bedeutung ist.

Denn man kann wohl sagen, daß Bacons Wissenschaft von den Erfindungen auch vor 100 Jahren, auch von Kuno Fischer, als sein Hauptwerk betrachtet wurde ... und wer wird daran zweifeln, daß es von allen Werken Bacons gerade heute von besonders aktueller Bedeutung ist!.

Fischer schildert auf Grund der Ausführungen Bacons im Novum Organon dessen Lehre von den Erfindungen so:

„Der erfinderische Menschengeist hat die neue Zeit geschaffen: hier erkennt Bacon die Aufgabe, welche das Zeitalter ihm stellt. Die Philosophie zeitgemäß machen heißt soviel, als sie in Übereinstimmung bringen mit dem Geist der Erfindungen und Entdeckungen. Den bisherigen Erfindungen hat es am philosophischen Geiste gefehlt, der bisherigen Philosophie an der Richtung, welche Entdeckung und Erfindung zu ihrem Ziel hat.' Die bisherige Wissenschaft hat keine Werke erfunden, die bisherige Logik keine Wissenschaft. Die Erfindung war bisher dem Zufall preisgegeben, und darum selten, von jetzt an soll sie absichtlich geschehen, und darum häufig; die Menschen sollen nicht bloß finden, sondern erfinden; an die Stelle des Zufalls soll der Plan, an die des Glücks die Kunst treten. Was bis dahin ‚casus' war, soll von jetzt an ‚ars' werden. Wenn den Menschen, sagt Bacon, viele Erfindungen geglückt sind, während sie nicht darauf ausgingen, während sie ganz andere Dinge suchten, so müssen sie ohne Zweifel weit mehr entdecken, sobald sie geflissentlich suchen, planmäßig und in geregeltem Wege, nicht ungestüm und desultorisch. Mag es immerhin bisweilen geschehen, daß jemand durch einen glücklichen Zufall auf etwas gerät, das dem mühsamen Forscher vorher entgangen ist, so wird doch im ganzen genommen sicher das Gegenteil stattfinden. Denn der Zufall wirkt selten, spät und zerstreut, die Kunst dagegen stetig, schnell und in Fülle. Auch läßt sich aus den vorhandenen Erfindungen auf die verborgenen schließen ...

Jede wahre Entdeckung soll geschehen, wie die des Columbus, der nicht auf gut Glück in die See fährt, sondern das Ziel bedacht und gegründete Hoffnung hat, das Land in Westen zu finden. Mit ihm vergleicht Bacon das eigene Werk, das den Weg zeigen will auf ein bestimmtes wohlbegründetes Ziel. Das Ziel ist die Erfindung, der Weg das auf Erfindung angelegte und eingerichtete, dazu geschickte Denken, die Logik des Erfindens, die ‚ars inveniendi'. In dieser neuen Logik liegt der Kern seiner Aufgabe, den man nicht treffend genug bezeichnet, wenn man ihn gemeiniglich den Philosophen der Erfahrung nennt. Dieser Begriff ist zu unbestimmt und zu weit. Er ist der Philosoph der Erfindung. Darunter verstehe man nicht einen Erfinder, sowenig man unter einem Philosophen der Kunst einen Künstler versteht. Seine Philosophie ist kein System, sondern ein Weg, er hat es unzähligemal gesagt, sie ist unbegrenzt, wie das Reich der Erfindung, sie will ein bewegliches Instrument, kein starres Lehrgebäude sein, keine geschlossene Schule, keine abgemachte, in sich vollendete Theorie. ‚Wir wollen versuchen', sagt Bacon, ‚ob wir die Macht des Menschen tiefer begründen, weiter ausdehnen können, und wenn unsere Erkenntnisse auch hier und da in manchen speziellen Materien wahrer, sicherer, fruchtbarer sind als die herkömmlichen, so geben wir dennoch keine allgemeine in sich abgeschlossene Theorie.'"*

Unter den Ausführungen Bacons zu seiner Neuen Philosophie sind wohl die eindrucksvollsten im 129. Abschnitt des Ersten Buches seines Novum Organon zu finden, die wir ausführlich zitieren wollen:

„Erstens scheint unter den menschlichen Handlungen die Einführung bedeutender Erfindungen bei weitem den ersten Platz einzunehmen, so haben schon die früheren Jahrhunderte geurteilt. Man erwies nämlich den Entdeckern göttliche Ehren, denen aber, die sich in den politischen Dingen verdient machten, den Staaten- und Reichsgründern, den Gesetzgebern, den Befreiern des Vaterlandes von dauerndem Elend, denen welche die Tyrannen verjagten und ähnlichen, zollte man nur die Ehren von Heroen. Man wird, wenn man die Sache gründlich erwägt, gewiß dieses Urteil der vergangenen Zeit gerecht finden. Denn die Wohltaten der Erfinder können dem ganzen menschlichen Geschlecht zugute kommen, die politischen hingegen nur den Menschen bestimmter Orte, auch dauern diese nur befristet, nur über wenige Menschenalter, jene hingegen für alle Zeiten. Auch vollzieht sich eine Verbesserung des politischen Zustands meistens nicht ohne Gewalt und Unordnung, aber die Erfindungen beglücken und tun wohl, ohne jemanden ein Unrecht oder ein Leid zu bereiten.

Die Erfindungen sind gleichsam neue Schöpfungen und sind Nachahmungen der göttlichen Werke, wie der Dichter so treffend singt:

‚Den hungrigen Sterblichen hatte fruchttragende Saaten einst das berühmte Athen zuerst unter allen gegeben, neues Leben geschaffen und Gesetze zu Grunde gelegt.'

Auch ist bemerkenswert, daß selbst Salomo in der Blüte seiner Macht, wo Gold, prächtige Bauwerke, Dienerschaft und Mannschaften, eine Flotte, der Ruhm seines Namens und die höchste Bewunderung der Menschen ihm zuteil ward, dennoch in all dem sich nicht selbst den Ruhm zuerkannte, sondern ausrief: ‚Der Ruhm Gottes sei, die Dinge zu verhüllen, des Königs Ruhm, die Dinge zu ergründen.' Man erwäge doch auch einmal den großen Unterschied zwischen der Lebensweise der Menschen in einem sehr kultivierten Teil von Europa und der in einer sehr wilden und barbarischen Gegend Neu-Indiens. Man wird diesen Unterschied so groß finden, daß man mit Recht sagt: ‚Der Mensch ist dem Menschen ein Gott', dies nicht bloß wegen der Hilfe und Wohltaten, sondern auch angesichts der Verschiedenheit seiner Lebenslage. Und diese Verschiedenheit bewirken nicht der Himmel, nicht die Körper, sondern die Künste.

* *K. Fischer*, a. a. O., S. 142 ff.

Weiter hilft es, die Kraft, den Einfluß und die Folgen der Erfindungen zu beachten; dies tritt am klarsten bei jenen dreien hervor, die im Altertum unbekannt waren und deren Anfänge, wenngleich sie in der neueren Zeit liegen, doch dunkel und ruhmlos sind: die Buchdruckerkunst, das Schießpulver und der Kompaß. Diese drei haben nämlich die Gestalt und das Antlitz der Dinge auf der Erde verändert, die erste im Schrifttum, die zweite im Kriegswesen, die dritte in der Schiffahrt. Zahllose Veränderungen der Dinge sind ihnen gefolgt, und es scheint, daß kein Weltreich, keine Sekte, kein Gestirn eine größere Wirkung und größeren Einfluß auf die menschlichen Belange augeübt haben als diese mechanischen Dinge.

Es gehört zur Sache, drei Arten oder Grade des Ehrgeizes bei den Menschen zu unterscheiden. Bei der ersten ist man darauf aus, die eigene Macht in seinem Vaterlande zu vermehren, dies ist die gewöhnliche und teilweise unedle Art; bei der zweiten strebt man dahin, des Vaterlandes Macht und Herrschaft über das menschliche Geschlecht zu erweitern; diese Art ist gewiß würdiger, reizt aber zu stärkerer Begierde; erstrebt nun jemand die Macht und die Herrschaft des Menschengeschlechtes selbst über die Gesamtheit der Natur zu erneuern und zu erweitern, so ist zweifellos diese Art von Ehrgeiz, wenn man ihn so nennen kann, gesünder und edler als die übrigen Arten. Der Menschen Herrschaft aber über die Dinge beruht allein auf den Künsten und Wissenschaften. Die Natur nämlich läßt sich nur durch Gehorsam besiegen.

Weiter! Schon der Nutzen einer einzelnen Erfindung hat die Menschen so erregt, daß sie den Erfinder, der das gesamte Menschengeschlecht durch eine Wohltat sich ergeben machte, für einen Menschen höherer Art gehalten haben. Um wieviel erhabener wird es nun erscheinen, etwas zu entdecken, wodurch alles andere leichter erfunden werden kann!"*

Was für eine geniale Idee! Eine Wissenschaft oder Logik der Erfindungen aufzubauen ... wissenschaftliche Planung der Erfindungen, Logik der Prognostik der technischen Entdeckungen . . . wie vertraut sind uns heute solche Ideen und Wünsche!

Und welche Achtung und Bewunderung für den Erfinder begegnet uns hier ... für den Erfinder, den mit der Materie arbeitenden, den Techniker, den artifex, den Künstler – ars, Kunst ist für Bacon vor allem das „mechanische" Können, die technisch-schöpferische Fähigkeit, die Heldeneigenschaft von Prometheus!

Zugleich soll die Wissenschaft der Erfindungen die Menschen gleichwertiger machen. „Denn mein Weg, in den Wissenschaften Entdeckungen zu machen, stellt die Geister fast gleich und läßt für überragende Fähigkeiten einzelner wenig Raum, da alles durch bestimmte Regeln und Hinweise festgelegt wird." ** Eine eigenartige Demokratisierung der Wissenschaft, gewissermaßen aus der Methodologie heraus und in Richtung einer „Gleichmacherei der Geister".

* Novum Organon a. a. O., S. 134 ff.

** Ebendort, S. 129.

Darum soll die „Große Erneuerung der Wissenschaften" nicht nur, wie Farrington bemerkt*, eine „Blaupause für eine Revolution in der Produktion" sein, sondern meiner Ansicht nach auch Motor für eine Revolution des wissenschaftlichen Lebens und Betriebes. Ja, mehr noch als eine Revolution: eine sich ständig revolutionierende Revolution, denn „die Kunst des Erfindens kann mit den Erfindungen erstarken"**, die Revolution beschleunigt sich im Verlauf ihres Prozesses, wird zu einer permanenten und permanent sich intensivierenden Revolution.

Wie lächerlich erscheint solchen Gedanken gegenüber ein Einwand von Liebig, der zwischen Erfinder und Wissenschaftler unterscheiden möchte:

„Die Erfindung ist Gegenstand der Kunst, der der Wissenschaft ist die Erkenntnis; die erstere findet oder erfindet die Tatsachen, die andere erklärt sie; die künstlerischen Ideen wurzeln in der Phantasie, die wissenschaftlichen im Verstand.

Der Erfinder ist der Mann, der den Fortschritt macht, er erzeugt einen neuen oder er ergänzt einen vorhandenen Gedanken, so daß er jetzt wirksam oder der Verwirklichung fähig ist, was er vorher nicht war; sein Fuß überschreitet den betretenen Pfad, er weiß nicht, wohin er tritt, und von Tausenden erreicht vielleicht nur einer sein Ziel; er weiß nicht, woher ihm der Gedanke kommt, noch vermag er sich Rechenschaft zu geben über sein Tun.

Erst nach ihm kommt der Mann der Wissenschaft und nimmt Besitz von seinem neuen Erwerb; die Wissenschaft mißt und wägt und zählt den Gewinn, so daß es Erfinder und Jedermann jetzt bewußt wird, was man hat; sie lichtet das Dunkle und macht das Trübe klar, sie ebnet den Weg für den nachkommenden Erfinder, so daß dieser für einen neuen Fortschritt, soweit ihre Grenzen reichen, festen Boden und einen sichern Ausgangspunkt findet."***

Wir hatten zuvor darauf aufmerksam gemacht, wie unfähig Bacon zu originellem Experiment, aber auch zur Beurteilung einiger großartiger Erfindungen seiner Zeit gewesen war, während er einzig dasteht als Begründer einer Lehre von den Erfindungen. Hier begegnet uns das umgekehrte Phänomen: ein großartiger Experimentator wie Liebig erweist sich als unfähig, selbst so einfache Begriffe wie Erfinder und Wissenschaftler zu ergründen und in rechte Beziehung zu setzen. Der Erfinder erscheint ihm als eine Art von phantasiereichem Glückssucher („er weiß nicht, wohin er tritt"), wissenschaftlich ein blindes Huhn („er weiß nicht, woher ihm der Gedanke kommt"). Selten ist der Erfinder so falsch dargestellt worden wie von Liebig, selten so realistisch idealisiert worden wie von Bacon!

Und mehr noch! wie bedeutsam und tief hat Bacon das Verhältnis von Erfinder, das heißt Wissenschaftler, zur Natur dargestellt!

In der Heiligen Familie sprechen Engels und Marx davon, daß bei Bacon die entscheidende Eigenschaft der Materie die Bewegung sei, und zwar vor allem als „Trieb, Lebensgeist, Spannkraft, als Qual – um den Ausdruck Jakob Böhmes zu gebrauchen – der Materie" °.

* A. a. O., S. 97.

** Novum Organon, a. a. O., S. 138.

*** *J. v. Liebig,* a. a. O., S. 46 f.

° *Marx/Engels,* a. a. O., Berlin 1953, S. 258.

Nur wenn man die Natur künstlich, das heißt mit Hilfe der Technik, auf Grund immer neuer Erfindungen in Bewegung setzt, sie quält und foltert, kann man sie ganz kennen lernen und umformen, zum Besten der menschlichen Gesellschaft. „Wie nämlich im politischen Leben der Geist eines jeden und das verborgene Wirken seiner Neigungen und Affekte besser hervortreten, wenn dieser mehr in das bunte Treiben hineingestellt ist als für gewöhnlich, so offenbart sich in ähnlicher Weise das Verborgene der Natur mehr durch das Drängen der Kunst (Technik – J. K.), als wenn alles seinen natürlichen Lauf nimmt."*

Dabei ist zweierlei zu beachten. Einmal kann man die Natur nur richtig quälen und foltern, wenn man ihre Anatomie und die Gesetze ihrer Bewegung kennt.** „Denn keine Kraft kann die Kette der Ursachen lösen und zerbrechen, und die Natur wird nur besiegt, indem man ihr gehorcht." *** Und sodann kann man die Natur quälen, indem man Natur gegen Natur setzt:

> „Eine Natur vergewaltigt die andere
> Eine Natur besiegt die andere"

lautet ein alter Alchemistenspruch.

Um aber zum Folterer der Natur zu werden, ist es notwendig, daß man unzufrieden mit der Welt ist. „Denn die, die die menschliche Natur über alles Maß preisen und den Stand der Technik, die die Dinge, die sie bereits besitzen, bewundern und die vermeinen, daß der Stand der Wissenschaft absolut vollendet in jeder Beziehung sei ... das sind Menschen, die unbrauchbar sind und voller Vorurteile im Leben, die sich auf dem Höhepunkt der Entwicklung vermeinen und dort ohne weitere Erkundung ausruhen. Ganz im Gegensatz zu ihnen beweisen diejenigen, welche die Natur und Technik anklagen und stets voller Unzufriedenheit mit ihnen sind, eine richtigere und bescheidnere Einschätzung und sind laufend angetrieben zu neuem Eifer und neuen Erfindungen." °

So, wie man die Natur ärgern und quälen und foltern muß, um sie in Bewegung zu verändern zum Wohle der Menschheit, so muß sich auch der Mensch selbst ärgern und quälen und foltern, um das Beste aus sich herauszuholen. Dieses Beste aber sind Erfindungen, technischer Fortschritt, Erhöhung der Produktivkräfte, einschließlich seiner selbst, zum Wohle der Gesellschaft.

Bacons Wissenschaft von den Erfindungen stellt einen ganz großen Fortschritt in der Entwicklung des menschlichen Denkens dar. Und wenn wir Lücken in seinem Denken finden, Sprünge in seiner Gedankenfolge, ein zu schnelles Vorprellen zum Ziel der Überlegungen, dann sollen wir uns der Ausführungen Diderots über die Arbeitsweise des Genies, in denen er auch Bacon erwähnt, erinnern: „Das Genie

* Novum Organon, a. a. O., S. 109.

** Setzt doch das Kennenlernen der Natur gewissermaßen schon eine symbolische Quälerei, eine symbolische Tortur voraus! ... denn wie soll man die Natur anders kennenlernen als zunächst durch Analyse, durch, wie Bacon formuliert: dessecare naturam, Sezieren, Zerschneiden der Natur.

*** Novum Organnon, a. a. O., S. 32.

° The Wisdom of the ancients, a. a. O., S. 346 f.

beschleunigt indes die Fortschritte der Philosophie durch die glücklichsten und am wenigsten erwarteten Entdeckungen. Mit Adlerflug erhebt es sich zu einer leuchtenden Wahrheit, einer Quelle von tausend Wahrheiten, zu denen später die vorsichtige Menge der klugen Beobachter gewissermaßen auf allen vieren gelangt. Aber neben dieser leuchtenden Wahrheit errichtet das Genie die Gebäude seiner Einbildungskraft: es ist nicht fähig, den vorgeschriebenen Weg zu gehen und alle Etappen Schritt für Schritt zurückzulegen, sondern es geht von einem Punkt aus und stürmt auf das Ziel los; es entreißt der Finsternis ein fruchtbares Prinzip, verfolgt aber selten die Kette der Konsequenzen; es ist, um einen Ausdruck Montaignes zu gebrauchen, ‚sprunghaft'. Es stellt sich mehr vor, als es gesehen hat, bringt mehr hervor, als es entdeckt, und reißt mehr mit, als es führt. Genie hat Menschen wie Platon, Descartes, Malebranche, Bacon, Leibniz beseelt. Je nachdem bei diesen großen Männern die Einbildungskraft mehr oder weniger vorherrschte, brachte es glänzende Systeme hervor oder führte zur Entdeckung großer Wahrheiten."*

5. Wissenschaft ist Dienst am Menschen

In seiner schon zitierten so gedankenreichen, wenn auch in der ideologischen Position verfehlten, Schrift über „Weltanschauung und Analyse des Menschen seit Renaissance und Reformation" bemerkt Dilthey: „In den ersten Vertretern der neuen Wissenschaften ist nun aber das Verhältnis des Denkens zur Wirklichkeit noch unter dem Einfluß der Vorherrschaft der Phantasie, welche in den Jahrhunderten großer Kunst und Dichtung bestanden hatte. Die große ‚Geburt der Zeit', die neue Wissenschaft Bacons, welche durch die Erkenntnis der Ursachen das Königtum des Menschen über die Erde herbeiführen soll, ist in der Voraussicht der Zukunft und in der dichterischen Macht des Ausdrucks eine der größten Phantasieschöpfungen dieses Zeitalters der Elisabeth."**

Was Dilthey für Phantasie hält, nämlich die Befreiung des Menschen von den Folgen der Vertreibung aus dem Paradies, die ihm nach Bacons Meinung die „Herrschaft über die Schöpfung nahm"***, das wird heute auf sozialistische Weise zur Realität. Vielleicht ist Diltheys Ausdruck Phantasie in diesem Zusammenhang berechtigt – aber nur im gleichen Sinne, wie Lenin von realistischen Träumen spricht. Denn recht hat Dilthey, wenn er als Ziel der Philosophie Bacons das Königtum der Menschen über die Erde nennt – regnum hominis.

Kuno Fischer schreibt: „Das Ziel der Wissenschaft ist die Erfindung. Das Ziel der letzteren ist die Herrschaft des Menschen über die Dinge, diese also ist unter Bacons Gesichtspunkt der alleinige und höchste Zweck der Wissenschaft. Der Mensch vermag nur soviel, als er weiß, sein Können reicht nur soweit als sein Wissen, Wissenschaft und Macht fallen in einen Punkt zusammen. Je mehr eine Erfindung das

* Artikel „Genie", Bd. VII der Enzyklopädie, 1759, zitiert nach Übersetzung in *D. Diderot,* Philosophische Schriften, 1. Bd. Berlin 1961, S. 239.

** *W. Dilthey,* a. a. O., S. 344.

*** *Fr. Bacon,* The Works (14 Bde), a. a. O., Bd. III, S. 217 ff., und Bd. V, S. 21 und 247 f.

Reich der menschlichen Herrschaft erweitert, um so gemeinnütziger und deshalb um so größer ist die erfinderische Tat, um so wertvoller und mächtiger ist die Wissenschaft, durch die sie stattfindet. Nicht die Art der Objekte adelt die Wissenschaft, sondern der Dienst, den sie der Menschheit leistet, es ist eine falsche Ansicht, gewisse Dinge für vornehmer als andere zu halten und diesen Rang auf die Wissenschaften zu übertragen, es gibt in der Wirklichkeit nichts, das der Erforschung unwert oder für den Verstand verächtlich wäre, die Wissenschaft kennt so wenig als die Sonne etwas Niedriges oder Gemeines." *

Und wieder erscheint eine merkwürdige „Demokratie" des Gedankenganges. So, wie die Wissenschaft von den Erfindungen mit der Elite-Begabung Schluß machen und alle Menschen befähigen soll, Erfindungen zu machen, so soll die Wissenschaft allgemein sich „demokratisch" mit allem beschäftigen: es gibt keine Eliteauswahl von untersuchungswürdigen Dingen ... alles was ist, ist untersuchungswürdig.

„Was gar die niederen oder auch anstößigen Dinge anlangt, für deren Nennung man nach Plinius erst um Erlaubnis bitten muß, so gehören sie nicht weniger als die erhabensten und wertvollsten in meine Naturgeschichte. Dadurch wird die Naturgeschichte nicht beschmutzt. Dringt doch die Sonne in gleicher Weise durch Paläste und Abfallgruben, ohne sich zu beschmutzen. Auch errichte oder erbaue ich keineswegs dem menschlichen Hochmut irgendein Kapitol oder eine Pyramide; sondern ich lege im menschlichen Geist den Grundstein für einen heiligen Tempel nach dem Modell der Welt. Daher folge ich diesem Modell. Denn was würdig ist zu existieren, das ist auch wert, erkannt zu werden, denn das Wissen ist das Abbild des Seins.

Das Gemeine hat in gleicher Weise Dasein wie das Erhabene. So wie selbst aus bestimmten üblen Stoffen, wie aus Moschus und Zibet zuweilen die angenehmsten Düfte erzeugt werden, so bricht mitunter aus nichtigen und schmutzigen Dingen wundersames Licht und Belehrung hervor. Doch genug davon, da so ein Widerwille beinahe kindisch und weibisch ist." **

Wie sollte man auch anders verfahren können, wenn: „Das wahre und rechtmäßige Ziel der Wissenschaften ist kein anderes als das menschliche Leben mit neuen Erfindungen und Mitteln zu bereichern" *** – und diese Erfindungen und Mittel sich auch in den Exkrementen der Ochsen, im Dung, befinden!

In seinem Essay über Bacon vergleicht Macaulay die Philosophie Bacons mit der von Seneca, der jeden praktischen Nutzen der Philosophie ablehnt. Erfindungen seien, meint Seneca, eine Sache der niedrigsten Sklaven. „Die Philosophie hat eine höhere Aufgabe. Sie ist nicht dazu da, um die Menschen zu lehren, wie sie ihre Hände gebrauchen sollen. Sie soll die Seele des Menschen formen."° Und dann die Polemik auf das höchste zuspitzend, ruft Seneca aus: „Man wird uns nächstens noch weismachen wollen, daß der erste Schuhmacher ein Philosoph war!" Macaulay antwortet darauf °°: „Wenn wir genötigt wären, zwischen dem ersten Schuhmacher und

* *K. Fischer*, a. a. O., S. 145 f.

** Novum Organon, a. a. O., S. 125.

*** Ebendort, S. 87.

° *L. A. Seneca*, 90. Brief an Lucilius.

°° Wir zitierten in der Übersetzung von *K. Fischer*, a. a. O., S. 474.

Seneca, dem Verfasser der drei Bücher über den Zorn, unsere Wahl zu treffen, so würden wir uns für den Schuhmacher erklären. Der Zorn mag schlimmer sein als die Nässe. Aber Schuhe haben Millionen gegen Nässe geschützt, und wir zweifeln, ob Seneca jemals einen Zornigen besänftigt hat."

Und damit sind wir doch bei einem recht platten Utilitarismus angelangt – selbst wenn er uns hier amüsant formuliert entgegentritt und Seneca uns zu Sympathie für Macaulay Anlaß gibt. Ein platter Utilitarismus, den wir übrigens schon halb ausgesprochen bei Bacons Schülern in der Royal Society finden, etwa wenn Robert Boyle von der Society erklärt, daß sie „nur Kenntnisse schätze, die eine Tendenz zum direkten Nutzen" hätten, während Bacon sehr sorgfältig experimenta fructifera, Experimente von direktem Nutzen, und experimenta lucifera, erleuchtende Experimente, unterscheidet.

Der Gedanke, daß die Wissenschaft dem Wohle der Menschen dienen könne und solle, wurde nach der Antike wohl zuerst von Roger Bacon wieder aufgenommen – allerdings noch in rein theologischer Form: dadurch würde nämlich die Herrlichkeit Gottes nur noch größer erscheinen. Francis Bacon hat wohl als erster in ganz konsequenter Weise und immer wieder neu begründet die Lehre von der Wissenschaft als Dienst am materiellen Wohlsein des Menschengeschlechts verbreitet. Jedoch keineswegs nur am materiellen Wohlsein, und erst recht nicht allein am persönlichen Wohlsein ... wenn auch bald die Lehre aufkommen wird – Übereinstimung der Produktionsverhältnisse mit dem Charakter der Produktivkräfte! –, daß persönliches Wohlsein und allgemeines Wohlsein, materielles und geistiges Wohlsein zusammenfallen (wie ja auch materielles Wohlsein und Gefallen, das Gott an einem hat, schon vom frühen Calvinismus und Puritanismus her verbunden sind.) Wie reimte doch Pope:

> God and Nature link'd the gen'ral frame
> and bade self-love and social be the same.*

Bacon hat eine hohe Auffassung vom Nutzen der Wissenschaft. In der Vorrede zur Großen Erneuerung der Wissenschaften bemerkt er über Sinn und Aufgabe der Wissenschaft: „Endlich will ich alle samt und sonders erinnern, die wahren Ziele der Wissenschaft zu bedenken; man soll sie nicht des Geistes wegen erstreben, nicht aus Streitlust, nicht um andere gering zu schätzen, nicht des Vorteiles, des Ruhmes, der Macht oder ähnlicher niederer Beweggründe wegen, sondern zur Wohltat und zum Nutzen fürs Leben; in Liebe sollen sie es vollenden und leiten. Denn aus Begierde nach Macht sind die Engel gefallen, aus Begierde nach Wissen die Menschen; aber in der Liebe gibt es kein Zuviel; weder ein Engel noch ein Mensch kommt durch sie in Gefahr."** Nur die Neue Wissenschaft, so wie sie Bacon definiert, kann ihre „wahren Ziele" erreichen.

Die Neue Wissenschaft ist so edel und groß, weil Bereicherung des Lebens und Profit bei Bacon noch nicht identisch sind. Im Gegenteil: Nachdem er bemerkt hat, daß

* Gott und Natur fügten den großen Rahmen und befahlen, Bedacht um das Ich und um das Ganze gleich zu sein.

** Novum Organon, a. a. O., S. 16.

es das Ziel der Wissenschaft sei, das menschliche Leben zu bereichern, fährt er fort: „Der große Haufe freilich kümmert sich darum nicht sonderlich, sondern er schafft nur handwerksmäßig (nicht technisch-schöpferisch – J. K.) und für Lohn."* Und nicht nur der große Haufe ist primitiv utilitaristisch eingestellt. Auch dem Wissenschaftler droht die Gefahr, um des schnellen Nutzens willen die Grundlagenforschung aufzugeben. In der „Wisdom of the Ancients" interpretiert Bacon die Fabel von Atalanta und Hippomenes dahin: Hippomenes gewinnt den Wettlauf mit Atalanta dadurch, daß er während des Rennens durch das Werfen von goldenen Äpfeln Atalanta vom steten Lauf abbringt, sie veranlaßt, nach den Äpfeln zu greifen – so wie es Wissenschaftler tun, die um des Tagesnutzens willen die Grundrichtung der Forschung vergessen: „Denn es gibt keine Wissenschaft oder Technik, die stetig ihren richtigen Kurs bis zum Ende hält, sondern sie halten immer wieder zu früh, geben die Spur auf, wenden sich ab um des Profites oder der Bequemlichkeit willen, genau wie Atalanta. Daher ist es kein Wunder, daß die Technik nicht die Natur besiegt ..."** Das muß jetzt mit der Schaffung der Neuen Wissenschaft anders werden, fordert er.
Die Neue Wissenschaft ist so edel und groß, denn „Wahrheit und Nutzen sind dieselben Dinge"***, denn „was im Tätigsein am Nützlichsten, ist im Wissen reine Wahrheit"°. Wobei natürlich der Nutzen wie die Wahrheit als relative, als historische Begriffe aufgefaßt sind. „Die Wahrheit ist die Tocher der Zeit", sagt so weise Bacon. Im Gegensatz zu dem Idealisten und großen Naturforscher Liebig, der gegen Bacon behauptet:

„Was den Nutzen als das Ziel und die Aufgabe der Wissenschaft betrifft, so ist dies ein Irrtum, welcher Jahrhunderte lang bestand; die meisten Akademien der Wissenschaften wurden der ‚Nützlichkeit' wegen gestiftet, um Aufklärung zu verbreiten, und um die Landwirtschaft, das Handwerks-, Berg- und Hüttenwesen zu fördern (Stiftungsurkunde der bayerischen Akademie 1759). Da wo dieser Irrtum jetzt noch besteht, ist der Wissenschaft ihr eigentlicher Boden bestritten.
Der Grundsatz, der nach Zwecken der Nützlichkeit fragt, ist der offene Feind der Wissenschaft, welche die Wahrheit und nach Gründen sucht, und wir wissen mit Bestimmtheit, welche Stufe der Zivilisation ein sonst begabtes Volk erreichen kann, welches die praktischen Ziele höher als die der Wissenschaft gestellt hat."°°

Die Neue Wissenschaft ist so edel und groß, weil sie dem Menschen Macht gibt. „Wissen ist Macht" formulierte Bacon. Genau wie Liebig Bacons Lehre vom Nutzen der Wissenschaft platt utilitaristisch auslegte, so hat Oskar Kraus Bacons Machtgedanken als „imperialistisch" gefaßt.°°° Nicht so primitiv argumentiert Dühring: „Das nützliche Wissen soll durch Beobachtungen und Versuche gemehrt und so die Macht und Würde des Menschen gesteigert werden. Die in dieser Beziehung den Philoso-

* Ebendort, S. 87.
** *Fr. Bacon*, a. a. O., S. 340.
*** Novum Organon, a. a. O., S. 130.
° Ebendort, S. 143.
°° *J. v. Liebig*, a. a. O., S. 51 f.
°°° *O. Kraus*, Francis Bacon als Philosoph des Machtgedankens. In: „Die Naturwissenschaften", 17. Januar 1919.

phen leitende Grundvorstellung ist in der Tat dieselbe, von welcher die Britische Nation bis auf den heutigen Tag erfüllt gewesen ist. Sie ist eine Idee, die ganz unwillkürlich im Gefolge der materiellen Herrschaft auftritt und nirgend fehlen kann, wo die Kraft und Größe des äußeren Lebens durch die Kulturverhältnisse selbst das Übergewicht über alle anderen Interessen erhält. Die Methode des wissenschaftlichen Verhaltens ist diesem Prinzip gegenüber nicht das Erste, sondern eine bloße Konsequenz der Hauptsache. Der technische und materielle Triumph ist das Ziel, und der Trieb des Menschen zur Steigerung der Macht über die Natur und seinesgleichen die bewegende Ursache."*

Natürlich führt die kräftige Entwicklung Englands, die Ausdehnung seiner Kolonialherrschaft zu einem besonderen Machtgefühl, das aber in gleicher Weise aus der „industriellen Revolution", aus der Eroberung der Natur durch immer neue Erkenntnisse gespeist wird. Wie weit überlegen interpretiert doch Kuno Fischer: „Durch die Wissenschaft wird die Erfahrung Erfindung, durch die Erfindung wird die Wissenschaft zur menschlichen Herrschaft. Unsere Macht beruht auf unseren Erfindungen und diese auf unserer Einsicht. In Bacons Geist gehören Macht und Wissen, menschliche Herrschaft und wissenschaftliche Naturerklärung so wesentlich zusammen, daß er beide einander gleichsetzt und durch ‚oder' verbindet: sein neues Organon handelt ‚de interpretatione naturae sive de regno hominis'."**

Überdies darf man nie vergessen, daß Macht und Wissen und Wahrheit (natürlich nicht die göttliche!) ein Element gemeinsam haben: die ratio, Vernunft, Verstand. Daher kann und muß Bacon eine ganze Reihe von Ehen stiften: Er möchte „zwischen der beobachtenden, empirischen und denkenden Fähigkeit eine wahre und rechtmäßige Ehe für alle Zeiten begründen"*** und ebenso zwischen Experiment und Deduktion, zwischen Nutzen und Wahrheit, Theorie und Leben.

Mit dem Verstand läßt sich die Natur zugleich erfassen, quälen und zersetzen. Großartig formuliert Bacon: „Es muß eine Sichtung und Zersetzung der Natur stattfinden, nicht durch das elementare Feuer, sondern durch den Verstand, der gleichsam das göttliche Feuer ist."° Welch eine aktive, lebens- weil naturumwandelnde Rolle wird der Vernunft hier gegeben!

Vernunft und Wissenschaft, Experiment und Erfindung – sie alle geben Macht über die Natur, quälen und bewegen sie im Interesse des Wohlseins der Menschen, das mit der Wahrheit identisch ist!

6. Ein Plan für die Entwicklung der Wissenschaften

Man kann sich vorstellen, daß Bacon mit den wissenschaftlichen Einrichtungen seiner Zeit und der Eile des Fortschritts der Wissenschaften unzufrieden war. In der Tat war selbst der Unterricht in den Naturwissenschaften oft noch dogmatisch oder gar statt auf Aristoteles auf der Bibel aufgebaut.°°

* *E. Dühring*, Kritische Geschichte der Philosophie. Leipzig 1878, S. 243.

** A. a. O., S. 148 f.

*** Novum Organon, a. a. O., S. 15.

° Vgl. *W. Frost*, a. a. O., S. 69.

°° Vgl. dazu zum Beispiel für die Medizin *R. Willis*, William Harvey. London 1878, S. 157.

Bacon entwickelte Pläne zur Organisation der Wissenschaften – als Ergänzung zur Methodik des Denkens und Erfindens.

Zunächst legt er großen Wert auf regen Gedankenaustausch – obgleich damals der wissenschaftliche Verkehr sicherlich besser funktionierte, als es heute der Fall ist. Bernal stellt ganz richtig fest: „Die neuen Experimentalphilosophen oder Wissenschaftler, wie wir sie jetzt nennen, waren nicht mehr ein Element des intensiven Stadtlebens der Renaissance; sie erschienen mehr als einzelne Mitglieder der neuen Bourgeoisie und waren vor allem Juristen wie Vieta, Fermat, Bacon; Ärzte – Kopernikus, Gilbert, Harvey; einige kleine Adlige – Tycho Brahe, Descartes, von Guericke und van Helmont; Kirchenleute wie Mersenne und Gassendi; und sogar einige wenige brillante Rekruten aus dem niederen Stande wie Kepler. In der Geschichtsschreibung erscheinen sie als isolierte Gestalten; in Wirklichkeit aber waren sie, da sie sehr gering an Zahl, stets weit leichter und schneller im Kontakt miteinander als die Wissenschaftler heute, wo sie so zahlreich sind und überbeschäftigt, Veröffentlichungsschwierigkeiten haben und steigenden militärischen und politischen Beschränkungen unterliegen."*

Bacon aber scheint die Verbindung unter den Wissenschaftlern seiner Zeit noch ungenügend. „Ist es doch klar, daß, wie die Natur Bruderschaft in Familien schafft, die Handwerker sich zu Brüderschaften in den Gemeinden zusammenschließen und die Salbung von Gott eine Bruderschaft von Königen und Bischöfen herbeiführt, so auch eine Bruderschaft im Lernen und Erleuchten herrschen muß, die sich zurückführt zu der Vaterschaft Gottes, der der Vater der Erleuchtungen oder des Lichtes genannt wird."** „Bacon und seine Nachfolger erkannten", schreibt Bernal, „daß, ‚genau wie die Kaufleute (merchant adventurers) besser in Gesellschaften arbeiteten, so mag es auch bei den Philosophen sein'."***

Im Novum Organon geht Bacon noch weiter. Nicht nur Kontakt zwischen den Wissenschaftlern ist notwendig, sondern Gemeinschaftsarbeit und Arbeitsteilung. Autobiographisch hinsichtlich der Arbeitsorganisation beginnend schreibt er: „Auch glaube ich, daß mein eigenes Beispiel den Menschen Hoffnung bringen kann. Ich sage das nicht aus Überheblichkeit, sondern um des Nutzens willen. Mißtraut jemand noch, so schaue er auf mich, einen Menschen, der unter den Männern meines Alters mit Staatsgeschäften überladen ist, dabei von schwacher Gesundheit, die mich stark hemmt. In dieser wichtigen Frage folge ich keinem Vorbild und keinen Spuren, kann mich auch mit niemand austauschen, gehe aber den wahren Weg beharrlich und unterstelle meinen Geist der Sache, so daß ich glaube, die Sache selbst ein wenig vorangebracht zu haben. Deshalb bedenke man, was erst von Menschen mit voller Muße und was von Gemeinschaftsarbeit in einer längeren Reihe von Jahren nach diesen meinen Hinweisen zu erwarten ist, namentlich auf einem Weg, der keineswegs nur für einzelne gangbar ist, wie auf jenem Wege des reinen Denkens, sondern wo die Aufgaben und Arbeiten, namentlich für die Sammlung von Erfahrung, aufs beste

* *J. D. Bernal*, a. a. O., S. 287 f.

** The Advancement of learning, a. a. O., S. 83.

*** A. a. O., S. 720.

verteilt und dann wieder vereinigt werden können. Denn die Menschen werden erst dann anfangen, ihre Kräfte zu erkennen, wenn nicht unzählige dasselbe, sondern jeder anderes zustande bringt."*

Doch sollen natürlich nicht nur die Wissenschaftler so eng in Verbindung gebracht werden. Ebenso wichtig ist die Organisierung des Kontaktes der Wissenschaften. Einen interessanten Vergleich zu manchen Bestrebungen unter Wissenschaftlern der Gegenwart ziehend, stellt Frost fest:

„Will man die beiden genannten Hauptwerke Bacons einander entgegenstellen, so kann man sagen: Das Novum Organum sieht es auf einen Bruch mit dem Bisherigen ab und sucht neue Grundlagen für die Zukunft. Die Enzyklopädie dagegen will die Schätze retten und bergen, die die Wissenschaft bis dahin ans Licht gebracht hatte.

Mit dieser Absicht, den ererbten Besitz sich zu vergegenwärtigen, verbindet sich die zweite, die verschiedenen Wissenschaften einander näher zu bringen, wovon sich Bacon eine gegenseitige Befruchtung derselben und das Bewußtwerden ihrer Lücken und die Entdeckung neuer ergänzender Forschungswege verspricht. Auch hier steht Bacon in einem gewissen Gegensatz zu manchen neueren großen Philosophen, welche die Disposition des Tempels der Wissenschaften und deren Vereinheitlichung weit mehr deduktiv befehlen und weit strenger als Bacon durchgeführt wissen wollen. ‚Alle Einteilungen der Wissenschaften', heißt es bei Bacon, ‚sind so zu verstehen und anzuwenden, daß sie die wissenschaftlichen Gebiete bezeichnen und unterscheiden, nicht etwa trennen und zerreißen; denn es kommt darauf an, daß die Auflösung des Zusammenhangs in den Wissenschaften überall vermieden werde. Das Gegenteil hiervon hat die einzelnen Wissenschaften unfruchtbar und leer gemacht und in die Irre geführt, weil die gemeinsame Quelle und das gemeinsame Feuer sie dann nicht mehr ernährt, erhält und erläutert.'

Ein Beispiel für die Wirkung dieser vergleichenden und verbindenden Zusammenstellung der Wissenschaften bietet die Bemerkung Bacons, daß eine Literaturgeschichte und eine Kunstgeschichte fehle. ‚Wenn die Geschichte der Welt in diesem Teile versäumt wird', sagt Bacon, ‚so gleicht sie einer Bildsäule des Polyphem mit ausgerissenem Auge.' Denn Literatur und Kunst zeigen uns, wie sich das Bild der Wirklichkeiten in den Geistern der verschiedenen Generationen der Menschheit gespiegelt hat, und das Wissen um diese Spiegelung ist für uns wichtig und ist ein Wissen von der Wirklichkeit selbst, wenn man das Ganze der Welt in breiterem und tieferem Sinne nimmt."**

Natürlich darf aber die Verbindung der Wissenschaften nicht zu einer Verwischung ihrer Rolle führen. Immer muß man sich klar darüber sein, daß die Naturwissenschaften, vor allem aber die „Naturphilosophie", die Wissenschaft von den Erfindungen, die entscheidende Rolle zu spielen hat, denn sie ist die „große Mutter der Wissenschaften".***

* Novum Organon, a. a. O., S. 119.

** *W. Frost,* a. a. O., S. 145 f.

*** Novum Organon, a. a. O., S. 85 f.

Ja, Bacon geht so weit*, die Weltgeschichte gewissermaßen nach dem Rang, den die einzelnen Zweige des geistigen Lebens einnahmen, einzuteilen.

Griechen – zumeist Moralphilosophie mit einer kurzen Blüte der Naturphilosophie
Römer – Herrschaft der Moralphilosophie
Dritte Periode – „Hingabe an die Theologie".

Und nun muß eine neue Periode einsetzen, in der die „Naturphilosophie" endgültig zur Herrschaft kommt.

Bacon hat Weisheiten, Anekdoten, Pikante Geschichten gesammelt, die unter dem Titel Apophthegms veröffentlicht sind. Unter ihnen interessiert in diesem Zusammenhang die folgende Weisheit: „Aristippus sagte, daß die, die Spezialwissenschaften studierten und die Philosophie vernachlässigten, wie die Freier der Penelope wären, die um die Kammerfrauen warben."** Wobei unter Philosophie die Wissenschaft der Natur zu verstehen ist.

Doch nicht nur müssen die Wissenschaften zusammenarbeiten, müssen die Wissenschaften integriert werden, auch Wissenschaft und Wirtschaft „müssen sich treffen".***

Was nun die Organisation des wissenschaftlichen Lebens betrifft, so hat Bacon dieser Frage eine eigene Schrift gewidmet, Nova Atlantis genannt. „Nova Atlantis ist eine Insel, die in fernen Ozeanen liegen soll und auf der ein Volk in vorbildlichen Verhältnissen lebt. Die Schilderungen, die Bacon hierüber gibt, beziehen sich leider größtenteils nur auf die hohe Entwicklung der Technik, die dort herrschen soll. Es gibt dort eine Gesellschaft des ‚Hauses Salomonis', eine Gelehrtengruppe, welche in freier Weise ihr Leben dem Studium der Natur und der Verwertung dieser Wissenschaft in Erfindungen widmet. Die Zeichnung dieser Gesellschaft soll eine Lockung und ein Vorbild für die Gründung einer wissenschaftlichen Akademie in England sein, wie es uns der Sekretär Bacons, der dies Fragment publizierte, ausdrücklich sagt. ... Jene Gesellschaft des ‚Hauses Salomonis' im Roman führt auch den Namen des ‚Kollegiums der Werke der sechs Schöpfungstage'. Bacon hatte zugleich den Plan gehabt, das Ideal einer Staatsverfassung zu zeichnen; dies ist jedoch nicht zur Ausführung gekommen. Bemerkenswert ist, daß dieser kleine Idealstaat des kleinen Romans als ein geschlossener Handelsstaat dargestellt wird. ...

Das glückliche Volk, das dort leben soll, unterhält keinen Handel mit anderen Völkern, sondern soll nur alle zwölf Jahre inkognito Spionagereisen zu den fremden Völkern ausrüsten, um ihnen alle dort etwa gemachten Fortschritte und Erfindungen abzulisten." So faßt Frost einige wichtige Züge dieser Wissenschaftler-Utopie zusammen ° – wobei uns das „leider" amüsiert, das Frost in seinen zweiten Satz einschiebt, um seinem Kummer darüber Ausdruck zu geben, daß die Wissenschaftler der Nova Atlantis nicht Neukantianer oder Heideggerianer sind, sondern sich vielmehr so stark mit Erfindungen beschäftigen.

* Ebendort.

** Essays, a. a. O., S. 403.

*** Vgl. dazu *Fr. Bacon*, The Works (14 Bde), Bd. II, S. 118 ff.

° A. a. O., S. 199.

Doch ist es notwendig, noch konkreter auf das Treiben der Wissenschaftler dort einzugehen. Diese werden als der große Schatz der Einwohner betrachtet und hoch geehrt. Sie können fliegen und unter Wasser fahren und sind mit den verschiedensten Experimenten auf den Gebieten der Chemie und Biologie, Metallurgie, Medizin usw. beschäftigt.

Die Mitglieder des Hauses Salomons haben sehr genau festgelegte Aufgaben, und auch die Methodik ihrer Arbeit ist im einzelnen geregelt. Bacon schildert sie so:

„Was nun die einzelnen Beschäftigungen und Ämter unserer Mitglieder angeht, so sind sie wie folgt verteilt: Zwölf von uns fahren in fremde Länder, wo sie sich als Angehörige anderer Nationen ausgeben; denn unsere eigene Nationalität halten wir geheim. Sie bringen uns Bücher, Kataloge und Muster von Experimenten mit. Diese nennen wir ‚Händler des Lichts'.

Drei von uns sammeln die in allen Büchern beschriebenen Experimente. Diese nennen wir ‚Räuber'.

Weitere drei sammeln Versuche von allen mechanischen Künsten und freien Wissenschaften, ebenfalls auch von den Praktiken, die nicht zu den Künsten rechnen. Diese nennen wir ‚Jäger'.

Dann haben wir drei, die nach eigenem Gutdünken neue Versuche unternehmen. Das sind die sogenannten ‚Pioniere' oder ‚Minierer'.

Drei tragen die Experimente der zuvor erwähnten Mitglieder in Tabellen und Aufstellungen ein, damit sich von ihnen leichter Kenntnisse und Axiome herleiten lassen. Diese nennen wir ‚Kompilatoren'.

Dann haben wir drei, die nach Experimenten ihrer Kameraden sehen und darüber Beratungen anstellen, wie aus ihnen nützliche und praktische Dinge des menschlichen Lebens gewonnen werden können, welche Kenntnisse sie uns sowohl im Hinblick auf praktische Arbeiten als auch in bezug auf eine klare Darstellung der Ursachen vermitteln können, welche Mittel der natürlichen Weissagung sie uns in die Hand geben und wie man mit ihrer Hilfe die Kräfte und Teile von Körpern leicht und klar aufdecken kann. Diese nennen wir ‚Wohltäter'.

Nach verschiedenen Zusammenkünften und Beratungen aller Mitglieder, wobei die Arbeiten und Sammlungen gründlich überprüft und noch einmal besprochen werden, sorgen die sogenannten drei ‚Leuchten' dafür, daß auf Grund des vorhandenen Materials von einem höheren Gesichtspunkt aus neue Versuche angestellt werden, die tiefer in die Sachverhalte der Natur eindringen, als es bisher geschehen ist.

Um die neu gewonnenen Versuche durchzuführen und über das Resultat zu berichten, haben wir drei ‚Pfropfer'.

Schließlich gibt es noch die drei sogenannten ‚Naturinterpreten', die die gewonnenen Erfahrungen zu umfassenderen Beratungen, allgemeinen Grundsätzen und Regeln erheben.

Natürlich haben wir außer zahlreichen Dienern und Gehilfen beiderlei Geschlechts auch Schüler und Lehrlinge, damit die Kette der erwähnten Männer nicht abreißt. Es ist bei uns üblich, daß wir Beratungen darüber abhalten, welche Erfindungen und Entdeckungen, die wir gemacht haben, veröffentlicht werden sollen und welche nicht. Wir gehen alle einen Eid ein, der uns verpflichtet, jene Dinge zu verschweigen, die nach unserem Dafürhalten geheimzuhalten sind. Wenn wir auch einiges davon mit allgemeiner Zustimmung hin und wieder dem König oder Senat enthüllen, so behalten wir das übrige doch vollständig für uns."*

Recht konstruiert erscheint uns zwar heute in mancherlei Beziehung diese elfenbeinerne Utopie eines Reiches, in dem die Erfinder die Großen sind und das Haus Salomon die Wirtschaft, ja die ganze Gesellschaft in gewisser Weise lenkt. Eine „Insel der seligen Erfinder": Und doch – was für eine Utopie! die erste Utopie organisierter wissenschaftlicher Aktivitäten, der erste Himmel planmäßigen wissenschaftlichen Lebens, den sich die Menschheit erdacht hat, und der größtmögliche Gegensatz zu den Utopien des Schlaraffenlandes, des Paradieses, des „normalen" Himmels, wo bekanntlich jede Erfindertätigkeit überflüssig ist, da ja eben schon alles erfunden und in bester Qualität vorhanden ist.

Wenn Genies wie Hegel oder Marx einen Fehler machen, so ist dieser Fehler immer noch weit bedeutender und fruchtbarer als die platten Richtigkeiten professoraler Weisheit!

Wenn Bacon eine Utopie schreibt, so ist diese immer noch weit realistischer als die konkreten Werke professioneller Bürokraten!

* Neu-Atlantis. Berlin 1959, S. 99 ff.

KAPITEL VI

Die Industrielle Revolution in England

Die Industrielle Revolution, die in England gegen Ende des zweiten Drittels des 18. Jahrhunderts einsetzte, ist ein Ereignis von einzigartiger Bedeutung. Es ist darum nicht verwunderlich, daß sie noch heute, zweihundert Jahre nach ihrem Beginn, Gegenstand intensiven Studiums von seiten vor allem der Wirtschaftstheoretiker und Wirtschaftshistoriker ist.

Verwandelte sie doch zum ersten Male die Gesellschaft aus einer konservativen in eine revolutionäre Institution, wie es Engels und Marx schon im „Kommunistischen Manifest" aufgezeigt haben.

Entstand in ihr doch die Klasse, das Industrieproletariat, die eine neue ausbeutungslose Gesellschaft in Zukunft schaffen würde, die sozialistische Gesellschaft.

Wachstumstheoretiker untersuchen die Geschichte der Kapitalakkumulation in jener Zeit, Soziologen die sich wandelnde Klassenstruktur und den Beginn der Kunstfeindlichkeit des Kapitalismus wie der Kapitalistenfeindlichkeit der Künstler.

Unendlich reich an auch heute noch, ja bisweilen gerade heute aktuellen Problemen ist diese Epoche für uns.

In der Analyse und Lösung gar mancher dieser Probleme sind wir in den letzten Jahrzehnten bereits gut vorangekommen. Andere sind noch nicht genügend untersucht; zu diesen gehört auch das Problem der Beziehungen zwischen Produktion, Technologie und Wissenschaft, mit dem wir uns im folgenden beschäftigen wollen.

Die Menschen jener Zeit waren sich klar darüber, daß Außerordentliches geschah, daß sie in einer Revolution lebten. Dorothy George bemerkt ganz richtig: „Die Zeitschriften widmeten neuen Maschinen und Prozessen große Aufmerksamkeit, und die Zeitungen waren allgemein beredsam und voll großer Ausdrücke. Sie wiederholten immer von neuem Worte wie ‚unglaublich', ‚beispiellos', ‚erstaunlich', ‚ohne Parallele' und ähnliche. Schon 1767 erklärte ein für verbesserte Straßen und die ersten Kanäle Begeisterter: ‚nie gab es eine erstaunlichere Revolution als diese'. Die nüchterne Encyclopaedia Britannica meinte, daß ‚die Entdeckungen und Verbesserungen' des Zeitalters ‚Ruhm und Glanz über dies Land verbreiten wie es Eroberung und Herrschaft nie tun könnten'."*

* *D. George,* England in transition. Harmondsworth 1964, S. 107.

Nur natürlich, daß Friedrich Engels, der den Ausdruck „Industrielle Revolution" in die deutsche Literatur eingeführt hat, uns im „Anti-Dühring" folgende Charakteristik dieses großen Ereignisses in der Geschichte des Kapitalismus gibt: „Während in Frankreich der Orkan der Revolution das Land ausfegte, ging in England eine stillere, aber darum nicht minder gewaltige Umwälzung vor sich. Der Dampf und die neue Werkzeugmaschinerie verwandelten die Manufaktur in die moderne große Industrie und revolutionierten damit die ganze Grundlage der bürgerlichen Gesellschaft. Der schläfrige Entwicklungsgang der Manufakturzeit verwandelte sich in eine wahre Sturm- und Drangperiode der Produktion."*

Noch schärfer zugespitzt formuliert Marx: „Als John Wyatt 1735 seine Spinnmaschine und mit ihr die industrielle Revolution des 18. Jahrhunderts ankündigte ..."**

Es ist die Maschine, die die Industrielle Revolution herbeiführt und sie charakterisiert. Die Maschine verwandelt die Manufaktur als Produktionsform in die große Industrie und darum (in England) einerseits den frühen Kapitalismus in den Industriekapitalismus und andererseits, im einzelnen, die Manufaktur als Betrieb in den Fabrikbetrieb, in die Fabrik. Zugleich verwandelt sich damit das Proletariat in das spezifische Industrieproletariat. So ist es zu verstehen, wenn Engels seine Schilderung der Lage der arbeitenden Klasse in England mit folgenden Worten einleitet: „Die Geschichte der arbeitenden Klasse in England beginnt mit der letzten Hälfte des vorigen Jahrhunderts, mit der Erfindung der Dampfmaschine und der Maschinen zur Verarbeitung der Baumwolle. Diese Erfindungen gaben bekanntlich den Anstoß zu einer industriellen Revolution, einer Revolution, die zugleich die ganze bürgerliche Gesellschaft umwandelte, und deren weltgeschichtliche Bedeutung erst jetzt anfängt erkannt zu werden. England ist der klassische Boden dieser Umwälzung, die um so gewaltiger war, je geräuschloser sie vor sich ging, und England ist darum auch das klassische Land für die Entwicklung ihres hauptsächlichsten Resultates, des Proletariats. Das Proletariat kann nur in England in allen seinen Verhältnissen und nach allen Seiten hin studiert werden."

Doch es entsteht nicht nur ein Industrieproletariat. Eine große Umwälzung geht in der ganzen Gesellschaft vor, die Engels so schildert: „Mit stets wachsender Schnelligkeit vollzog sich die Scheidung der Gesellschaft in große Kapitalisten und besitzlose Proletarier, zwischen denen, statt des früheren stabilen Mittelstandes, jetzt eine unstete Masse von Handwerkern und Kleinhändlern eine schwankende Existenz führte, der fluktuierendste Teil der Bevölkerung. Noch war die neue Produktionsweise erst im Anfang ihres aufsteigenden Asts; noch war sie die normale (regelrechte), die unter den Umständen einzig mögliche Produktionsweise. Aber schon damals erzeugte sie schreiende soziale Mißstände: Zusammendrängung einer heimatlosen Bevölkerung in den schlechtesten Wohnstätten großer Städte – Lösung aller hergebrachten Bande des Herkommens, der patriarchalischen Unterordnung, der Familie – Überarbeit besonders der Weiber und Kinder in schreckenerregendem

* *Fr. Engels*, a. a. O., S. 243. – Vgl. zum folgenden auch meine Geschichte der Lage der Arbeiter, Bd. 23, Berlin 1964, S. 1 ff.

** *K. Marx*, Das Kapital. Bd. I, a. a. O., S. 389.

Maß –, massenhafte Demoralisation der plötzlich in ganz neue Verhältnisse (vom Land in die Stadt, vom Ackerbau in die Industrie, aus stabilen in täglich wechselnde unsichere Lebensbedingungen) geworfnen arbeitenden Klasse."*

Die Maschine ist Motor und Kennzeichen der Industriellen Revolution. Zwar gab es schon vor der Industriellen Revolution Maschinen. Marx sagt: „Die Manufakturperiode, welche Verminderung der zur Warenproduktion notwendigen Arbeitszeit bald als bewußtes Prinzip ausspricht, entwickelt sporadisch auch den Gebrauch von Maschinen, namentlich für gewisse einfache erste Prozesse, die massenhaft und mit großem Kraftaufwand auszuführen sind. So wird z. B. bald in der Papiermanufaktur das Zermalmen der Lumpen durch Papiermühlen und in der Metallurgie das Zerstoßen der Erze durch sogenannte Pochmühlen verrichtet. Die elementarische Form aller Maschinerie hatte das römische Kaiserreich überliefert in der Wassermühle. Die Handwerksperiode vermachte die großen Erfindungen des Kompasses, des Pulvers, der Buchdruckerei und der automatischen Uhr. Im großen und ganzen jedoch spielt die Maschinerie jene Nebenrolle, die Adam Smith ihr neben der Teilung der Arbeit anweist. Sehr wichtig wurde die sporadische Anwendung der Maschinerie im 17. Jahrhundert, weil sie den großen Mathematikern jener Zeit praktische Anhaltspunkte und Reizmittel zur Schöpfung der modernen Mechanik darbot."**

Doch nicht jede Maschine und auch nicht der verbreitete Gebrauch beliebiger Maschinen hat etwas Entscheidendes mit der Industriellen Revolution zu tun. Vielmehr „die Werkzeugmaschine ist es, wovon die industrielle Revolution im 18. Jahrhundert ausgeht. Sie bildet noch jeden Tag von neuem den Ausgangspunkt, so oft Handwerksbetrieb oder Manufakturbetrieb in Maschinenbetrieb übergeht."*** Und ausführlicher dazu an Engels schreibend (28. 1. 1863): „Nun ist es aber gar keine Frage, daß, wenn wir uns nach der Maschine in *elementarischer* Form umsehn, die industrielle Revolution nicht von der *bewegenden Kraft* ausgeht, sondern von dem Teil der Maschinerie, den der Engländer die *working machine* nennt, also nicht z. B. von der Ersetzung des Fußes, der das Spinnrad bewegt, durch Wasser oder Dampf, sondern von der Verwandlung des unmittelbaren Spinnprozesses selbst und der Verdrängung des Teils der menschlichen Arbeit, der nicht bloß exertion of power war (wie bei dem Treten des Rads), sondern die Bearbeitung, die direkte Wirkung auf den zu bearbeitenden Stoff betrifft. Andrerseits ist es ebensowenig eine Frage, daß, sobald es sich nicht mehr um die *historische* Entwicklung der Maschinerie handelt, sondern um Maschinerie auf Basis der jetzigen Produktionsweise, die *Arbeitsmaschine* (z. B. bei der Nähmaschine) die alleinentscheidende ist, da, sobald dieser Prozeß dem Mechanismus anheimgefallen, jeder heutzutage weiß, daß man je nach der Dimension des Dings es durch Hand, Wasser- oder Danmpfmaschine bewegen kann."

Daher setzen wir die Industrielle Revolution nicht etwa mit der Einführung der Dampfmaschinen zum Beispiel im Bergbau an: „Die Dampfmaschine selbst, wie sie Ende des 17. Jahrhunderts während der Manufakturperiode erfunden ward und

* *Fr. Engels*, „Anti-Dühring", S. 243 f.

** *K. Marx*, Das Kapital. Bd. I, a. a. O., S. 365.

*** Ebendort, S. 390.

bis zum Anfang der 80er Jahre des 18. Jahrhunderts fortexistierte, rief keine Industrielle Revolution hervor. Es war vielmehr umgekehrt die Schöpfung der Werkzeugmaschinen, welche die revolutionierte Dampfmaschine notwendig machte."* Darum, abschließend, noch einmal ganz klar und eindeutig: „Die Maschine, wovon die industrielle Revolution ausgeht, ersetzt den Arbeiter, der ein einzelnes Werkzeug handhabt, durch einen Mechanismus, der mit einer Masse derselben oder gleichartiger Werkzeuge auf einmal operiert und von einer einzigen Triebkraft, welches immer ihre Form, bewegt wird."**

Selbstverständlich beinhaltet diese Heraushebung der Werkzeugmaschine keine Herabsetzung der Bedeutung anderer Maschinen. Gibt doch Marx seiner ganzen Bewunderung für Watts Dampfmaschine in folgenden Worten Ausdruck: „Erst mit Watts zweiter, sog. doppelt wirkender Dampfmaschine war ein erster Motor gefunden, der seine Bewegungskraft selbst erzeugt aus der Verspeisung von Kohlen und Wasser, dessen Kraftpotenz ganz unter menschlicher Kontrolle steht, der mobil und ein Mittel der Lokomotion, städtisch und nicht gleich dem Wasserrad ländlich, die Konzentration der Produktion in den Städten erlaubt, statt sie wie das Wasserrad über das Land zu zerstreuen, universell in seiner technologischen Anwendung, in seiner Residenz verhältnismäßig wenig durch lokale Umstände bedingt. Das große Genie Watts zeigt sich in der Spezifikation des Patents, das er April 1784 nahm, und worin seine Dampfmaschine nicht als eine Erfindung zu besonderen Zwecken, sondern als allgemeiner Agent der großen Industrie geschildert wird."***

Also ist die Industrielle Revolution ein Prozeß, der in seinen Auswirkungen zwar die ganze Gesellschaft trifft und umwandelt, der als solcher aber auf die Leichtindustrie beschränkt ist? So ist es. Ist doch daher auch die Leichtindustrie und nicht die Schwerindustrie die entscheidende Industrie der Industriellen Revolution – und zwar nicht nur hinsichtlich der Entfaltung der Produktivkräfte und der Forcierung technischen Fortschrittes, sondern auf Grund eben dieser Tatsachen auch hinsichtlich der Kapitalakkumulation. Und da die einzelnen Produktionsinstrumente der Leichtindustrie weniger Kapital beanspruchen als die der Schwerindustrie, so ist die Kapitalakkumulation in der Leichtindustrie besonders wirksam.

Darum geht Engels in seiner Schilderung der Industriellen Revolution auch von der Textilindustrie aus und leitet die übrige industrielle Entwicklung dann so ab: „Aber der riesenhafte Aufschwung, den die englische Industrie seit 1760 genommen hat, beschränkt sich nicht auf die Fabrikation der Kleidungsstoffe. Der Anstoß, der einmal gegeben war, verbreitete sich über alle Zweige der industriellen Tätigkeit, und eine Menge Erfindungen, die außer allem Zusammenhang mit den bisher erwähnten standen, erhielten durch ihre Gleichzeitigkeit mit der allgemeinen Bewegung doppelte Wichtigkeit. Zugleich aber wurde nun, nachdem die unermeßliche Bedeutung der mechanischen Kraft in der Industrie einmal praktisch erwiesen war, auch alles in Bewegung gesetzt, um diese Kraft nach allen Seiten hin zu benutzen und

* Ebendort, S. 392.

** Ebendort, S. 392 f.

*** Ebendort, S. 394 f.

zum Vorteile der einzelnen Erfinder und Fabrikanten auszubeuten; und überdies setzte die Frage nach Maschinerie, Brenn- und Verarbeitungsmaterial schon direkt eine Masse Arbeiter und Gewerbe in verdoppelte Tätigkeit. Die Dampfmaschine gab den weiten Kohlenlagern Englands erste Bedeutung; die Maschinenfabrikation entstand erst jetzt und mit ihr ein neues Interesse an den Eisenbergwerken, die das rohe Material für die Maschinen lieferten; die vermehrte Konsumtion der Wolle hob die englische Schafzucht, und die zunehmende Einfuhr von Wolle, Flachs und Seide rief eine Vergrößerung der englischen Handelsmarine hervor. Vor allem hob sich die Eisenproduktion."*

Und genau wie Engels 1844 bei der Schilderung der Industriellen Revolution von der Textilindustrie ausging, so beginnt in der 1965 erschienenen Darstellung der Cambrigde Economic History of Europe** Landes seine Studie der Industriellen Revolution mit den Worten: „Im 18. Jahrhundert verwandelte eine Reihe von Erfindungen die Produktion von Baumwolle in England und entwickelte eine neue Produktionsart – das Fabriksystem."

Die Träger der Industriellen Revolution in England waren eine Schicht hervorragend und vielseitig begabter Kapitalisten, oft räuberische Verbrecher als Ausbeuter des Proletariats, stets auf den gesellschaftlichen Fortschritt als Quelle steigender Profite bedacht, ein zweiter Aufguß der Riesen der Renaissance, immer noch Männer von großem Format.

Landes schildert einige von ihnen: „Man muß beeindruckt sein von einem Mann wie Thomas Griggs, Kolonial- und Spezereiwarenhändler sowie Tuchfabrikant aus Essex um die Mitte des 18. Jahrhunderts, der in Grundstücken investierte und spekulierte, Viehzucht kommerziell betrieb, Bier braute und Geld verlieh – oder von Thomas Fox, Quaker-Tuchfabrikant aus Wellington, der zu einer schlechten Zeit für Wolle sein Interesse dem Blei-, Zink- und Kupferbergbau zuwandte. Man könnte diese Aufzählung noch beträchtlich erweitern, doch muß ein letztes Beispiel genügen: Samuel Garbett aus Birmingham, ursprünglich Messingarbeiter, dann Kaufmann und Chemiker, Teilhaber an Spinnereien und chemischen Betrieben (Birmingham und Prestonpans bei Edinburgh), an einem Eisenwerk (Carron-Werke in Schottland) und an einer Mehlmühle (Albion Mills, London) sowie Anteilbesitzer an den Kupferzechen der Cornish Metal Co."***

Die frühen Fabrikbesitzer dieser Art waren Leute von großem Wohlstand und oft hoher Bildung, vielfach nicht nur reich an handwerklicher Erfahrung, sondern auch wissenschaftlich produktiv bzw. zumindest stark interessiert in einem oder mehreren der verschiedenen Industriezweige, in denen sie investierten. Ja, man kann sagen, daß nie wieder Kapital und Wissenschaft so eng in ein und derselben Person verbunden waren wie damals. Ausnahmegestalten wie Carl Duisberg von den IG Farben in der Frühgeschichte des deutschen Monopolkapitals waren damals in England häufig. Wir werden noch ausführlicher auf diese Erscheinung zurückkommen.

* *Fr. Engels,* Die Lage der arbeitenden Klasse in England (künftig zitiert als „Die Lage"). Berlin 1952, S. 42 f.

** Bd. VI, S. 274, Cambrigde 1965.

*** *D. Landes,* ebendort, S. 304.

Hier sei jedoch schon eine Institution besprochen, die die Eigenart der Verbindung von Kapital und Wissenschaft zwar nicht in der gleichen Person, wohl aber in der gleichen Einrichtung zeigt: Die Gesellschaft zur Förderung der Künste (im Sinne von Handwerk), Manufaktur und des Handels in Großbritannien (Society for the Encouragement of Arts, Manufactures and Commerce in Great Britain). Schon bei der Begründung der Gesellschaft, vor allem auf Betreiben der Lords Romney und Folkestone, wurden zwei Preise ausgesetzt, der eine für die Entdeckung von Kobalt, der andere für die Produktion von Krapp, der Hauptquelle von Rot für das Färben von Textilien. Die Gelder der Gesellschaft wurden vor allem von Kapitalisten aufgebracht.

Dem ersten Preis-Angebot für Kobalt und Krapp folgten zahlreiche andere, alle für Erfindungen, und zwar gezielte Preise für spezielle Leistungen, die dem technischen Fortschritt in Landwirtschaft und Industrie dienen würden. Seit 1783 veröffentlichte die Gesellschaft auch Berichte, um den Informationsfluß auf dem Gebiet der technischen und wissenschaftlichen Leistungen in den Kreisen des Kapitals wie der technisch-wissenschaftlichen Intelligenz zu fördern.

Die entscheidende Maschine in der Industriellen Revolution war, wie bemerkt, die Werkzeugmaschine. Das entscheidende Gebiet der Anwendung der Werkzeugmaschine lag, wie ebenfalls schon bemerkt, in der Textilindustrie.

Die Geschichte der Einführung immer neugearteter Werkzeugmaschinen in die Baumwollindustrie ist ein Musterbeispiel dafür, wie die Produktivkräfte ihre fortlaufende Verbesserung verlangen und unter günstigen Produktionsverhältnissen auch erzwingen können, wobei sie gleichzeitig die Produktionsverhältnisse modifizieren.*

Der technische, produktivkraftbestimmende Ausgangspunkt für die Einführung der Werkzeugmaschine war die Ungleichmäßigkeit der Entwicklung in der Spinnerei und Weberei, den beiden Hauptzweigen der Industrie. Die Spinnerei war in ihrer Technik, in ihrer Produktionsleistung weit hinter der Weberei zurückgeblieben. Eine ungewöhnlich große Anzahl von Spinnern mußte beschäftigt werden, um den Webern genügend Garn zu liefern – ein Zustand, den wir ebenso im frühkapitalistischen England wie auf dem feudal wirtschaftenden Kontinent finden, ein Zustand, der auf dem Kontinent zum Beispiel mehr und mehr zu Zwangsverpflichtungen für das Spinnereigewerbe führte. Im Jahre 1733 erfand der englische Ingenieur Kay das sogenannte Schnellschützensystem, durch das die Leistungskraft der Weber etwa verdoppelt wurde. Jetzt war die Disproportionalität zwischen den Spinnereien und den Webereien so stark geworden, daß man 8 bis 12 Spinner auf einen Weber rechnen mußte.

Bevor wir nun die Weiterentwicklung in England untersuchen, ist es nützlich zu sehen, wie man in einem feudalen Lande – wir nehmen als Beispiel Preußen – diese Problematik zu lösen suchte.

Eine eilige Intensiv-Entwicklung der Produktivkräfte war unter feudalen Produktionsverhältnissen unmöglich. Also ging man mit „quantitativen“ Methoden vor.

* Vgl. zum folgenden *J. Kuczynski*, Geschichte der Lage der Arbeiter unter dem Kapitalismus, Bd. 23, Berlin 1964, S. 5 f.

Etwa so: Der König von Preußen schreibt an die Pommersche Kammer:
„Da wir wahrgenommen, wie es, bey Vermehrung der zu fabricirenden Leinewandt, fast überhaupt an der genugsamen Anzahl der Spinner fehlet;
So habet Ihr Euch alle pflichtschuldige Mühe zu geben, solche unter denen Frauens-Leuthen, Knechten, Dienst-Jungen und Kindern allgemein zu machen: und vorerst nur zu verfügen, daß alle Knechte und Dienst-Jungen wenigstens den Flachß und das Garn zur Leinewandt so ihnen die Beamten, die von Adel, die Gerichts-Obrigkeiten und deren Pächter, die Particuliers, und überhaupt alle Unterthanen ohne Unterschied, auf ihr Lohn geben, selbst spinnen müßen, um dadurch die Leuthe successive hierzu zu gewöhnen, auch das Garn, so bisher zu dieser Lohn-Leinewandt gesponnen worden, zu Kauf-Leinewandt zu gebrauchen, und dadurch einige Vermehrung der einländischen Leinewandt zu befördern; zu dem Ende Ihr denn auch weitere Vorschläge zu thun habt, auf was Art die Dienstbothen hierzu zu encouragieren, und die Spinnerey auf alle mögliche Weise zu vermehren seyn mögten."*
Hier werden endlich mal die Männer diskriminiert, als nur diese „vorerst" zur zerstreuten Manufakturarbeit gezwungen werden.
Als Zwangsarbeit ist selbstverständlich auch die Spinnarbeit der Soldaten und ihrer Frauen zu betrachten. Eine diesbezügliche Kabinettsorder Friedrich II. vom 3. September 1752 lautet z. B. so:
„Da ich will, dass die Chefs und Commandeur insonderheit derer in der Neumarck stehenden Regimenter, so wohl Infanterie als Dragoner, so viel es nur von ihnen dependiren wird, dahin sehen sollen, dass die Soldaten Weiber, so viel es nur ihre wenige häusliche Wirthschaft zulassen wolle, Spinnen und dazu angehalten werden müssen, so solches vorhin schon in Berlin, Potsdam und anderen Guarnisonen angeführet worden und beobachtet wird; so habt ihr die nötige Verfügung bey Eure Esquadrons Eures Regiments zu machen und bestmöglichst dahin zu sehen, damit gedachte Weiber zum besten ihrer eigenen Wirtschafth Wolle spinnen müssen. Ich bin

Glogau, den 3. Sept. 1752.
Friederich

An den Gen. Lieut. v. Bonin Dragoner
An den Obristen Printz Frantz von Braunschweig
Gen. Major Freyh. v. Schönaich
Obrist Mitzschephal"**

Das Militär bzw. seine Frauen wird zum Spinnen mobilisiert. Und eine solche Rolle spielt das Militär für das Spinnen, daß eine Standortverlegung von Regimentern zu einer Standortgefährdung der Textilindustrie führt! Kein Wunder, daß wir in einem Aktenprotokoll (vom 12. Januar 1793) lesen: „In den vorigen Zeiten, da das jetzt Hertzbergsche Regiment hier in Garnison gestanden, habe es dem Ge-

* Deutsches Zentralarchiv, Abt. Merseburg, Gen.-Dir. Pommern, Fabr.-Dep., Tit. CCLXXI, Leinen-Fabriken. Gen., Nr. 28 Acta Wegen des aus Bautzen sich hier etablirten Kauffmanns Johann Gottfried Tietzen, derselbe will eine Fabrique von grober Leinewandt und Zwillich im Cottbusischen anlegen, it. wegen der Garn-Spinnereyen und der Leinewandt-Fabrique auch der Zuorder-Abnahme des Commercii mit einländischer Leinewandt etc., Bl. 49.

** Ebendort, Edikte und Patente, Nr. 56. Acta wegen Vermehrung der Woll- und Flachsspinnerey.

werke nicht so sehr an Spinnern gefehlt, weil gedachtes Regiment bekanntermassen nicht beurlauben dürfen, und mit ihrer großen Anzahl von Frauen und Kindern sich mit der Spinnerey beschäftiget hätte. Durch die Garnisonveränderung im Jahre 1787 hätte das Gewerk die gantze Spinnerey von diesem Regimente verlohren, und sie sei durch die jetzige Depotbataillons noch nicht für die Hälfte entschädigt worden, und selbst die gegenwärtige Campagne, wo nunmehr sämtliche Depot-Bataillons ausmarschiert waren, hätte nunmehr verursacht, dass sie von der Garnison selbst nur noch eine ganz unbedeutende Spinnerey behalten hätten."*

Und wenn das Militär nicht reicht, dann werden die Kinder zum Spinnen herangezogen. So schrieb Friedrich II. am 14. April 1775:

„Mein lieber Etats-Ministre von Derschau! Meine landesväterliche Gesinnung ist immer dahin gerichtet, meine Untertanen ... glücklicher zu machen: Dazu, gehört aber vorzüglich, daß sie sich zu mehrerem Fleiß und Arbeitsamkeit gewöhnen: Hieran fehlet es aber besonders in der Churmark noch sehr, die Bauern, auf dem Lande lassen ihre Kinder müßig umher laufen und halten sie zu nichts an, Kinder von 8 und 9 Jahren können zwar bei der Wirtschaft nichts helfen, doch könnten sie, wenn sie aus den Schulen kommen, spinnen und damit schon ihr Brot verdienen, es würden auch ordentliche Wirte aus ihnen werden, statt daß sie von Jugend auf zur Faulheit sich eignen: Ich werde es demnach sehr gerne sehen, wenn Ihr Euch angelegen sein lasset, wie die jungen Kinder auf dem Lande, die weiter nichts zu tun im Stande sind, mehr zum Spinnen zu gewöhnen, wie solches in den Schlesischen und Sächsischen Gebirgsgegenden geschieht.

Die Woll-Fabrikanten klagen so über den Mangel von Spinnern: Auf solche Art würde diesem Mangel abgeholfen werden, die Leute selbst auch mehr verdienen können."**

Die Untertanen sollen also entsprechend dem „ewigen faustischen Streben" des Königs, sie immer glücklicher zu machen, nun mal endlich, wenn sie 8 oder 9 Jahre alt geworden sind, spinnen und so ihr Brot verdienen.

Wir sehen also: unter feudalen Verhältnissen soll der Schrei der Webereien nach Steigerung der Produktivkräfte in den Spinnereien mittels Zwang, mittels Ausdehnung der quantitativen Größe der Produktivkräfte gelöst werden.

Unter kapitalistischen Verhältnissen geht der Prozeß der Angleichung der Produktivkräfte in den Spinnereien an die der Webereien ganz anders vor. Hier tritt an die Stelle der Ausdehnung der Quantität der Sprung in eine neue Qualität. Hier werden neue technische Erfindungen und wissenschaftliche Entdeckungen zur Lösung der Problematik eingesetzt, hier werden neue Technik und Wissenschaft in Produktivkraft umgewandelt. Hier wird dem Ruf der Produktivkräfte in der Weberei nach neuen und stärkeren Produktivkräften in der Spinnerei nachgegeben, indem ganz neuartige Spinnerei-Produktivkräfte geschaffen werden.

* Ebendort, Gen. Dir., Fabr. Dep., Tit. CCXLII, Wollen Fabricken Magdeburg, Nr. 60. Acta Die Anlegung einer feinen Tuch-Manufactur durch die Tuchmacher Kalefsky, Gebrüder Blümner und Raebel zu Burg betreffend, Bl. 20.

** Deutsches Zentralarchiv, Abt. Merseburg, Gen. Dir., Ostpreußen und Litauen, Materien, Tit. LXXXVI, Sekt. 1, Nr. 15, Bl. 2.

Verfolgen wir die Entwicklung in England nun im einzelnen.

Wen wird es verwundern, daß am Anfang der Bewegung ein Aufruf an Technik und Wissenschaft zur Verwandlung in Produktivkraft – natürlich verbunden mit materiellem Anreiz! – steht, daß die Royal Society, die vornehmste wissenschaftliche Gesellschaft Englands, ebenso wie natürlich die Society for the Encouragement of Arts etc., Preise für eine Erfindung, die zu einer Beschleunigung des Spinnprozesses beitragen würde, aussetzte. Der erste, der eine brauchbar scheinende Spinnmaschine konstruiert hatte, war Wyatt. Die Wyattsche Konstruktion muß als Ausgangspunkt der Industriellen Revolution betrachtet werden. Man kann aber nicht sagen, daß die Konstruktion von Wyatt schon ausreichte, um die Disproportionalität zwischen den Spinnern und Webern zu beseitigen; auch war die Maschine noch nicht von solcher Qualität, daß sie allgemein eingeführt wurde. Im Grunde war das Problem noch nicht gelöst worden, und viele Konstrukteure waren weiter daran tätig. Drei Jahre nach Wyatt brachte Paul eine Spinnmaschine zustande, die aber ebensowenig wie eine verbesserte Konstruktion aus dem Jahre 1748 den Bedürfnissen wirklich entsprach. Erst im Jahre 1764 gelang es Hargreaves, mit seiner so erfolgreichen „Spinning Jenny" herauszukommen. Fünf Jahre später wandte Arkwright Wasserkraft auf den Betrieb einer verbesserten Spinnmaschine an. Jetzt oder richtiger zwei Jahre später, 1771, als die erste Maschine von Arkwright in Aktivität trat, können wir von Fabriken im Anfangsstadium sprechen – im Gegensatz zu Manufakturen, für die Handarbeit charakteristisch ist. 1775 verbesserte Arkwright seine Maschine wesentlich, und ihm folgte 1778 mit einer weiteren Verbesserung Crompton.

Jetzt war gar eine neue Disproportionalität entstanden, nämlich die Arbeitsleistung der Spinner war wesentlich höher als die der Weber. Es kam also jetzt darauf an, den Webeprozeß wieder zu beschleunigen, und ganz kurz nach der Aufstellung der verbesserten Spinnmaschine von Crompton erfand 1785 Cartwright eine Webmaschine, die, insbesondere nach der Verbesserung von 1788 und 1789, im Laufe der Zeit den Webeprozeß so beeilgte, daß er an Arbeitsleistung der Spinnerei zumindest gleichkam. Jedoch dauerte die Verbreitung der Cartwrightschen Erfindung so lange, daß noch 1800 eine Konferenz von Unternehmern in Lancashire abgehalten wurde, um „dem Mangel an Webern abzuhelfen", was auf die immer noch währende Überlegenheit des Spinnprozesses hindeutet. 1804 aber hatte Cartwright den mechanischen Webstuhl „so weit gebracht, daß er erfolgreich gegen die Handweber konkurrieren konnte ... Mit diesen Erfindungen, die seitdem noch jedes Jahr verbessert wurden, war der Sieg der Maschinenarbeit über die Handarbeit in den Hauptzweigen der englischen Industrie entschieden, und die ganze Geschichte dieser letzteren berichtet von nun an nur, wie die Handarbeiter aus einer Position nach der anderen durch Maschinen vertrieben wurden."*

Die achtziger Jahre bringen auch die erste Benutzung von Dampfmaschinen in der Textilindustrie, und zwar in der Baumwollindustrie. Das heißt, die Baumwollindustrie ist im Grunde die erste Fabrikindustrie Englands.

* Fr. Engels, „Die Lage", a. a. O., S. 37.

Großartig, wie plastisch man hier vor sich sieht, wie eine Abteilung der Industrie von der anderen technischen Fortschritt und die Verwandlung von Erfindergeist in Produktivkraft verlangt – und mit diesem Verlangen auch Erfolg hat. Zum Teil war der Erfolg solchen Verlangens auch möglich, weil die Kosten noch nicht allzu groß waren. Eine 40-Spindel-Jenny kostete 1792 etwa Ł 6.0.0., also rund 120 Mark. Darum konnten sich auch Handwerker, technisch Interessierte jeder Art an den Erfindungen beteiligen, ja hatten, was die Werkzeugmaschinen der Textilindustrie betrifft, den Hauptanteil an den Erfindungen.

Eine gewaltige Sucht zur Verbesserung der Technik ergriff die ganze Gesellschaft. Alles hetzte und drängte auf Erfindungen zur Erhöhung der Produktivkräfte. „Lies die Geschichte der Menschheit", schrieb 1779 ein Begeisterter für Baumwollspinnmaschinen, „beobachte die stufenweise Entwicklung der Zivilisation von der Barbarei bis zur hohen Verfeinerung der Kultur, und Du wirst bestimmt bemerken, daß der Fortschritt der Gesellschaft von ihrem tiefsten und schlimmsten Zustand bis zum höchsten und vollendetsten allgemein begleitet, ja vor allem hervorgerufen wurde durch die erfolgreichen Anstrengungen des Menschen in seiner Eigenschaft als Mechaniker oder Ingenieur." * Jeder soll sich sogleich die neuesten Erfindungen „aneignen", und das geschieht auch in weitem Ausmaß. Als 1785 Robert Peel gefragt wurde, ob jetzt auch andere die Fähigkeit hätten, Arkwrights Spinnmaschinen zu bauen, erklärte er, „jeder Schreiner im Lande"** kann das.

Natürlich übertreibt Robert Peel – aber Dr. Johnson hatte recht, wenn er von dem „age of innovation" sprach, und jeder konnte zumindest in das Museum des Herrn Cox gehen, in dem 1772 in London „mehrere prächtige und großartige Mechanismen und Juwelen" ausgestellt waren. Auch die Dichtung wurde in den Dienst der Entwicklung der Produktivkräfte gezogen; 1776 erschien ein Gedicht, das „The Patent" hieß. Kein Wunder, daß die Zahl der Patente in den sechziger Jahren um mehr als das Doppelte gegenüber den fünfziger Jahren anstieg. So ungeheuerlich ist der Trieb nach Entwicklung der Produktivkräfte, daß nach einer Generation großartigster Leistungen Frederick Eden 1797 immer noch klagt, daß „der Fortschritt der mechanischen Künste viel langsamer ist als der des Handels" ***. Das Tempo nimmt darum weiter zu. Allein in den Jahren von 1800 bis 1820 und allein in der Baumwollspinnerei wurden 39 neue Patente angemeldet; von 1820 bis 1830, also in der halben Länge der Zeit, waren es 50! Kein Wunder, daß 1826, gegen Ende der Industriellen Revolution, die „Quarterly Review" sich berauscht: „Die Aussichten, die sich jetzt für England eröffnen, überschreiten die Grenzen, die dem Verstand gesetzt sind, und können mit keinem Maßstab der Vergangenheit gemessen werden ... Die Industrie Englands ist wohl viermal so groß wie die aller anderen Kontinente zusammengenommen, und 16 Kontinente wie Europa können nicht soviel Baumwollwaren produzieren wie England es tut."

* T. Letters on the utility and policy of employing machines to shorten labor. London 1780.

** Parliamentary Papers. Minutes of the evidence taken before a Committee of the House of Commons on the adjustment of the commercial intercourse between Great Britain and Ireland. London 1785, S. 18.

*** *Fr. M. Eden,* The state of the poor. Bd. I, London 1797, S. 698.

Kein Wunder, daß eine ganze Schar begeisterter Wirtschaftsjournalisten die Entwicklung mit täglichen Lobpreisungen begleitet – wie Edward Baines vom „Leeds Mercury", John Edward Taylor vom „Manchester Guardian" und Archibald Prentice von den „Manchester Times".
Die ganze Nation soll an dieser Entwicklung teilnehmen, und während bis dahin das Wort industry bedeutete Eifer, Sorgfalt, Fähigkeit – wird jetzt ein ganzer Gewerbezweig nach diesen Eigenschaften benannt.

In gewisser Hinsicht ganz anderen Charakters ist die Geschichte der zweiten bedeutsamen Maschinenart der Industriellen Revolution, der Dampfmaschine.
Die moderne Dampfmaschine, die Werkzeugmaschinen betreibt, ist mit dem Namen Watt verbunden.
Er begann zunächst wie ein „üblicher" Technikus und Erfinder jener Zeit, wie der Landpfarrer Cartwright, der Weber Hargreaves, der Barbier Arkwright. Matschoss schildert:
„1759 wurde die Aufmerksamkeit des 23jährigen Universitätsmechanikus James Watt zu Glasgow zuerst auf die Dampfmaschine gelenkt. Ein Student Robison, der später berühmte Professor Dr. Robison, war auf die Idee gekommen, Dampfkraft zur Fortbewegung von Wagen praktisch zu verwenden. Er teilte seinem Altersgenossen Watt, dessen überlegene Kenntnis und Einsicht in technischen Fragen er schätzen gelernt hatte, seine Pläne mit, und ließ sich von ihm ein Modell anfertigen. Robison ging bald darauf ins Ausland und kümmerte sich nicht weiter um sein Projekt. Aber in James Watt hatte der Gedanke an die Dampfmaschine dauernd Wurzel geschlagen. 1761 oder 62 finden wir ihn mit Versuchen beschäftigt. Ein Papin'scher Topf, eine Heberöhre mit Kolben und Hahn, genügten ihm zum Bau einer kleinen Hochdruckdampfmaschine mit Auspuff des Dampfes. Er war sich zwar klar darüber, daß die Handsteuerung leicht durch eine selbsttätige Steuerung zu ersetzen wäre, versprach sich aber trotzdem keinen Erfolg von seiner Maschine, da er nach den Erfahrungen, die Savery hatte machen müssen, annahm, daß es zu gefährlich sei, hochgespannten Dampf im praktischen Betrieb anzuwenden.
Seine Berufstätigkeit zwang ihn bald wieder, sich in ganz anderer Richtung zu beschäftigen, und erst 1764 bot sich ihm die gewünschte Gelegenheit zu eingehender Beschäftigung mit den Grundlagen des Dampfmaschinenbaues. Schon vorher hatte er sich durch eifriges Studium der gesamten einschlägigen Literatur über den Gang der bisherigen Entwicklung genau unterrichtet.
Da bot sich ihm die Gelegenheit, ein der Universität Glasgow gehöriges Modell einer Newcomen'schen Maschine zu reparieren. Watt faßte diese Reparatur des Modells zunächst mehr als die Aufgabe eines Mechanikers auf, dem man die Wiederherstellung eines interessanten Spielzeugs übertragen hat, d. h. er ahnte natürlicherweise nichts von den folgereichen Ergebnissen, zu denen diese an sich unwichtige Arbeit führen sollte. Nachdem die wesentlichen Teile ausgebessert waren, wurde die kleine Maschine in Betrieb gesetzt, wobei sich herausstellte, daß der Kessel nicht so viel Dampf liefern konnte, um die Maschine auch nur für kurze Zeit in Gang zu erhalten.

Den großen Dampfverbrauch glaubte sich Watt anfangs aus unzweckmäßigen Anordnungen und Abmessungen der Modellmaschine erklären zu müssen. Auch der Bronze, aus der der Zylinder gefertigt war, gab er wegen ihrer guten Wärmeleitungsfähigkeit Schuld an dem hohen Dampfverbrauch. Er konstruierte ein neues, etwas größeres Modell und nahm zum Zylinder Holz, das in Öl getränkt und dann am Ofen stark getrocknet war. Die Erfolge, die er mit diesen Veränderungen erzielte, waren nicht so groß, daß sie ihm die Erklärung für den riesigen Dampfverbrauch hätten geben können. Watt beobachtete ferner, daß die Leistung der Maschine größer wurde, wenn mehr Wasser eingespritzt wurde, daß aber gleichzeitig auch der Dampfverbrauch wesentlich stieg. Da bereits in der Physik bekannt war, daß Wasser unter der Luftpumpe bei niedrigeren Temperaturen koche als unter dem gewöhnlichen Luftdruck, so schloß Watt richtig, daß die noch heißen Zylinderwandungen einen Teil des Einspritzwassers in Dampf verwandeln mußten, der das vollkommene Vakuum verhinderte und dementsprechend die Leistung der Maschine herabsetzte.
Wollte Watt die Untersuchung fortsetzen und sich nicht damit begnügen, die Abhängigkeit von Spannung und Temperatur bloß erkannt zu haben, so kam es darauf an, diesen Vorgang zahlenmäßig festzulegen und einer rechnerischen Behandlung zugänglich zu machen. Die Literatur gab über diesen Punkt keinen Aufschluß. Watt mußte selbst die Versuche anstellen.
Da seine technischen Hilfsmittel nicht ausreichten, um die in Frage kommenden Verhältnisse im luftleeren Raume zu bestimmen, untersuchte er zunächst mit Hilfe eines Papin'schen Topfes, eines Barometers und Thermometers die Wechselwirkung von Spannung und Temperatur des Wasserdampfes bei Drucken, die größer waren als eine Atmosphäre. Die gefundenen Werte trug er graphisch in der Weise auf, daß die Temperaturen die Abszissen, die dazu gehörigen Spannungen die Ordinaten bildeten. Die sich durch Verbindung der Ordinaten am Endpunkte ergebende Kurve gestattete ihm durch entsprechende Verlängerung, Schlüsse von hinreichender Genauigkeit auf die Verhältnisse im luftleeren Raume zu ziehen.
Die nächste Frage, die zu beantworten war, bezog sich auf den Dampfverbrauch der Newcomen'schen Maschine. Durch einen ebenso einfachen wie genialen Versuch ermittelte Watt zunächst das Raumverhältnis von Wasser in flüssigem, beziehungsweise dampfförmigem Zustande. Mehrfache Wiederholungen des Versuches ergaben als spezifisches Dampfvolumen bei einer Atmosphäre die Zahl 1727, was unserem heutigen Werte sehr nahe kommt. Da Watt anstelle der bis dahin üblichen Probierhähne ein Wasserstandsglas am Kessel angebracht hatte, vermochte er den Wasserstand genau zu beobachten; aus der Wasserverdampfung im Kessel ließ sich aber mit Hilfe des spezifischen Dampfvolumens der Dampfverbrauch seiner Versuchsmaschine berechnen. Die Versuche zeigten, daß der Dampfverbrauch für einen Hub das Drei- bis Vierfache des Zylinderinhaltes betrug, daß somit zwei bis drei ganze Zylinderfüllungen bei jedem Hub durch Wärmeverluste verloren gingen.
Gelegentlich dieser Versuche war es Watt aufgefallen, daß die Kondensierung des Dampfes eine verhältnismäßig große Menge Einspritzwasser erforderte, das noch dazu sehr bedeutend erwärmt wurde. Weitere ausgedehnte Versuche führten zu dem überraschenden Ergebnis, daß 1 Liter Wasser in Dampfform von 100 °C

6 Liter Wasser in flüssigem Zustand von 11 °C auf 100 °C erwärmte. Oder anders ausgedrückt, die im Dampf von Atmosphären-Spannung gebundene Wärmemenge ergab sich zu 534 Wärme-Einheiten, ein Wert, der von der heute als richtig angesehenen Zahl 536,5 nur wenig abweicht. Watt, überrascht durch dieses Resultat, konnte sich den Grund der merkwürdigen Erscheinung nicht erklären und teilte seine Beobachtung Dr. Black, seinem alten Freunde, dem Professor der Physik in Glasgow, mit, der ihm nun die von ihm gefundene Lehre der gebundenen Wärme auseinandersetzte, für die Watt's zahlenmäßig festgelegten Versuche eine neue glänzende Bestätigung abgaben.
Von der praktischen, einfachen Aufgabe eines Mechanikers, das Modell einer Newcomen'schen Maschine wieder in brauchbaren Zustand zu versetzen, war Watt ausgegangen. Das geistige Durcharbeiten dieser Aufgabe hatte ihn mit logischer Notwendigkeit von Versuch zu Versuch geführt, und nun konnte er auf dem Boden der beobachteten und zahlenmäßig festgelegten Erscheinungen alles zu einer Kritik der atmosphärischen Maschine zusammenfassen."*

Ganz eindeutig ist hier die Entwicklung vom Handwerker-Techniker zum Wissenschaftler, dessen Überlegungen viel weiter gehen müssen als die der meisten Erfinder von Werkzeugmaschinen. Ein qualitativer Sprung! der zugleich erlaubt, eine lange Reihe von wissenschaftlichen Leistungen der Vergangenheit zu einer Krönung besonderer Art zu führen: der wissenschaftlichen Leistungen von Torricelli, Pascal und Guericke (Luftdruckforschungen), von Huygens (Schießpulvermaschine), Papin, Savery und Newcomen.

Doch noch bedeutsamer in gewisser Beziehung ist der Unterschied zwischen den Werkzeugmaschinen-Erfindungen für die Textilindustrie und der Entwicklung der Dampfmaschine, die sich aus der folgenden Weiterschilderung durch Matschoss ergibt.

Nach der Idee, daß man einen getrennten Kondensator bauen müßte und weiteren damit zusammenhängenden Überlegungen:

„Wenige Tage hatten genügt, diese Gedanken auszuspinnen und zu fixieren, aber Jahre voll eifrigster Arbeit und bitterster Enttäuschung vergingen, ehe aus der Theorie Praxis – aus der Idee der Maschine die Maschine selbst leibhaftig in Holz und Eisen hervorging. Die Leiden aller der früheren Dampfmaschinenerbauer hatte Watt noch einmal durchzukosten. Es gab weder Werkzeuge, noch geübte Arbeiter, die seine Maschinen ausführen konnten. Die ungeschickte, ungenaue Arbeit seiner Schlosser, Schmiede und Klempner brachte den Feinmechaniker Watt fast zur Verzweifelung. Er selbst besaß keine Erfahrung in der Herstellung und Bearbeitung größerer Maschinenteile. Das erste Modell fiel dementsprechend mangelhaft aus und zeigte wenig Fortschritt. Trotz dieses Mißerfolges und trotz aller Berufsgeschäfte war es Watt jetzt nicht mehr möglich, mit der Arbeit an seiner Maschine aufzuhören, es lag wie eine Last auf ihm. 'Alle meine Gedanken sind nur auf die Maschine gerichtet, ich kann an nichts anderes mehr denken', so schrieb er damals seinem Freunde.

* *C. Matschoss,* Geschichte der Dampfmaschine. Berlin 1901 – immer noch ein Standardwerk – S. 58 ff.

Um seine Maschine vor neugierigen Augen zu schützen, mietete Watt eine abgelegene, damals verlassene Töpferei und fing mit seinem alten Klempner als einzigen Gehilfen von neuem an, eine Versuchsmaschine zu bauen. Der Zylinder wurde aus Kupferblech gehämmert, hatte einen Durchmesser von etwa 140 mm und 610 mm Hublänge. Ein zweiter Zylinder aus Holz umschloß ihn. Im August 1765 konnte Watt von einem guten Erfolge seiner Maschine berichten, den er trotz sehr unvollkommener Ausführung erreicht hatte. Im Oktober desselben Jahres vollendete er noch eine größere Modellmaschine.
Damit war sein Geld erschöpft. 20000 Mark waren, trotzdem sich Watt stets mit den einfachsten Mitteln bei seinen Versuchen zu behelfen wußte, bereits für die Erfindung ausgegeben. Erst das Interesse und die tatkräftige Unterstützung eines unternehmungslustigen Großindustriellen machten eine weitere Entwicklung möglich.
Dr. Roebuck, der als Besitzer großer Eisenwerke und Kohlengruben leistungsfähige Kraftmaschinen selbst sehr nötig brauchte, übernahm Watts Verbindlichkeiten und gab das Geld zu ferneren Versuchen. Eine neue Maschine von etwa 190 mm Zylinderdurchmesser wurde errichtet, und der Erfolg ermutigte den Erfinder, ein Patent nachzusuchen, das ihm die Ausnutzung seiner Erfindung gewährleisten sollte. Am 25. April 1769 wurde jenes denkwürdige Patent erteilt ...
Noch einmal war der Erfolg der ganzen Erfindung und mühseligen Arbeiten in Frage gestellt, als Dr. Roebuck Konkurs anmelden mußte. Die Kohlengruben, in denen er sein ganzes Vermögen festgelegt hatte, standen unter Wasser. Keine der vorhandenen Maschinen konnte sie retten, Watt war mit der seinen noch nicht fertig. Als die Gläubiger sich zur Beratung versammelten, zeigte es sich, daß keiner von ihnen für das Patent auf die Dampfmaschine auch nur einen Pfennig zu geben gewillt war. Da übernahm Boulton, einer der bedeutendsten Großindustriellen des 18. Jahrhunderts, den Anteil am Patent, der dem Dr. Roebuck rechtlich zugesichert war, und trat mit Watt in Verbindung. Niemand wohl auf der weiten Erde wäre besser geeignet gewesen, eine Erfindung von solcher Tragweite in das praktische Leben einzuführen, als Boulton, dessen Organisationstalent und kaufmännischer Blick eine Metallwarenindustrie in Soho bei Birmingham geschaffen hatte, die Weltruf genoß." *
Die für den Kapitalismus idealtypische Verbindung zwischen dem Großkapitalisten mit organisatorischer Begabung und dem großen Erfinder-Wissenschaftler im Betrieb selbst war geschaffen worden. Die Wissenschaft, die zur Produktivkraft werden soll und auch wird, war in den Betrieb gezogen, an die Produktionsstelle, an den Ort, an dem ihre Verwandlung in Produktivkraft stattfindet. Mit den Augen kann man nun die Umwandlung von Wissenschaft in Produktivkraft verfolgen. Der Wissenschaftler im Hause ersetzt die Akademie, beginnen jetzt manche Großkapitalisten zu denken, und zeitweilig ist solches Denken auch nicht schädlich, ganz im Gegenteil. –
Bedenken wir nun noch einmal die Verschiedenheit der Entwicklung der Werkzeugmaschine und der Dampfmaschine, dann haben wir die beiden Hauptwege der

* Ebendort, S. 63 f. und 66.

Verwandlung von Wissenschaft und handwerklichem Erfindungsgeist in Produktivkraft seit Anbeginn der Ausbeutergesellschaft vor uns. Und zugleich ist die Industrielle Revolution der letzte Abschnitt in der Geschichte der Menschheit, in der der handwerkliche Erfindergeist noch wirklich Entscheidendes leisten kann. Handwerklicher Erfindergeist im echten Sinne des Wortes, ausführbar, verwirklichungsmöglich durch Handwerker, wird in der künftigen Geschichte der Menschheit noch vorhanden sein, noch nützlich sein, aber nichts Großes mehr ohne wissenschaftliche Betätigung für den Fortschritt der Produktivkräfte leisten können. Die Industrie bedarf seit der Mitte des 19. Jahrhunderts der Wissenschaft für stärkeren Fortschritt der Produktivkräfte, und das gleiche gilt für das Verkehrswesen oder andere Zweige der Wirtschaft.

Doch verweilen wir noch einen Augenblick bei dieser Problematik.

Es waren Handwerker und handwerkliche Bastler, die die Industrielle Revolution einleiteten, die eine Revolution der gesellschaftlichen Verhältnisse herbeiführten.

Mit vollem Recht schreibt Bernal: „Die Industrielle Revolution selbst hing in ihren Anfangsstadien nicht von irgendwelchen Beiträgen der Wissenschaft ab; ihre Baumeister waren erfindungsreiche Handwerker ... Die entscheidenden Entwicklungen in der Textilindustrie erfolgten ohne Verwendung irgendeines grundsätzlich neuen wissenschaftlichen Prinzips."*

Handwerker, Kleinbürger waren es, die die Industrielle Revolution einleiteten. Doch genügt diese Feststellung noch nicht, um zu begreifen, was diese Tatsache in der Geschichte bedeutet.

Hören wir zuerst noch einmal die schon zitierte Einschätzung der Industriellen Revolution durch Engels: „Während in Frankreich der Orkan der Revolution das Land ausfegte, ging in England eine stillere, aber darum nicht minder gewaltige Umwälzung vor sich. Der Dampf und die neue Werkzeugmaschinerie verwandelten die Manufaktur in die moderne große Industrie und revolutionierten damit die ganze Grundlage der bürgerlichen Gesellschaft. Der schläfrige Entwicklungsgang der Manufakturzeit verwandelte sich in eine wahre Sturm- und Drangperiode der Produktion."

Während in Frankreich das Kleinbürgertum in der großen Revolution jener Zeit den Höhepunkt seiner politischen Entwicklung in der Jakobinerzeit, mit Robespierre als seinem größten politischen Führer, erreicht, steht es im England jener Jahre in der Industriellen Revolution auf dem Höhepunkt seiner schöpferischen handwerklich-technischen Entwicklung.

Die unendliche Tragik des Kleinbürgertums ist es, daß es sich niemals zu einer herrschenden Klasse entwickeln konnte, da es, sozialökonomisch bedingt, stets eine Schicht erster Ordnung und eine Nebenklasse sein mußte. Schicht erster Ordnung, die in ihren größten Vertretern während der französischen Revolution die ersten Grundlagen der modernen Wissenschaft der Taktik und Strategie des Klassenkampfes für das Proletariat und während der englischen Industriellen Revolution die ersten Grundlagen der modernen Industrie für die kapitalistische Bourgeoisie

* *J. D. Bernal*, a. a. O., S. 334 f.

legte. Genies der Leistung für die beiden großen Klassen, die die kapitalistische Gesellschaft bestimmen, brachte das Kleinbürgertum in dieser Zeit hervor. Noch lange wird das Kleinbürgertum gar manches leisten. Doch der Höhepunkt seiner historischen Entwicklung wird im letzten Drittel des 18. Jahrhunderts erreicht – im Dienst zweier zukunftsträchtiger Klassen, die das Geschehen des folgenden 19. Jahrhunderts beherrschen, der Bourgeoisie und des Proletariats.
Nie wieder, nie auch zuvor, hat die Geschichte einer „Nebenklasse" solch glanzvolle und zugleich doch tragische Rolle zugewiesen wie der Kleinbourgeoisie am Ende des 18. Jahrhunderts.

Unrecht haben darum auch Musson und Robinson *, wenn sie für eine stärkere Beachtung der wissenschaftlichen Leistungen in der Industriellen Revolution kämpfen. Sie lassen sich nicht im entferntesten an gesellschaftlicher Bedeutung und historischer Größe mit denen der Handwerker in dieser Zeit vergleichen.
Und doch – wie die Dampfmaschine – spielen sie auch ihre Rolle. Ja, sogar eine in ihrer Art ganz besondere Rolle. Und dieser wollen wir uns jetzt eingehender zuwenden.
Wir hatten am Beispiel der Entwicklung der Dampfmaschine gezeigt, wie die Wissenschaft in den Betrieb zieht.
Doch nicht nur in den Betrieb zieht sie. Man kann allgemeiner formulieren: sie zieht überall hin, wo Industrie ist. Bis um die Mitte des 18. Jahrhunderts hatte London als antreibendes Zentrum des Fortschritts auf nichtlandwirtschaftlichem Gebiet gewirkt – die Verbreitung der Manufaktur an Flußläufen auf dem Lande gab keine Gelegenheit zur Bildung von Zentren wissenschaftlicher Überlegungen außerhalb Londons, nahe Mühlen und Wasserrädern. Das ändert sich mit der Verpflanzung eines immer größeren Teiles der gewerblichen Tätigkeit in zahlreiche Städte. Jetzt gab es kein technisch-wissenschaftliches Zentrum mehr in London wie von 1560 bis 1760. Jetzt gab es Dutzende solcher Zentren in der Provinz: sogenannte Philosophische Gesellschaften wurden in Manchester und Birmingham, in Exeter und Bristol, in Bath, Derby, Plymouth und anderswo gebildet; ihr Hauptziel waren Erfindungen bzw. ihre Diskussion. Ihre Mitglieder verwandten manchen Abend auf „Globen, Fernrohre, Mikroskope, elektrische Maschinen, Luftpumpen, Luftgewehre, eine gute Flasche Wein und andere philosophische Instrumente".** Jetzt ist es nicht mehr verwunderlich, daß der größte Arzt seiner Zeit, Erasmus Darwin, es vorzog, in Lichfield zu leben, obgleich die kleine Dichterin und Belle und große Gesellschaftsbeherrscherin dieses Städtchens Anna Seward ihm riet, der Aufforderung der „Leute von Rang" in London zu folgen und dort eine glänzende Praxis aufzumachen – doch verdiente er nicht auch in Lichfield reichlich? genau zum Beispiel vom Januar 1772 bis Januar 1773 £ 1025 und 3 s.*** Sollten doch die Reichen nach

* *A. E. Musson* and *E. Robinson,* Science and technology in the Industrial Revolution. Manchester 1969.
** Memoirs of the first forty-five years of the life of James Lackington, bookseller, written by himself. London 1794, S. 233.
*** Vgl. *H. Pearson,* Doctor Darwin. Harmondsworth 1943, S. 113.

Lichfield kommen – oder ihn in Birmingham konsultieren, wo er so viele Freunde hatte, bei denen er gern verweilte. Und war er nicht Mitglied des Diskussionsklubs von Lichtfield, Gründer und Mitglied der Philosophischen Gesellschaft von Derby, Ehrenmitglied der Literarischen und Philosophischen Gesellschaft von Manchester, Mitglied der Londoner Medizinischen Gesellschaft in London und vor allem auch der Lunar Society von Birmingham!

In diesen Gesellschaften trafen sich Wissenschaftler und Kapitalisten – Chemiker und Ärzte, Politökonomen und Philosophen, Physiker und Botaniker sowie Vertreter aller Zweige der Wirtschaft, der Baumwoll- oder der Woll-, der Eisen- wie der Porzellan-, der Bau- wie der Brauindustrie und natürlich der Verkehrswirtschaft; auch Landwirte und Schriftsteller finden wir in ihnen. Und mehr: gar manche dieser verschiedenen Zweige von Wissenschaft und Wirtschaft wurden von einem Mann vertreten. Thomas Henry war Produzent chemischer Produkte und auf Grund seiner wissenschaftlichen Leistungen Mitglied, Fellow der Royal Society oder wie die ehrenhafte Abkürzung hieß: FRS; James Dinwiddie war bekannt durch seine Lektionen über „Naturphilosophie“ und an einer Kattundruckerei beteiligt; der bedeutende Chemiker Thomas Cooper war Berater einer Bleicherei ... alles Beispiele nur aus Manchester, denen sich zahlreiche aus anderen Teilen des Landes anschließen – etwa das von John Whitehurst, FRS und Uhrmacher in Derby, oder Erasmus Darwins, des Dichters und Arztes, Biologen und Propagandisten des Baues eines Kanals für Wedgwoods Porzellanbetriebe, in Lichfield, oder Ricardos, Großspekulanten an der Börse und Politökonom in London. Auch Künstler sind ausgezeichnete Geschäftsleute, wie der Maler Reynolds. Selten jedoch finden sich Kapitalisten mit großem Kunstverständnis und noch seltener, wohl einzig, ist der Fall von Wedgwood, dem großen Porzellan- und Töpfereifabrikanten, von dem Novalis sagte, daß er für die englische Kunst, was Goethe für die deutsche Literatur geleistet hätte.

Die hervorragendste wissenschaftliche Gesellschaft in diesen Jahren ist die Lunar Society in Birmingham, die im letzten Viertel des 18. Jahrhunderts sogar die Royal Society in den Schatten stellt – so wie Oxford und Cambridge in dieser Zeit in den Hintergrund traten. „Die englische Erziehung hingegen war ein schlechter Witz, obgleich ihre Unzulänglichkeit zum Teil durch die Arbeit der finsteren Dorfschulen und die stürmischen, lebendigen, strengen und doch demokratischen Universitäten des calvinistischen Schottland wettgemacht wurde. Aus diesen Anstalten kam ein Strom brillanter, hart arbeitender, erfolgsuchender, rationalistischer junger Leute nach England: James Watt, Thomas Telford, Loudon McAdam, James Mill. Die beiden einzigen Universitäten Englands, Oxford und Cambridge, waren Stätten geistiger Leere. Dasselbe galt von den Public Schools und den Gymnasien, mit Ausnahme der von den Dissenters begründeten Schulen, die aus dem offiziellen anglikanischen Schulsystem ausgeschlossen waren. Auch jene aristokratischen Familien, die auf eine gute Erziehung ihrer Söhne Wert legten, verließen sich auf Hauslehrer oder auf die schottischen Universitäten. Es gab keinerlei Volksschulen, bevor der Quäker Lancaster (bald gefolgt von anglikanischen Konkurrenten) zu Beginn des 19. Jahrhunderts eine Art von ‚freiwilliger Massenproduktion‘ von Abc-Schützen begann, was dazu führte, daß das englische Erziehungswesen von da an für alle

Zukunft mit Sektenstreitigkeiten belastet wurde. Für die Kinder der Armen gab es keine Schulen, da man die Folgen für die Gesellschaft fürchtete."*

Die Lunar Society – so genannt, da die Mitglieder sich um die Zeit des Vollmondes, der die Straßen auf dem späten Heimweg beleuchtete, trafen – war von Darwin gegründet worden. Man kam zumeist im Hause von Samuel Galton zusammen. Samuels Frau war eine Barclay, deren Bank im 19. und 20. Jahrhundert eine solch große Rolle spielen sollte. Samuel Galton, Großkapitalist, „Verfertiger von Kriegsinstrumenten", wie die Quäker es nannten, als sie ihn deswegen ausschlossen, was ihn überhaupt nicht störte, da er weiter zu ihren Versammlungen ging und sie weiter seine Spenden annahmen, war als junger Mensch auf die Warrington Academy in Birmingham gegangen, wo Priestley lehrte.

Das große Interesse, das die Lunar Society heute erregen muß, ist darin begründet, daß sie den größten Beitrag zur Verwissenschaftlichung der Produktion geleistet hat, den je eine Gemeinschaft von Wissenschaftlern verwirklichen konnte, daß sie ein einzigartiges Beispiel der Verbindung von Wissenschaft und Wirtschaftspraxis gegeben hat, daß sie eine Wirkungsgemeinschaft von Wissenschaftlern verschiedenster naturwissenschaftlich-technischer Zweige darstellt, mit einer Fähigkeit zur Zusammenarbeit und einer Reaktionsfähigkeit auf die Bedürfnisse der Praxis, wie wir sie seitdem nicht wieder gekannt haben.** Eine Kombination von Eigenschaften wie sie natürlich nur möglich ist, wenn die Produktionsverhältnisse noch mit dem Charakter der Produktivkräfte übereinstimmen, wenn die Widersprüche der vorangehenden Gesellschaftsordnung seit langem überwunden, die der ablaufenden noch nicht offen ausgesprochen sind, in einer Gesellschaft, die noch eine Generation später Ricardos Werk hervorbringt, das genau wie die Lunar Society nur eine Aufgabe sieht: die Produktivität der menschlichen Arbeit zu verdoppeln und wieder zu verdoppeln und immer wieder zu verdoppeln – möglichst ohne Rücksicht auf die Folgen für Menschen und gesellschaftliche Klassen. Oder wie Marx in seinen „Bemerkungen über die Geschichte der Entdeckung des sogenannten Ricardoschen Gesetzes" sagt: „Die Rücksichtslosigkeit Ricardos war also nicht nur *wissenschaftlich ehrlich*, sondern *wissenschaftlich geboten* für seinen Standpunkt. Es ist ihm deshalb auch ganz gleichgültig, ob die Fortentwicklung der Produktivkräfte Grundeigentum totschlägt oder Arbeiter. Wenn dieser Fortschritt das Kapital der industriellen Bourgeoisie entwertet, so ist es ihm ebenso willkommen. Wenn die Entwicklung der Produktivkraft der Arbeit das *vorhandene* capital fixe um die Hälfte entwertet, was liegt drän, sagt Ricardo. Die Produktivität der menschlichen Arbeit hat sich verdoppelt. Hier ist also *wissenschaftliche Ehrlichkeit*. Wenn die Auffassung Ricardôs im ganzen im Interesse der *industriellen Bourgeoisie* ist, so nur, *weil* und *soweit* deren Interesse koinzidiert mit dem der Produktion oder der produktiven Entwicklung der mensch-

* *E. Hobsbawm*, Europäische Revolutionen 1789–1848. Zürich 1962, S. 63 f.

** Vgl. zum folgenden auch *J. Kuczynski*, Einige Überlegungen über die Beziehungen zwischen Wissenschaft und Produktion bei der Lektüre von Robert E. Schofield, The Lunar Society of Birmingham. A social history of provincial science and industry in eighteenth-century England. In: Jahrbuch für Wirtschaftsgeschichte. Berlin 1965, Teil III, S. 220 ff.

lichen Arbeit. Wo sie in Gegensatz dazu tritt, ist er ebenso *rücksichtslos* gegen die Bourgeoisie, als er es sonst gegen das Proletariat und die Aristokratie ist."*

Stellen wir zunächst die wichtigsten Mitglieder der Lunar Society mit ihren Hauptberufen und Hauptbeschäftigungen vor:

Matthey Boulton, Unternehmer, Ingenieur und Partner von James Watt, Ingenieur und Unternehmer,

Erasmus Darwin, Arzt, Botaniker, Mechaniker, Chemiker, Pädagogiktheoretiker und Dichter,

Thomas Day, Grundbesitzer, Pädagoge, Verfasser von naturgeschichtlichen Schriften für Kinder,

Richard Lovell Edgeworth, Wagenbautechniker, Pädagogiktheoretiker, Grundbesitzer, Verfasser von Büchern für Kinder.

Samuel Galton, Unternehmer und Naturwissenschaftler, Verfasser eines Kinderbuches über Vögel,

Robert Johnson, Militär, Chemiker, Pfarrer,

James Keir, Militär, Unternehmer und Chemiker,

Joseph Priestley, Lehrer, Pfarrer, Theologe und Chemiker,

William Small, Mathematiker, Chemiker, Unternehmer,

Jonathan Stokes, Arzt, Botaniker und Chemiker,

Josiah Wedgwood, Unternehmer, Chemiker, Kunsthandwerker,

John Whitehurst, Uhrmacher, Mechaniker, Geologe,

William Withering, Arzt, Botaniker, Chemiker und Mineraloge.

Dazu sollte man aus dem Umkreis noch nennen:

Benjamin Franklin, Staatsmann, Unternehmer, Elektrizitätsspezialist,

John Roebuck, Arzt, Chemiker, Unternehmer,

John Wilkinson, Unternehmer und Eisenspezialist.

Fast jeder von ihnen war in seiner Art ein bemerkenswerter Charakter. Denken wir etwa an Darwin, der 1731 geboren und 1802 starb, Sohn eines Anwalts, in Cambridge Mathematik, Medizin und Griechisch wie Lateinisch studierend, stets voller Lebenslust, zweimal verheiratet, doch auch mit außerehelichen Kindern gesegnet, der als junger Mann feststellte, daß sein gleichzeitiger Dienst für Bacchus und Venus weder seinem Geist noch seinem Körper zuträglich war, und so den ersteren aufgab, um sich ungestört dem zweiten widmen zu können, ein großartiger Arzt, zu dem reiche und hochadlige Patienten von London kamen, mit 30 Jahren Mitglied der Royal Society, für die er u. a. über artesische Brunnen schreibt, wissenschaftliche Probleme in Prosa abhandelnd, wenn er von abstrakten Dingen sprechen wollte, in Versen, wenn es ihm darum ging, die Vorstellung zu fördern, Erfinder auf dem Gebiet des Schleusen- und des Wagenbaus, der für seine unehelichen Töchter ein Handbuch schrieb, aus dem sie alle häuslichen Tugenden von der Kunst der guten Kleidung bis zur Buchführung über Küchenausgaben, von der Musik bis zur Gesundheitspflege lernen sollten, einer der Begründer der Evolutionstheorie, aus der er die Lehre zog, daß alle Menschen miteinander so eng verwandt, daß sie sich untereinander ohne

* *K. Marx*, Theorien über den Mehrwert, T. 2. Berlin 1959, S. 107.

Rücksicht auf Rasse und soziale Stellung Gutes tun sollten. Wie gerne würde man fortfahren – über Darwin, über Priestley, über Galton und all die anderen so erstaunlichen Gestalten dieses Kreises. Doch gilt es hier nicht sie einzeln, wir wollen sie als Gemeinschaft sehen.

Fast alle Mitglieder der Lunar Society waren engste persönliche Freunde, und gar manche wurden im Laufe der Zeit verwandtschaftlich verbunden. Eine Wedgwood-Tochter heiratete einen Darwin-Sohn. Eine Darwin-Tochter heiratete einen Galton-Sohn. Eine Galton-Enkelin heiratete einen Keir-Enkel. Priestley heiratete eine Schwester von John Wilkinson. Unter den Kindern ist nur eines, das bedeutender ist als die Eltern, Maria Edgeworth, die Romanschriftstellerin. Unter den Enkeln ist der große Darwin zu nennen, ferner der bedeutende Biologe Francis Galton, der mathematische Politökonom F. Y. Edgeworth und der Dichter Th. L. Beddoes, ein anderer Edgeworth-Enkel. Aus der vierten Generation sei erwähnt Priestleys Urenkelin Bessie Rayner Parkes, die Feministin, deren Sohn Hilaire Belloc Dichterruhm in unserem Jahrhundert erwarb, ebenso wie seine Schwester, die Romanschriftstellerin Marie Belloc Lowndes. Zu bemerken ist wohl auch die Tatsache, daß in den letzten zweihundert Jahren der Geschichte der ältesten und vornehmsten wissenschaftlichen Gesellschaft der Welt, der Royal Society, ihr stets eine Generation der Darwins angehört hat.

Auffallend bei den Berufsbezeichnungen ist die Zahl derer, die gleichzeitig Unternehmer und Wissenschaftler sind – sechs von den genannten vierzehn Mitgliedern. Auffallend auch, daß vier von ihnen für Kinder und Jugendliche schrieben, Propagandisten höchster Begabung ... Days History of Sandford and Merton in drei Bänden erlebte an fünfzig Auflagen! Drei von ihnen waren stark pädagogisch interessiert: Edgeworths Practical Education erlebte zahlreiche englische und amerikanische Auflagen, dazu fünf französische!

Auffallend auch die Großzahl von Berufen, die die Mitglieder der Lunar Society vertreten. Unter den 14 genannten Mitgliedern sind

6 Unternehmer
4 praktische Ärzte
4 Schriftsteller für Kinder
3 Pädagogiktheoretiker
2 Militärs
2 Grundbesitzer
1 Dichter
1 Uhrmacher
1 Kunsthandwerker
1 Lehrer
8 Chemiker
7 Technologen (Ingenieure, etc.)
3 Botaniker
1 Mineraloge
1 Geologe
1 Mathematiker

Das heißt, die hier genannten 14 Mitglieder der Lunar Society übten 46 Berufe aus, von denen 21 aktive Forschungsberufe auf naturwissenschaftlichem und technologischer Gebiet waren.

Vergleichen wir einen Augenblick, um ihren Charakter noch stärker herauszuarbeiten, die Zusammensetzung der Lunar Society mit einer ähnlichen Gesellschaft im feudalen Frankreich. Dort wurde von dem Abbé Baudeau 1776 eine ähnliche Gesellschaft gegründet: „La Société libre d'émulation pour l'encouragement des inventions qui tendent à perfectionner la pratique des Arts et Métiers"; und zu diesem Titel wird typischerweise noch hinzugefügt „à l'imitation de celle de Londres". Die Liste der Mitglieder sieht für das erste Jahr so aus *:

20 Großadlige (grand seigneurs)	8 Kaufleute
19 Anwälte und Richter	3 Bankiers
4 Priester	6 Wissenschaftler
4 adlige Frauen	2 Architekten
1 Literat	1 Drucktechniker
48	20

Kein Industrieller.

Die Situation war nicht anders als ein Vierteljahrhundert zuvor, als D'Alembert sich in seinem Discours préliminaire de l'Encyclopédie (1751) verwunderte über „die Verachtung für die mechanischen Künste", und auch für die Erfinder, diese „Wohltäter der Menschheit", deren Namen nahezu unbekannt wären, im Gegensatz zu denen der „Zerstörer der Menschheit, das heißt der Eroberer" **.

Von besonderem Interesse in der Lunar Society für uns heute ist die Lebendigkeit und Intensität dessen, was wir Gemeinschaftsarbeit nennen. Einzig in der Geschichte ist die Zusammenarbeit von Marx und Engels, großartig die von Jacob und Wilhelm Grimm, von Edmond und Jules de Goncourt, zeitweise von Goethe und Schiller. Gemeinschaftsarbeit eines größeren Kreises jedoch, wie sie die Lunar Society tätigte, ist bisher beispiellos in der Geschichte – bisher, noch ...

Während Boulton und Watt an ihrer Dampfmaschine arbeiten, an ihrer Verbesserung und Verbreitung, Zeichnungen und Gedanken brieflich austauschen, wenn sie getrennt sind, werken mit ihnen an Verbesserungen und an der Lösung spezieller Schwierigkeiten John Whitehurst und Erasmus Darwin, während Keir die chemische Seite von Boultons Unternehmung interessiert, ja er zeitweise die Geschäftsführung für ihn übernimmt, Edgeworth die Verkaufsbedingungen der Maschinen überprüft und Wedgwood mit Boulton zahlreiche Produkte gemeinsam herstellt; Day beteiligte sich finanziell an dem Unternehmen von Boulton. Das alles ist nicht freundliches Interesse des einen für die Arbeit des anderen. Das ist intensive geistige und geschäftliche Zusammenarbeit.

Als John Roebuck mit seinen Hitze-Experimenten begann, hatte er die intensivste Unterstützung von Boulton und Watt, die schon aus geschäftlichen Gründen

* Nach *Ch. Ballot,* L'introduction du machinisme dans l'industrie française. Lille 1923, S. 15.

** Über die Verschiedenheit der sozialen Position der „Instrumente-Macher" damals in England und Frankreich vgl. auch *C. Daumas,* Les instruments scientifiques aux XVIIe et XVIIIe siècles. Paris 1953.

stärkstes Interesse daran hatten – Unterstützung nicht etwa durch Geld, sondern durch eigene Experimente. Whitehurst gesellt sich zu ihnen mit Experimenten an heißem Eisen, ebenso Withering und vor allem auch Wedgwood, dessen größter Triumph auf diesem Gebiet die Konstruktion seines berühmten keramischen Pyrometers, Hitzemessers, war. Auch Keir, Priestley und Darwin machen natürlich aktiv mit.

Groß ist die Zahl der Gebiete, auf denen, je nach den Ideen, die der einzelne gab, und stets mit der Praxis verbunden, die Mitglieder der Lunar Society gemeinsam arbeiteten, einer den anderen mit neuen theoretischen Erfindungen und Tricks, Experimenten und Überlegungen überraschend und weitertreibend: Hitze und Elektrizität, Metallurgie und Apparatekonstruktion, Optik und Geologie, Chemie und Medizin und Agrikultur.

Und nicht nur untereinander herrschte solche Zusammenarbeit. Als Abraham Bennet 1769 seine New experiments on Electricity veröffentlichte, nannte er unter denen, die ihm bei seinen Studien besonders geholfen hätten, Darwin, Priestley und Wedgwood. Ebenso verweist Priestley zu seiner Zeit, als er noch nicht Mitglied der Lunar Society ist, auf die Arbeiten von Darwin.

Bisweilen kommt der Anstoß von außen. Als der Schweizer Arzt und Naturwissenschaftler Aimé Argaud eine Öllampe konstruiert, die „nicht raucht", und nach England kommt, um sie dort patentiert produzieren zu lassen, tritt er in Verbindung mit Boulton, der schon mit Small erfolglos an einer solchen Lampe gearbeitet hatte. Mehr als zwei Jahre lang (1784 bis 1786) finden wir jetzt in der Korrespondenz der Lunar-Mitglieder Bemerkungen über Arbeiten an der Verbesserung der Lampe. Boulton produziert für das von Argaud in England gegründete Unternehmen die Metallteile. Watt fertigt Zeichnungen an, ebenso Darwin. Wedgwood wünscht Beteiligung an der „dekorativen" Seite.

Daß Keramik auf Grund des Unternehmens von Wedgwood in der Lunar Society eine beachtliche Rolle spielen mußte, ist offenbar.

Die Freunde senden ihm Erden zur Probe – so Whitehurst und Darwin. Keir und Priestley haben neue Ideen für Experimente. Boulton arbeitet mit Wedgwood zusammen an der Herstellung von Gegenständen aus Metall (Boulton) und Keramik (Wedgwood), wobei sie sich gegenseitig beraten. Watt hat ein geschäftliches Interesse an der Delftfield-Töpferei in Glasgow und ist schon dadurch in diese Forschungstätigkeit einbezogen.

Ein anderes Gebiet, das die meisten der Lunar-Mitglieder anzog – zwei von ihnen, Day und Edgeworth, als größere Grundbesitzer – waren landwirtschaftliche Experimente, an denen sich Priestley und Darwin, Boulton, Watt, Stokes, Withering, Edgeworth und Day beteiligten.

Auch auf dem Gebiet des Transports betätigen sich viele Mitglieder. Darwin und Edgeworth sind Spezialisten des Wagenbaus, Boulton füllt ein ganzes Notizbuch mit „Gedanken über Wagen", und Wedgwood probiert sie mit sachverständiger Intelligenz aus.

Fragen des Transportwesens führen auch zu wirtschaftspolitischer Aktivität. In Staffordshire war 1764 ein Komitee gebildet worden, um die Verbindung der Flüsse

Trent und Mersey durch einen Kanal zu sichern, der auch die Zufuhr von Rohstoffen zu Wedgwoods Werken außerordentlich verbilligt hätte. So war dieser das aktivste Mitglied in der Kampagne, die Erlaubnis zum Kanalbau vom Parlament zu erhalten. Darwin nahm starken Anteil an der Agitation. Boulton, Wedgwood, Darwin, Small, Keir, Day, Galton, Watt waren alle auch finanziell an Kanalbauten und Kanalgesellschaften beteiligt.

Ebenfalls wirtschaftspolitisch zu betrachten ist die Mobilisierung der Lunar Society für Arkwrights, des markantesten und erfolgreichsten Vertreters der Industriellen Revolution, Patentforderungen. Am 26. Januar 1785 schrieb Darwin an Boulton, daß er und Watt sich für die Wahrung eines Arkwrightschen Patents einsetzen sollten – und Watt wie Darwin erschienen dann auch für Arkwright zu den Gerichtsverhandlungen. Wedgwood schloß sich der Kampagne an. Schofield meint (S. 351)*, daß Arkwright unberechtigte Forderungen gestellt hätte, was uns bei diesem gerissenen Geschäftsmann nicht verwundern sollte, genausowenig auch, daß wir die Lunar Society auf seiten Arkwrights finden, wenn es um die Sicherung von Profiten auf Grund von Patenten ging.

Die allgemeine politische Haltung der Mitglieder der Lunar Society war im großen und ganzen fortschrittlich im Interesse des industriellen Kapitalismus, was Meinungsverschiedenheiten auch in entscheidenden politischen Fragen nicht ausschloß.

Day hatte 1775/76 ein Pamphlet gegen die Sklaverei in den amerikanischen Kolonien geschrieben, das er jedoch nicht veröffentlichte, da er befürchtete, es könnte nach Ausbruch des amerikanischen Befreiungskrieges den Kolonien in ihrem Kampf gegen England schaden. Boulton stand auf seiten Englands, konservativ und an allen Handelsvorteilen Englands gegenüber den Kolonien interessiert. Priestley war natürlich auf seiten der Kolonien, auch Wedgwood. Darwin, Keir finden wir in der Front gegen die eigene Regierung. Watt neigte der Sache Englands zu, meint Schofield (S. 139), ohne anderen Beweis jedoch als Watts viel späteren Konservatismus. Withering war ein intensiv aktives Mitglied der „Gesellschaft zur Abschaffung des Sklavenhandels".

Im ganzen aber spielten außenpolitische Fragen keine entscheidende Rolle für die Lunar Society – ebensowenig wie der noch latente Klassenkampf zwischen Arbeit und Kapital.

Erst die Französische Revolution bringt außenpolitische und zugleich innenpolitische Probleme erneut und diesmal mit explosiver Wirkung vor die Lunar Society.

Wiederum stehen, zu Beginn der Revolution, die meisten Mitglieder der Lunar Society auf seiten des Fortschritts. Im Juli 1789 schreibt Wedgwood an Darwin: „Ich bin sicher, Sie werden mit mir voll Freude sein über die glorreiche Revolution, die in Frankreich stattgefunden hat" (S. 358). Am 19. Januar 1790 schreibt Darwin an Watt: „Gratulieren Sie nicht Ihren Enkeln zur Morgendämmerung universeller Freiheit? Ich fühle, wie ich ganz französisch werde – in der Chemie wie in der Politik". (S. 385). Auch Keir war auf seiten der Revolution. Am intensivsten aber fühlte und handelte der Pastor und Chemiker Priestley.

* Alle nicht näher bezeichneten Seitenangaben im laufenden Text beziehen sich auf das Buch von Schofield.

Priestley ist der Welt als Chemiker bekannt, aber man darf nicht vergessen, daß die Mehrheit der Menschen in Birmingham damals dem Pastor begegnete. Er predigte regelmäßig, gab Kindern Religionsunterricht, redigierte eine theologische Zeitschrift, veröffentlichte in den Jahren von 1781 bis 1791 elf Bände zur religiösen Geschichte vom unitarischen Standpunkt, mindestens sieben Bände Predigten, Traktate und katechetische Arbeiten, gab ein Gesangs- und Hymnenbuch heraus und dazu mindestens vierzehn Schriften theologischer Polemik – wahrlich eine reiche Tätigkeit im Dienste der Religion!

Seine Tätigkeit als Wissenschaftler – und er war einer der größten seiner Zeit – war also, genau wie die der anderen Mitglieder der Lunar Society, „nebenberuflich".

Vor der Französischen Revolution, meist 1787, waren in England Gesellschaften gegründet worden, um den Jahrhunderttag der Revolution von 1688 zu feiern. Mitglieder einer solchen, auch in Birmingham gebildeten Gesellschaft beschlossen, am 14. Juli 1791 ein Abendessen-Meeting zur Feier der Wiederkehr des Bastille-Tages zu veranstalten. Reaktionäre aus Kirche, Staat und Wirtschaft in Birmingham organisierten und unterstützten daraufhin einen Mob-Angriff auf Häuser und Eigentum „kirchlicher Häretiker" und politischer Radikaler. Sowohl die Prediger-Stätte Priestlays wie auch sein Haus, seine Bibliothek und sein Laboratorium wurden zerstört; das Haus von Withering wurde geplündert.

Die dem reaktionären Aufruhr folgende Zusammenkunft der Lunar Society fand am 12. September statt. Boulton kam nicht, und als Watt die (falsche) Mitteilung erhielt, daß Priestley kommen würde, nahm er Pistolen zur Sicherung der Versammelten mit.

Wedgwood hatte Priestley sofort Asyl geboten, Darwin organisierte einen öffentlichen Brief an ihn, Galton nahm Priestleys Frau zu sich. Boulton scheint sich „herausgehalten" zu haben – ohne für die Französische Revolution in England einzutreten, machte er mit der französischen Regierung Geschäfte. Aber als Priestley zunächst in der Nähe von London wieder ein Laboratorium einrichtet, senden Boulton und Watt Instrumente und Mineralien, Wedgwood Apparate und Geld, Keir Chemikalien, Galton und Withering Geld. Auch als er Entschädigung von der Regierung fordert, stehen sie alle zu ihm.

An den Treffen der Lunar Society nimmt Priestley jedoch nicht mehr teil, und 1794 wandert er mit seiner Familie nach Amerika aus, stets mit den Freunden brieflich verbunden.

Dem Treffen vom 12. September 1791 folgte das nächste wohl erst im nächsten Jahr. „Während der Jahre von 1791 bis 1800 löste sich die Lunar Society von Birmingham unmerklich auf", schreibt Schofield (S. 369).

Elf der hier genannten vierzehn Mitglieder der Lunar Society waren Mitglieder der Royal Society: Darwin, Priestley, Johnson, Whitehurst, Edgeworth, Wedgwood, Watt, Boulton, Withering, Keir, Galton. Als Zentrum wissenschaftlicher Tätigkeit sowie der Verbindung von Wissenschaft und Praxis zur Hebung der Produktivkräfte stand die Lunar Society einzig da – auch wenn die Öffentlichkeit wenig Notiz von ihr nahm und weder Huttons History of Birmingham (1781) noch die wöchentlich erscheinende

Aris's Birmingham Gazette sie bemerkten. Und später? „Die Geschichte der Lunar Society scheint mit dem Tode ihrer Mitglieder verschwunden zu sein", schreibt Schofield (S. 4).

In seiner Geschichte der Lage der arbeitenden Klasse in England erwähnt Engels sie nicht. An einzelnen Mitgliedern nennt er nur Watt – „und alle diese Maschinen erhielten doppelte Wichtigkeit durch James Watt's Dampfmaschine, die um 1764 erfunden und seit 1785 zur Betreibung von Spinnmaschinen angewandt worden war". Marx erwähnt im ersten Band des „Kapital" Boulton und „das große Genie Watts", dazu kommt im zweiten Band die Nennung von Priestley durch Engels. Das ist nicht verwunderlich, wenn die Erinnerung an die Gesellschaft so geschwunden ist, daß ein berühmter Enkel zweier Lunar-Mitglieder, Francis Galton, von der „dürftig kargen Geschichte der einst wohl bekannten Lunar Society der Midland-Grafschaften" schreibt.*

Erst in unserer Zeit, in der der Prozeß der Verwissenschaftlichung der Produktion eine neue Intensität angenommen hat, beginnt man sich wieder für dieses eigenartige Phänomen in der Geschichte menschlicher Bemühungen um den Fortschritt zu interessieren.

Es ist eine Ehrenpflicht marxistischer Historiker, die frühe Geschichte hervorragenden Zusammenwirkens von Wissenschaftlern und Wirtschaftlern – oft in einer Gestalt – zur Entwicklung der Produktivkräfte neu zu entdecken und darzustellen.

Und nun betrachten wir abschließend zur Entwicklung der Beziehungen von Produktion, Technik und Naturwissenschaft in der Industriellen Revolution noch eine Einzelgestalt, einen Wissenschaftler, Humphry Davy.

Crowther bemerkt in seiner schönen Studie über Davy: „Es ist auffallend, wie berühmt Davy zu seinen Lebzeiten war. Er war ein großer Wissenschaftler und seine bedeutenden Entdeckungen mußten ihm unter fast allen Umständen Ruhm einbringen, aber der Ruf, den er erlangte, übertraf sogar die Größe seiner Entdeckungen. ‚Seine experimentellen Forschungen', so schrieb der geachtete Thomas Young, ‚hatten einen glänzenderen Erfolg, als der physikalischen Wissenschaft jemals zuvor auf irgendeinem ihrer Gebiete beschieden war, Newtons Entdeckungen in der Optik nicht ausgenommen.' Wie kam es, daß Davys Zeitgenossen seine wissenschaftliche Bedeutung übertrieben? Verschiedene zeitgenössische Gelehrte waren ihm als Wissenschaftler ebenbürtig, zum Beispiel Gay-Lussac, Berzelius, Wollaston und Dalton. Die Erklärung für seinen größeren Ruhm liegt nicht im Wissenschaftlichen begründet. Davy war, soziologisch gesehen, bedeutender als jeder andere seiner wissenschaftlichen Zeitgenossen. Er war der große Prophet der neu aufkommenden angewandten Wissenschaften. So Großes er als Gelehrter leistete, als Vorkämpfer für die Anwendung wissenschaftlicher Methoden zum Besten der zivilisatorischen Entwicklung wirkte er bahnbrechender. Seine Begabung lenkte das neunzehnte Jahrhundert auf die Anwendung der Wissenschaft in der Industrie, in der Landwirtschaft und in der

* *F. Galton*, Hereditary genius. London 1869, S. 193.

Medizin." Groß war Davys Ruhm als Wissenschaftler, größer noch sein Ruf als Transformator der Wissenschaft in unmittelbare Produktivkraft.

Und den einführenden Vorlesungsvortrag des Dreiundzwanzigjährigen im Royal Institute paraphrasiert Crowther: „Die Wissenschaft hat dem ‚zivilisierten Menschen' Kenntnis von den verschiedenen Beziehungen der Erscheinungsformen unserer äußeren Welt gegeben, und mehr als das, sie hat ihm Kräfte verliehen, die fast schöpferisch genannt werden können und ihn befähigt haben, alles, was um ihn ist, zu ändern und zu verändern, durch seine Forschungen die Natur eindringlich zu untersuchen, nicht einfach als Schüler, der nur passiv ihre Wirkungen zu erfassen sucht, sondern fast als Meister tätig und mit eigenen Methoden.*" **

Noch deutlicher, und polemischer bisweilen, spricht Davy manches in der Eröffnung des Vorlesungszyklus von 1805 aus.*** Man denke etwa an die Bewunderung des „edlen Wilden" in der englischen, deutschen und französischen Literatur des 18. Jahrhunderts und höre dann Davy:

„In den Träumen einer glänzenden Einbildungskraft freilich mag der unzivilisierte Zustand des Menschen als ein blendendes und lebendiges Bild der Glückseligkeit erscheinen; und die Phantasie des Schwärmers mag ihn den scharfen Gegensatz zwischen Natur und Kunst auf eine für letztere höchst ungünstige Weise auffassen lassen; den Gegensatz zwischen blauem Himmel, grünem Rasen, murmelndem Bächlein, dem Bilde einer Berggegend, und dem Rauch und Kot der Städte, dem Lärm und Getümmel des Handels, und dem eintönigen Aussehen nutzbarer Landstriche; zwischen der Erde, die roh und sich selbst überlassen Nahrung gewährt, und dem Boden, dem nur die Arbeit des Menschen Früchte abgewinnt; zwischen den Lastern, dem Elend und der Abhängigkeit des Menschen in der Gesellschaft, und den einfachen Tugenden, den patriarchalischen Sitten und der ununterjochten Freiheit des Menschen im Naturstande.

Solche romantischen Gemälde, und hätte sie der Dichter mit seinen prächtigsten Farben ausgestattet, können die Meinung des unbefangenen und umsichtigen Beurteilers nicht im geringsten wankend machen. Die Geschichte früherer Zeiten, die Berichte der Reisenden, ja die einfache Beobachtung der Anlagen und Neigungen des menschlichen Geistes beweisen hinreichend, daß die höchsten Genüsse mit Übung des Verstandes und Steigerung des gesellschaftlichen Verkehrs in Wechselwirkung stehen; daß das Geschöpf, dessen Freuden lediglich in der Befriedigung des gemeinen Bedürfnisses bestehen, und dessen Begehrungen sich immerfort in den Schranken der nackten Natur erhalten, nicht gut dem Menschen gegenübergestellt werden kann, dessen Genüsse in großem Maße seinen Wünschen entsprechend herzustellen sind, der sein Verlangen nach Einsicht sogar viel öfter befriedigen kann als seine Begierden, und dessen Geist den Körper beherrscht, nicht ihm unterworfen ist."

* Vergleiche Marx: „Bisher haben sich die Philosophen bemüht, die Welt zu verstehen; in Zukunft müssen sie versuchen, sie zu verändern"

** *J. G. Crowther,* Große englische Forscher. Berlin 1948, S. 15 und 18.

*** Im folgenden zitiert nach „Denkwürdigkeiten aus dem Leben Sir Humphry Davy's herausgegeben von seinem Bruder John Davy". Bd. 1, Leipzig 1840, S. 230–247.

Und dann erfolgt eine erstaunliche Apologie der Bedeutung der Praxis für die Entwicklung von Technik und Wissenschaft, eine Apologie auch des Strebens nach ständig sich steigernder Qualität einerseits für die Verbesserung der Massenproduktion, andererseits wieder für Technik und Wissenschaft:

„Die Vervollkommnung der Künste, welche das Leben erleichtern oder es verschönern, in unserer Zeit, darf man mit dem Luxus der zivilisierten Völker des Altertums gar nicht zusammenstellen; und wie man sie jetzt betreibt, gehören sie mit zu den ersten Ursachen des allgemeinen Fortschreitens der Gesellschaft; denn nicht allein befördern sie das Wohlbefinden des Einzelnen, sondern sie bieten auch fortwährend neue Seiten ihrer Anwendbarkeit dar; sie unterhalten das Bestreben, zu erfinden; sie erwecken den Wetteifer und das Verlangen nach Auszeichnung unter den Arbeitern derselben Betriebszweige, und sie führen zur Vereinigung der verschiedenen Klassen der Gesellschaft durch die Bande des Nutzens, der wechselseitigen Abhängigkeit und des gegenseitigen Vorteils.

Dem oberflächlichen Beobachter mag das Streben, die für die Zwecke des täglichen Lebens gemachten und ausreichenden Erfindungen noch über diese Schranke hinaus zu vervollkommnen und zu erweitern, ganz unnötig erscheinen; aber er möge nicht vergessen, daß der Gewerbsmann, indem er nach Vervollkommnung in seinem Geschäfte trachtet, beständig an der Vervollkommnung seiner selbst arbeitet; daß, indem er sich bemüht, Artikel zu produzieren, die er zu hohem Preise verkauft, er diese Artikel auch besser liefert, als außerdem der Fall sein würde, wenn er sie zu mäßigem Preise losschlägt. Ein feinpoliertes Messer, z. B., das eine Guinee kostet, mag keine bessere Schneide haben als eins, das für einen Schilling verkauft wird; aber der Messerschmied, der das teure Messer machte, ist bei der genauen Einsicht in seine Kunst, die er sich durch Übung und mühevolle Tätigkeit erwarb, imstande, das gewöhnliche Messer uns zu einem niedrigeren Preise zu liefern. Solcher Fälle könnte man Tausende anführen. Mögen die eleganten Nachbildungen etrurischer Vasen, welche der verstorbene kunst- und sinnreiche Wedgwood zustande brachte, immerhin für den gewöhnlichen Gebrauch sich gar nicht eignen; so ist doch, infolge ihrer Erfindung, ein Geist der Nachahmung und des Wetteifers in allen Zweigen der Porzellanmanufaktur rege geworden und hat Verbesserungen in den Formen und in dem Material unserer gewöhnlichen Krüge und Blumentöpfe hervorgerufen.

In manchen Zweigen der Industrie entwickeln sich immer größere Vorteile aus den beharrlich fortgesetzten Bemühungen, die höchsten Stufen der Trefflichkeit zu erreichen. Betrachten wir z. B. die Landwirtschaft. Kein Mensch, der sich auf die Tafelgenüsse versteht, wird behaupten, daß ein Schöps, der auf fetter Weide oder durch Stallfütterung ungeheuer gemästet worden ist, besser oder ein größerer Luxus sei als einer, der auf den aromatischen Matten der malerischen Berge gegrast hat; aber bei der Bemühung, jenes wohlgemästete Tier so weit zu bringen, daß es vielleicht den Preis in Smithfield gewinnt*, sind noch eine Menge anderer daneben, wenn auch nicht mit demselben außergewöhnlichen Erfolge, sorgfältiger behandelt

* Eine Landwirtschaftsschau auf dem Londoner Viehmarkt Smithfield, auf der Preise verteilt wurden. – J. K.

und dadurch für den Hausgebrauch schmackhafter geworden. Und der hohe Preis jenes wohlgemästeten Tiers erweckte unter den Pächtern eine Nacheiferung, bei welcher man nicht umhin konnte, sich nach der Kenntnis der Eigenschaften des besten Zuchtviehs umzutun, nach den besten Fütterungsmethoden sich zu erkundigen; und im Verfolge solcher Erkundigungen werden nach und nach alle Grundsätze der Landwirtschaft einer genauen Prüfung unterworfen, die Kunst der Landwirtschaft vervollkommnet und mit neuen Entdeckungen bereichert. Und so in allen andern Fächern: je mehr Manufaktur- oder andere Gewerbserzeugnisse Gegenstände allgemeinen Verbrauchs werden, desto unbedingtere Notwendigkeit werden höhere und kostbarere Verfeinerungen derselben, aber nicht allein, um sie überhaupt nur besser zu liefern, sondern auch um sie nicht wieder aus der Nachfrage kommen zu lassen.

Betrachten wir das System, auf dem der Handel beruht! Ehrenvoll erworbenes Vermögen in einem Lande, wie das, in welchem wir so glücklich sind zu leben – ehrenvoll erworbenes Vermögen, sage ich, verschafft Kredit, und der Kredit verschafft Kapitale, die sich ins Unendliche vervielfältigen lassen. Aus dieser Quelle entspringt die Teilung der Arbeit; daher die Erfindung der Maschinen; daher der Umlauf der Kapitale und Kräfte von einem Ende des Reichs zum andern; und wie das Blut, die Quelle des Lebens, durch alle Adern fließt, so strömt in jenem Kreislaufe allenthalben hin Wohlbefinden und Stärke. Auf solche Weise machen wir alle Erzeugnisse der Erde dem Gebrauche des Menschen dienstbar; und gehorsam den Mitteln, welche der Kunst zu Gebote stehen, erhebt sich dennoch die Natur, nicht beraubt oder entstellt, sondern bereichert und verschönert."

Hier spricht ein großer Mitgestalter des kapitalistischen Systems durch die Wissenschaft – des kapitalistischen Systems in seiner Jugend, das auch noch eine rücksichtslose, selbst über Klassenschranken hinausgehende Förderung der Produktivität erlaubt.

Auch über Klassenschranken hinaus. Darum ist es auch kein Widerspruch, wenn Davy in der Vorlesung von 1802 feststellt: „Die ungleichmäßige Verteilung des Besitzes und der Arbeit, die Unterschiede in der gesellschaftlichen Stellung und den Lebensbedingungen der Menschen sind die Quellen der Macht im zivilisierten Leben, seine Triebkräfte, seine Seele."

und wenn er in der Vorlesung von 1805 bemerkt:

„Man hat hier und da einige wenige Gründe gegen die Wirksamkeit populärer Belehrung vorgebracht. Man hat bemerklich gemacht, daß ein oberflächliches und zum Gemeingut gemachtes Wissen oft darauf hinausläuft, Pedanten zu bilden, und daß die Halbwisserei manchmal eitel und anmaßend mache ...

Alles menschliche Wissen ist notwendig unvollkommen, aber je mehr es sich verbreitet, desto besser sind seine Wirkungen. Keine Anstrengung, zur Wahrheit zu gelangen, darf geringgeschätzt werden. Erhabene Ideen hängen im Menschen oft mit seinen Schwächen und mit seinen Torheiten zusammen; wieviel mehr müssen sie aus seiner Stärke und seiner Weisheit entspringen! Oft verschwendet er seine Kräfte, indem er Armseligkeiten nachjagt, die in dem Augenblicke, wo er in ihrem Besitz ist, verschwinden, oder ihren Reiz verlieren; und immer mögen wir uns daher freuen, wenn diese Kräfte auf Gegenstände gerichtet werden, die von nachhaltiger Dauer sind und echten Ruhm gewähren. Für reine Freuden ist der Mensch geschaffen, groß sind seine Pflichten, erhaben seine Bestimmung; und wohl muß die schwere Anklage der Unwissenheit und Torheit auf ihm lasten, wenn er im Staube kriecht, während ihm die Flügel verliehen sind, sich zum Himmel aufzuschwingen."

Die Frage der populärwissenschaftlichen Erziehung wird noch einmal zwei Jahrzehnte nach dieser Rede von Davy bei den Mechanics Institutes, am Ende der Industriellen Revolution, am Ende zugleich des bis dahin noch latenten Charakters des Widerspruchs zwischen Kapital und Arbeit wie zwischen den Produktionsverhältnissen und dem Charakter der Produktivkräfte eine interessante Rolle spielen.

Die Mechanics Institutes, die nach der Industriellen Revolution vor allem Einrichtungen „zur Lösung der sozialen Frage" wurden, in denen sich die beiden großen Klassen der kapitalistischen Gesellschaft „auf neutralem Boden" treffen sollten, und welche Bibliotheken zur „Entgiftung der Klassenatmosphäre" enthielten – diese Mechanics Institutes sollten ursprünglich, etwa während des ersten Jahrzehntes ihrer Existenz, einem ganz anderen Zweck dienen. Sie sollten aus gelernten Arbeitern Erfinder, Beherrscher der Wissenschaft machen, die, wie ihre Großväter zu Beginn der Industriellen Revolution, den technischen Fortschritt vorantreiben, die Produktivkräfte weiter schnell entwickeln helfen sollten, als ob es wirklich keine Klassen gäbe. Die wilde Sucht nach profitabler Entwicklung der Produktivkräfte und die Ungewohnheit, mit den objektiven Klassenschranken zu rechnen, erklären es, daß die Bourgeoisie die Errichtung dieser Institute zur Schaffung einer „Arbeiterklasse von Neuerern" veranlaßte. Als erstes wurde in London 1823 ein Mechanics Institute errichtet. Schnell folgten andere. 1825 gab es allein im West Riding Institute in Bradford, Keighley, Wakefield, Dewsbury, Halifax, Huddersfield, Skipton und Richmond.* Unterricht wurde vor allem in naturwissenschaftlichen Fächern gegeben: in Chemie, Physik, Mathematik, „Mechanik" usw. Das Ziel dieser Institution wurde etwa so formuliert, daß sie „Hunderte, nein, Tausende einer neuen Schicht von Arbeitern in die grenzenlosen und nur halbkultivierten Gebiete der Wissenschaft aussenden würden, die neue Fährten aufspüren, neue Reichtümer finden und zu den schon vorhandenen Erkenntnissen neue hinzufügen würden"**. „Eine neue Rasse von Philosophen" sollte entstehen, wie der Redner meinte.

So wie Marx bei Ricardo beobachtete, daß dieser in seinem absolut ehrlichen Bestreben, die Produktivkräfte zu entwickeln, gelegentlich sogar gegen seine Klasse argumentierte, so trieb hier eine ganze Bewegung im letzten noch möglichen Moment, vor dem offenen politischen Aufbrechen des Hauptwiderspruches zwischen Kapital und Arbeit 1832, theoretisch, in ihren Plänen und im praktischen Unterricht für einen kurzen Augenblick über die Klassenschranken hinweg. Ein seltenes, in dieser Eigenart noch ungenügend beobachtetes Phänomen. Doch darf man schon in dieser frühen Zeit der Mechanics Institutes auch folgendes nicht vergessen: In London waren die Gründer des Instituts linke Radikale wie Hodgskin, Gast und andere; bald

* *J. F. C. Harrison,* Learning and living 1790–1960. London 1961, S. 59.

** *A. Smith,* An introductory lecture on the past and present state of science in this country, as regards the working classes. Ripon 1831, S. 19.

drangen jedoch Utilitarier in das Institut ein. Im Kampf um das Institut spielte der Studienplan eine entscheidende Rolle: Die Arbeiter bestanden auf „ihrer" Ökonomie (Hodgskin, Owen usw.), die Utilitarier auf der ihren, der bourgeoisen. Der Kompromiß, zu dem es zunächst kam, war, daß Politische Ökonomie überhaupt nicht gelehrt wurde.

Können wir den Glanz von Davy noch erhöhen, indem wir bemerken, daß er seit seiner Jugend ein Freund der großen Dichter seiner Zeit gewesen, daß der letzte Biograph Davys, Anne Treneer, ihre Davy-Studien mit einem Vortrag über „Sir Humphry Davy und die Dichter" begann? Wohl kaum.

Doch können wir diese große Wissenschaftler-Gestalt, anscheinend ein Kind des Glücks – wie lange blieb ihm auch die schöne Jugend des Wissenschaftsbegeisterten! –, nicht verlassen, ohne einer gewissen Tragik zu gedenken, die nicht nur den Künstler, sondern auch den Wissenschaftler im Kapitalismus umgibt.

Dem Volke Englands kam Davy ganz nahe, als er die Sicherheitslampe für Bergleute erfand. Er selbst berichtet über seine Experimente in der ersten einer ganzen Reihe von Abhandlungen zu dieser Problematik:

„Die Unfälle, die in den Kohlenbergwerken von der Explosion schlagender Wetter oder brennbarer mit atmosphärischer Luft gemischter Gase herrühren, werden in den Gruben Nordenglands von Jahr zu Jahr immer häufiger und verheerender.

Schon vor einiger Zeit ist in Sunderland ein Komitee in der wohltätigen Absicht zusammengetreten, der Ursache dieser Unglücksfälle nachzugehen und Mittel zu ihrer Verhütung aufzufinden. Durch Rev. Dr. Gray – den ehemaligen Bischof von Bristol –, eines der tätigsten Mitglieder des Komitees, wurde meine Aufmerksamkeit auf diesen Gegenstand gelenkt. Ich reiste nach Nordengland und besuchte einige der größten Kohlengruben in der Umgebung von Newcastle, um die dortigen Arbeitsbedingungen und Bewetterungsverhältnisse kennen zu lernen ...

Durch meine Beobachtungen, die ich an Ort und Stelle gemacht hatte und die durch die Einsicht in einen Bericht von Herrn Buddle über den Zustand der Bergwerke noch ergänzt wurden, war ich zu der Überzeugung gekommen, daß auf die Bewetterung die Erkenntnisse der modernen Wissenschaft voll und ganz angewendet worden waren. Man mußte nur, um Unfälle auszuschließen, nach einem Verfahren suchen, die Gruben gefahrlos zu beleuchten und den Zustand der Luft in dem Grubenabschnitt zu prüfen, wo schlagende Wetter so stark auftreten, daß die Atmosphäre explosiv wird, damit die Bergleute sich entfernen können, bis ihre Arbeitsstätten richtig bewettert sind ...

Ich habe mehrere Proben von Schlagwettern im Laboratorium der Royal Society analysiert. Der reine, brennbare Anteil war in allen von ihnen derselbe; aber er war bisweilen mit kleinen Mengen atmosphärischer Luft und einige Male auch mit Stickstoff und Kohlendioxyd vermengt."*

* Über die Sicherheitslampe zur Verhütung von Explosionen in Gruben, gasbeleuchteten Häusern, Spritlagern oder Schiffsräumen u. dgl. mit einigen Untersuchungen über die Flamme. Abhandlungen von *Humphry Davy*. Ostwald's Klassiker der Exakten Wissenschaften. Leipzig 1937, S. 1 f. und 4.

Die Anregungen erfolgen aus der gesellschaftlichen Praxis der Produktion. Die ersten Untersuchungen erfolgen „an Ort und Stelle“. Sodann zieht sich Davy in das Laboratorium zurück, um wissenschaftliche Experimente zu machen. Schließlich erfolgt die mechanische Konstruktion:

„Die erste Sicherheitslampe, die ich gebaut hatte, war aus Blech verfertigt und ließ das Licht durch vier Glasplatten an den Seiten austreten. Die Luft wurde rings am Grunde der Flamme durch eine Anzahl Metallrohre von 8 mm Weite und 25 mm Länge zugelassen. Der Schlot bestand aus zwei offenen Kegeln mit gemeinsamer kleinlöchriger Grundfläche, die am Deckel der Lampe angebracht waren ...

Die zweite Sicherheitslampe, die ich verfertigt habe, beruht auf demselben Prinzip wie die erste; nur sind an Stelle von Rohren Sicherheitskanäle verwendet. Diese bestehen aus konzentrischen, hohlen Metallzylindern verschiedenen Durchmessers und sind so zusammengefügt, daß sie ringförmig Schlitze von 1 bis 0,6 mm Weite und 29 mm Länge bilden ...

Die dritte Art von Sicherheitslampen oder -laternen, die zugleich bei weitem die einfachste ist, besteht aus einer geschlossenen Lampe oder Laterne, in die die Luft durch Öffnungen ein- und austritt, die mit Drahtgaze von 0,125 mm Stärke bedeckt sind und deren Löcher nicht über 0,2 mm weit sein sollten. Dadurch werden Explosionen ebensogut wie durch Rohre oder Kanäle aufgehalten und dennoch wird ein freier Luftzug gewährleistet.“ *

Und dann erfolgt die praktische Anwendung in den Gruben. Was aber geschah dort? Die Wissenschaft wurde gegen die Arbeiter verwandt. Die Lampe, für die Davy kein Patent nahm und damit auf ein Einkommen von 100 000 bis 200 000 Mark im Jahr verzichtete –, da sein einziges Ziel gewesen wäre, der Menschheit zu dienen –, wurde nun dazu benutzt, die Profite zu erhöhen. Tiefere und gefährlichere Schächte wurden ausgebaut, und die Zahl der Unfälle stieg faktisch. In der Broschüre „Eine Stimme aus den Kohlenbergwerken“, die von den Bergarbeitern von Northumberland im Jahre 1825 veröffentlicht wurde, heißt es, daß seit der Einführung der Davy-Lampe der Bergarbeiter in noch höheren Temperaturen unter Verhältnissen, die physische Agonie verursachten, arbeiten müßte. Der englische Bergarbeiterführer Alexander McDonald begann 1829, im Alter von 8 Jahren, in einer Zeche zu arbeiten; mit ihm arbeiteten 20 andere Jungens. 40 Jahre später war nur noch er selbst am Leben.

Die hundert Männer von Haswell,
die starben an einem Tag,
die starben zu einer Stunde,
die starben auf einen Schlag.

Und als sie still begraben,
da kamen wohl hundert Fraun,
wohl hundert Fraun von Haswell,
gar kläglich anzuschaun.

* Ebendort, S. 10 und 12 f.

Sie kamen mit ihren Kindern,
Sie kamen mit Tochter und Sohn:
„Du reicher Herr von Haswell,
nun gib uns unsern Lohn!“

Der reiche Herr von Haswell,
der stand nicht lange an;
er zahlte wohl den Wochenlohn
für jeden gestorbenen Mann.

Und als der Lohn bezahlet,
da schloß er die Kiste zu.
Die eisernen Riegel klangen,
die Weiber weinten dazu.

Georg Weerth

Davys Erfindung zum Schutz gegen Unfälle hatte sich in den Händen des Kapitals in eine Erfindung zur Steigerung der Profite verbunden mit einer Erhöhung der Unfälle verwandelt. Wissenschaft als Produktivkraft? Die Produktionsverhältnisse verwandelten die Produktivkraft in eine Destruktivkraft!

In der Zeit der Industriellen Revolution erreichten auch die Gesellschaftswissenschaften einen neuen Höhepunkt, unter ihnen vor allem die Politische Ökonomie. Mit Adam Smith und David Ricardo wird die Politische Ökonomie zu einem entscheidenden Element der Produktionsverhältnisse. Keiner hat vor Marx den Wirkungsmechanismus und den latenten Klassengehalt der kapitalistischen Gesellschaft so tief erfaßt und so viel zur „ideologischen Verewigung“ der kapitalistischen Produktionsverhältnisse beigetragen wie David Ricardo.
Und wie so viele technische Erfinder und Naturwissenschaftler jener Zeit wuchs auch Ricardo aus der Praxis, gewissermaßen wie ein Handwerker, heraus.*
Sohn eines aus Holland stammenden fromm-jüdischen Londoner Börsenmaklers, verließ er schon mit 14 Jahren die Schule, um seinem Vater im Geschäft zu helfen. Ungewöhnlich erfolgreich und geschickt im Geschäft, voll eigener Gedanken und Pläne, litt er unter den orthodoxen und autoritären Familienverhältnissen. Mündig geworden, trennte er sich von seinem Vater, heiratete zu dessen Schrecken und Kummer eine Christin und wurde in relativ kurzer Zeit vielfacher Millionär. Mit 25 Jahren war er einer der reichsten Männer des Landes, hochgeachtet an der Londoner Börse als einer der geschicktesten Spekulanten seiner Zeit, persönlich beliebt wegen seines offenen, freundlichen und generösen Charakters sowie seiner großen Bescheidenheit.

* Vgl. zum folgenden auch Bd. 26 meiner Geschichte der Lage der Arbeiter unter dem Kapitalismus. Berlin 1965, S. 130 ff.

Doch war solch schnelle, treibhausartige Entwicklung notwendig, denn schon hatte er die Hälfte der Spanne seines Lebens erreicht. Elf Jahre seines aktiven Lebens hatte er damit verbracht, das Börsengeschäft zu erlernen und zu meistern wie keiner seiner Zeitgenossen, wie kaum einer zuvor und keiner nach ihm.

Elf weitere Jahre vergehen, bevor er mit einer ersten politökonomischen Arbeit an die Öffentlichkeit tritt.

Zunächst widmet er sich vor allem naturwissenschaftlichen Studien. Er beschäftigt sich mit Mathematik, Physik, Chemie und Geologie, baut sich ein Laboratorium und wird 1807 einer der Begründer der Geologischen Gesellschaft. Doch schon seit 1799, angeregt durch den „Wohlstand der Nationen" von A. Smith, beginnt er ernstlich auch das Studium der Politischen Ökonomie, für das ihn seine so erfolgreiche Praxis trefflich vorbereitet hatte.

Dieses Studium erhält zunächst einmal durch die vorangehende Börsenpraxis ein Schwergewicht in Richtung von Geldfragen, ein Schwergewicht, das noch verstärkt wird durch die akuten Wirtschaftsschwierigkeiten, die sich in England aus internationalen Kredit- und Außenhandelsschwierigkeiten ergeben. Seine erste Veröffentlichung im Jahre 1809 beschäftigte sich mit der Frage, warum (damals) der Preis der Goldbarren steige und das Pfund Sterling als Banknote im Wert sinke. Die Ausführungen Ricardos spielten eine große Rolle in der jetzt folgenden öffentlichen Diskussion dieser Frage, und der berühmte Bericht des parlamentarischen Bullion Committee stellte sich auf den Standpunkt Ricardos, der das Sinken des Banknotenwertes gegenüber dem Gold auf die Tatsache zurückführte, daß die Noten nicht in Gold umtauschbar waren, darum nicht ausgeführt werden konnten und so offenbar im Verhältnis zum Gold in zu großer Anzahl auf dem heimischen Markt umliefen.

Die bis ins kleinste Detail gehenden Ausführungen Ricardos machten, wie schon ihre Aufnahme in den Bericht des Bullion Committees zeigt, einen großen Eindruck auf die Fachleute, und aus dieser Zeit datiert seine enge persönliche Freundschaft mit den damals bekanntesten Politökonomen Englands, mit James Mill und Robert Malthus, zwei wahrlich inferioren Zeitgenossen. Der „fade Say" aber nennt Ricardo auf Grund dieser Arbeiten, einmal richtig wertend, den größten Fachmann Europas für Geldfragen.*

Sechs Jahre nach seiner ersten politökonomischen Arbeit veröffentlicht Ricardo 1815 eine Studie, die ein völlig neues Gebiet behandelt und sich mit dem Einfluß der Getreidepreise auf die Profitrate beschäftigt. Ricardo fordert, im Interesse der Industriebourgeoisie und im Gegensatz zu dem Vertreter der Interessen der Landaristokratie Malthus, Getreidefreihandel.

Waren die Geldstudien noch akuten praktischen Wirtschaftsschwierigkeiten Englands entsprungen, so stellten die Arbeiten über Getreidepreise bereits eine entscheidende Hilfe für die Formung der während des Verlaufs der Industriellen Revolution vor sich gehenden Umgestaltung der Produktionsverhältnisse dar, der Wandlung Englands aus einem kapitalistischen Agrarlande in ein kapitalistisches

* „L'homme de l'Europe qui entend le mieux la theorie et la pratique de monnaies." Traité d'économie politique. 3. Aufl., Bd. II, Paris 1817, S. 29.

Industrieland ... in schärfstem Kampf zwischen der industriellen Bourgeoisie und dem kapitalistischen Landadel.

In seinen späteren Untersuchungen über die landwirtschaftliche Rente erreichen Ricardos theoretische Überlegungen darum auch einen Höhepunkt. Ja, in seiner Methodik des Herangehens findet eine qualitative Veränderung statt – Einfluß des Kampfes zwischen herrschenden Klassen, entspringend den Produktionsverhältnissen, auf die wissenschaftliche Methodologie! Nimmt Ricardo häufig Erscheinungen und Kategorien wie Wert, Mehrwert, durchschnittliche Profitrate usw. als gegeben hin, um sich dann vor allem mit der Problematik ihrer quantitativen Veränderungen zu beschäftigen, so untersucht er die Fragen der Rente viel systematischer, eindringlicher, bis zu einer eingehenden Behandlung der Grundfrage, nämlich der Entstehung der Rente, vordringend. Die Beschäftigung mit der Rente nimmt einen großen Teil seines Schriftwerkes ein, und sie ist für ihn die Beschäftigung mit einem Phänomen im Lager des Feindes, der ihn und seine Klasse, die industrielle Bourgeoisie, bedroht. Ja, nicht nur bedroht, sondern faktisch bedrängt. Die Beschäftigung mit der Rente ist für Ricardo eine Lebensfrage für das industrielle Kapital, für die industriekapitalistischen Produktionsverhältnisse.

Kein Wunder auch, daß die Beschäftigung mit Getreidepreisen und ihrem Einfluß auf die Profitrate Ricardo zu letzten prinzipiellen Fragen der Politischen Ökonomie treibt. Bereits 1814 hatte Ricardo seinen Börsensitz aufgegeben und sich auf einen Landsitz nach Gloucestershire zurückgezogen, wo er sich vornehmlich seinen politökonomischen Arbeiten widmete. Seine Hauptbeschäftigung war jetzt das Studium der Grundlagen der Politischen Ökonomie, und 1817 erscheint sein politökonomisches Hauptwerk, die Principles of political economy and taxation, die tiefste politökonomische Studie, die das Bürgertum hervorgebracht hat. Zu Ricardos Lebzeiten erschienen noch zwei weitere, zum Teil erweiterte, Auflagen, die letzte zwei Jahre vor seinem Tode, 1821.

Genau siebzig Jahre später erschien in „The Economic Journal", der Zeitschrift der englischen Königlichen Ökonomischen Gesellschaft, ein Artikel von W. J. Ashley unter der Überschrift „Die Rehabilitierung Ricardos", in dem er versuchte, Ricardo vor der „allgemeinen Verachtung", in die er gefallen war, und gleichzeitig vor der Verballhornung, die ihm Marshall angedeihen ließ, zu retten. Vergeblich! der Verfall der Politischen Ökonomie des Bürgertums war damals bereits so weit gediehen, daß sie Ricardo weder schätzen noch richtig interpretieren konnte.

Und wieder fünfzig Jahre später geschah folgendes: Ein fortschrittlicher, im Geiste des Marxismus-Leninismus erzogener italienischer Gelehrter gibt zusammen mit einem Gründermitglied der englischen Kommunistischen Partei die erste Ausgabe der gesammelten Werke Ricardos in England heraus – aber nur unter der Bedingung, die im verfallenden Kapitalismus noch möglich ist: nämlich als Museumsstück der Vergangenheit, das heißt, zu einem so hohen Preis, daß sie kaum einer kaufen kann.

Fast gleichzeitig aber schreibt der einflußreichste Politökonom des imperialistischen Lagers, Keynes: „Wenn nur Malthus statt Ricardo der Stammvater der politischen Ökonomie des 19. Jahrhunderts gewesen wäre, wieviel weiser und reicher wäre die Welt heute!"* Und J. Schumpeter nennt das methodologische Vorgehen Ricardos bei seinen Untersuchungen The Ricardian vice, die Ricardianische Untugend.** Zur Zeit aber, als Ricardo schrieb, erkannte das Bürgertum, daß hier einer seiner Größten sein Bestes gab. Es sandte ihn 1819 in das Parlament, wo er, ungebunden durch Wahlversprechen und unbeeinflußt von kleinlichen Parteiintrigen, hervorragend und von allen geschätzt und geehrt, die Interessen der industriellen Bourgeoisie vertrat.

Und er vertrat sie mit einer Wucht und Kraft und Stärke, die gleichzeitig die Vorzüge wie die Schwächen und Mängel seines Systems erklären helfen. Er vertritt den Klassenstandpunkt des kapitalistischen Systems so hemmungslos, daß er es gewissermaßen zur Urmutter aller Dinge erklärt. Und wenn der unhistorische Adam Smith wenigstens noch die „Urgemeinschaft" als Vorläufer des Kapitalismus anerkennt, sind bei Ricardo bereits die primitiven Jäger und Fischer Kapitalisten. Dazu bemerkt Marx mit beißendem Witz: „Auch Ricardo ist nicht ohne seine Robinsonade. ‚Den Urfischer und den Urjäger läßt er sofort als Warenbesitzer Fisch und Wild austauschen, im Verhältnis der in diesen Tauschwerten vergegenständlichten Arbeitszeit. Bei dieser Gelegenheit fällt er in den Anachronismus, daß Urfischer und Urjäger zur Berechnung ihrer Arbeitsinstrumente die 1817 auf der Londoner Börse gangbaren Annuitätentabellen zu Rate ziehn. Die Parallelogramme des Herrn Owen*** scheinen die einzige Gesellschaftsform, die er außer der bürgerlichen kannte.' (Nach Marx: ‚Zur Kritik der politischen Ökonomie', S. 38, 39.)" °

Für Ricardo sind die Gegensätze der bürgerlichen Produktion Gesetze der Produktion überhaupt. So genial seine Forschungen über die Gesetzmäßigkeit der kapitalistischen Produktion, so beschränkt sein Gesichtspunkt und darum auch seine Forschungsresultate, da er die historischen Kategorien der kapitalistischen Produktionsweise identifiziert mit einer Fiktion, nämlich einer Produktionsweise an sich.

Daraus ergibt sich bei ihm auch eine willkürliche Zerreißung entscheidender wirtschaftlicher Zusammenhänge. Natürlich erkennt Ricardo, daß sich die Produktivkräfte verändern, also historischen Wandlungen unterliegen. Dagegen sind für ihn die Produktionsverhältnisse ewige Kategorien.

So sehr wir aber diese klassenbedingte Beschränktheit bei Ricardo als eine grundlegende Schwäche seines Systems herausstellen müssen, so klar müssen wir uns gleichzeitig darüber sein, daß diese Schwäche gerade die Voraussetzung der Größe und Tiefe seiner Lehre ist, die Voraussetzung auch dafür, daß er die Politische Ökonomie zu einem fördernden Element der damals herrschenden Produktionsverhältnisse machen kann.

Nur ein Bürger, der die kapitalistischen Produktionsverhältnisse als ewig gegeben betrachtet, ist als Bürger in der Lage, eine so unbefangene Schilderung der Schwächen und Grausamkeiten des kapitalistischen Systems zu geben, wie Ricardo es getan hat.

* *J. M. Keynes,* Essays in biography. London 1933, S. 144.

** *J. Schumpeter,* History of economic analysis. New York 1954, S. 473.

*** Owen schlug zur Lösung der Arbeitslosenfrage genossenschaftliche Siedlungen vor, die in Parallelogramme geteilt werden sollten.

° *K. Marx,* Das Kapital. Bd. I, a. a. O., S. 82.

Nur ein Bürger, der die gegebenen Klassenverhältnisse zwischen Arbeit und Kapital (janicht zwischen Industriebourgeoisie und Landadel!) als ewig gegeben betrachtet, ist als Bürger in der Lage, die Leistung Ricardos zu vollbringen, eben die bestehenden Klassenverhältnisse als solche in sein System der Politischen Ökonomie einzubauen. Fest und ehern „für alle Ewigkeit" einzubauen. Darum stellt auch vor und nach ihm kein bürgerlicher Politökonom mit solcher Deutlichkeit den Gegensatz zwischen Bourgeoisie und Proletariat dar. Zwingen doch die aufkommenden Organisationen der Werktätigen und große Streiks, insbesondere in der Textilindustrie – zum Beispiel der große Weberstreik von 1812, den an 40 000 Arbeiter drei Wochen lang führten –, die Industriebourgeoisie zur Klarheit über den Gegensatz zwischen Kapital und Arbeit: ein Gegensatz allerdings – und das ist die Erklärung, warum Ricardo seine wissenschaftliche Unbefangenheit behält –, der als ewiges Naturgesetz erscheint und dem daher durch vernünftige Einsicht sein antagonistischer Charakter genommen werden kann, so daß er genauso latent wird, wie es der Klassenkampf im Grunde noch ist.

Nur ein Bürger, der die kapitalistische Gesellschaft als die einzig mögliche Gesellschaft betrachtet, ist auch in der Lage, als Bürger sich so rücksichtslos gegen alle Klassen (einschließlich auch der Bourgeoisie, wenn es notwendig ist) für die Entwicklung der Produktivkräfte einzusetzen – eben weil er die Produktivkräfte als bewegliches, als historisches Element scharf von den Produktionsverhältnissen trennt, die als für ewig gesichert seine Basis darstellen, von der aus er die Produktivkräfte vorwärtstreibt. Nur die metaphysisch-undialektische Betrachtung der Produktionsverhältnisse in ihren Beziehungen zu den Produktivkräften erlaubt ihm als Bürger die beschränkt-dialektische Betrachtung der Klassenverhältnisse. Und umgekehrt erlaubt ihm ganz spezifisch die metaphysisch-undialektische Behandlung der Beziehungen zwischen Produktionsverhältnissen und Produktivkräften eben jene Momente tiefsten Einblicks, die sonst den großen Wissenschaftlern einer Ausbeuter-Klassengesellschaft verwehrt sind. So wie die bürgerlichen Helden im nationalen Befreiungskampf sich im entscheidenden Moment an die Spitze des ganzen Volkes stellen können und die beengenden Fesseln der Klassen von sich streifen, um wirklich allen patriotischen Klassen des Volkes zu gehören, gerade indem sie die Interessen ihrer Klassen vertreten, so gelingt es auch den größten Wissenschaftlern aller Ausbeuter-Gesellschaften für Momente, alle Klassenvorurteile im Interesse ihrer Klasse fallen zu lassen und, wie Marx gerade von Ricardo sagt, „mit wissenschaftlicher Unbefangenheit"* an die Behandlung einer Frage zu gehen. Mit herrlicher Präzision charakterisiert Marx gerade den uns hier interessierenden Moment bei Ricardo, als dieser die entscheidende Grundvoraussetzung aller gesellschaftlichen Entwicklung, nämlich die Entwicklung der Produktivkräfte, behandelt und jedes Hemmnis dieser Entwicklung im Interesse der Klasse der Kapitalisten brutal zu entfernen bereit ist, ganz gleich, ob er sich damit in Gegensatz stellt zur Aristokratie, zur Klasse, deren Interessen er dadurch vertritt, das heißt zur Bourgeoisie selbst, oder zu den Arbeitern. „Hier ist also wissenschaftliche Ehrlichkeit"** – ruft

* K. *Marx*, „Mehrwerttheorien", Teil II. Berlin 1958, S. 115.

** Ebendort, S. 107.

Marx voll Bewunderung. Dabei ist es natürlich, wie schon bemerkt, kein Zufall, daß Ricardo eine solche Haltung bei der Behandlung der Produktivkräfte einnimmt – nicht etwa bei der Behandlung von Produktionsverhältnissen. Denn nur dort ist es ihm möglich, natürlich im Interesse der eigenen Klasse, gegen die eigene Klasse aufzutreten.

Was Marx über die Methode von Ricardo überhaupt sagt, gilt auch für diese seine spezifische klassenmäßig bedingte Schwäche und Stärke: „Man sieht auf den ersten Blick sowohl die historische Berechtigung dieser Verfahrensart, ihre wissenschaftliche Notwendigkeit in der Geschichte der Ökonomie, als zugleich auch ihre wissenschaftliche Unzulänglichkeit, eine Unzulänglichkeit, die sich nicht nur in der Darstellungsart (formell) zeigt, sondern zu irrigen Resultaten führt." *

Was die von Marx festgestellte „historische Berechtigung der Verfahrensart" Ricardos betrifft, so erklärt er diese auch so: „Ricardo betrachtet mit Recht, für seine Zeit, die kapitalistische Produktionsweise als die vorteilhafteste für die Produktion überhaupt, als die vorteilhafteste zur Erzeugung des Reichtums. Er will die Produktion der Produktion halber, und dies ist (mit) Recht (gewollt). Wollte man behaupten, wie es sentimentale Gegner Ricardos getan haben, daß die Produktion nicht als solche der Zweck sei, so vergißt man, daß Produktion um der Produktion halber nichts heißt, als Entwicklung der menschlichen Produktivkräfte, also Entwicklung des Reichtums der menschlichen Natur als Selbstzweck." **

Nach der Veröffentlichung seines Hauptwerkes beschäftigt sich Ricardo vornehmlich mit Finanzfragen und kehrt in den folgenden noch zu seinen Lebzeiten veröffentlichten Schriften nur noch einmal zu einem anderen alten Thema, 1822, in seiner Studie über den „Schutz der Landwirtschaft" zurück, in der sich von neuem gegen die Landaristokratie wendet.

1823 starb Ricardo an einer Ohreninfektion, die auf das Hirn übergriff, noch nicht 52 Jahre alt.

Mit seinem Werk schließt die klassische Politische Ökonomie des Bürgertums ab.

Mit seinem Werk schließt die Politische Ökonomie der Bourgeoisie als förderndes Element der kapitalistischen Wirtschaft ab.

Wohl bleibt die Politische Ökonomie stets ein Element der Produktionsverhältnisse –

jedoch in den Händen der Bourgeoisie als (apologetisches und letztlich untaugliches) Mittel ihrer Konservierung (Aufrechterhaltung des Profit-, des Verwertungsmechanismus des Kapitals) in einem von der Geschichte bereits verdammten Zustand

und in den Händen des Proletariats als (revolutionäres und wahrlich taugliches) Mittel ihrer Umwandlung in einen grundlegend veränderten Zustand.

In jedem Fall aber hat sie stets Bedeutung vornehmlich als Element der Produktionsverhältnisse so wie die Naturwissenschaften ihre Bedeutung vornehmlich als Produktivkraft behalten.

* *K. Marx*, „Mehrwerttheorien", Bd. II, a. a. O., S. 156.

** Ebendort, S. 106f.

KAPITEL VII

Die Wissenschaftlich-technische Revolution in der kapitalistischen Welt

Auch wenn wir uns im folgenden auf die Untersuchung der Wissenschaftlich-technischen Revolution in der kapitalistischen Welt beschränken, scheint es uns doch notwendig, zunächst gewisse allgemeine Charakteristika herauszuarbeiten, die dann im Kapitalismus so ganz andere Erscheinungsformen und gesellschaftliche Wirkungen haben als im Sozialismus.

1. Prinzipielle Bemerkungen

Erinnern wir zunächst an einige Feststellungen, die wir über die Industrielle Revolution gemacht hatten.
Die Tiefe und Breite der Revolution hatten wir mit Worten von Engels angedeutet: „Während in Frankreich der Orkan der Revolution das Land ausfegte, ging in England eine stillere, aber darum nicht minder gewaltige Umwälzung vor sich. Der Dampf und die neue Werkzeugmaschinerie verwandelten die Manufaktur in die moderne große Industrie und revolutionierten damit die ganze Grundlage der bürgerlichen Gesellschaft. Der schläfrige Entwicklungsgang der Manufakturzeit verwandelte sich in eine wahre Sturm- und Drangperiode der Produktion."
In dieser Industriellen Revolution entstanden neue Klassen, neue Schichten, neue Lebensformen (nicht notwendigerweise neue Produktionsverhältnisse, denn in England hatten kapitalistische Produktionsverhältnisse lange vor der Industriellen Revolution geherrscht). Wir hatten wiederum Engels zitiert: „Die Geschichte der arbeitenden Klasse in England beginnt mit der letzten Hälfte des vorigen Jahrhunderts, mit der Erfindung der Dampfmaschine und der Maschinen zur Verarbeitung der Baumwolle." Und auch so: „Mit stets wachsender Schnelligkeit vollzog sich die Scheidung der Gesellschaft in große Kapitalisten und besitzlose Proletarier, zwischen denen, statt des früheren stabilen Mittelstandes, jetzt eine unstete Masse von Handwerkern und Kleinhändlern eine schwankende Existenz führte, der fluktuierendste Teil der Bevölkerung. Noch war die neue Produktionsweise erst im Anfang ihres aufsteigenden Asts; noch war sie die normale (regelrechte), die unter den Umständen einzig mögliche Produktionsweise. Aber schon damals erzeugte sie schreiende soziale Mißstände: Zusammendrängung einer heimatlosen Bevölkerung in den schlechtesten

Wohnstätten großer Städte – Lösung aller hergebrachten Bande des Herkommens, der patriarchalischen Unterordnung, der Familie – Überarbeit besonders der Weiber und Kinder in schreckenerregendem Maß –, massenhafte Demoralisation der plötzlich in ganz neue Verhältnisse (vom Land in die Stadt, vom Ackerbau in die Industrie, aus stabilen in täglich wechselnde unsichere Lebensbedingungen) geworfnen arbeitenden Klasse."

Auch hatten wir darauf aufmerksam gemacht, daß die Menschen sich damals klar darüber waren, daß Außerordentliches geschah, daß sie in einer Revolution lebten. Dorothy George bemerkt ganz richtig: „Die Zeitschriften widmeten neuen Maschinen und Prozessen große Aufmerksamkeit, und die Zeitungen waren allgemein beredsam und voll großer Ausdrücke. Sie wiederholten immer von neuem Worte wie ‚unglaublich', ‚beispiellos', ‚erstaunlich', ‚ohne Parallele' und ähnliche. Schon 1767 erklärte ein für verbesserte Straßen und die ersten Kanäle Begeisterter: ‚nie gab es eine erstaunlichere Revolution als diese'. Die nüchterne Encyclopaedia Britannica meinte, daß ‚die Entdeckungen und Verbesserungen' des Zeitalters ‚Ruhm und Glanz über dies Land verbreiten wie es Eroberung und Herrschaft nie tun können'."

Schließlich hatten wir uns bemüht zu zeigen, daß es in dieser gewaltigen Bewegung einen Kernprozeß gab, der sie auslöste und ihren Charakter bestimmte. Dazu hatten wir Marx zitiert: „Nun ist es aber gar keine Frage, daß, wenn wir uns nach der Maschine in *elementarischer* Form umsehn, die industrielle Revolution nicht von der *bewegenden Kraft* ausgeht, sondern von dem Teil der Maschinerie, den der Engländer die *working machine* nennt, also nicht z. B. von der Ersetzung des Fußes, der das Spinnrad bewegt, durch Wasser oder Dampf, sondern von der Verwandlung des unmittelbaren Spinnprozesses selbst und der Verdrängung des Teils der menschlichen Arbeit, der nicht bloß exertion of power war (wie bei dem Treten des Rads), sondern die Bearbeitung, die direkte Wirkung auf den zu bearbeitenden Stoff betrifft. Andrerseits ist es ebensowenig eine Frage, daß, sobald es sich nicht mehr um die *historische* Entwicklung der Maschinerie handelt, sondern um Maschinerie auf Basis der jetzigen Produktionsweise, die *Arbeitsmaschine* (z. B. bei der Nähmaschine) die allein entscheidende ist, da, sobald dieser Prozeß dem Mechanismus anheimgefallen, jeder heutzutage weiß, daß man je nach der Dimension des Dings es durch Hand, Wasser oder Dampfmaschine bewegen kann." Es war also nicht jeder beliebige technische und wissenschaftliche Fortschritt, nicht die Dampfmaschine, nicht die Chemisierung so mancher Produktionsprozesse, nicht die Verwendung neuer Rohstoffe, sondern die Werkzeugmaschine, die die Industrielle Revolution einleitete und ihren Charakter bestimmte.

Die für uns jetzt entscheidende Frage ist: können wir bei der Analyse und Charakterisierung der Wissenschaftlich-technischen Revolution ähnlich vorgehen, wie bei der Einleitung der Untersuchung der Industriellen Revolution?

Der Ausdruck Wissenschaftlich-technische *Revolution* deutet bereits an, daß wir mit dieser Formulierung einen Vorgang von ganz außerordentlicher gesellschaftlicher Bedeutung charakterisieren wollen. Frage: Ist diese Revolution verbunden mit der Schaffung neuer Klassen und Schichten, wie es in der Industriellen Revolution, ausgehend von der rapiden Entwicklung der Produktivkräfte, der Fall war? Ich glaube, man kann sagen: Die Wissenschaftlich-technische Revolution verlangt mehr: sie verlangt eine neue Gesellschaftsordnung.

Marx, Engels und Lenin haben immer wieder darauf hingewiesen und ganz konkret aufgezeigt, wie die Produktivkräfte in der kapitalistischen Gesellschaft immer stärker nach neuen, nach sozialistischen Produktionsverhältnissen verlangen, wie das Kapital gezwungen ist, seinen eigenen, den kapitalistischen Produktionsverhältnissen Formen der Vergesellschaftung zu geben, die ihnen im Grunde fremd sind (so daß Lenin mit Recht bisweilen fragte: ist das noch Kapitalismus?), und die insbesondere Lenin darum charakterisiert hat einerseits als Erscheinungen des sterbenden Kapitalismus und andererseits als „Vorbereitungen" des Sozialismus.

Unter den Bedingungen der Wissenschaftlich-technischen Revolution, deren allererste Anfänge wir heute erleben, wird dieser Schrei der Produktivkräfte nach neuen Produktionsverhältnissen im Kapitalismus lauter denn je – und zugleich müssen wir feststellen, daß unter den Bedingungen des Kapitalismus die Wissenschaftlich-technische Revolution, abgesehen von Spezialgebieten wie dem Militärwesen, kaum Fortschritte macht.

Kaum Fortschritte? wo doch die ganze Welt sich der Wissenschaftlich-technischen Revolution so stark bewußt ist? wo doch, genau wie es Dorothy George für das 18. Jahrhundert schildert, die Weltpresse und die Zeitschriften voll sind von Worten wie „unglaublich", „beispiellos", „erstaunlich", „ohne Parallele" und ähnlichen, wenn es gilt, die Leistungen der Wissenschaftlich-technischen Revolution zu schildern!

Um die Fortschritte der Wissenschaftlich-technischen Revolution einschätzen zu können, ist es notwendig, sich über ihren Kern, ihr entscheidendes Charakteristikum klar zu werden. Es genügte nicht, bei der Industriellen Revolution aufzuzählen: Chemisierung, Dampfmaschine, Werkzeugmaschine, Revolutionierung der energetischen Basis, neue Rohstoffe usw. Marx wies auf *einen* entscheidenden Faktor hin: die Werkzeugmaschine. Frage: gibt es bei der Wissenschaftlich-technischen Revolution einen ähnlichen Faktor?

Hören wir dazu Wolfgang Jonas:

„Die Begründung der Wissenschaft von den dynamischen Regelprozessen und die Entwicklung der Elemente der Steuer- und Regeltechnik leiteten gegen Ende der vierziger Jahre dieses Jahrhunderts einen revolutionären Prozeß im Bereich der gesellschaftlichen Produktivkräfte ein, dessen ganze Tragweite und Auswirkung heute noch nicht im vollen Umfang übersehen werden kann. Kernprozeß dieser beginnenden revolutionären Umgestaltung ist die Automatisierung der Produktion. Die wissenschaftlich-technische Revolution ist genausowenig wie die Industrielle Revolution des Kapitalismus eine nur technische Revolution, sie erfaßt und wandelt die gesamte Struktur der Gesellschaft.

Aus dem Bestreben heraus, die ganze Breite der Auswirkungen der wissenschaftlich-technischen Revolution hervorzuheben, findet man häufig in der Literatur eine Charakterisierung dieser Revolution der Produktivkräfte durch eine nach ihrer Bedeutung und in ihrem dialektischen Zusammenhang undifferenzierte Aufzählung der neuen gesellschaftlichen Phänomene wie Atomenergie, Chemisierung, Rolle der Wissenschaft, Automatisierung usw. Die Gefahr einer solchen oberflächlichen Definition

der wissenschaftlich-technischen Revolution liegt darin, daß der Eindruck entsteht, es handele sich um die einfache Summierung technischer Revolutionen, und darin, daß das entscheidende Glied, von dem die ganze gesellschaftliche Umwälzung ausgeht, nicht voll erkannt wird. Von der Atomenergie – so unerläßlich ihre Entwicklung für die Zukunft ist – geht genausowenig die grundlegende revolutionäre Umwälzung aus wie seinerzeit von der Dampfmaschine. Nicht umsonst betont Marx immer wieder, daß es die Werkzeugmaschine ist, von der die Industrielle Revolution ausging, weil durch ihre Einführung die Stellung des Menschen im Produktionsprozeß grundlegend verändert wurde. ...
Marx' analytische Methode konsequent angewendet, heißt: Es sind die Steuer- und Regeleinrichtungen, von denen die wissenschaftlich-technische Revolution ausgeht. Durch die Einführung technischer Steuer- und Regeleinrichtungen schiebt der Mensch in dem Auseinandersetzungsprozeß mit der Natur wiederum ein neues Element der gesellschaftlichen Produktivkräfte zwischen sich und die Natur. Seine Stellung in diesem Auseinandersetzungsprozeß, seine Stellung zur Natur, das heißt seine Stellung als Produktivkraft, wird verändert. Der Mensch scheidet als Glied des produktionstechnischen Systems aus dem unmittelbaren Produktionsprozeß, dem eigentlichen Fertigungsprozeß, aus. All die qualvollen psychisch und physisch so belastenden Routinefunktionen, die höchste Konzentration bei gleichzeitiger unendlicher Monotonie abverlangten, die geistige und körperliche Beweglichkeit erforderten, aber zugleich Geist und Körper durch die auf die Spitze getriebene Vereinseitigung verkümmern ließen, übergibt der Mensch einem technischen System. Der Mensch tritt neben den Fertigungsprozeß als sein Arrangeur und Konstrukteur. Der eigentliche Fertigungsprozeß ist zu einem geschlossenen System der vom Menschen zweckgerichtet aufeinanderwirkenden Naturgewalten geworden, vergegenständlichte Wissenschaft des Menschen, der dank der ‚List der Vernunft' die Naturkräfte aneinander so abarbeiten läßt, daß die von ihm gewünschte Veränderung der Naturstoffe vollzogen wird."*

Während die Werkzeugmaschine die Hand des Menschen als Führer des Werkzeuges ersetzte, ersetzt die Vollautomatisierung (in gewisser Weise schon die komplexe Automatisierung) die Hand des Menschen als Führer der Werkzeugmaschine. Darum formulierte auch Walter Ulbricht auf dem VII. Parteitag der Sozialistischen Einheitspartei: „Seinerzeit, während der Entwicklung des Kapitalismus, war die industrielle Revolution durch das Entstehen und die massenhafte Anwendung der Arbeitsmaschinen als der für die damalige kapitalistische Produktionsweise typischen Form der Nutzung der Produktivkräfte charakterisiert. Heute wird die wissenschaftlich-technische Revolution in ihrem Wesen gekennzeichnet durch die Herausbildung der wissenschaftlich-technischen, organisatorischen und ökonomischen Voraussetzungen für den Übergang zur komplexen Anwendung automatisch gesteuerter und geregelter Produktionssysteme."**

* *W. Jonas*, a. a. O., S. 27 f.

** *W. Ulbricht*, Zum ökonomischen System des Sozialismus in der DDR. Band 2. Berlin 1968. S. 219 f.

Wie präzis und zugleich wie vorsichtig, also realistisch, wird hier formuliert! Präzis in bezug auf das entscheidende Charakteristikum der Wissenschaftlich-technischen Revolution: die Automatisierung – vorsichtig in der Charakterisierung des Standes der Wissenschaftlich-technischen Revolution: wir befinden uns im Stadium der Herausbildung von Voraussetzungen für den Übergang!

Wir sagten, die Werkzeugmaschine schuf keine neue Gesellschaftsordnung – denn der Kapitalismus konnte sich auch ohne die Werkzeugmaschine in England und Holland seit dem 16. Jahrhundert, in den USA seit ihrer Kolonialisierung durch England entwickeln. Auf der anderen Seite konnte sich die Werkzeugmaschine nur unter kapitalistischen Verhältnissen entwickeln, verlangte dort, wo noch keine kapitalistischen Verhältnisse herrschten, eine neue Gesellschaftsordnung. Zugleich aber muß man feststellen, daß auch vor der Einführung der Werkzeugmaschine die Produktivkräfte der kapitalistischen Länder denen der feudalen etwa im 17. und 18. Jahrhundert weit überlegen waren.

Anders gestalten sich die Verhältnisse im 20. Jahrhundert. Niemand wird sagen können, daß das einzige sozialistische Land vor der Wissenschaftlich-technischen Revolution, die Sowjetunion, bei all ihrer unvergleichlichen Überlegenheit gegenüber den kapitalistischen Ländern ihnen vor dem zweiten Weltkrieg in der Qualität des wissenschaftlich-technischen Niveaus überlegen war. Erst die Wissenschaftlich- technische Revolution der letzten Jahrzehnte brachte in kürzester Zeit eine solche Überlegenheit allen kapitalistischen Ländern, mit Ausnahme der USA, gegenüber, und gegenwärtig befinden wir uns in einem Stadium, in dem auch die USA mehr und mehr übertroffen werden.

Die Wissenschaftlich-technische Revolution ist zunächst, genau wie die Industrielle Revolution, ein sehr langsamer Prozeß (man denke noch einmal an die so großartig realistische Formulierung von Walter Ulbricht!), und darum beobachten wir zuerst auch eine Art von „Wettlauf" zwischen der sozialistischen Sowjetunion und den kapitalistischen USA, als ob es einen solchen Wettlauf im Grunde überhaupt geben könnte. Faktisch ist er, soweit überhaupt denkbar, nur in dem Stadium möglich, in dem es sich, um mit Walter Ulbricht zu sprechen, um die Herausbildung von Voraussetzungen für den Übergang handelt. Sobald es um die breite Durchführung der Wissenschaftlich-technischen Revolution geht, muß sie unter kapitalistischen Produktionsverhältnissen scheitern.

Die gewaltige gesellschaftliche Bedeutung der Wissenschaftlich-technischen Revolution und damit ganz konkret auch die Abhängigkeit der Entwicklung der komplexen und der Voll-Automatisierung als Kernstück dieser Revolution von den Produktionsverhältnissen zeigt Jonas so: „Mit der Wandlung der Stellung des Menschen im Auseinandersetzungsprozeß mit der Natur verändern sich auch die Beziehungen der Menschen zueinander. Mit dem Ausscheiden des Menschen aus dem unmittelbaren Fertigungsprozeß wird die alte historische Notwendigkeit der Arbeitsteilung zwischen der großen Masse der unmittelbaren Produzenten, die vorwiegend physische und einfache Routinedenkbarkeit, und einer Minderheit, die vorwiegend die geistig-schöpferische Tätigkeit der Leitung und Entwicklung der Produktion zu leisten hatte, aufgehoben. Und damit entfällt die eigentliche und tiefste Ursache für die Spaltung der Gesellschaft in Klassen. Mit der Übergabe der Steuer- und Regelfunktion des Menschen an ein technisches System ergibt sich gleichermaßen für alle Gesellschaftsmitglieder nicht nur die Möglichkeit, sondern auch die Pflicht, alle schöpferischen Fähigkeiten voll zu entfalten. Hier wird der tiefe Zusammenhang zwischen der wissenschaftlich-technischen Revolution und der gegenwärtig sich in der Welt vollziehenden großen sozialen Revolution des Übergangs vom Kapitalismus zum Sozialismus deutlich. Die Konvergenztheoretiker des Westens reden gern vom Zwang, der von der Technik und der Produktion ausgeht. Ja, solchen Zwang gibt es, aber sie übersehen geflissentlich, daß der Hauptzwang – Marxisten sprechen von Gesetzen der Produktivkräfte –, der von der wissenschaftlich-technischen Revolution ausgeht, auf die Ablösung des Privateigentums an Produktionsmitteln und die Zerschlagung der antagonistischen Klassenordnung gerichtet ist. Sie reden auch gern davon, daß sich die heute in zwei große sich gegenüberstehende Lager gespaltene Welt durch den Zwang der technischen Entwicklung einem gemeinsamen Zustand nähert. Auch das ist richtig, aber nicht, wie sie meinen, indem der Sozialismus sich zum Kapitalismus zurückbewegt, sondern indem alle Völker den Weg des Sozialismus-Kommunismus beschreiten werden. Mag der Imperialismus noch so geschickte Manipulationen entwickeln, mag er noch diese und jene Erfolge auf wissenschaftlich-technischem Gebiet erzielen – die Menschheit steht heute erst am Anfang der wissenschaftlich-technischen Revolution, und mit jedem Schritt werden die Widersprüche in der kapitalistischen Gesellschaft heftiger, wird der Fäulniszustand stärker und die Werktätigen entschlossener, diese Gesellschaftsordnung zu ändern. So wird die wissenschaftlich-technische Revolution auch im letzten Drittel des 20. Jahrhunderts kein Zaubermittel sein, um den Kapitalismus zu verjüngen, um diesen überlebten Greis in einen Jüngling zu verwandeln. *Im Gegenteil, die wissenschaftlich-technische Revolution macht noch offensichtlicher, daß der Sozialismus im Weltmaßstab historisch auf der Tagesordnung steht.*'*"**

Nur wenn wir klar sehen, daß die komplexe, ja später vielleicht nur die Vollautomatisierung der Kernprozeß der Wissenschaftlich-technischen Revolution ist, und nur wenn wir verstehen, daß dieser Prozeß die Produktivkräfte immer stärker zu Empörungen gegen die kapitalistischen Produktionsverhältnisse drängt, weil sie sich in ihrer neuen Gestalt nur unter sozialistischen Produktionsverhältnissen wirklich entwickeln können, nur dann werden wir den tiefen Sinn und die ganze Bedeutung der Wissenschaftlich-technischen Revolution begreifen.

* *W. Ulbricht,* Die weitere Gestaltung des gesellschaftlichen Systems des Sozialismus. 9. Tagung des ZK der SED, Berlin 1968, S. 25.

** *W. Jonas,* a. a. O., S. 28 f.

2. Der historische Hintergrund

Nachdem wir allgemein untersucht haben, was die Wissenschaftlich-technische Revolution ist und was sie gesellschaftlich bedeutet, untersuchen wir nun ihren historischen Hintergrund in der kapitalistischen Welt.*

Als Lenin sich 1915 mit der Losung der „Vereinigten Staaten von Europa" auseinandersetzte, äußerte er sich über die Entwicklung der Machtverhältnisse in Europa während des vorangegangenen Halbjahrhunderts so: „Die Machtverhältnisse ändern sich aber mit dem Gang der ökonomischen Entwicklung. Nach 1871 erstarkte Deutschland etwa drei- bis viermal so rasch wie England und Frankreich, Japan annähernd zehnmal so rasch wie Rußland."** Und dann kommt er zu der Feststellung: „Die Ungleichmäßigkeit der ökonomischen und politischen Entwicklung ist ein unbedingtes Gesetz des Kapitalismus."***

Im folgenden soll natürlich keine erschöpfende Analyse des Wirkens des von Lenin entdeckten Gesetzes der Ungleichmäßigkeit der ökonomischen und politischen Entwicklung des Kapitalismus gegeben werden. Im wesentlichen konzentrieren wir unsere Aufmerksamkeit zunächst auf die Analyse einiger neuer Momente der Ungleichmäßigkeit der ökonomischen Entwicklung des heutigen Kapitalismus. Wir stellen uns nicht die Aufgabe, auf solche Fragen zu antworten, wie: Einfluß der Sprunghaftigkeit der Entwicklung der imperialistischen Staaten auf die Geschicke der „dritten Welt", Einfluß des sozialistischen Weltsystems auf die Bedingungen und Erscheinungsformen des Gesetzes der Ungleichmäßigkeit, Einfluß der Ungleichmäßigkeit der Entwicklung des heutigen Kapitalismus auf die Strategie und Taktik der internationalen kommunistischen Bewegung. Diese komplizierten Probleme bedürfen einer speziellen Untersuchung.

Die Ungleichmäßigkeit nur der ökonomischen Entwicklung sind wir in der Lage, ungefähr zu messen, und zwar an der relativen Entwicklung der industriellen Produktion °:

Anteile einiger Länder an der Weltindustrieproduktion 1870–1913 (Prozent)

Jahr	Deutschland	England	Frankreich	USA	Rußland
1870	13	32	10	23	4
1880	13	28	9	28	3
1890	14	22	8	31	3
1900	16	18	7	31	6
1910	16	14	7	35	5
1913	16	14	6	36	6

* Vgl. zum folgenden *J. Kuczynski,* Die zunehmende Ungleichmäßigkeit der ökonomischen Entwicklung des Kapitalismus. In: „Probleme des Friedens und des Sozialismus", 10/11, 11. Jg. 1968, S. 1304 ff.

** *W. I. Lenin,* Werke. Bd. 21, S. 344.

*** Ebendort, S. 345.

° Vgl. für diese und alle folgenden Tabellen ohne Quellenangabe: *J. Kuczynski,* Die Geschichte der Lage der Arbeiter unter dem Kapitalismus. Bd. 37, Berlin 1967.

Englands Anteil an der Weltindustrieproduktion hat sich von 1870 bis 1913 mehr als halbiert, der Frankreichs fast halbiert. Die Anteile der USA und Rußlands sind um rund die Hälfte gestiegen. Auch Deutschlands Anteil ist gestiegen und beträgt 1913 das Zweieinhalbfache des Anteils Frankreichs und hat auch Englands Anteil übertroffen.

Die Ungleichmäßigkeit der Entwicklung des Kapitalismus hat die verschiedensten Ursachen, geht auf die verschiedenste Weise vor sich und zeitigt die verschiedensten Erscheinungen.

Als Grundursache für die Ungleichmäßigkeit der Entwicklung nennen die Klassiker des Marxismus-Leninismus ganz einfach die Warenproduktion.* Die kapitalistische Warenproduktion führt zu dem, was Lenin „die Ungleichmäßigkeit und Sprunghaftigkeit in der Entwicklung einzelner Unternehmungen, einzelner Industriezweige und einzelner Länder“ nennt und die er als „unvermeidlich“ charakterisiert.**

Als besonders wirksamen Faktor, gewissermaßen als Beschleuniger des Prozesses der Ungleichmäßigkeit, erwähnt Lenin die Erweiterung des Kolonialbesitzes, die selber so „höchst ungleichmäßig“ vor sich gehe.***

Hoch bedeutsam ist auch dieser Hinweis von Lenin: „Am schnellsten wächst der Kapitalismus in den Kolonien und den überseeischen Ländern. Unter diesen Ländern entstehen *neue* imperialistische Mächte (Japan).“ ° Dank der Möglichkeit der Übernahme technischer Erfahrungen und Prozesse von weiter entwickelten Ländern können sich junge Industrieländer oder gar erst Industrieländer werdende Agrarländer unter bestimmten günstigen Bedingungen wesentlich schneller als die alten Industrieländer entwickeln.

Wir sehen, Lenin leitet das Gesetz der Ungleichmäßigkeit der ökonomischen und politischen Entwicklung aus den kapitalistischen Produktionsverhältnissen ab. Bisweilen weist er illustrativ auf die Entwicklung seit 1870/71 hin, bisweilen geht er bis zur Mitte des 19. Jahrhunderts zurück °°, bisweilen sogar in die Anfänge des englischen Kapitalismus, in das 17. Jahrhundert.°°°

Gerade darum aber müssen wir uns fragen, warum Lenin seit seinen intensiven Imperialismus-Studien, seit dem Ausbruch des Weltkrieges diesem Entwicklungsgesetz des Kapitalismus so ganz besondere Bedeutung beilegt. Meiner Meinung nach doch ganz offenbar aus drei Gründen:

1. Der Krieg ist, wie Lenin festgestellt hatte, einerseits das einzige Mittel, um die relative Macht der wichtigsten kapitalistischen Staaten zu messen. Er ist zugleich aber auch ein Mittel, diese relative Macht außerordentlich und schnellstens zu verändern. Um die Veränderungen auf ökonomischem Gebiet anzuzeigen, sei die vorangegangene Tabelle fortgesetzt:

* Siehe zum Beispiel *W. I. Lenin*, Werke, Bd. 23, S. 74.
** Ebendort, Bd. 22, S. 244.
*** Ebendort, S. 263.
° Ebendort, S. 279.
°° Ebendort, S. 244.
°°° Ebendort, Bd. 24, S. 402.

Anteile einiger Länder an der Weltindustrieproduktion 1913 und 1920 (Prozent)

Jahr	Deutschland	England	Frankreich	USA
1913	16	14	6	36
1920	9	14	5	47

2. Lenin kam auf Grund seiner Überlegungen zur Ungleichmäßigkeit der Entwicklung des Kapitalismus schon im September 1916 zu der „unvermeidlichen Schlußfolgerung": „Der Sozialismus kann nicht gleichzeitig in *allen* Ländern siegen. Er wird zuerst in einem oder einigen Ländern siegen, andere werden für eine gewisse Zeit bürgerlich oder vorbürgerlich bleiben."* Das Gesetz der ungleichmäßigen Entwicklung hat also strategische Bedeutung höchsten Grades für die revolutionäre Arbeiterbewegung! Die Große Sozialistische Oktoberrevolution und der folgende Ablauf der Geschichte bestätigten die Richtigkeit der wissenschaftlichen Schlußfolgerungen Lenins.
3. Die Verhältnisse des Imperialismus verschärfen die Ungleichmäßigkeit der ökonomischen und politischen Entwicklung ganz besonders. Monopolbildungen und Weltkriege beschleunigen die Ungleichmäßigkeit der Entwicklung, wie umgekehrt die Ungleichmäßigkeit der Entwicklung die Monopolbildungen beschleunigt und die Spannungen in der kapitalistischen Welt enorm zuspitzt.
Das scheinen mir die wichtigsten Gründe, warum Lenin diesem dem Kapitalismus stets eigentümlichen Bewegungsgesetz im Stadium des Imperialismus so ganz besondere Bedeutung beigemessen hat.

Das halbe Jahrhundert, das seit der Entdeckung des Gesetzes der zunehmenden Ungleichmäßigkeit der ökonomischen und politischen Entwicklung vergangen ist, hat die Wirksamkeit dieses Gesetzes vollauf bestätigt. Gleichzeitig zeigten sich neue Erscheinungen, die die Ungleichmäßigkeit der Machtentwicklung in zu Lenins Zeiten noch unbekannter Form steigern und die sorgfältig studiert werden müssen. Es entwickelten sich auch Gegenströmungen zu diesem Gesetz auf Teilgebieten, die zu einer noch schärferen Zuspitzung der Widersprüche in der kapitalistischen Welt führen mußten. All dies ist im folgenden näher anzudeuten, zumal es von großer Bedeutung auch für die Analyse der Verschärfung der allgemeinen Krise des Kapitalismus ist.
Untersuchen wir zunächst die Tendenz zur Korrektur besonderer ökonomischer Ungleichheiten und die gleichzeitige Verschärfung der politischen Widersprüche.
Betrachten wir die folgende Übersicht über die relative industrielle Stärke einiger wichtiger kapitalistischer Länder im Rahmen der kapitalistischen Weltproduktion:

* Ebendort, Bd. 23, S. 74.

Anteile an der kapitalistischen Weltindustrieproduktion 1913–1969 (Prozent)

Jahr	Deutschland	England	Frankreich	USA	Japan	alle anderen Länder
1913	16	14	6	36	1	27
1920	9	14	5	47	2	23
1929	12	12	6	44	3	23
1937	12*	11	5	42	4	26
1948	4**	11	4	54	1	26
1965	9**	8	5	45	6	27
1969	9**	7	5	43	9	27

Jedesmal, wenn ein Weltkrieg besondere ökonomische Ungleichheiten geschaffen hatte, entwickelten sich in den folgenden Jahren sehr deutliche Tendenzen zur Beseitigung dieser besonderen Ungleichheiten. Nach dem Ersten Weltkrieg lag die deutsche Ökonomie ganz darnieder – 1919 etwa bei 6 Prozent der Weltproduktion –, und der Anteil der USA lag weit über ihrem Vorkriegsstand, 1919 wurden über 50 Prozent der Industrieprodukte der Welt in den USA hergestellt. 1937 hatte die deutsche Produktion wieder den doppelten Anteil von 1919, war wie vor dem Ersten Weltkrieg wieder der Englands überlegen und mehr als doppelt so groß wie die Frankreichs; der Anteil der USA war wieder gesunken.

Dem völligen Verfall der Position des deutschen und japanischen Imperialismus in der Welt unmittelbar nach dem Zweiten Weltkrieg folgte mit Unterstützung des USA-Imperialismus ein neuer Aufstieg. Japans ökonomische Position ist heute sogar wesentlich stärker als vor dem Zweiten Weltkrieg. Die Position der USA ist nach einem starken Aufstieg im Gefolge des Zweiten Weltkrieges wieder auf den Stand der Jahre 1937 und 1929 abgesunken.

Das heißt, wir können beobachten, daß in der kapitalistischen Welt im Stadium des Imperialismus und der Weltkriege eine Tendenz besteht, besondere Ungleichheiten wieder zu korrigieren. Durch solche Korrekturen besonderer Ungleichmäßigkeiten der ökonomischen Entwicklung wird aber genau der Typ der Ungleichmäßigkeit wiederhergestellt, der zuvor zur Explosion der (auf Grund der Ungleichmäßigkeit der Entwicklung entstandenen) Widersprüche in den Weltkriegen geführt hat!

Die Korrektur „besonderer ökonomischer Ungleichmäßigkeiten" in der Entwicklung auf Grund von Weltkriegen in den den Weltkriegen folgenden Jahren ist daher unter imperialistischen Verhältnissen identisch mit der Verschärfung der politischen Widersprüche und der Vorbereitung neuer Explosionen dieser Widersprüche in Weltkriegen. Jedoch ist ein Faktor im letzten Vierteljahrhundert hinzugekommen, der die Analyse noch wesentlich kompliziert.

Dieser enorm wichtige Faktor ist die zunehmende Ungleichmäßigkeit der technischen Entwicklung.

Als Lenin die Weltverhältnisse des Imperialismus analysierte, bestand seit Jahrzehnten eine Tendenz zur technischen Nivellierung, zur Angleichung des techni-

* **Prozentsatz für das Gebiet der Bundesrepublik: 8.**

** **Bundesrepublik.**

schen Niveaus in den verschiedenen Ländern. Diese Tendenz ermöglichte es z. B. Japan, aus einem feudalen Agrarland mit großer Schnelligkeit zu einer imperialistischen Industriemacht zu werden. Diese Tendenz zur Nivellierung hatte in den 20er Jahren manche so beeindruckt, daß sie glaubten, sie wirke dem Leninschen Gesetz der ungleichmäßigen ökonomischen Entwickung entgegen. Sie begriffen nicht, daß die Nivellierung des technischen Niveaus, wie das Beispiel Japan zeigte, die Wirkung des von Lenin entdeckten Gesetzes der ungleichmäßigen ökonomischen und politischen Entwicklung nur förderte und steigerte.

Heute müssen wir von der entgegengesetzten Tendenz der technischen Entwicklung sprechen: Die Ungleichmäßigkeit der technischen Entwicklung nimmt rapide zu. Die Bedeutung dieser Tatsache sei am Beispiel der USA illustriert.

Betrachten wir noch einmal, schon um die Begrenztheit der rein ökonomischen Analyse zu zeigen – ebendiese Begrenztheit veranlaßte ja auch Lenin, nur im Kriege einen Maßstab der relativen imperialistischen Machtverhältnisse anzuerkennen –, die relative ökonomische Position der USA.

Anteil der USA an der kapitalistischen Weltindustrieproduktion

Jahr	Prozent	Jahr	Prozent
1913	36	1937	42
1919	über 50	1946	um 60
1929	44	1969	43

Ökonomisch hat sich die Position der USA im Laufe der Jahre zwischen den beiden Weltkriegen wieder stark der Situation vor dem Ersten Weltkrieg angenähert. Jedoch wäre es grundfalsch, daraus irgendwelche Schlüsse auf die politische Position der USA ziehen zu wollen. Konnte man 1913 noch daran zweifeln, wer die stärkere politische Macht war: England mit seinem Empire oder die USA? und konnten auch kluge Analytiker sich für England entscheiden, ohne daß man in der Lage gewesen wäre, ihnen das Gegenteil zu beweisen, so brachte der Erste Weltkrieg den Beweis, daß die USA zur beherrschenden Macht der kapitalistischen Welt geworden waren.

Nach dem Zweiten Weltkrieg schienen die USA wieder auf die Position von 1937 oder 1929 abzusinken. Davon kann aber auf Grund der mit der Wissenschaftlich-technischen Revolution auftretenden Ungleichmäßigkeit der technischen Entwicklung nicht die Rede sein. Vor allem aus zwei Gründen halten die USA eine in gewisser Beziehung gegenüber 1937 oder 1929 noch weit überlegene Position:

1. Es gibt heute technische Entwicklungen, die infolge ihrer Kosten (außerhalb der UdSSR) nur noch einem so großen und über so starke wirtschaftliche Ressourcen verfügenden kapitalistischen Land wie den USA möglich sind. Als Beispiel kann die Entwicklung der Raumfahrt oder die Produktion größter und effektivster elektronischer Geräte in den USA genannt werden.

2. Im Zusammenhang damit und auch infolge der allgemeinen Geschwindigkeit des technischen Fortschritts wird der auch international mögliche technische Fortschritt in den USA viel schneller auf viel breiterer Ebene eingeführt als etwa in Westeuropa.

Typisch sind die in einer Mitteilung des „Economist“ vom 13. Juli 1968 angeführten Fakten: „Europas* Maschinenbauindustrien (engineering industries) beschäftigen fast doppelt so viele Arbeiter wie die Nordamerikas (in mehr als doppelt so vielen Betrieben) ... doch liefern sie nur halb so viel Ware. Die Produktion pro Beschäftigten liegt unter einem Drittel der Nordamerikas. Die Arbeitsproduktivität in Europa* hinkt jetzt auch beachtlich hinter der Japans hinterher, während sie in den fünfziger Jahren noch doppelt so hoch war.“

*

Die Ungleichmäßigkeit der technischen Entwicklung kompliziert jedoch nicht nur die Machtverhältnisse unter den kapitalistischen Ländern weiter, sondern tendiert auch dazu, ganz neue Machtverhältnisse durch Integration zu schaffen.

Beide Weltkriege hatten zur Bildung von militärisch-politischen Machtblöcken kapitalistischer Länder geführt, die, ihrem Charakter nach, einige Zeit nach Beendigung des jeweiligen Weltkrieges wieder auseinanderzubrechen drohten bzw. faktisch auseinanderbrachen.

In den Jahren nach dem Zweiten Weltkrieg versuchte man nun, die neuen Machtblöcke, die sich im Rahmen der Globalstrategie der Monopole unter amerikanischer Führung gegen die Sowjetunion und die anderen sozialistischen Länder bildeten, regional stärker zu integrieren und vor allem auch ökonomisch zu unterbauen. Am weitesten kam man mit diesen Integrationsbestrebungen in Europa durch die Gründung der Europäischen Wirtschaftsgemeinschaft – die EWG wurde am 1. Januar 1958 wirksam und umfaßt Frankreich, die Bundesrepublik, Italien sowie Holland, Belgien und Luxemburg. Die Wirtschaftsgemeinschaft sollte die politische Allianz sichern und die ökonomische Basis Europas für die NATO liefern.

Betrachten wir zunächst die Entwicklung der ökonomischen Stärke der EWG-Länder:

Anteil der EWG an der kapitalistischen Weltindustrieproduktion (Prozent)

1937 — 21	1958 — 20
1948 — 13	1969 — 20

Der Anteil der EWG-Länder liegt 1958 unter dem der Vorkriegszeit, und die Schaffung und Tätigkeit der EWG hat ungeachtet aller Anstrengungen nicht dazu beigetragen, ihren Anteil an der kapitalistischen Weltindustrieproduktion bis 1969 zu erhöhen.

Dabei müssen wir noch bedenken, daß es im Grunde gar nicht richtig ist, die EWG als Europäische Wirtschaftsgemeinschaft zu charakterisieren. Denn das amerikanische Monopolkapital besitzt ganz wesentliche Schlüsselpositionen in den EWG-Ländern, also auch in der EWG. Viele der technisch bestausgerüsteten Werke gerade in den modernen Industrien sind ganz oder teilweise in amerikanischem Monopolbesitz.

* Unter Europa versteht der „Economist“ die westeuropäischen Länder.

Was nun die Steuerungs- und Regulierungsversuche der EWG betrifft, so betrachte man nur folgende Prognose- und Ist-Zahlen der Montanunion, in der die Steuerung bzw. Regulierung innerhalb der EWG am weitesten fortgeschritten ist*.

Prognose von 1957 der Kohleproduktion der EWG für 1965	325 Mill. t
Faktische Produktion 1965	213 Mill. t
Prognose von 1957 des Energiebedarfs der EWG für 1965	570 Mill. t SKE
Faktischer Bedarf	626 Mill. t SKE
Prognose von 1962 der Rohstahlproduktion der EWG für 1966	93-100 Mill. t
Faktische Produktion 1966	85 Mill. t

Die Struktur der Produktion wurde vom technisch-ökonomischen Standpunkt aus progressiver, doch Prognose, Steuerung und Regulierung erwiesen sich als nicht effektiv.

Schließlich darf man nicht übersehen, daß im Laufe der Zeit ein Faktor innerhalb der EWG eine zunehmende Rolle spielte und in gewisser Weise den Charakter der EWG sehr wesentlich änderte: Mehr und mehr versuchten insbesondere Frankreich und die Bundesrepublik, die in der EWG zentralisierte Macht der westeuropäischen Monopole dazu zu benutzen, durch gemeinsame Projekte die zunehmende „technische Lücke“ zwischen den westeuropäischen Staaten und den USA zu schließen. Wir hatten schon zuvor am Beispiel des Maschinenbaus gezeigt, daß auch dieser Versuch bisher fehlgeschlagen ist.

Das heißt, die EWG hat versagt:

1. In der relativen Stärkung der EWG-Länder im Rahmen der kapitalistischen Weltindustrieproduktion – statt relativ erstarkt, sind sie gegenüber der Vorkriegszeit in einer schwächeren Position!
2. In den Versuchen internationaler Steuerung und Regulierung der Produktion – die Anarchie der Wirtschaft nimmt gerade in den letzten Jahren zu!
3. In der Schließung der „technischen Lücke“ zwischen Westeuropa und den USA – die Lücke wird ständig größer!

Die Folge dieser weiteren Verschärfung der Ungleichmäßigkeit der ökonomischen und technischen Entwicklung zwischen EWG und USA wirkt auch als Sprengpulver auf die politische Entwicklung: sowohl gegenüber den USA wie auch zwischen den EWG-Ländern, wie auch innerhalb jedes EWG-Landes. Zum Beispiel: Die Gegensätze zwischen Frankreich und den USA haben sich so weit verschärft, daß Frankreichs militärische Integration in die NATO stark gelockert ist und daß seine Position in der EWG nicht mehr unbedingt als Teil der ökonomischen Basis der NATO charakterisiert werden kann.

Die Bundesrepublik beginnt zwischen ihrer alten Linie der eindeutigen Orientierung auf das amerikanische Monopolkapital und der Entwicklung der EWG zu einer

* Vgl. dazu Europäische Gemeinschaft für Kohle und Stahl, EGKS 1952–1962, Luxemburg 1963, S. 523 ff.; „Allgemeine Ziele Stahl“, Luxemburg 1962, S. 32 ff.

„dritten Kraft" (die französische Linie) zu schwanken – mit der eigenen Nuance jedoch, daß in ihr die westdeutschen Monopole die entscheidende Rolle spielen sollen, wodurch die Diskrepanz zwischen ihrer ökonomischen und politischen Position weiter wächst. Zugleich hat sich das westdeutsche Monopolkapital selbst in mehrere Gruppen gespalten, von denen eine mehr zu den USA, eine andere mehr zum französischen Monopolkapital neigt, während eine dritte (mit den Neonazis als einem Sprachrohr) stärker die Notwendigkeit einer „ganz eigenen bundesdeutschen" Politik betont.

Das heißt, wenn wir die EWG als Phänomen der Integration zur Verminderung von Ungleichmäßigkeiten der Entwicklung auf verschiedenen Gebieten analysieren – ein Phänomen, das natürlich nicht nur das Produkt eines „subjektiven politischen Willens" der Beteiligten, sondern auch einer objektiven Tendenz zur „Internationalisierung der Wirtschaft" ist –, dann kommen wir im Endresultat dazu, sie eher als Phänomen der politischen Desintegration des „westlichen Imperialismus", das neue Gegensätze aufreißt, zu betrachten.

Doch darf man nie vergessen, daß solche Ungleichmäßigkeiten der Entwicklung häufig die Aggressivität des Monopolkapitals nur noch steigern, wie gerade das letzte Jahrfünft für das Monopolkapital der USA und der Bundesrepublik wieder bewiesen hat. Auch darf man nicht übersehen, daß die internationale Konzentration und Zentralisation des Kapitals im Rahmen der EWG ständig fortschreitet und den Imperialismus so ständig gefährlicher für Frieden und Fortschritt macht.

Vielleicht sollte man noch kurz auf Japan zu sprechen kommen. Betrachten wir die folgenden Statistiken:

Anteil an der kapitalistischen Weltindustrieproduktion (Prozent)

Jahr	Japan	England	Frankreich	Bundesrepublik
1937	4	11	5	8 (12*)
1948	1	11	4	4
1969	9	7	5	9

Japan hat 1969 praktisch die Position von England überholt und die der Bundesrepublik erreicht. Jedoch auch folgendes ist zu beachten: Etwa die Hälfte der im Bau befindlichen Schiffstonnage der kapitalistischen Welt liegt heute in Japan. Japan nimmt auch den ersten Platz in der Produktion von Filmkameras, Fotoapparaten, Rundfunkgeräten und Webstühlen ein. In der Erzeugung von Stahl, Strom, Kraftwagen, Zement, Aluminium, Plaste, Wollstoffen und synthetischen Stoffen, Schwefelsäure und vielen anderen Industriewaren steht es in der kapitalistischen Welt hinter den USA auf dem zweiten Platz. In der Bevölkerung ist Japan halb so stark wie die USA und etwa doppelt so stark wie England oder Frankreich oder die Bundesrepublik. Japan steht technisch wohl zwischen England und der Bundesrepublik einerseits und den USA andererseits, ist den letzteren auf Einzelgebieten sogar überlegen.

Charakteristisch ist jedoch, daß der Reallohn der japanischen Arbeiter unter dem

* Deutschland.

vieler kapitalistischer Länder liegt. Die Arbeitsproduktivität in der verarbeitenden Industrie Japans ist nach Berechnungen japanischer bürgerlicher Wirtschaftswissenschaftler doppelt so hoch wie in England, aber der Durchschnittslohn der japanischen Arbeiter belief sich in den letzten Jahren im Vergleich zu England nur auf 80 Prozent. Nach denselben Berechnungen liegt die Arbeitsproduktivität Japans im Durchschnitt um 20 Prozent hinter der der USA zurück, in bezug auf das Lohnniveau aber um 73 Prozent. Diese Ziffern zeigen, daß der Hauptstimulus der schnellen Wirtschaftsentwickung Japans – der kapitalistische Profit – mittels eines Ausbeutungsgrades der Lohnarbeit erreicht wird, der bedeutend größer ist als der Westeuropas und Amerikas.
Ja, Japan stellt einen Sonderfall dar, der die Widersprüche in der kapitalistischen Welt nur noch weiter verschärft!

Wir waren bisher daran gewöhnt, zahlreiche Gegensätze unter den imperialistischen Ländern zu erklären: aus der Ungleichmäßigkeit der ökonomischen und politischen Entwicklung jedes einzelnen Landes selbst und der verschiedenen Länder untereinander. Für die Unterschiedlichkeit der politischen und ökonomischen Entwicklung in einem Land war Deutschland stets ein typisches Beispiel. Die politische Rolle Deutschlands im Weltgefüge des Kapitalismus war sowohl 1913 wie 1938 kleiner als seine ökonomische Rolle. Das gilt 1969 in noch viel höherem Maße für die Bundesrepublik und besonders auch für Japan. Und dazu ist in den Jahren nach dem Zweiten Weltkrieg noch die Problematik der Unterschiedlichkeit der technischen von der ökonomischen und politischen Entwicklung hinzugekommen!
Schließlich müssen wir auch noch die ganz ungewöhnliche Labilität des kapitalistischen Weltsystems, die in den überraschend schnellen Veränderungen im jeweiligen relativen Machtstand gerade in den letzten Jahren zum Ausdruck kam, in Betracht ziehen. Niemand wird bestreiten, daß infolge des Vietnamkrieges die politische Position der USA sich im Rahmen der kapitalistischen Welt während der letzten Jahre rapide verschlechtert hat, wozu auch noch eine Verschlechterung der ökonomischen Position gekommen ist, während ihr technischer Vorsprung aber zugenommen hat.
Der amerikanische Krieg in Vietnam läßt uns in ganz erstaunlicher Weise prüfen, wie die Macht des amerikanischen Monopolkapitals durch die allgemeine Krise des Kapitalismus und durch die Existenz sozialistischer Staaten, vor allem natürlich der Sowjetunion, geschwächt worden ist. Der Krieg der USA gegen Vietnam unter den Bedingungen der Verschärfung der allgemeinen Krise und der Existenz der Sowjetunion und anderer sozialistischer Länder hat wahrlich die relative Machtlosigkeit der USA aufgezeigt: Trotz seiner relativen ökonomischen, technischen, politischen und militärischen Stärke kann das amerikanische Monopolkapital seine aggressiven Ziele nicht erreichen. Zugleich charakterisiert diese relative Machtlosigkeit des amerikanischen Monopolkapitals natürlich auch die relative Machtlosigkeit des Gesamtmonopolkapitals, der ganzen kapitalistischen Welt gegenüber dem Sozialismus, gegenüber allen fortschrittlichen Kräften in der Welt.

Niemand wird bestreiten, daß sich in den letzten Jahren die ökonomische Position Englands ganz wesentlich verschlechtert hat und daß seine politische Position ebenfalls schwächer wurde, während seine relative technische Position heute nicht schlechter ist als vor einem Jahrzehnt.
Niemand wird bestreiten, daß die ökonomische Position des französischen Monopolkapitals im Gefolge des Generalstreiks im Mai 1968 heute schwächer ist als je in den letzten zehn Jahren und seine politische Position sich im Rahmen des Weltmonopols verschlechtert hat, während seine technische Position bisher von diesen Schwächungen noch nicht berührt worden ist.
Dabei ist wohl folgendes zu beachten: Es läßt sich keine Gesetzmäßigkeit der relativen Geschwindigkeit der Veränderung der politischen und der ökonomischen Machtpositionen beobachten. Vor dem Ersten Weltkrieg z. B. ging der Verfall der ökonomischen Machtposition Englands schneller vor sich als der der politischen. Seit 1965 ist der Verfall der politischen Machtposition der USA schneller als der der ökonomischen oder zumindest nicht langsamer. Bei schnellen negativen Veränderungen der politischen und ökonomischen Machtpositionen wird unserer Meinung nach die Abschwächung der technischen Position langsamer sein. In England aber ging wohl im 19. Jahrhundert das Absinken seiner technischen Machposition dem der politischen voraus.
Wir beobachten also gewisse Veränderungen im Kräfteverhältnis zwischen den kapitalistischen Ländern durch die Veränderung der Rolle des technischen Faktors. Statt des Überwiegens der Tendenz zur Nivellierung finden wir seit dem Zweiten Weltkrieg ein Überwiegen der Ungleichmäßigkeit der technischen Entwicklung, wodurch die Widersprüche zwischen den verschiedenen Ländern, insbesondere den imperialistischen Ländern, wie auch die Widersprüche innerhalb jedes einzelnen Landes um eine ganze Serie von Gegensätzen, zusätzlich zu den bisher zu beobachtenden von Ökonomie und Politik, noch vermehrt werden.
Und dazu kommen in den letzten Jahren eine Labilität der Verhältnisse, ein schneller Wechsel, eine eilige Wandlung in den Machtpositionen, wie sie die Geschichte des Kapitalismus, ohne daß Kriege sie verursachten, bisher nicht gekannt hat.

Betrachten wir nun noch kurz die Verhältnisse in der kapitalistischen im Vergleich zur sozialistischen Welt.
Wie bekannt, war die wichtigste Folge des Wirkens des Gesetzes der ungleichmäßigen ökonomischen und politischen Entwicklung des Kapitalismus der Einbruch der imperialistischen Front in einem Land und später die Herausbildung des sozialistischen Weltsystems. In Erscheinung trat ein neues Feld des internationalen Klassenkampfes – der politische Kampf und der ökonomische Wettbewerb zweier Systeme. Verweilen wir kurz bei einigen Ergebnissen dieses Wettbewerbes.
So verschieden die politischen und ökonomischen Verhältnisse in der kapitalistischen Welt und in den sozialistischen Ländern sind, gibt es doch auch eine Reihe von Maßstäben, um ihre Positionen vergleichen zu können.
Der bedeutendste Maßstab ist das, was wir den einfachen Menschen nennen. Trotz

aller Verschiedenheit der Erziehung und Ideenbildung ist er sich in der kapitalistischen und sozialistischen Welt in manchem sehr ähnlich. Fragen wir ihn z. B., ganz gleich wo auf der Welt, ob er für Frieden und Abrüstung oder für Remilitarisierung und Krieg ist, so wird er überall antworten: für Frieden und Abrüstung. Und da die sozialistischen Länder für Frieden und Abrüstung eintreten, die monopolistisch beherrschten Länder aber Remilitarisierung und Krieg praktizieren, so ergibt sich allein schon daraus eine ungeheure politische Überlegenheit des sozialistischen Lagers – sobald es gelingt, der Manipulierung der Menschen durch das Monopolkapital, das ihnen einredet, daß es „auch für Frieden und Abrüstung" sei, ja das den Antikommunismus im Namen von Frieden und Abrüstung predigt, Einhalt zu gebieten, ihr die Wirkung zu nehmen und der Wahrheit freie Bahn zu geben. Wie aber steht es mit der Ökonomie? Betrachten wir die folgende Tabelle:

Anteil der sozialistischen Welt (Prozent)

Jahr	Am Territorium der Erde	An der Weltbevölkerung	An der industriellen Weltproduktion
1917	16	8	3
1937	17	8	10
1950	26	35	etwa 20
1969	26	36	etwa 38

Während die Anteile am Territorium und an der Weltbevölkerung nach dem Zweiten Weltkrieg in einem Sprung gestiegen sind und vorher wie nachher stagniert haben, ist der Anteil an der industriellen Weltproduktion ständig und stetig heraufgegangen.

Betrachten wir nun den Einfluß dieser Produktionssteigerung auf die kapitalistische Weltproduktion

Anteile an der Produktion (Prozent)

Jahr	Kapitalistische Welt an der gesamten Weltproduktion	Vereinigte Staaten von Amerika an der kapitalistischen Weltproduktion	Vereinigte Staaten von Amerika an der gesamten Weltproduktion
1880	100	28	28
1913	100	36	36
1937	90	42	38
1950	etwa 80	53	42
1969	etwa 62	43	27

Innerhalb der kapitalistischen Welt ist der Anteil der USA 1969 um mehr als die Hälfte höher als 1880 – 43 gegenüber 28 Prozent. Betrachten wir jedoch die Welt als ganze, dann ist der Anteil der USA 1969 niedriger als 1880!

Immer mehr schrumpft der Anteil der kapitalistischen Welt, und völlig verwandelt sehen die Länder aus, wenn wir sie im Gesamtrahmen der Entwickung vergleichen:

Anteile an der Weltproduktion (Prozent)

Land	1880	1969
Deutschland	13	5*
England	28	5
Frankreich	9	3
USA	28	27
Rußland und andere, heute sozialistische Länder	5	38

Damit zeigt sich die Haupttendenz der modernen weltweiten Entwicklung. Die imperialistischen Mächte haben alle bedeutend an relativer ökonomischer Kraft verloren – nur die USA haben etwa das gleiche spezifische Gewicht wie vor fast 100 Jahren! ... Kein großer Erfolg für die führende Macht des Kapitals.
Das heißt, zu all der Labilität in der kapitalistischen Welt, zu den steigenden Widersprüchen auf immer neuen Ebenen der gesellschaftlichen Entwicklung kommt der ständige Schrumpfungsprozeß der Rolle und Bedeutung des Gesamtkapitals!

Recht allgemein sind im Grunde diese Ausführungen gehalten, und die Rede ist nur von der neuen Erscheinung der Ungleichmäßigkeit der technischen Entwicklung.
Ich glaube, daß es richtig so ist. Das ist in der Tat der historische Hintergrund der Wissenschaftlich-technischen Revolution. Zugleich aber zeigt dieser allgemeine Hintergrund mit seinen infolge der Ungleichmäßigkeit der technischen Entwicklung neuen Widersprüchen, wie empfindlich die kapitalistische Weltwirtschaft für auch die kleinsten Fortschritte auf dem Gebiete der Wissenschaftlich-technischen Revolution in diesem oder jenem Lande, insbesondere in den Vereinigten Staaten von Amerika und auch in Japan oder im Rahmen von multinationalen Unternehmen innerhalb der EWG sein muß!
Die Wissenschaftlich-technische Revolution muß die Widersprüche nicht nur innerhalb der kapitalistischen Produktionsverhältnisse jedes einzelnen Landes oder im Weltmaßstab, sondern gerade auch zwischen einzelnen kapitalistischen Ländern und Machtblöcken – USA, Japan, EWG – enorm intensivieren. Die Wissenschaftlich-technische Revolution hat größte politische Sprengwirkung innerhalb der kapitalistischen Welt.
Und sobald sie größere Fortschritte in der sozialistischen Welt, der ihr ureigenen Welt, in der die gesellschaftlichen Verhältnisse sie so begünstigen, machen wird, wird sie die größte Bedeutung im Weltklassenkampf, im Kampf zwischen Sozialismus und Kapitalismus erringen, wird sie die Erstarkung des Sozialismus absolut und vor allem gegenüber dem Kapitalismus enorm beschleunigen.
Noch stehen wir ganz am Anfang der Wissenschaftlich-technischen Revolution – aber gerade die vorangehenden allgemeinen Ausführungen haben gezeigt, wie empfindlich und wie empfänglich für die (im Kapitalismus) negativen und für die (im

* Bundesrepublik.

Sozialismus) positiven Auswirkungen der Wissenschaftlich-technischen Revolution eine Gesellschaftsordnung ist.

3. Die Wissenschaftlich-technische Revolution und das Bildungsmonopol

Es wird heute vielfach gesagt, daß die wissenschaftliche Entwicklung schneller vor sich gehe als in früheren Zeiten.*

So allgemein formuliert ist das nicht richtig. Zumal die meisten, die eine solche Behauptung aufstellen, sie bewußt oder unbewußt auf die Naturwissenschaften einschränken. Aber auch für diese gilt sie nicht ohne Einschränkungen.

Zum Beispiel hat die Zuwachsrate der Naturwissenschaftler in den letzten 250 Jahren kaum zugenommen. Seit den Zeiten von Newton hat sich die Zahl der Naturwissenschaftler etwa alle 12 bis 15 Jahre in der Welt rund verdoppelt.**

Das, was zu der falschen Auffassung von der besonders schnellen Vermehrungsrate der Naturwissenschaftler in der Gegenwart führt, ist das alte arabische Schachspiel-Phänomen: ein Korn Weizen auf ein Feld und die jeweils doppelte Anzahl auf das jeweils nächste Feld – bis die Weltweizenernte nicht ausreicht, um das 64. Feld zu füllen. Eine Verdoppelung von 100 auf 200 Wissenschaftler unter 500 Millionen Menschen ist kaum spürbar. Nach 100 Jahren wirkt sich bei „normaler“ Vermehrung der Gesamtbevölkerung die Verdoppelung der Naturwissenschaftler innerhalb von 12 bis 15 Jahren schon merklich aus, nach 200 Jahren wird sie zum Problem, nach 300 Jahren ist die Wirkung enorm.

So enorm, daß, wenn das seit Newton übliche Vermehrungstempo der Naturwissenschaftler anhält und wenn die Bevölkerung im üblichen Tempo zunimmt, in etwa 150 Jahren alle lebenden Menschen Naturwissenschaftler wären. Und da wir seit 100 Jahren ein ähnliches Entwicklungstempo für Lehrer, Staatsbeamte und Polizisten feststellen können, so müßten die Menschen in 150 Jahren von ihrer Geburt an wahrhaft integrierte Wesen sein, um allein für diese Berufe eine entsprechende Entwicklung zu ermöglichen.

Im Gegensatz zur Gleichmäßigkeit der Zuwachsrate der Wissenschaftler steht die der Aufwendungen für Forschung und Entwicklung. Während nämlich die Zahl der Naturwissenschaftler sich gegenwärtig nur, wie vor 250 Jahren, etwa alle 12 bis 15 Jahre verdoppelt, verdoppeln sich die Ausgaben für die Forschung und Entwicklung im Durchschnitt der industriell fortgeschrittenen kapitalistischen Länder heute viel schneller als früher, und zwar etwa alle 5 bis 6 Jahre.

* Vgl. zum folgenden auch: *J. Kuczynski*, Überlegungen über die zunehmende Ungleichmäßigkeit der technischen Entwicklung und ihre Folgen auf dem Gebiet der imperialistischen Bildungspolitik. In: Jahrbuch für Wirtschaftsgeschichte, Jg. 1969, Bd. IV, Berlin 1970, S. 236 ff.

** Vgl. zum folgenden die so überaus materialreichen Untersuchungen der Organisation for Economic Co-operation and Development (im folgenden: OECD): Fundamental Research and the Universities, Paris 1968; Gaps in Technology. General Report, Paris 1968; Problems of Science Policy, Paris 1968; Review of National Science Policy. Greece, Paris 1965; dasselbe, Belgium, Paris 1966; dasselbe, France, Paris 1966, dasselbe, Japan, Paris 1967; dasselbe, United Kingdom and Germany, Paris 1967; dasselbe, United States, Paris 1968; *Jantsch, Erich*, Technological Forecasting in Perspective, Paris 1967.

Und hier liegt die Problematik. Während man damit rechnen kann, daß der Anteil der Naturwissenschaftler an der Gesamtbevölkerung in vielleicht ein bis zwei Generationen schon – zum ersten Male seit 250 Jahren! – nicht mehr steigen wird, ein relativer Saturationspunkt für Naturwissenschaftler im Rahmen der jeweils gegebenen Bevölkerung eingetreten sein wird, werden die Aufwendungen pro Naturwissenschaftler laufend heraufgehen. Ja, es sollte nicht wundern, wenn in drei Generationen der Prozentsatz der Naturwissenschaftler an der Bevölkerung zurückgehen würde, während die Aufwendungen pro Naturwissenschaftler weiter stark steigen werden – genau wie heute die Zahl der Fabrikarbeiter eine Tendenz hat zu staggieren, während die Investitionen pro Arbeitsplatz weiter beachtlich zunehmen.*
Das enorme Wachstum der Ausgaben für Forschung und Entwicklung in den 12 Jahren von 1956 bis 1967, in denen sich die Zahl der Naturwissenschaftler in der Welt etwa verdoppelte, sei zunächst an einer Statistik für die USA illustriert:

*Jährliche Gesamtausgaben für Forschung und Entwicklung in den USA***

Jahr	Milliarden Dollar	Jahr	Milliarden Dollar
1956	8,5	1962	15,6
1957	9,9	1963	17,4
1958	10,9	1964	19,2
1959	12,5	1965	20,5
1960	13,7	1966	22,4
1961	14,5	1967	24,0

Die Gesamtausgaben haben sich in diesen 12 Jahren zwar „nur" rund verdreifacht – sie waren jedoch in den vorangehenden 12 Jahren (1945 bis 1956) von 1,5 auf 8,5 Milliarden Dollar gestiegen, hatten sich also fast versechsfacht, und in den wieder vorangehenden 12 Jahren (1934 bis 1945) hatten sie sich sogar fast verneunfacht.
In anderen Ländern war das jeweilige Tempo ein anderes. Jedoch dürfen wir unsere Betrachtung natürlich nicht auf die Steigerung der Ausgaben für Forschung und Entwicklung beschränken. Auch die folgende Statistik für Japan gibt ein Anzeichen der Entwicklung:

*Zahl der Universitäten in Japan****

Jahr	Nationale	Örtliche	Private
1910	3	—	—
1920	6	2	8
1930	17	5	24
1940	19	2	26
1950	70	26	105
1960	72	33	140

* Man beachte, daß ich von den Naturwissenschaftlern und nicht von Technikern spreche.

** OECD, Review of National Science Policy. United States, Paris 1968, S. 30; Statistical Abstract of the United States 1968.

*** OECD, Review of National Science Policy. Japan, Paris 1967, S. 120.

Für die spezifische Thematik der vorangehenden historischen Hintergrundsüberlegungen ist es von besonderer Bedeutung, die Ungleichmäßigkeit der Entwicklung zu untersuchen. Nur 2 Statistiken seien gegeben, die jedoch außerordentlich eindrucksvoll sind:

*Qualifiziertes Personal für Forschung und Entwicklung pro 10 000 der Bevölkerung um 1965**

Land	Zahl	Land	Zahl
Vereinigte Staaten	25	Frankreich	7
Schweden	22	Kanada	7
Japan	12	Belgien	6
England	11	Westdeutschland	6
Holland	8	Italien	4

Folgende Beobachtungen sind bei aller Schwierigkeit von solchen Vergleichen von Bedeutung:
Erstens und überraschend: Die Größe eines Landes hat nichts mit der Stärke der mit „Forschung und Entwicklung" beschäftigten Bevölkerung zu tun. Der Prozentsatz ist praktisch der gleiche für die USA und Schweden, der gleiche auch für Belgien und Westdeutschland.
Zweitens: Die Unterschiede in der Intensität der berufsmäßigen Beschäftigung mit Forschung und Entwicklung sind außerordentlich groß. Die Intensität ist in England und Japan rund doppelt so groß wie in Westdeutschland und ist in den USA und Schweden wieder rund doppelt so groß wie in England und Japan. Die Intensität ist also in den USA und Schweden etwa viermal so stark wie in Westdeutschland und Belgien!
Vergleichen wir nun die Ausgaben für Forschung und Entwicklung in ihrer relativen Stärke:

*Anteil der Ausgaben für Forschung und Entwicklung am Bruttonationalprodukt um 1965***
(in Prozent)

Land	Prozent	Land	Prozent
Vereinigte Staaten	3,4	Schweden	1,5
England	2,3	Westdeutschland	1,4
Holland	1,9	Kanada	1,0
Frankreich	1,6	Belgien	0,9
Japan	1,5	Italien	0,6

Die Spanne zwischen der höchsten und niedrigsten Personalintensität (USA und Italien) ist nicht sehr verschieden von der Spanne zwischen der höchsten und niedrigsten Ausgabenintensität. Aber doch hat sich die Reihenfolge der Länder ver-

* OECD, Review of National Science Policy. United States, Paris 1968, S. 32.
** Vgl. dazu ebendort.

schoben. Schweden zum Beispiel ist von dem zweiten auf den sechsten Platz gerückt, Westdeutschland von dem neunten auf den siebenten, Frankreich von dem sechsten auf den vierten Platz.

Das hängt zum Teil mit der Art der Forschung und Entwicklung zusammen. So betrug ganz grob der Anteil der Ausgaben für militärische Forschung und Entwicklung an den Gesamtausgaben für Forschung und Entwicklung*

in den USA	etwa 60 Prozent
in England	etwa 40 Prozent
in Frankreich	etwa 30 Prozent
in Westdeutschland	etwa 20 Prozent
in Belgien	etwa 5 Prozent
in Japan	etwa 2 Prozent

Im allgemeinen kann man wohl sagen, daß die militärische Forschung die Ausgaben pro Forscher beachtlich steigert. Jedoch braucht das keineswegs mit dem objektiv notwendigen Aufwand zusammenzuhängen. Vielmehr spielen subjektive Faktoren wie größere Bereitschaft zu militärischen Ausgaben und Verschwendung eine nicht unbeachtliche Rolle.

Beobachten wir abschließend die historische Entwicklung der Ausgaben für Forschung und Entwicklung in Prozent des Bruttonationalprodukts, dann finden wir für die USA folgendes Wachstum:

*Anteil der Ausgaben für Forschung und Entwicklung am Nationalprodukt in den USA** (in Prozent)*

1930	0,2	1960	2,7
1940	0,3	1967	3,4
1950	1,0		

Nach den Riesensprüngen von 1940 bis 1950 und von 1950 bis 1960 beobachten wir eine Verlangsamung im Prozentanteilwachstum. Die Problematik für die künftige Entwicklung ist hier natürlich die gleiche wie für die Zahl der Naturwissenschaftler. Die Zahl der Naturwissenschaftler kann theoretisch nicht die Bevölkerungszahl übersteigen, und ebensowenig können theoretisch die Ausgaben für Forschung und Entwicklung höher als das Bruttonationaleinkommen sein. Praktisch wird das Wachstum beider Größen selbstverständlich schon wesentlich früher aufhören. Es sollte nicht überraschen, wenn der Anteil der Ausgaben für Forschung und Entwicklung am Bruttonationaleinkommen um das Jahr 2000 die Tendenz entwickeln würde zu stagnieren – was natürlich nicht bedeutet, daß die Aufwendungen pro Forscher stagnieren. –

* Vgl. dazu auch OECD, Review of National Science Policy. Japan, Paris 1967, S. 66.

** OECD, Review of National Science Policy. United States, Paris 1968, S. 30; Statistical Abstract of the United States 1968.

Man muß die kapitalistische Welt heute so vor sich sehen:
Ein Dutzend monopolistische Länder befinden sich in wildem Konkurrenzkampf miteinander.
Ein Dutzend monopolistische Länder befinden sich in wildem Klassenkampf gegen die Sowjetunion.
Und, um dem Konkurrenten gegenüber voranzukommen sowie den Angriff auf die sozialistischen Länder besser vorzubereiten, um wissenschaftlich-technisch an die Spitze zu kommen, ist man bereit, alles – außer natürlich den Profit und damit auch die Macht zur Ausbeutung – zu opfern, sogar die Klassenbarriere gegen das Hochschulstudium. Denn ohne eine breite Schicht wissenschaftlich-technisch ausgebildeter Kräfte ist man heute nicht in der Lage, an die Spitze zu treten bzw. die Spitze zu erhalten!
Man betrachte nur die folgende Tabelle für die USA:

Anteil der Studentenbevölkerung an der Gesamtbevölkerung im Alter von 18 bis 21 Jahren (in Prozent)*

1946	22,1	1961	37,7
1951	24,0	1966	46,1
1956	33,5		

Mit Beginn der fünfziger Jahre beginnen sich auf Grund der Notwendigkeiten der Wissenschaftlich-technischen Revolution die Klassenbarrieren gegen das allgemeine Hochschulstudium zu öffnen: Das Hochschulbildungsprivileg der herrschenden Klasse ist in den Vereinigten Staaten zusammengebrochen. Natürlich muß man unterscheiden zwischen den Verhältnissen in den sozialistischen Ländern, in denen es kein Bildungsprivileg gibt, in denen alle Klassen und Schichten gewissermaßen selbstverständlich und unter besonderer Förderung der Arbeiter- und Bauernkinder zur Hochschulbildung zugelassen sind, und den Verhältnissen in den USA, in denen ein zusammenbrechendes Hochschulbesuchsmonopol der herrschenden Klasse nicht bedeutet, daß nicht noch Überreste des Monopols vorhanden sind: Selbstverständlich sind dort die Neger sowie die Mexikaner, die Puerto Ricaner und andere Einwanderer und ferner auch die Kinder ungelernter Arbeiter nicht ihrem Anteil an der Bevölkerung entsprechend auf den Hochschulen vertreten. Aber die Zeiten, in denen die Kinder der Arbeiterklasse nur zu einem ganz geringen Prozentsatz an den Hochschulen studieren konnten, gehören der Vergangenheit an.
Die formale (! – nicht etwa ideologische) Erziehungsbarriere zerbricht gegenwärtig für die Hochschulen auf Grund der Rolle, die die wissenschaftlich-technische Bildung und die Ungleichmäßigkeit der technischen Entwicklung im Konkurrenzkampf der imperialistischen Länder untereinander und im Kampf der imperialistischen gegen die sozialistischen Länder spielen.
Nicht überall und nicht im gleichen Maße wie in den USA – aber sie zerbricht. Ein Vergleich für 1959 und für 1966 zeigt das Folgende:

* OECD, Review of National Science Policy. United States, Paris 1968, S. 494; für 1966 berechnet nach Statistical Abstract for the United States 1968.

Zugang zur Höheren Erziehung in Prozent der entsprechenden Altersklasse der Gesamtbevölkerung *

	1959	1966		1959	1966
Vereinigte Staaten	34,4	43	Italien	6,6	7
Kanada	15,4	23	Belgien	6,3	10
Frankreich	9,1	16	England	4,2	5
Schweden	7,6	11	Westdeutschland	4,1	8

Die Vereinigten Staaten standen und stehen weit und überragend an der Spitze. Eine Zwischenstellung nehmen Kanada und vielleicht noch Frankreich ein. Die Bundesrepublik, England, Italien und andere liegen weit zurück und haben zum Teil auch nur relativ wenig Fortschritte gemacht. Mit Recht spricht man in der Bundesrepublik auch offiziell von einer Bildungskatastrophe. Und doch auch in Westeuropa merkt man, wie die Klassenbarrieren vor den Hochschulen schwächer, weniger haltbar werden.

Bedenkt man diese Tatsache, dann wird man auch die ungeheure Bedeutung verstehen, die die herrschende Klasse zur Erhaltung ihrer Machtpositionen der Meinungsmanipulation, nicht zum wenigsten gerade auch der Intelligenz gegenüber, beimißt und beimessen muß.

Überhaupt muß man immer daran denken, daß die Hochschulen im staatsmonopolistischen Kapitalismus vor allem dazu da sind, um das, was man auch „Fachidioten" nennt, zu schaffen: Menschen, die kompetente Techniker, Spezialisten auf irgendeinem Gebiet sind, deren gesellschaftlicher Horizont aber ausschließlich durch das eng begrenzte Interessengebiet des Monopolkapitals, dessen einziges Existenzziel der Monopolprofit ist, bestimmt sein soll: Wenn wir von der Ausbildung der Schullehrer absehen, finden wir 1966 in den USA mehr als 50000 Absolventen nur bei den Geschäftskunde (business and commerce) Studierenden und bei den Ingenieuren.

Das heißt, wenn wir von der Tendenz des Öffnens der Klassenbarrieren vor den Hochschulen sprechen, dann heißt das selbstverständlich nicht, daß die Studenten eine ihren Interessen entsprechende Bildung erhalten. Das hat niemals für die Schulen gegolten und gilt heute nicht für die Hochschulen – und das ist auch der grundlegende Unterschied zu den Schulen und Hochschulen in den sozialistischen Ländern.

Das Bildungsprivileg wird also nur formal durchbrochen. Formal dürfen jetzt (in den USA) breite Schichten des Volkes studieren. Aber was können sie studieren? Was werden sie gelehrt? Welche Ideologie wird ihnen vermittelt? Die Antworten auf diese Fragen werden allein vom Profit- und Machtinteresse des Monopolkapitals bestimmt – was natürlich nicht bedeutet, daß fortschrittliche junge Menschen und während ihres Studiums für den Fortschritt gewonnene Studenten nicht durch intelligente kritische Verarbeitung des Gebotenen beachtlichen Nutzen vom Studium

* OECD, Review of National Science Policy. Belgium, Paris 1966, S. 115 und Das 198. Jahrzehnt, Hamburg 1969, S. 398. Die Zahlen für 1966 beziehen sich auf den Anteil der Studenten an der 20–24jährigen Bevölkerung.

haben und besser gewappnet in den Kampf gegen das Monopolkapital ziehen können und sollen!

Das formale Öffnen von Klassenbarrieren vor den Hochschulen ist nichts anderes als der Ausdruck der Zuspitzung der Widersprüche zwischen der rasanten Entwicklung der Produktivkräfte und den Produktionsverhältnissen im Imperialismus, insbesondere seit der Wissenschaftlich-technischen Revolution. Es führt, wenn wir an die an den Hochschulen verbreitete Ideologie denken, letztlich nur zu einer Variation des alten Bildungsmonopols.

Weiterhin, und das ergibt sich aus der Formalität der Durchbrechung des Bildungsprivilegs, muß man ganz scharf betonen, daß die Tendenz zum Öffnen von Klassenbarrieren vor den Hochschulen natürlich in keiner Weise etwa „mehr Kanäle zur Macht" öffnet.

So wie im Feudalismus ihr wachsender Reichtum „an sich" die Bourgeoisie nicht zur Macht brachte, sondern der Adel erst durch eine Revolution beseitigt werden mußte, so bringt im Kapitalismus das Wissen „an sich" die Arbeiterklasse nicht zur Macht. Das Kapital kann nur durch eine Revolution entmachtet werden.

4. Die Entwicklung der Produktivität in Industrie und Landwirtschaft

Wenn Walter Ulbricht von der Herausbildung von Voraussetzungen für den Übergang zur komplexen Anwendung automatisch gesteuerter und geregelter Produktionssysteme spricht, so gilt das allgemein für die Welt – wobei sich in der kapitalistischen Welt jedoch im Prozeß dieser Herausbildung zahlreiche unlösbare Widersprüche ergeben.

Einige dieser Widersprüche seien in den folgenden Thesen angedeutet.*

I. Thesen:

1. Die Wissenschaftlich-technische Revolution des letzten Vierteljahrhunderts hat sich in der militärischen Produktion ganz außerordentlich ausgewirkt.
2. Die industrielle Zivilproduktion hat, wenn wir von einzelnen Bereichen und Betrieben absehen, bisher von der Wissenschaftlich-technischen Revolution praktisch kaum etwas gemerkt.
3. In der Landwirtschaft findet eine Revolution in den Produktionsmethoden statt, die im großen und ganzen – trotz eines Strukturwandels – noch einem Modell des 19. Jahrhunderts entspricht.

   Daraus ergibt sich:
4. Selten wohl hat der wissenschaftlich-technische Fortschritt so lange gebraucht, um in der Praxis des zivilen Wirtschaftslebens Anwendung zu finden wie gegenwärtig.
5. Niemals wohl hat eine Wissenschaftlich-technische Revolution relativ so wenig praktischen Nutzen für die Menschheit gehabt wie heute.

* Vgl. zum Folgenden: *J. Kuczynski*, The connection between the development of science and production. In: World Federation of Scientific Workers, International Symposium on the relations between science and technology. Bratislava 1969. Ferner meine „Geschichte der Lage der Arbeiter unter dem Kapitalismus". Bd. 30, Berlin 1966.

II. Beweise:

Zu These 1:

Zu unser aller Bedauern ist zu dieser These keine Beweisführung notwendig. Jeder wird dieser These zustimmen. Insbesondere, wenn er die Steigerung der Vernichtungskraft und der Reichweite der Vernichtungskraft pro Beschäftigten bedenkt.

Zu These 2:

Im folgenden untersuchen wir die Entwickung des heute technisch im Durchschnitt fortgeschrittensten Landes, der Vereinigten Staaten von Amerika, auf die Entwicklung der Fabrikproduktion pro Arbeiter und Stunde hin:

Steigerung der Arbeitsleistung in der Fabrikindustrie *

1890/99–1900/09	15,1%
1900/09–1910/19	20,8%
1910/19–1920/29	42,7%
1920/29–1930/39	32,8%
1930/39–1940/49	23,1%
1940/49–1950/59	26,8%
1950/59–1960/69	32,1%

Das Tempo der Zunahme der Arbeitsleistung pro Beschäftigten und Stunde hat nach dem Zweiten Weltkrieg eher nachgelassen, wenn wir einen Vergleich mit den zwanziger und dreißiger Jahren ziehen. Wohl gibt es einzelne Produktionszweige und Betriebe, in denen es stark zugenommen hat, jedoch spielen diese keine Rolle im Gesamtrahmen der Industrie. Man braucht nur daran zu denken, daß wohl kaum 3 Prozent der Produktion vollautomatisch vor sich gehen, um zu verstehen, wie gering die Umwandlung des theoretisch vorhandenen, aufgespeicherten Wissens in faktische Produktivkraft während des letzten Vierteljahrhunderts gewesen ist.

Von mehr als einer Herausbildung von Voraussetzungen für den Übergang zur Wissenschaftlich-technischen Revolution kann keine Rede sein und wird auch in Zukunft nicht die Rede sein können.

Diese Einschätzung der Wissenschaftlich-technischen Revolution in den USA als praktisch „noch nicht stattgefunden" wird auch durch den Nicht-Ausbruch eines von Marxisten verfrüht erwarteten Widerspruchs bewiesen:

Die Arbeitslosigkeit in den USA schwankte in den zwanziger Jahren zwischen 4 und 8 Prozent und in den dreißiger Jahren zwischen 8 und 30 Prozent.

Für die Jahre nach dem Zweiten Weltkriege sagten nun wir Marxisten eine sehr starke Steigerung der Arbeitslosigkeit gegenüber den Kriegsjahren (Durchschnittsarbeitslosigkeit während des Krieges 2 Prozent!) voraus. Faktisch geschah jedoch folgendes:

* Quelle: Long Term Economic Growth 1860–1965. U. S. Department of Commerce, Bureau of the Census. Washington D. C. 1966.
1890–1957, S. 190 f., A 165 NBER, Kendrick
1957–1964, S. 190 f.; A 166 Establishment Data BLS
Statistical Abstract of the United States, 1970

Die Arbeitslosigkeit in den USA schwankte in den fünfziger Jahren zwischen 3 und 7 Prozent und in den sechziger Jahren zwischen 4 und 7 Prozent.
Die Wachstumsrate der Arbeitsleistung pro Beschäftigten war nach dem Zweiten Weltkrieg geringer als nach dem Ersten Weltkrieg. „Dank" der Verfallserscheinung in der Entwicklung der Arbeitsproduktivität war die Arbeitslosigkeit geringer nach dem Zweiten als nach dem Ersten Weltkrieg. Wir Marxisten hatten uns in der Entwicklung der Arbeitslosigkeit geirrt, weil wir die Auswirkungen der Wissenschaftlich-technischen Revolution auf die Zivilproduktion für größer vorausgesehen hatten, als sie faktisch eintraten.
(Und in den siebziger Jahren werden wir voraussichtlich auf Grund der Zuspitzung der allgemeinen Krise des Kapitalismus unter den Bedingungen einer Überproduktionskrise eine erneute Steigerung der Arbeitslosigkeit erleben, ohne daß die Arbeitsproduktivität stärker zunehmen wird.)
So ist die Situation in dem technisch höchststehenden kapitalistischen Lande – in dem Lande, in dem die Wissenschaftlich-technische Revolution stärkste Erfolge auf dem Gebiete der militärischen Produktion und Destruktion erreicht hat, während die Wachstumsrate der Arbeitsproduktivität in der zivilen Produktion in den dem Zweiten Weltkrieg folgenden Jahrzehnten gegenüber der der dem Ersten Weltkrieg folgenden Jahrzehnte abgefallen ist!

Zu These 3:

Wenn wir im folgenden die Revolution in der Landwirtschaft etwas ausführlicher untersuchen, so tun wir das, einmal um das Ausmaß der Revolution und sodann um ihren Charakter deutlich und auch auf historischem Hintergrund darstellen zu können.
Untersuchen wir zunächst die einundeinhalb Jahrhunderte vor dem Zweiten Weltkrieg:

Getreideerträge pro Acre in den USA, 1800 bis 1940 (Bushel pro Acre)

Jahre	Weizen	Roggen	Mais	Hafer
1800	15	–	25	–
1840	15	–	25	–
1866–1875	12,3	10,8	25,6	26,5
1876–1885	13,0	11,6	26,2	27,5
1886–1895	13,7	12,6	25,4	26,8
1896–1905	13,9	13,1	27,2	29,8
1906–1915	14,9	13,5	27,0	29,1
1916–1925	13,5	12,6	26,6	30,7
1926–1935	13,7	11,6	23,9	27,7
1936–1940	13,8	11,8	25,9	30,2

Es zeigt sich die immer wieder schwer zu glaubende Tatsache, daß sich in der ganzen Geschichte der USA bis zum Zweiten Weltkrieg die Flächeneinheitserträge nicht erhöht haben.

Das heißt natürlich nicht, daß die Arbeitsleistung nicht zunahm. Aber sie nahm wesentlich weniger zu als in der Industrie.

Wir sehen in der nachstehenden Tabelle sofort, daß die Arbeitsleistung in der Industrie wesentlich stärker gestiegen ist als in der Landwirtschaft. Die Arbeitsleistung ist in der zweiten Hälfte des 19. Jahrhunderts um rund 200 Prozent in der Industrie und nur um 100 Prozent in der Landwirtschaft heraufgegangen. Und ein noch viel mehr überlegenes Tempo – obwohl der Mechanisierungsprozeß in der Landwirtschaft der Vereinigten Staaten im 20. Jahrhundert stärker war als in irgendeinem anderen kapitalistischen Land – hielt die Industrie gegenüber der Landwirtschaft im 20. Jahrhundert.

Entwicklung der Arbeitsleistung pro Arbeiter in der amerikanischen Industrie und Landwirtschaft, 1827 bis 1941 (1900=100)

Industriezyklen	Industrie	Landwirtschaft
1827–1834	15	44
1835–1842	22	50
1843–1848	34	52
1849–1858	37	56
1859–1867	41	50
1868–1878	58	62
1878–1885	72	77
1885–1897	86	84
1897–1908	104	100
1908–1914	116	97
1915–1921	127	106
1922–1933	187	124
1933–1941	237	141

Mit und seit dem Zweiten Weltkrieg setzt in mancher Beziehung eine völlige Wandlung der Situation ein, die als Tatsache ungenügend Beachtung gefunden hat und darum erst recht auf ihre theoretische Bedeutung hin nicht ausreichend analysiert worden ist.

Führen wir zunächst zwei der vorangehend gegebenen Tabellen bis in die Gegenwart fort:

Ernteerträge in den USA, 1936 bis 1965 (Bushel pro Acre)

Jahre	Weizen	Roggen	Mais	Hafer
1936–1940	13,8	11,8	25,9	30,2
1936–1945	15,7	12,1	29,4	31,2
1946–1955	17,4	12,7	37,9	34,3
1956–1960	23,5	16,7	51,2	39,7
1961–1965	26,3	19,7	66,3	45,2

Entwicklung der Arbeitsleistung in der amerikanischen Industrie und Landwirtschaft, 1940 bis 1969 (1900 = 100)

Jahre	Industrie	Landwirtschaft
1940–1949	310	160
1950–1959	393	267
1960–1969	519	504

Eine einzigartige Steigerung der Produktivität in der Landwirtschaft hat stattgefunden. Alles Nachhinken der Landwirtschaft in den Jahren 1900 bis 1940 ist aufgeholt worden, und 1970 war die Produktivität in der Landwirtschaft gegenüber 1900 schon höher als in der Industrie!

Wie ist diese Wandlung in der Situation zu erklären?

Zunächst neigten manche Wissenschaftler dazu, die Erklärung für die schnelle Steigerung der Produktivität in der Landwirtschaft darin zu suchen, daß die amerikanische Subventionspolitik eine solche Entwicklung geradezu herausfordert: der Staat zahlt nämlich nur bei Beschränkung der Bebauungsfläche einen subventionierten Preis, so daß die Farmer unabhängig von der Größe der Ernte ihrer Preise sicher sind und sie ein Interesse daran haben, auf beschränkter Fläche möglichst viel zu produzieren, das heißt, zur möglichst starken Intensivierung der Produktion überzugehen.

Sicherlich hat diese Politik zur schnelleren Entwicklung der Arbeitsproduktivität in der amerikanischen Landwirtschaft beigetragen. Es handelt sich jedoch hierbei nur um eine sekundäre Ursache oder um einen Katalysator. Anderenfalls wäre es nicht erklärlich, daß wir auch anderswo, ohne eine solche Art von Subventionspolitik, zum Beispiel in Westdeutschland, Frankreich, England, eine ähnliche Entwicklung in den letzten Jahren beobachten.*

Der wirkliche Ausgangspunkt für eine solche Entwicklung war die Revolutionierung der Produktivkräfte, genau wie Marx es schon 100 Jahre zuvor vorausgesehen hatte: der Prozeß der rapiden Mechanisierung und Chemisierung der Landwirtschaft.

Verfolgen wir zunächst diesen Prozeß etwas genauer und geben einige Zahlen:

*Einsatz (input) von Maschinen und mechanischer Energie** (1957/59 = 100)*

Jahre	Index	Jahre	Index
1910–1914	22	1940–1944	47
1920–1924	32	1950–1959	97
1930–1934	35	1960–1969	107

* In den Kolonien war eine solche Entwicklung der Landwirtschaft natürlich nicht absolut, aber im Vergleich zur „Industrie" (Handwerk) häufig zu finden, wenn die Kolonialherren unter völliger Vernachlässigung der „Industrie" Monokultur trieben; das heißt, hier handelt es sich dann zumeist um auf kapitalistischer Basis (mit Zwangsarbeit) betriebene monokulturelle Landwirtschaft und um, mit zumeist noch aus der Feudalzeit übernommenen Produktionsmitteln betriebenes, Handwerk.

** Vgl. zu dieser und der folgenden Tabelle: Changes in farm production and efficiency. A summary report. 1970. Washington DC. 1970

Ein nicht unbeachtlicher Sprung während des ersten Weltkrieges, dann Stagnation, darauf wieder ein bemerkenswerter Sprung während des Zweiten Weltkrieges – dann aber keine Stagnation, sondern ein gewaltiger weiterer Sprung in den 10 Jahren nach dem Kriege, darauf nur noch langsame Steigerung. Die große Mechanisierung der Landwirtschaft, das Nachholen der Industriellen Revolution, fand in den Jahren von 1940 bis 1952 statt.

Und zur Mechanisierung kam, genau wie in der Industrie während der Industriellen Revolution, die Chemisierung:

Einsatz (input) von künstlichem Dünger und kalkartigen Stoffen (1957–1959 = 100)

Jahre	Index	Jahre	Index
1910–1914	14	1940–1944	35
1920–1924	14	1950–1959	87
1930–1934	15	1960–1969	164

Der Prozeß der Chemisierung hatte im Gegensatz zur Mechanisierung vor dem Zweiten Weltkrieg keine Beschleunigung erfahren, dann aber erfolgte eine enorme Intensivierung, die, wiederum im Gegensatz zur Mechanisierung, bis in die Gegenwart andauert.

Die Zahlen zeigen an, daß wir mit dieser Entwicklung in der landwirtschaftlichen Produktion in ein neues Zeitalter der Beziehungen zwischen Industrie und Landwirtschaft eingetreten sind – das schon Marx vorausgesehen und das durch die neuartige, revolutionäre Entwicklung der Produktivkräfte geschaffen wurde.

Die bisher ungenügend beachtete Äußerung von Marx, auf die wir uns hier beziehen, befindet sich in den „Mehrwerttheorien" und lautet: „Im ganzen ist anzunehmen, daß in der roheren, vorkapitalistischen Produktionsweise die Agrikultur produktiver ist als die Industrie, weil die Natur als Maschine und Organismus hier mitarbeitet, während die Naturkräfte in der Industrie fast noch ganz durch Menschenkraft ersetzt werden (wie in der handwerksmäßigen Industrie etc.); in der Sturmperiode der kapitalistischen Produktion entwickelt sich die Produktivität der Industrie rasch gegen die Agrikultur, obgleich ihre Entwicklung voraussetzt, daß in der Agrikultur schon bedeutende Variation zwischen capital constant und capital variable stattgefunden hat, das heißt eine Masse Menschen vom Ackerbau vertrieben sind. Später geht die Produktivität in beiden voran, obgleich in ungleichem Schritt. Aber auf einem gewissen Höhepunkt der Industrie muß die Disproportion abnehmen, das heißt die Produktivität der Agrikultur sich relativ rascher vermehren als die der Industrie. Dazu gehört 1. Ersetzen des bärenhäuterischen Farmers durch den business-man, den farming-capitalist, Verwandlung der Ackerbauer in reine Lohnarbeiter, Agrikultur auf großer Stufenleiter, also mit konzentrierten Kapitalien; 2. namentlich aber: die eigentlich wissenschaftliche Grundlage der großen Industrie die Mechanik, die im 18. Jahrhundert gewissermaßen vollendet war. Erst im 19., speziell in den späten Jahrzehnten, entwickeln sich die Wissenschaften, die direkt in höherem Grade spezifische Grundlagen für die Agrikultur als für die Industrie sind – Chemie, Geologie und Physiologie."*

* *K. Marx*, Theorien über den Mehrwert. Teil 2, Berlin 1959, S. 99 f.

Drei Zeitalter können wir also in der Geschichte der Beziehungen zwischen landwirtschaftlicher und gewerblicher (im Sinne von nichtlandwirtschaftlicher) Tätigkeit unterscheiden.

Das erste Zeitalter umfaßt die vorkapitalistischen Gesellschaftsordnungen zurück bis zur Endphase der Urgesellschaft, in der wir bereits von dem Beginn einer gewerblichen Wirtschaft als unterschieden von der Landwirtschaft sprechen können. Dabei handelt es sich, wie Marx sie charakterisiert, um konservative Gesellschaftsordnungen, in denen die Entwicklung der Produktivkräfte relativ langsam vor sich geht. In diesem Zeitalter, eben weil die Gesellschaftsordnungen konservativ sind, spielt „die Natur als Maschine und Organismus" noch eine besonders große Rolle. Daher erklärt es sich, daß die Produktivität in der Landwirtschaft relativ stärker steigt als in der Industrie.

Das zweite Zeitalter umfaßt einen Großteil der kapitalistischen Gesellschaftsordnung – die erste revolutionäre Gesellschaftsordnung, die wir kennen. Marx und Engels schreiben im „Kommunistischen Manifest": „Die Bourgeoisie kann nicht existieren, ohne die Produktionsinstrumente, also die Produktionsverhältnisse, also sämtliche gesellschaftlichen Verhältnisse fortwährend zu revolutionieren. Unveränderte Beibehaltung der alten Produktionsweise war dagegen die erste Existenzbedingung aller früheren industriellen Klassen." Infolgedessen, insbesondere durch die Mechanisierung des Produktionsprozesses, steigt jetzt die Produktivität in der Industrie schneller als in der Landwirtschaft.

Das dritte Zeitalter der Beziehungen zwischen Industrie und Landwirtschaft hat in unserer Gegenwart begonnen. Infolge ausgedehnter Anwendung der Maschinen und chemischer Kräfte auf die Landwirtschaft steigt die Produktivität jetzt schneller in der Landwirtschaft als in der Industrie. Dieser Zustand aber wird nicht notwendigerweise andauern. Das, was das dritte Zeitalter vom ersten und zweiten unterscheidet, ist, daß, während im ersten die landwirtschaftliche Produktivität unbedingt schneller steigen mußte als die gewerbliche, und während im zweiten die gewerbliche (industrielle) Produktivität notwendigerweise, gesetzmäßig, schneller heraufging als die landwirtschaftliche, seit dem Beginn des dritten Zeitalters die vergleichsweise (!) Entwicklung der Produktivität in Landwirtschaft und Industrie, die relativen Proportionen des technischen Fortschrittes auf beiden Gebieten – nach einem ersten Spurt in der Landwirtschaft – keiner Gesetzmäßigkeit mehr insofern unterliegen, als bald die Landwirtschaft, bald die Industrie ein wenig vorauseilen wird.

Wie aber konnte Marx die Revolution in der Landwirtschaft so genau auch hinsichtlich der technischen Mittel, mit denen sie erfolgte, voraussehen, und sie auch für den Kapitalismus datieren, sie nicht erst in den Sozialismus verlegen? Doch aus dem Grunde, daß diese Revolution in der Landwirtschaft eine Anwendung der Produktionsprozesse der Industriellen Revolution auf die Landwirtschaft darstellt!

Zugleich aber können wir feststellen und damit auch unsere zweite These stützen:

Der enorme Erfolg der Steigerung der Produktivität in der Landwirtschaft mit den Mitteln der Industriellen Revolution im Vergleich zur Industrie ist nur erklärlich dadurch, daß in der (zivilen) Industrie die, denen der Industriellen Revolution unendlich überlegenen, Methoden der Wissenschaftlich-technischen Revolution noch ganz im Anfang ihrer Anwendung stehen.

Zu These 4:
Ein Vergleich der Anwendung der modernen Technik beim Militär und in der zivilen Produktion zeigt ein außerordentliches Hinterherhinken der Technik in der letzteren – eine Größe der Divergenz, wie wir sie in der Geschichte bisher nicht gekannt haben. Das wird deutlich aus der obigen Tabelle über die Entwicklung der Arbeitsleistung in der Industrie und aus dem Tempo der Steigerung des Faktors Vernichtungseffektivität mal Reichweite beim Militär. Das wird deutlich auch aus der Altmodischkeit (wenn auch erstaunlichen Effektivität) des Fortschritts in der Landwirtschaft.
Trotzdem wird häufig die Behauptung aufgestellt: Die Zeit zwischen der Entdekkung des Prinzips bis zur praktischen technischen Umsetzung einer Erfindung wird immer kürzer. Und dann werden etwa folgende Daten gegeben:

Gegenstand	Prinzip	Technik	Dauer der Umsetzung
Fotografie	1727	1829	102
Telefon	1820	1876	56
Radar	1926	1940	14
Transistor	1948	1953	5
Laser	1956	1961	5

Diese Übersicht sieht wirklich großartig aus, enthält aber so viele Fehler, daß man geneigt ist, sie nicht als das Resultat einer Milchmädchenrechnung, sondern als das Produkt eines ganzen Kollektivs von Milchmädchen zu betrachten.
1. Enthält diese Tabelle natürlich keines der schon entdeckten Prinzipien, die noch nicht „praktisch-technisch umgesetzt“ sind und von denen man auch überhaupt noch nicht weiß, ob oder wann sie „praktisch-technisch umgesetzt“ werden können. Die Auswahl der Beispiele ist also ganz einseitig und muß es auch sein.
2. Während man sicher annehmen kann, daß sich Archimedes bestimmt noch abgetrocknet hat, als er nach Entdeckung des Hydrostatischen Prinzips mit dem Rufe Heureka aus der Badewanne gesprungen war, dauerte es sicher keine 5 Stunden, bevor er es „praktisch-technisch umsetzte“ ... während es beim Transistor 5 Jahre dauerte.
3. Ging sehr häufig die „praktisch-technische Umsetzung“ der Entdeckung des Prinzips um Jahre, ja Jahrhunderte, bisweilen um Jahrtausende voran!
Wolfgang Jonas sandte mir zu dieser Problematik folgende Bemerkungen:
Solche in der Literatur immer wieder auftauchenden Tabellen entbehren jeder soliden wissenschaftlichen Beweiskraft und tragen nur zur Verwirrung bei. Die Kritik richtet sich gegen die völlig willkürliche Auswahl der Gegenstände und gegen die mehr als fragwürdige Terminisierung. Mit einer anderen Auswahl ließe sich ohne Schwierigkeiten das Gegenteil „beweisen“. Wir brauchen z. B. die Tabelle nur durch die Turbine zu ergänzen. Sie wäre an dritter Stelle einzufügen, da die erste brauchbare Dampfturbine durch de Laval 1883 entwickelt wurde und tragen in die erste Spalte die Jahreszahl um 100 u. Z. ein, da man in Herons Äolipile schon den ersten Nachweis des Prinzips der Turbine finden kann. In die letzte Spalte müßten wir

demnach etwa 1800 Jahre eintragen, womit die so glatte Entwicklung der dritten Spalte schon einen ernsthaften Bruch erfährt. Man braucht auch nur eine so moderne Entwicklung wie die Raketentechnik einzusetzen und dann angeben, daß das Prinzip des Raketenantriebs nachweislich schon den Chinesen seit etwa 970 u. Z. bekannt war. Die Unkorrektheit der Terminisierung sei an folgendem deutlich gemacht: Für die Fotografie wird als Prinzipdatum 1727 – die Entdeckung der Lichtempfindlichkeit von Silbersalzen durch J. H. Schulze – und für das Telefon 1820 – die Entdeckung und Erklärung der Erscheinungen des Elektromagnetismus durch H. Chr. Oersted und A. M. Ampère angegeben. In beiden Fällen also ausgesprochene Grundlagenentdeckungen. Für Radar wird jedoch als Prinzipdatum 1926 genannt, während bekanntlich der deutsche Ingenieur Christian Hülsmeyer schon 1904 in einem Patent das Prinzip des Radar angibt. Als Prinzipdatum des Transistors wird 1948 genannt, aber entsprechend den Maßstäben, die der Terminbestimmung beim Telefon zugrundegelegt wurden, liegt die Entwicklung der Grundlagenentdeckungen wesentlich früher. 1906 setzte H. H. C. Dunwoody Karborundkristall als Detektor ein und G. W. Pickard entwickelte im gleichen Jahr einen Siliziumdetektor mit Spitzenkontakten zur HF-Gleichrichtung, und 1938 bauten Hilsch und Pohl einen Festkörperverstärker aus einem Natriumbromid-Einkristall.

Diese wenigen Beispiele mögen genügen, um den manipulierten Charakter solcher Tabellen deutlich werden zu lassen. Die Probleme des Entwicklungstempos und des Tempos der „technischen Umsetzung" sind wesentlich komplizierter. Es kommt gerade darauf an, die Aufmerksamkeit auf die Verstärkung gegenläufiger Tendenzen zu richten. Natürlich können wir in vielen Fällen eine Tendenz zur starken Verkürzung der Umsetzungszeit feststellen, aber andererseits auch eine sehr breite objektiv bedingte Tendenz zur Verlängerung. Hierzu ein Beispiel*: Am 16. Juni 1903 wurde die Ford Motor Company gegründet. Im Oktober desselben Jahres kam der erste Wagen auf den Markt. Ford beschäftigte zu dieser Zeit 125 Arbeiter. 1964 brachte Ford den neuentwickelten Mustang auf den Markt. Die Entwicklungszeit dauerte dreieinhalb Jahre. Die Entwicklungskosten betrugen neun Millionen Dollar zuzüglich der Kosten für die Umstellung der Produktionsanlagen von fünfzehn Millionen Dollar. J. K. Galbraith kommt deshalb zu folgender Schlußfolgerung: „Eine ständig wachsende Zeitspanne liegt zwischen Beginn und Abschluß einer Aufgabe. Spezialwissen wird für den kleinstmöglichen Bruchteil der Aufgabe aufgewandt; dann auf diesen Bruchteil in Verbindung mit einem anderen Bruchteil; danach auf eine weitere Kombination; und schließlich auf die endgültige Vollendung. Dieser Prozeß erstreckt sich in ähnlicher Form in die Vergangenheit zurück, wie das verästelte Wurzelwerk einer Pflanze in den Boden eindringt. Die längste ‚Wurzelfaser' ist bestimmend für die Gesamtdauer der Produktionszeit. Je gründlicher die Anwendung der Technologie ist – in die Umgangssprache übersetzt: je komplizierter sich der Produktionsablauf gestaltet –, um so weiter reicht die Anwendung von Spezialwissen

* Hierzu: *John Kenneth Galbraith,* Die moderne Industriegesellschaft. Deutsche Ausgabe München/Zürich 1968, S. 24 ff.

zeitlich zurück und um so länger wird die Zeitspanne zwischen Einleitung und Vollendung einer Aufgabe.
Die Herstellung des ersten Ford-Autos war keine sehr komplizierte Angelegenheit. Der Metallurgie kam nur rein akademische Bedeutung zu. Man benutzte ganz gewöhnlichen Stahl, den man am Morgen beschaffen und am Nachmittag verarbeiten konnte. Deshalb war die Zeitspanne zwischen dem ersten Handgriff und der Vollendung eines Wagens nur kurz.
Im Gegensatz dazu beginnt die Beschaffung des Stahls für ein modernes Fahrzeug schon mit den spezifischen Anforderungen des Entwurfsbüros oder des Firmenlabors an das Stahlwerk. Parallel dazu muß für die geeigneten Metallbearbeitungsmaschinen, für die Auslieferung, die Materialprüfung und die richtige Verwendung gesorgt werden."*
Es ist offensichtlich, daß gerade dieser objektiv bedingten Tendenz der Zeitverlängerung unsere größte Aufmerksamkeit gegeben werden muß, denn ihr kann nur durch den konzentriertesten Einsatz von technologischen Systemlösungen, von komplexer Wissenschafts- und Entwicklungsplanung und umfassender Anwendung der Wissenschaftsorganisation begegnet werden.
Hier gibt uns Jonas ein Musterbeispiel von: Dialektik gegen rechnendes Milchmädchen.
Zu These 5:
Die Beweise zu These 5 ergeben sich aus den vorangehenden Feststellungen.

*

Auch die vergleichsweise Untersuchung der Entwicklung der Arbeitsproduktivität in Industrie und Landwirtschaft beweist, wie ganz außerordentlich langsam sich die Wissenschaftlich-technische Revolution in der (zivilen) Produktion durchsetzt.

5. Die „Verwissenschaftlichung" der Wirtschaftspolitik und die Wissenschaftlich-technische Revolution

Zunächst, zur Grundlegung, einige Feststellungen der Klassiker zur Beziehung von Wirtschaft und Politik:
Marx: „Die Gesamtheit dieser Produktionsverhältnisse bildet die ökonomische Struktur der Gesellschaft, die reale Basis, worauf sich ein juristischer und politischer Überbau erhebt, und welcher bestimmte gesellschaftliche Bewußtseinsformen entsprechen. Die Produktionsweise des materiellen Lebens bedingt den sozialen, politischen und geistigen Lebensprozeß überhaupt. Es ist nicht das Bewußtsein der Menschen, das ihr Sein, sondern umgekehrt ihr gesellschaftliches Sein, das ihr Bewußtsein bestimmt."**

* Ebenda, S. 26/27.
** K. *Marx*, „Zur Kritik der politischen Ökonomie", in: *Marx/Engels*, Werke. Bd. 13, Berlin 1961, S. 8 f.

Engels: „Nach materialistischer Geschichtsauffassung ist das *in letzter Instanz* bestimmende Moment in der Geschichte die Produktion und Reproduktion des wirklichen Lebens ... Wenn nun jemand das dahin verdreht, das ökonomische Moment sei das *einzig* bestimmende, so verwandelt er jenen Satz in eine nichtssagende, abstrakte, absurde Phrase. Die ökonomische Lage ist die Basis, aber die verschiedenen Momente des Überbaus – politische Formen des Klassenkampfs und seine Resultate – ... üben auch ihre Einwirkung auf den Verlauf der geschichtlichen Kämpfe aus und bestimmen in vielen Fällen vorwiegend deren *Form*."*

Engels: „Die Rückwirkung der Staatsmacht auf die ökonomische Entwicklung kann dreierlei Art sein: Sie kann in derselben Richtung vorgehn, dann geht's rascher, sie kann dagegen angehn, dann geht sie heutzutage auf die Dauer in jedem großen Volk kaputt, oder sie kann der ökonomischen Entwicklung bestimmte Richtungen abschneiden und andre vorschreiben – dieser Fall reduziert sich schließlich auf einen der beiden vorhergehenden. Es ist aber klar, daß in den Fällen II und III die politische Macht der ökonomischen Entwicklung großen Schaden tun und Kraft- und Stoffvergeudung in Massen erzeugen kann."**

Lenin: „Politik ist der konzentrierte Ausdruck der Ökonomik ... Die Politik hat notwendigerweise das Primat gegenüber der Ökonomik ... Wenn man an die Gewerkschaften falsch herangeht, wird das die Sowjetmacht, die Diktatur des Proletariats zugrunde richten."***

Und nun noch zwei Zitate aus der Gegenwart: Aus der sozialistischen Gegenwart unserer Deutschen Demokratischen Republik eine Feststellung von Walter Ulbricht: „Träger der Initiative in der Wirtschaft ist die jeweils herrschende Klasse. Im Sozialismus sind es die Arbeiterklasse, die mit ihr verbündete Klasse der Genossenschaftsbauern, die Intelligenz und die übrigen Schichten der Werktätigen. Die Partei als Vorhut der Klasse, als ihr Organisator und Inspirator sieht es als eine ihrer vornehmsten Aufgaben an, die Initiative von Millionen Werktätigen in der sozialistischen Ökonomie zu entwickeln."°

Aus der kapitalistischen Gegenwart der Bundesrepublik: Im westdeutschen „Handwörterbuch der Sozialwissenschaften" wird festgestellt: „Die Politik bewegt sich in einem eigentümlichen Medium ... Die Dämmerwelt zwischen dem Licht des Heute und dem Dunkel des Morgen ist ihr eigentlicher Lebensraum. In diesem Reich des Zwielichts regiert nicht die Gewißheit des Erkennens, sondern die Ungewißheit des Kampfes. Die Ungewißheit ist das Element der Politik ... Die Politik kann ihre Entscheidungen nicht auf Wahrheit gründen."°°

Die Erkenntnis des Marxismus-Leninismus lautet: Die Ökonomie bestimmt die Politik. Aber die Menschen machen ihre Geschichte selbst: Wenn, was durchaus möglich ist, ihre Politik sich zeitweilig und aus verschiedensten Gründen den Forderungen

* *Fr. Engels* an Joseph Bloch, 21. September 1890. In: *Marx/Engels*, Werke. Bd. 37, Berlin 1967, S. 463.

** *Fr. Engels* an Conrad Schmidt, 27. Oktober 1890. In: *Marx/Engels*, Werke, ebendort, S. 490 f.

*** *W. I. Lenin*, „Noch einmal über die Gewerkschaften", in: Werke. Bd. 32, Berlin 1961, S. 73.

° Politische Ökonomie des Sozialismus und ihre Anwendung in der DDR. Berlin 1969, S. 10 f.

°° Handwörterbuch der Sozialwissenschaften. Tübingen 1964.

der Ökonomie verschließt, dann scheitert die Politik, die jedoch, bevor sie scheitert, durch ihren Widerspruch zur Ökonomik dieser großen Schaden zufügen kann. Träger der Politik ist stets die herrschende Klasse.
Und die Formulierung des „Handwörterbuchs"? Sie ist historisch völlig richtig insofern, als Ökonomie und Politik, als Politik und Wissenschaft in der kapitalistischen Welt heute in völligem Widerspruch zueinander stehen und unter solchen Umständen weder eine Gewißheit des Erkennens noch eine Gründung von politischen Entscheidungen auf Wahrheit möglich ist. Sie ist wissenschaftlich völlig unhaltbar insofern, als hier ein Höhepunkt von Widersprüchen in einer untergehenden anarchischen Gesellschaft zur permanenten Existenzgrundlage für Ökonomie, Politik und Wissenschaft erklärt wird. Wenn Marx sich einmal über die historische Gedankenlosigkeit von Ricardo lustig macht, der nicht nur annimmt, daß die kapitalistische Gesellschaft von Anbeginn der Menschheit bestanden hat und für immer bestehen wird, sondern der auch annimmt, „daß Urfischer und Urjäger zur Berechnung ihrer Arbeitsinstrumente die 1817 auf der Londoner Börse gangbaren Annuitätentabellen zu Rate ziehen"*, so erscheint diese Haltung von Ricardo, der eine fortschrittliche Gesellschaftsordnung, den jungen Kapitalismus, vertrat und ihn für ewig jung hielt, doch noch wirklich sinnvoll gegenüber dem „Handwörterbuch", das einen lebenden Leichnam als ewigen Jüngling drapiert.
Der Widerspruch zwischen Ökonomie und Politik im Kapitalismus besteht natürlich darin, daß die Ökonomie, daß die Produktivkräfte sozialistische Produktionsverhältnisse verlangen, während die Politik der herrschenden Klasse alles tut, um die kapitalistischen Produktionsverhältnisse zu erhalten.
Im Gegensatz dazu ist die Politik der herrschenden Klasse in der jungen sozialistischen Gesellschaft darauf ausgerichtet, alles zu tun, um die sozialistischen Produktionsverhältnisse zu fördern.
Der Unterschied in dem Verhältnis von Politik und Ökonomie, von Politik und Gesellschaft im Sozialismus und Imperialismus besteht nicht darin, daß die Politik eine größere Rolle im Sozialismus spielt, sondern darin, daß im Sozialismus die Politik einen fördernden, im Imperialismus einen hemmenden Einfluß hat.
Dieser fördernde Einfluß im Sozialismus hat zwei Ursachen: Erstens entspricht die Politik der herrschenden Klasse aus sozialen Ursachen und Interessen den gesetzmäßigen Entwicklungstendenzen von Ökonomie und allgemein der Gesellschaft; zweitens entspricht ihnen die Politik um so mehr, als sie immer stärker verwissenschaftlicht wird, das heißt immer stärker von prinzipiellen und ganz konkreten wissenschaftlichen Erkenntnissen geleitet wird.
Mit dieser Problematik von Wissenschaft und Politik, spezifisch von Politischer Ökonomie und Wirtschaftspolitik unter den Bedingungen der Wissenschaftlich-technischen Revolution wollen wir uns im folgenden beschäftigen.

Es gibt wohl drei große Perioden der Beziehungen zwischen der Wissenschaft der Politischen Ökonomie der Bourgeoisie und der Wirtschaftspolitik. Die erste um-

* K. *Marx*, Das Kapital, Bd. I, in: *Marx/Engels*, Werke. Bd. 23, Berlin 1962, S. 90.

faßt die Zeit des Entstehens der Politischen Ökonomie als Wissenschaft, das 17. Jahrhundert, als die neuen kapitalistischen Produktionsverhältnisse die Politische Ökonomie des Kapitalismus hervorbrachten, die staatliche Wirtschaftspolitik aber noch stark von feudalen Wirtschaftsideologien beeinflußt wurde. Die zweite umfaßt die Zeit, in der die Erkenntnisse der Politischen Ökonomie und die staatliche Wirtschaftspolitik in vielem übereinstimmten und wirksam sein konnten. Die dritte beginnt mit dem Niedergang des Kapitalismus, gegen den sich die völlig unwissenschaftlich gewordene politökonomische Ideologie und Wirtschaftspolitik als unwirksam erweisen müssen; die Schlußphase dieser dritten Periode ist die Zeit, in der die Wissenschaftlich-technische Revolution wirksam zu werden beginnt.
Beginnen wir mit der ersten Periode, in der die drei großen englischen Politökonomen Thomas Mun, Josiah Child und Charles Davenant wirkten, und in der feudale Auffassungen von der Notwendigkeit, „Schatz gleich Reichtum" zu sammeln, also die Ausfuhr von Edelmetallen zu verhindern, eine staatliche Wirtschaftspolitik begründeten, die die Profitinteressen der Bourgeoisie entschieden störte.
Mun lebte von 1571 bis 1641; sein erstes Buch erschien spätestens 1621; Child lebte von 1630 bis 1699; Davenant, dessen letztes Werk 1712 herauskam, lebte von 1656 bis 1714. Alle drei waren Geschäftsleute in einer Periode, in der die Klasse der Kapitalisten, vertreten vor allem durch die ländlichen und die Handelskapitalisten, zur Herrschaft kam. Alle drei waren zumindest zeitweise auf das engste mit der größten Handelsgesellschaft des vorindustriellen Kapitalismus, der East India Trading Company, verbunden. Mun, Enkel eines Geldmannes und Sohn eines Kaufmannes, war einer ihrer Direktoren und nach heutigen Begriffen Millionär. Child, der als Lehrling mit dem Ausfegen der Kontorräume begann und zeitweise an der Versorgung der Flotte reichlich verdiente, wurde Direktor und später Gouverneur der Gesellschaft und in seiner Zeit der reichste Kaufmann Englands. Von dem damaligen Aktienkapital der Gesellschaft in Höhe von 369 891 Pfund Sterling besaß er 1681 rund 100 000 Pfund. Als die Gesellschaft 1685 50 Prozent Dividende auszahlte, erhielt er also 50 000 Pfund an einem Tag – den gleichen Betrag, 1 Million Mark, gab er seiner Tochter, die den ältesten Sohn des Herzogs von Beaufort heiratete, als Mitgift. Charles Davenant verfaßte mindestens eine seiner Schriften in direktem Auftrag der East India Company; die letzten zwölf Jahre seines Lebens war er königlicher Generalinspektor des Außenhandels.
Diese drei großen Denker sind es vor allem, die der Menschheit die Erkenntnis, daß es ökonomische Gesetze gibt, gebracht haben. Das ist eine Leistung von ganz ungeheurer Bedeutung – vollbracht von ganz großen Denkern der Bourgeoisie aus klassenmäßigen Beweggründen, im Interesse der Bourgeoisie.
Zum ersten Mal steht die Menschheit bewußt Angesicht zu Angesicht mit einem ökonomischen Gesetz, das etwas anderes ist als ein Gebot Gottes oder ein „menschengemachtes Gesetz", wie es der Richter oder das Parlament oder der König festlegt. Und dieses Gesetz ist von einer Kraft, die weit größer ist als das Gesetz von König, Parlament oder Richter. Es ist so scharf und klar und ausgesprochen in seiner Wirkung wie ein Gesetz der Natur. Denn wenn man sich ihm entgegenstellt, dann wirft es den Gegner stets – bald auf diese, bald auf jene Weise. Es ist ein Gesetz, das nicht

wie das Gesetz des Königs, Parlamentes oder Richters umgangen werden kann. Es ist auch nicht wie ein Gesetz Gottes, das durchaus umgangen werden kann (wenn auch unter Umständen dafür später die Strafe der Hölle droht). Es ist wie ein Naturgesetz, das sich unter allen Umständen durchsetzt – wenn auch nicht so deutlich erkennbar. Und sollte ein Gesetz von König, Parlament oder Richter sich dem ökonomischen Gesetz entgegenstellen, so wird das letztere das erstere besiegen, denn es ist weit stärker.

Hören wir zuerst Mun. Er war Mitglied eines Parlaments-Komitees, das über Fragen des Exportes von Edelmetall beriet. Dieses Komitee kam unter seinem Einfluß zu folgender Schlußfolgerung: „Die Ausfuhr von Edelmetallen ist unweigerlich darauf zurückzuführen, daß mehr Waren eingeführt als ausgeführt werden. Das ist so notwendig wahr, daß kein Gesetz, kein Handelsvertrag, kein Verlust für die Kaufleute ... oder Gefahr für die Exporteure es verhindern kann; und wenn es in einem Punkte verhindert wird, so muß es gleichwohl an einem anderen zum Durchbruch kommen." Kein Gesetz, kein Handelsvertrag usw. können sich also gegen das ökonomische Gesetz durchsetzen, daß ein Überschuß der Einfuhr über die Ausfuhr zum Edelmetallabfluß führen muß. Und wenn es gelingt, an einer Stelle diesen Abfluß einzudämmen, dann wird er an einer anderen Stelle um so stärker zum Durchbruch kommen.

Hier spricht ein Mann, der wirklich tiefstes Verständnis für die politökonomischen Notwendigkeiten hat, der das Wirken gesellschaftlicher Gesetze begriffen hat. Sobald gewisse Vorbedingungen geschaffen sind, meint er, sobald England mehr ausführt als einführt, können sich die englischen Kaufleute frei als Herren dieser Erde bewegen, können sie, wann immer es ihnen paßt, Edelmetalle ausführen, können die Kaufleute die Wechselkurse festlegen, wie sie wollen – es muß doch auf Grund der ökonomischen Gesetzmäßigkeit der Entwicklung alles für sie gut ausgehen: England wird naturnotwendig – und hier spricht er die „höchste vernunftgemäße Gesetzgebung" an, nämlich die der Natur – eine Erhöhung seines Edelmetallvorrates erfahren.

Viel gerissener, weniger würdig, aber für seine Kollegen um so verständlicher drückt sich Child aus: „Diejenigen, die den höchsten Preis für eine Ware zahlen können, werden niemals aufgeben, sie sich auf diese oder jene Weise zu beschaffen, trotz aller Hindernisse durch alle möglichen Gesetze oder das Dazwischentreten irgendeiner Macht zu Lande oder zu Wasser; von solcher Geschmeidigkeit und Kraft ist die allgemeine Beweglichkeit des Handels."*

Das heißt, was auch die Mittel, mit denen man versucht, die Gesetze des Landes durchzusetzen, ob mit bewaffneter Gewalt zu Land oder mit Kriegsschiffen zu Wasser: die Kraft des ökonomischen Gesetzes, oder, verständlicher für die Kaufleute und Börsenjobber seiner Zeit: die Beweglichkeit, die Geschmeidigkeit und Kraft des Handels sind so große, daß niemand dagegen an kann.

Davenant, anknüpfend an Child, und fast moralisch bedauernd, daß sich die ökonomischen Gesetze gegenüber den Gesetzen des Parlamentes oder Richters durch-

* *J. Child,* A discourse about trade. Kap. 8, London 1698, S. 147.

setzen können, formuliert: „Heutzutage werden eigentlich nur noch Gesetze befolgt, die sich sozusagen von selbst durchsetzen."* Aber wenn wir auch feststellen, daß eigentlich der älteste von ihnen, Mun, die besten und klarsten Formulierungen gebracht hat, so ist es auf der anderen Seite erst Davenant, der jüngste, der die wichtigsten Konsequenzen gezogen hat. Und das ist ganz in Ordnung so, denn erst zu seiner Zeit – Mun schrieb vor der Revolution von 1640! – war die völlige Übereinstimmung der Produktionsverhältnisse mit dem Charakter der Produktivkräfte hergestellt. Davenant bemerkt: „Die Weisheit der Gesetzgebung besteht darin, unparteiisch zu sein und alle Gewerbe gleichmäßig zu fördern, besonders aber solche, die das Nationalvermögen erhöhen und den Reichtum des Landes vermehren, wenn dieses als ein einheitlicher gesellschaftlicher Körper betrachtet wird. Der Handel ist seiner Natur nach frei, findet seinen eigenen Weg am besten selbst; alle Gesetze, in denen ihm Regeln und Anweisungen gegeben werden und die ihn begrenzen wollen, mögen den privaten Zielen einzelner Menschen dienen, sind aber selten für die Allgemeinheit vorteilhaft. Die Regierungen sollen dem Handel gegenüber sich die Pflege des Ganzen angelegen sein lassen und sekundäre Ursachen sich selbst durchsetzen lassen. Angesichts der bestehenden Zusammenhänge kann man behaupten, daß Verkehr jeder Art gewöhnlich vorteilhaft für ein Land ist."**

Das heißt, Davenant beginnt hier den Weg zu ebnen, und zwar gleich recht weit vorstoßend und in solcher Breite, daß ihm später viele leicht folgen können, für Gedanken der ersten Phase des Handelsliberalismus, des Laisser Faire, die wir allgemein verbreitet erst zwei Generationen später finden. Er folgert ganz logisch: Wenn sich nun einmal die ökonomischen Gesetze als die stärkeren erweisen, dann sollte der Staat es sich sehr genau überlegen, bevor er überhaupt Gesetze erläßt: er soll sich überlegen, ob sie mit den ökonomischen Gesetzen übereinstimmen, und er soll sich auch überlegen, ob es sich überhaupt lohnt, Gesetze zu erlassen.

So führt die Theorie der Handelspolitik diese drei bedeutenden Denker des Merkantilsystems aus ihrer Praxis zu der Erkenntnis der Tatsache, daß es politökonomische Gesetze gibt.

Und die Beziehung zwischen der Wissenschaft der Politischen Ökonomie und der Wirtschaftspolitik des Staates ist die Lehre: Am besten betreibt der Staat überhaupt keine Wirtschaftspolitik; er kann nur stören, da man die Gesetze am besten ihrem eigenen Wirken überläßt. Das Beste, was der Staat tun kann, ist durch Nichtaktivität die Gesetze ihrem eigenen Wirken zu überlassen. Genau die richtige Forderung der Wissenschaft an den Staat in einer Zeit, in der die Produktionsverhältnisse dem Charakter der Produktivkräfte entsprechen, die Ideologie der Staatspolitik aber noch die Wirtschaftspolitik mit halbfeudalen Elementen mischt.

Die zweite Periode ist dadurch gekennzeichnet, daß der Staat eine relativ aktive Wirtschaftspolitik führt und die Wirtschaftswissenschaftler einen relativ großen Ein-

* *Ch. Davenant,* Essay upon the probable methods of making a people gainers in the balance of trade. London 1699, S. 55.

** *Ch. Davenant,* An essay on the East India trade. London 1698, S. 25 f., zitiert in Übersetzung von *E. F. Heckscher,* Der Merkantilismus. Bd. 2, Jena 1932, S. 296.

fluß auf die Wirtschaftspolitik nehmen – und nehmen können, da sie echte Wissenschaftler sind und noch kein offener Widerspruch zwischen den Produktionsverhältnissen und dem Charakter der Produktivkräfte ihren Blick trübt oder ihr Wirken unmöglich macht.

Wir haben von dieser Zeit im vorangehenden Kapitel gesprochen, als wir das Wirken Ricardos behandelten. Zwar besteht bisweilen die Auffassung, daß in dieser Zeit der Staat sich aus der Wirtschaft heraushielt, und daß auch die führenden Ökonomen das verlangten – Carlyle definierte ihre Konzeption des Staates als „Anarchie plus Polizist" –, aber davon kann natürlich nicht die Rede sein, und Lionel Robbins hat völlig recht, wenn er von den führenden Vertretern der bürgerlichen klassischen Politischen Ökonomie sagt, daß sie einen „außerordentlich starken Einfluß" auf die recht aktive staatliche Wirtschaftspolitik ihrer Zeit ausübten.* Und noch lange nach dieser Zeit als Nachwirkung wird Nassau Senior erklären: „Die Theorie hat triumphiert. Wir werden von Philosophen und Politökonomen regiert."** Klüger bemerkte Cournot später, daß „solche Fragen wie Freihandel nicht durch Argumente von Wissenschaftlern entschieden werden ... Eine stärkere Macht zwingt Nationen ihre Wirtschaftspolitik auf, und wenn ein Gedankensystem sich überlebt hat, so kann weder Logik noch Sophistik seine Wirksamkeit wieder herstellen."*** In dieser Zeit aber entsprach die Politische Ökonomie der bürgerlichen Klassiker den Bedürfnissen der Basis und konnte darum ohne Schwierigkeiten zur Grundlage der Wirtschaftspolitik werden.

Es war die Zeit, in der der größte Premierminister des industriekapitalistischen England, der jüngere Pitt, Adam Smith als seinen großen Lehrer verehrte, als Ricardo im Unterhaus seine Mitabgeordneten daran erinnerte, „daß sie für das Wohl von Millionen Gesetze machten und daß kein Übel so unerträglich wäre wie der hohe Preis der Nahrungsmittel"°, in der James Mill seinen so optimistischen Artikel über den Nutzen der Politischen Ökonomie schrieb.

Und dann beginnt der Niedergang der Politischen Ökonomie, eine Zeit, in der sie zwar weiter Einfluß auf die Wirtschaftspolitik nimmt, aber gegen die ökonomischen Gesetze, die sie nicht erkennt und teilweise auch nicht erkennen will oder trotz Erkenntnis verleugnet, wirkt – also wohl wirkungsvoll auf die Politik bleibt, aber wirkungslos auf die Realität ist.

Die letzte Phase dieser dritten Periode begann mit der Wissenschaftlich-technischen Revolution. Wodurch zeichnet sich diese Phase aus?

Gershenkron, der amerikanische Wirtschaftshistoriker, charakterisiert diese Phase so: „Wir leben heute in einer neuen Ära. Heute arbeiten Wirtschaftshistoriker und Politökonomen, was immer für esoterische Tendenzen sich zeigen mögen, mit neuen und weit stärker operativen Werkzeugen, und sie haben weit mehr quantitative Urinfor-

* *L. Robbins,* Politics and economics. London 1963, S. 3.

** *N. W. Senior,* Conversations with M. Thiers, M. Guizot, and other distinguished persons during the Second Empire. Vol. I, London 1878, S. 169.

*** *A. A. Cournot,* Recherches sur les principes mathématiques de la théorie des richesses. Paris 1838, ed. Paris 1938, S. 197.

° The works and correspondence of *David Ricardo,* Vol. V, Cambridge 1952, S. 184.

mation zur Verfügung – die Frucht riesiger empirischer Bemühungen. Diese Masse an Information wird mit einer Klarheit der Konzeption organisiert, die früher völlig unbekannt war; sie kann mit den modernsten Methoden der statistischen Analyse behandelt werden. Zugleich haben die erschütternden Erfahrungen der Großen Depression der dreißiger Jahre und insbesondere auch das Nachkriegsinteresse an der Wirtschaftsentwicklung auf geistiger Ebene zu einer Annäherung von Politökonomen und Wirtschaftshistorikern, und auf praktisch-politischer Ebene zu einer weit größeren Bereitwilligkeit, auf die Ansichten und Ratschläge der Politökonomen zu hören, geführt."*

So beschränkt die Feststellung Gershenkrons über die Klarheit der Konzeption ist, so recht hat er mit der Masse der Information, die gerade auf Grund der Wissenschaftlich-technischen Revolution heute zur Verfügung steht.

Erinnern wir uns an die Vergangenheit. 1849/50 schrieb Marx zeitgeschichtliche Studien: „Die Klassenkämpfe in Frankreich 1848 bis 1850". Ein halbes Jahrhundert später brachte Engels diese ursprünglich als Artikel erschienenen Studien als Büchlein mit einer ausführlichen Einleitung heraus. Dort schrieb er zu unserer Problematik:

„Die hiermit neu herausgegebene Arbeit war Marx' erster Versuch, ein Stück Zeitgeschichte vermittelst seiner materialistischen Auffassungsweise aus der gegebenen ökonomischen Lage zu erklären ...

Bei der Beurteilung von Ereignissen und Ereignisreihen aus der Tagesgeschichte wird man nie imstande sein, bis auf die *letzten* ökonomischen Ursachen zurückzugehn. Selbst heute noch, wo die einschlägige Fachpresse so reichlichen Stoff liefert, wird es sogar in England unmöglich bleiben, den Gang der Industrie und des Handels auf dem Weltmarkt und die in den Produktionsmethoden eintretenden Änderungen Tag für Tag derart zu verfolgen, daß man für jeden beliebigen Zeitpunkt das allgemeine Fazit aus diesen mannigfach verwickelten und stets wechselnden Faktoren ziehen kann, Faktoren, von denen die wichtigsten obendrein meist lange Zeit im verborgenen wirken, bevor sie plötzlich gewaltsam an der Oberfläche sich geltend machen. Der klare Überblick über die ökonomische Geschichte einer gegebenen Periode ist nie gleichzeitig, ist nur nachträglich, nach erfolgter Sammlung und Sichtung des Stoffes, zu gewinnen. Die Statistik ist hier notwendiges Hilfsmittel, und sie hinkt immer nach. Für die laufende Zeitgeschichte wird man daher nur zu oft genötigt sein, diesen, den entscheidensten Faktor als konstant, die am Anfang der betreffenden Periode vorgefundene ökonomische Lage als für die ganze Periode gegeben und unveränderlich zu behandeln, oder nur solche Veränderungen dieser Lage zu berücksichtigen, die aus den offen vorliegenden Ereignissen selbst entspringen und daher ebenfalls offen zutage liegen. Die materialistische Methode wird sich daher hier nur zu oft darauf beschränken müssen, die politischen Konflikte auf Interessenkämpfe der durch die ökonomische Entwicklung gegebenen, vorgefundenen Gesellschaftsklassen und Klassenfraktionen zurückzuführen und die einzelnen politischen Parteien nachzuweisen als

* *A. Gershenkron,* History of economic doctrines and economic history, in: „The American Economic Review", Vol. LIX, No. 2, May 1969, S. 17.

den mehr oder weniger adäquaten politischen Ausdruck dieser selben Klassen und Klassenfraktionen.
Es ist selbstredend, daß diese unvermeidliche Vernachlässigung der gleichzeitigen Veränderungen der ökonomischen Lage, der eigentlichen Basis aller zu untersuchenden Vorgänge, eine Fehlerquelle sein muß. Aber alle Bedingungen einer zusammenfassenden Darstellung der Tagesgeschichte schließen unvermeidlich Fehlerquellen in sich; was aber niemanden abhält, Tagesgeschichte zu schreiben."*
Die Wissenschaftlich-technische Revolution hat hier eine entscheidende Wandlung insofern gebracht, als jede Regierung heute am Ende der ersten 10 Tage jeden Monats die wichtigsten Daten der Wirtschaftsentwicklung des vorangehenden Monats zur Verfügung haben kann, und die Öffentlichkeit drei oder vier Wochen später.
Darum kann man auch sagen, daß sowohl das Material, das dem Politökonomen und dem Wirtschaftspolitiker zur Analyse und zur Vorschau in die Zukunft zur Verfügung steht, wie auch die Technik der Analyse und Prognose mit Hilfe der Wissenschaftlich-technischen Revolution auf unvergleichlich höherem Niveau sind als zu der Zeit, als Marx sein „Klassenkämpfe" und Engels seine „Einleitung" schrieb. Kürzlich bemerkte ich zur Vorgeschichte dieser Entwicklung:
„Es ist richtig, daß die Technik der Prognose in den letzten vierzig Jahren (Meilensteine: 1930 wurde die Econometric Society gegründet, 1936 begann die Konstruktion der ersten modernen Modelle, 1949 übergab Ragnar Frisch der UNO sein Memorandum über Price-Wage-Tax Subsidy Policies as Instruments in Maintaining Optimal Employment**) ganz bedeutende Fortschritte gemacht hat. Es ist richtig, daß die Wirtschaftsplanung, das heißt die aktive Prognose, sich zu einer im Umfang enorm angewachsenen Wissenschaft und Praxis entwickelt hat.
Bedenkt man aber, wie leichtsinnig, ohne Kenntnis der Grenzen der Prognostik, noch heute etwa Prognosen für die Entwicklung der kapitalistischen Wirtschaft, bisweilen auch von marxistischer Seite, gemacht werden, und bedenkt man, mit welch ernstem Glauben an eine solche Möglichkeit überall in der Welt Gesamtwirtschaftspläne über 10 und 15 Jahre aufgestellt werden, dann erkennt man nur allzu deutlich, daß *die Technik niemals das Systemdenken, die allgemeine Theorie ersetzen kann.* Darum hat R. C. Geary auch so unrecht, wenn er meint, daß ‚das einzige Thema der Wirtschaftswissenschaften, das ernst genommen werden sollte, Wirtschaftsprogrammierung auf allen Ebenen' und daß ‚literarische Wirtschaftswissenschaft (politökonomische Theorie – J. K.) nicht mehr lebensfähig' sei.***" °
Dazu ist in unserem Zusammenhang folgendes zu sagen: Wirtschaftsprogrammierung, Wirtschaftsmodellkonstruktion, Planung mit sinnvollen Verflechtungsbilanzen, wie sie heute vor sich gehen, ist nur mit den modernsten Rechenmaschinen – direkten, zentralen Resultaten der Wissenschaftlich-technischen Revolution – möglich.
Zugleich aber ist der unterstrichene Satz im Auge zu behalten: Technik kann niemals

* *Marx/Engels,* Werke. Bd. 22, Berlin 1963, S. 509 f.
** UN Document E/Cn 1/Sub 2/13, 18. April 1949.
*** ASEPELT, Vol. I, Europe's future in figures, Amsterdam 1962, S. 316.
° *J. Kuczynski,* Propheten der Wirtschaft. Berlin 1970, S. 10 f.

das Systemdenken, die allgemeine Theorie ersetzen. Was aber besagt die Theorie, die Engels, Marx und Lenin entwickelt haben, über die kapitalistische Wirtschaft?
Sie besagt, daß die kapitalistische Wirtschaft sich zugleich gesetzmäßig und anarchisch bewegt. Unter dem Gesichtspunkt der Prognosemöglichkeiten unter solchen Umständen schrieb ich:
„Unter einer anarchischen Gesellschaft verstehen wir eine Gesellschaft, in der sich die Gesetze der gesellschaftlichen Bewegung spontan, ohne bewußtes Zutun der großen Masse der Menschen durchsetzen, ja in der die Gesetze auf Grund der Struktur der Gesellschaft so wirken müssen, daß die Menschen zumeist (!) auch nicht in der Lage sein können, das Gegen- und Miteinanderwirken der Gesetze der gesellschaftlichen Bewegung im einzelnen (!) zu übersehen und sie entsprechend auszunutzen. Viele haben das Gefühl, machtlos in einem Dschungel zu leben.
Bis zur sozialistischen Gesellschaft kann man wohl sagen: *Je stärker* (nach der Entwicklung von naturwissenschaftlichen Erkenntnissen) *die Gesellschaft von der Natur abhängig war, desto eher konnte man mit Prognosen arbeiten.* Man braucht nur daran zu denken, wie relativ leicht in der Landwirtschaft Prognosen über die Arbeitsverteilung und den Bedarf von Arbeitskräften während des Jahres auf Grund der Kenntnis der Jahreszeiten sind, und wie schwer, ja völlig unmöglich vor dem Sozialismus gleiche Prognosen in der Industrie waren. Sofort wird man verstehen, daß Prognosen von gesellschaftlicher Bedeutung im Feudalismus in mancher Beziehung leichter waren – nämlich überall dort, wo infolge der großen Rolle der Landwirtschaft die Natur als ‚Parameter' dienen konnte – als im Kapitalismus.
Also sind auf Grund der Anarchie Prognosen im Kapitalismus letztlich eine Unmöglichkeit? Natürlich nicht! Denn überall, wo Gesetze herrschen, sind Prognosen *letztlich* möglich. In seiner Rede zur Hundertjahrfeier des Erscheinens des ersten Bandes des ‚Kapitals' führte Walter Ulbricht über die Prognose für die kapitalistische Gesellschaft aus:
‚Das »Kommunistische Manifest« war und ist eine meisterhafte Gesellschaftsprognose, die in dem Marxschen Lebenswerk »Das Kapital« ihre allseitige Ausarbeitung erfuhr ...
Die theoretischen Grundlagen der marxistischen Gesellschaftsprognose sind der dialektische und historische Materialismus. Die Entdeckung, daß sich Natur und Gesellschaft nach objektiven Gesetzen entwickeln, gibt der Arbeiterklasse die Möglichkeit der wissenschaftlichen Einsicht in die Bedingungen ihres Kampfes, und sie gibt ihr die unerschütterliche Gewißheit ihres Sieges.*'"**
Was aber kürzerfristige Wirtschaftsprognosen betrifft, so muß man feststellen:
„1 Prognosen langfristigen Charakters (bis zu 20 Jahren) sind für die kapitalistische Gesellschaftsordnung nicht möglich, einmal weil die Wirtschaft anarchistisch verläuft, weil es keine ‚Normalentwicklung' der Wirtschaft gibt; vor allem aber auf Grund der zahlreichen exogenen, insbesondere politischen Einflüsse auf den Wirtschaftsverlauf.

* *W. Ulbricht,* Die Bedeutung des Werkes „Das Kapital" von Karl Marx für die Schaffung des entwickelten gesellschaftlichen Systems des Sozialismus in der DDR und den Kampf gegen das staatsmonopolistische Herrschaftssystem in Westdeutschland. Berlin 1967, S. 11 f.

** *J. Kuczynski,* a. a. O., S. 29 ff.

2. Prognosen (mittel- und) kurzfristigen Charakters (bis zu fünf Jahren beziehungsweise einem Jahr) sind für die kapitalistische Gesellschaftsordnung nicht möglich, einmal weil die Wirtschaft anarchisch verläuft, weil sich also weder der Zeitpunkt des Erscheinens noch die Stärke von Krisen und Höhepunkten der Prosperität aus analogen Präzedenzfällen in der Geschichte ableiten lassen können, sowie auf Grund der Wirkung exogener, vor allem politischer Faktoren."*

Die Geschichte der Prognosen, der „verwissenschaftlichten Wirtschaftspolitik" der letzten Jahre hat die Richtigkeit dieser Thesen tausendfach bewiesen. Zitieren wir noch einmal aus „Propheten der Wirtschaft":

„Wenn die nach den Modellmethoden von Tinbergen berechnete Zuwachsrate der Ausfuhr Hollands doppelt so groß war wie vorausgesehen, oder der Zuwachs des ‚Mehrwerts' in der Privatindustrie rund 3,5 mal so groß war, wie vorausgesehen; wenn das entsprechende Modell für Norwegen eine Exportsteigerung von 3 Prozent voraussah und die Ausfuhr faktisch um 5 Prozent sank; wenn die Bautätigkeit nach dem schwedischen Modell um fast doppelt soviel zunahm als vorausgesehen; wenn in Dänemark einer vorausgesehenen Senkung der Bruttoinvestitionen um 6 Prozent praktische Stagnation in der Realität gegenüberstand** – dann wird kein Marxist von einer Unfähigkeit der ‚bürgerlichen Prognostiker' sprechen dürfen, der eine entsprechende Fähigkeit von Marxisten gegenübersteht. Es handelt sich vielmehr um nichts anderes als um eine prinzipielle Unfähigkeit jedes Wissenschaftlers auf Grund der ‚Eigenart' des zu untersuchenden Objekts und der Problematik seiner Bewegung.***

Und das gleiche gilt für die (häufig modellosen) Voraussagen des Bruttonationaleinkommens, von denen V. Zarnowitz acht für die Jahre 1953 bis 1963 in den USA untersucht hat und die Fehler von 40 Prozent im Durchschnitt (!) in der Voraussage der Veränderung von Jahr zu Jahr anzeigen. Entsprechende Voraussagen der Entwicklung nur der industriellen Produktion zeigten gar einen Durchschnittsfehler von 47 Prozent. Ganz richtig und allen Erfahrungen entsprechend bemerkt Zarnowitz, daß die Prognosen des Bruttonationaleinkommens im allgemeinen besser sind als die seiner einzelnen Bestandteile – und zwar nicht, weil die Totalprognose leichter sei, sondern weil die auf Teilprognosen aufgebaute Totalprognose den Vorteil der Kompensation von Fehlern in den Einzelprognosen in sich berge.°

Über ähnlich traurige Resultate berichtet eine Untersuchung der ‚Trefferbilanz', der Jahresgutachten des amtlichen Sachverständigenrates in der westdeutschen Bundesrepublik für die Jahre 1964 bis 1967. Danach ergab sich eine Überschätzung der Tendenz der Wirtschaftsentwicklung in 57,1 Prozent der Fälle, eine Unterschätzung in 24,5 Prozent und eine völlige Fehleinschätzung der Tendenz in 14,3 Prozent.°°"°°°

* Ebendort, S. 53.

** Siehe dazu *H. Theil*, Economic forecasts and policy. Amsterdam 1965, Kapitel 3.

*** Weitere Analysen von Prognosen mit Hilfe von Modellen finden sich bei *J. Tinbergen*, Modelle zur Wirtschaftsplanung. München 1967, S. 203 ff.

° *V. Zarnowitz*, An appraisal of short-term economic forecasts. New York 1967, S. 4, 5, 7.

°° *O. Vogel/L. Duelli*, Prognosewerte und Ist-Daten. Beiträge des Deutschen Industrieinstituts, 1968, H. 2/3.

°°° *J. Kuczynski*, a. a. O., S. 71 f.

Worum geht es hier? Doch darum, daß mit Hilfe der Wissenschaftlich-technischen Revolution die Technik der Information und die Technik der Prognose gerade in der kapitalistischen Welt eine glänzende Entwicklung genommen haben, während auf Grund des Charakters der Produktionsweise des Kapitals ihre Anwendung unmöglich ist. Auch die glänzendste Technik der Analyse und Prognose kann die Anarchie der kapitalistischen Entwicklung nicht ordnen und so eine auch nur vom Profitstandpunkt aus effektive Wirtschaftspolitik und Prognose entwickeln.

Ja, man kann noch weiter gehen und sagen: auch in den Jahren, in denen in den sozialistischen Ländern die Technik (!) der Analyse und Planung der in den kapitalistischen Ländern noch unterlegen war, die Einführung moderner mathematischer Methoden und Rechenmaschinen noch im Rückstand war, die Wissenschaftlich-technische Revolution auf diesem Gebiet weit zögernder sich ausbreitete – auch in diesen Jahren waren Wirtschaftspolitik, Wirtschaftsplanung, Wirtschaftsprognose in den sozialistischen Ländern denen in den kapitalistischen Ländern weit überlegen – wenn man überhaupt den Ausdruck „überlegen" in einem Falle verwenden sollte, in dem auf der einen Seite Wirtschaftsplanung und Wirtschaftsprognose an einem völlig untauglichen Objekt, eben der kapitalistischen Wirtschaft, natürlich vergeblich, versucht wird, und in dem auf der anderen Seite Wirtschaftsplanung und Wirtschaftsprognose an einem Objekt geübt werden, das ohne sie überhaupt keiner rechten Entwicklung fähig ist, zu dem sie gewissermaßen konstitutionell gehören, eben der sozialistischen Gesellschaft. Wie es in dem bekannten Lehrbuch „Politische Ökonomie" heißt:

„Lenin hat die Notwendigkeit einer planmäßigen Entwicklung der sozialistischen Wirtschaft begründet und in diesem Zusammenhang darauf hingewiesen, daß man die Wirtschaft nicht ohne einen für längere Zeit ausgearbeiteten Plan führen kann, daß die gigantische Aufgabe der sozialistischen Revolution in folgendem besteht: ‚Umwandlung des ganzen staatlichen Wirtschaftsmechanismus in eine einzige große Maschine, in einen Wirtschaftsorganismus, der so arbeitet, daß sich Hunderte Millionen Menschen nach einem einzigen Plan richten'*.

So, wie der Kapitalismus undenkbar ist ohne Konkurrenz und Anarchie der Produktion, die eine Vergeudung gesellschaftlicher Arbeit nach sich ziehen, kann man sich den Sozialismus nicht ohne planmäßige Entwicklung der Volkswirtschaft vorstellen, die eine rationelle und sparsame Ausnutzung der gesellschaftlichen Arbeit und ihrer Ergebnisse gewährleistet."**

Das heißt, so richtig es ist, daß die Wissenschaftlich-technische Revolution das Beobachtungsinstrumentarium der kapitalistischen Wirtschaft enorm verfeinert hat, so falsch wäre es zu glauben, daß deswegen die Wirtschaftswissenschaft in die Lage versetzt worden ist, die kapitalistische Wirtschaftspolitik besser zu beeinflussen. Gershenkron hat völlig unrecht, wenn er meint, die Politökonomen des Kapitalismus könnten auf Grund des neuen Instrumentariums, das ihnen die Wissenschaftlich-

* *W. I. Lenin,* Referat über Krieg und Frieden. In: Werke, Bd. 27, Berlin 1960, S. 77.

** Politische Ökonomie, Lehrbuch. Nach der dritten, überarbeiteten russischen Ausgabe, Berlin 1959, S. 532 f.

technische Revolution in die Hand gegeben hat, „operativer“, effektvoller wirken. Ganz im Gegenteil zeigt gerade die außerordentliche Verbesserung des Instrumentariums gegenüber der Zeit von Marx und Engels und die zunehmende Unfähigkeit der kapitalistischen Ökonomen und Politiker, mit den wachsenden Widersprüchen in der Wirtschaft fertig zu werden, die gesellschaftlich-historische Sinnlosigkeit der Wissenschaftlich-technischen Revolution unter den Verhältnissen des staatsmonopolistischen Kapitalismus mit aller nur möglichen Deutlichkeit auf.

6. Die Aussichten der Wissenschaftlich-technischen Revolution im Kapitalismus

So wichtig es ist, sich über den Kernprozeß der Wissenschaftlich-technischen Revolution klar zu sein: die komplexe und Vollautomatisierung, entsprechend dem Kernprozeß der Industriellen Revolution, der Verbreitung der Werkzeugmaschine – genau so wichtig ist es auch, sich des gesamtgesellschaftlichen Charakters der Wissenschaftlich-technischen Revolution bewußt zu sein, die genau wie die Industrielle Revolution alle Gebiete des gesellschaftlichen Lebens von der Entwicklung der Produktion allgemein bis zur Kunst und Gestaltung der Ehe erfaßt.

Der sowjetische Wissenschaftler Trapesnikow macht zur Rolle der Wissenschaft heute folgende Ausführungen:

Die Wissenschaftlich-technische Revolution verwandelt „die Wissenschaft in ein aktives Element der materiellen und geistigen Kultur. Sie hat nicht nur den Charakter der Produktionsprozesse verändert, sondern beeinflußt auch immer stärker die Entwicklung der gesellschaftlichen Beziehungen. Das betrifft vor allem den Inhalt der gesellschaftlichen Arbeit. Mit der komplexen Mechanisierung und Automatisierung wird die Leitung technologischer Prozesse eine Funktion der gesellschaftlichen Arbeit, und in die Tätigkeit sowohl in der Industrie als auch in der Landwirtschaft dringen immer mehr Elemente intellektueller Arbeit ein. Heute sind solche entscheidenden Probleme der gesellschaftlichen Entwicklung wie die Überwindung der wesentlichen Unterschiede zwischen Stadt und Land sowie zwischen geistiger und körperlicher Arbeit, die vollständige Beseitigung der Unterschiede zwischen der Arbeiterklasse und der Bauernschaft und die Umwandlung aller Bürger in Werktätige der klassenlosen kommunistischen Gesellschaft ins Stadium der praktischen Lösung getreten. Eben in dieser Richtung entwickelt sich die sozialistische Gesellschaft in der Sowjetunion.

In der antagonistischen Gesellschaft sind die Ergebnisse und Folgen der Wissenschaftlich-technischen Revolution äußerst widersprüchlich, sie verstärken die negativen Seiten der kapitalistischen Produktion um ein vielfaches.

Mit der sozialistischen Umgestaltung der gesellschaftlichen Verhältnisse hingegen wird der wissenschaftlich-technische Fortschritt zu einem planbaren und kontrollierbaren Prozeß, dessen Endziel das Wohl der gesamten Gesellschaft und die allseitige Entwicklung jedes Individuums sind. Lenins Worte, ‚daß nur der Sozialismus die Wissenschaft von ihren bürgerlichen Fesseln, von ihrer Unterjochung durch das

Kapital, von ihrer sklavischen Bindung an die Interessen schmutziger kapitalistischer Gewinnsucht befreien werde'* sind Wirklichkeit geworden."
Und historisch rückblickend bemerkt er:
„Seit der Herausbildung der Wissenschaft als besonderer Bereich der menschlichen Tätigkeit verliefen der soziale und der wissenschaftliche Fortschritt – wenn auch begleitet von Widersprüchen, Katastrophen und Kriegen – im allgemeinen synchron. Prolog der kapitalistischen Entwicklung Europas waren die großen geographischen Entdeckungen, die bedeutsamen Erkenntnisse in der Astronomie, der Mechanik, der Hydrostatik und der Hydrodynamik. Eben in dieser Periode wurden die Grundlagen der modernen Naturwissenschaft gelegt und festigte sich ihre unmittelbare Verbindung mit der Produktion.
Die Entwicklung der Wissenschaft jener Zeit war von der technischen Reorganisation der kapitalistischen Produktion, von der Herausbildung der materiellen Voraussetzungen für die schnelle Entwicklung der Produktivkräfte begleitet. Besonders deutlich zeigte sich dies in der industriellen Revolution in England, mit der sich die kapitalistische Produktionsweise endgültig durchsetzte. Seit jener Zeit entwickelt sich die Wissenschaft wesentlich schneller, da in der Wissenschaft selbst Kapital sehr gewinnbringend angelegt werden konnte. ... Später zeigte sich jedoch, daß es hauptsächlich die kapitalistischen gesellschaftlichen Verhältnisse sind, die der Entwicklung der Wissenschaft Schranken errichten.
Genauso wie seinerzeit der wissenschaftlich-technische Fortschritt eben in Verbindung mit dem sozialen Fortschritt zu qualitativen Veränderungen in der sozialökonomischen Ordnung führte, die mit der Errichtung der Herrschaft des Kapitalismus abschlossen, führten diese Erscheinungen später zur Zerstörung der alten, kapitalistischen Verhältnisse und zur Entstehung neuer, sozialistischer Verhältnisse, die heute ein Drittel der Weltbevölkerung erfassen."
Darauf stellt Trapesnikow die Wissenschaftlich-technische Revolution in Beziehung zur gegenwärtigen Weltsituation:
„In diesem Zusammenhang erscheint es zweckmäßig, auf einige Besonderheiten der gegenwärtigen wissenschaftlich-technischen Revolution, insbesondere auf ihre Wechselwirkung mit den sozialen Prozessen in der Welt von heute, einzugehen.
Die erste Besonderheit der wissenschaftlich-technischen Revolution besteht darin, daß sie in der Epoche des revolutionären Übergangs vom Kapitalismus zum Sozialismus stattfindet. Als einer der Hauptfaktoren, die den historischen Prozeß revolutionieren, führt die heutige wissenschaftlich-technische Revolution letztlich zur Festigung der Positionen des Sozialismus. Sie ist eine der Voraussetzungen für den Sieg des Sozialismus in der ganzen Welt.
Die zweite Besonderheit der wissenschaftlich-technischen Revolution ist darin zu sehen, daß sie in gewisser Beziehung das Kernstück des Kampfes bildet, der sich zwischen dem sozialistischen und dem kapitalistischen Weltsystem abspielt. Unter diesen Bedingungen werden die Ergebnisse und Folgen der wissenschaftlich-technischen Revolution zu einem zweischneidigen Schwert und können sowohl von den

* *W. I. Lenin,* Rede auf dem 1. Kongreß der Volkswirtschaftsräte, 26. Mai 1918. In: Werke, Bd. 27, Berlin 1960, S. 407 f.

Kräften des Fortschritts als auch von den Kräften der Reaktion ausgenutzt werden. Angesichts dieser Polarität der Ergebnisse des wissenschaftlich-technischen Fortschritts und seines sozialen Inhalts offenbart sich besonders deutlich die Haltlosigkeit der ‚Konvergenztheorie' und der Theorie von der ‚einheitlichen Industriegesellschaft'. Der Kampf der beiden Systeme wird durch den Wettstreit in Wissenschaft und Technik verschärft. Es ist deshalb nur natürlich, daß jedes System und jedes Land bestrebt ist, in diesem Wettstreit seine Macht zu stärken. Das erklärt die außergewöhnliche Härte des Kampfes auf wissenschaftlich-technischem Gebiet und unterstreicht den engen Zusammenhang zwischen dem technischen und dem gesellschaftlichen Fortschritt."*

Die „Politische Ökonomie des Sozialismus und ihre Anwendung in der DDR" faßt diese Gedankengänge so zusammen: „Der Imperialismus unternimmt große Anstrengungen, um die wissenschaftlich-technische Revolution zur Verlängerung seiner Existenz und als Quelle riesiger Profite zu nutzen. Die Monopolbourgeoisie versucht, durch das staatsmonopolistische Herrschaftssystem den Produktivkräften unter kapitalistischen Verhältnissen noch bestimmte Entwicklungsmöglichkeiten zu eröffnen, um mit den daraus entspringenden Kräften und Möglichkeiten das kapitalistische System als ganzes zu festigen. Damit verschärfen sich die inneren Widersprüche dieses Systems weiter. Die wissenschaftlich-technische Revolution kann sich in ihrer Komplexität und gesellschaftlichen Konsequenz nur unter sozialistischen Produktionsverhältnissen zum Wohle der Menschheit entfalten. Nur unter sozialistischen Bedingungen kann der Mensch als Schöpfer der wissenschaftlich-technischen Revolution zugleich ihr Nutznießer sein."**

Aus all diesen Ausführungen geht die so vielfache Bedeutung der Wissenschaftlich-technischen Revolution heute hervor:

Sie ist ein Produkt der ökonomischen Gesetzmäßigkeiten unserer Zeit, und zwar sowohl des (nicht-antagonistischen) Widerspruchs zwischen dem Stand der Produktionsverhältnisse und ihren Forderungen an die Produktivkräfte und den Überbau im Sozialismus, wie des antagonistischen Widerspruchs zwischen dem Stand der Produktivkräfte und ihre Forderungen an die Produktionsverhältnisse und den Überbau im staatsmonopolistischen Kapitalismus.

Während aber die Wissenschaftlich-technische Revolution als Produkt des (nicht-antagonistischen) Widerspruchs zwischen Produktivkräften und Produktionsverhältnissen wie des Überbaus dem gesellschaftlichen Fortschritt dient, das gesamtgesellschaftliche System des Sozialismus weiter entwickelt, etwa die nicht mehr antagonistischen Widersprüche zwischen Stadt und Land, geistiger und körperlicher Arbeit, zwischen den verschiedenen Klassen und Schichten völlig aufzuheben beginnt, indem sie die bestehenden Unterschiede aufhebt, trägt die Wissenschaftlich-technische Revolution gleichzeitig zur immer heftigeren Entwicklung der antagonistischen Widersprüche innerhalb der kapitalistischen Gesellschaft bei.

* *S. P. Trapesnikow,* Der Leninismus und die wissenschaftlich-technische Revolution, „Fragen der Philosophie", Heft 4, Moskau 1970, nach Übersetzung in: „Sowjetwissenschaft. Gesellschaftswissenschaftliche Beiträge", Jg. 1970, Heft 9, Berlin 1970, S. 908 ff.

** Politische Ökonomie des Sozialismus und ihre Anwendung in der DDR. Berlin 1969, S. 292 f.

Daß wissenschaftlich-technischer Fortschritt in dem Moment, in dem der antagonistische Widerspruch zwischen Produktivkräften und Produktionsverhältnissen offen ausbricht, diesen Grundwiderspruch sowie die von ihm abgeleiteten Widersprüche verschärft, ist eine Erscheinung, die Engels und Marx schon im „Kommunistischen Manifest" festgestellt haben. Über die Rolle der im Gefolge der Entwicklung von Wissenschaft und Technik ständig gewachsenen Produktivkräfte sagen sie dort: „Die Produktivkräfte, die ihr (der bürgerlichen Gesellschaft – J. K.) zur Verfügung stehn, dienen nicht mehr zur Beförderung der bürgerlichen Eigentumsverhältnisse; im Gegenteil, sie sind zu gewaltig für diese Verhältnisse geworden, sie werden von ihnen gehemmt; und sobald sie dies Hemmnis überwinden, bringen sie die ganze bürgerliche Gesellschaft in Unordnung, gefährden sie die Existenz des bürgerlichen Eigentums. Die bürgerlichen Verhältnisse sind zu eng geworden, um den von ihnen erzeugten Reichtum zu fassen."

Und ein halbes Jahrhundert später wies Lenin in seiner Geschichte der Entwicklung des Kapitalismus in Rußland darauf hin, daß die Entwicklung der Produktivkräfte im Widerspruch zu den Produktionsverhältnissen auch dazu beiträgt, die Widersprüche der kapitalistischen Entwicklung immer deutlicher aufzuzeigen, ihnen die Schleier, die bürgerliche Institutionen und Ideologien um sie hüllen, wegzureißen: „Die maschinelle Großindustrie, die große Arbeitermassen zusammenballt, die Produktionsmethoden umwandelt, alle traditionellen, patriarchalischen Hüllen und Verkleidungen, die die Beziehungen zwischen den Klassen verdunkeln, zerreißt, führt stets dazu, daß die Öffentlichkeit auf diese Verhältnisse aufmerksam gemacht wird und daß Versuche gemacht werden, eine öffentliche Kontrolle und Regelung einzuführen."*

Es erhebt sich jedoch die Frage: Ist der Kapitalismus in seinem Untergangsstadium überhaupt in der Lage, über die Anfänge der Wissenschaftlich-technischen Revolution hinauszugehen, sie fortschreitend durchzuführen? Daß ihm das mit der Industriellen Revolution gelang, ist offenbar und nicht verwunderlich, da er damals eine fortschrittliche Gesellschaftsordnung war. Wie aber steht es in dieser Beziehung mit der wissenschaftlich-technischen Entwicklung im Untergangsstadium des Kapitalismus?

Heute, wo wir noch ganz am Anfang der Wissenschaftlich-technischen Revolution stehen, wo ihr Kernprozeß, die komplexe und Vollautomatisierung, sich in erster Linie und auf breiter Ebene nur auf dem Gebiete der militärischen und para-militärischen Produktion und Destruktion auswirkt, stehen sich Kapitalismus und Sozialismus noch im Wettlauf um die gegenseitige Überlegenheit gegenüber. Wiederholen wir noch einmal die Ausführungen von Trapesnikow dazu: „Der Kampf der beiden Systeme wird durch den Wettstreit in Wissenschaft und Technik verschärft. Es ist deshalb nur natürlich, daß jedes System und jedes Land bestrebt ist, in diesem Wettstreit seine Macht zu stärken. Das erklärt die außergewöhnliche Härte des Kampfes auf wissenschaftlich-technischem Gebiet und unterstreicht den engen Zusammenhang zwischen dem technischen und dem gesellschaftlichen Fortschritt."

* *W. I. Lenin,* Werke. Bd. 3, Berlin 1956, S. 244.

Wie lange aber wird der Imperialismus diesen „außergewöhnlich harten Kampf auf wissenschaftlich-technischem Gebiet“ durchhalten können?
Die eine Antwort lautet natürlich: Solange er sich noch gegen die Kräfte des Weltproletariats und seiner Verbündeten halten kann. Und diese Antwort ist richtig, wenn diese Kräfte in naher Zukunft siegreich sind.
Wie aber, wenn dieser Kampf sich noch längere Zeit hinziehen wird? Ich glaube, daß dann sich Hindernisse für die Weiterentwicklung der Wissenschaftlich-technischen Revolution derart und in solchem Ausmaße bemerkbar machen werden, daß die wissenschaftlich-technische Entwicklung in der untergehenden Welt des Kapitalismus mehr und mehr hinter der des Sozialismus zurückbleiben muß, und gleichzeitig die Widersprüche, die gerade und spezifisch der Wissenschaftlich-technischen Revolution entspringen, zur sozialen Revolution, zum Sturz des Kapitalismus drängen.
Natürlich müssen wir stets die Feststellung Lenins im „Imperialismus“ im Auge behalten: „Monopole, Oligarchie, das Streben nach Herrschaft statt nach Freiheit, die Ausbeutung einer immer größeren Anzahl kleiner oder schwacher Nationen durch ganz wenige reiche oder mächtige Nationen – all das erzeugte jene Merkmale des Imperialismus, die uns veranlassen, ihn als parasitären oder in Fäulnis begriffenen Kapitalismus zu kennzeichnen. Immer plastischer tritt als eine Tendenz des Imperialismus die Bildung des ‚Rentnerstaates‘, des Wucherstaates hervor, dessen Bourgeoisie in steigendem Maße von Kapitalexport und ‚Kuponschneiden‘ lebt. Es wäre ein Fehler, zu glauben, daß diese Fäulnistendenz ein rasches Wachstum des Kapitalismus ausschließt; durchaus nicht, einzelne Industriezweige, einzelne Schichten der Bourgeoisie und einzelne Länder offenbaren in der Epoche des Imperialismus mehr oder minder stark bald die eine, bald die andere dieser Tendenzen. Im großen und ganzen wächst der Kapitalismus bedeutend schneller als früher, aber dieses Wachstum wird nicht nur im allgemeinen immer ungleichmäßiger, sondern die Ungleichmäßigkeit äußert sich auch im besonderen in der Fäulnis der kapitalkräftigsten Länder (England).“*
Selbstverständlich kann auch in Zukunft der Kapitalismus noch „bedeutend schneller als früher“ wachsen. Und natürlich wird, wenn das der Fall ist, die Entwicklung von Wissenschaft und Technik eine entscheidende Rolle dabei spielen. Es fragt sich jedoch, ob man nicht unterscheiden muß zwischen schnellerem Wachstum des Kapitalismus – das, wie die Entwicklung der Landwirtschaft zeigt, auch noch unter Anwendung der „alten Methoden“ der Industriellen Revolution, Mechanisierung, Chemisierung usw. möglich ist – und einer Revolution des Wachstums durch Wissenschaft und Technik.
Ich möchte das an einem Beispiel klar machen.
Die Vereinigten Staaten geben heute rund 12% ihres Volkseinkommens für Rüstungen aus, etwa den gleichen Prozentsatz wie das faschistische Deutschland 1934/35.
Die Vereinigten Staaten haben heute rund 6 Millionen Beschäftigte in der Rüstungswirtschaft und in der zivilen für die Rüstung tätigen Bürokratie, etc., oder rund 7% der zivil Beschäftigten. 1934/35 betrug die Zahl der in der faschistischen Rüstungs-

* *W. I. Lenin,* Werke. Bd. 22, Berlin 1960, S. 305 f.

wirtschaft etc. Beschäftigten rund zwei Millionen oder 14 Prozent aller zivil Beschäftigten.

Man kann auch so formulieren: 1934/35 waren im faschistischen Deutschland für einen Soldaten etwa 3 zivile Kräfte notwendig – 1970 sind es trotz der ungeheuerlich gewachsenen Ausrüstung pro Soldaten in den USA nur noch etwa 2. Die Produktivität der Leistung in der Produktion von militärischer Ausrüstung jeder Art pro Soldaten ist ganz ungeheuerlich im letzten Dritteljahrhundert gestiegen. Nehmen wir an, daß der Gesamtwert der Rüstungsleistung (Waffenproduktion, Logistische Mittel usw.) pro Soldaten im letzten Dritteljahrhundert zu festen Preisen nur um das Fünffache gestiegen ist (entschieden eine Unterschätzung!) und daß, wie die obigen Zahlen andeuten, nur noch zwei Drittel der Beschäftigtenzahl notwendig sind, um diese Leistung pro Soldaten zu schaffen, dann wäre, wenn diese ganz groben Schätzungen zutreffen, die „Produktivität" für das Militär – ganz abgesehen von der noch weit, weit mehr gestiegenen Destruktivkraft pro Soldaten, also auch pro für ihn Beschäftigten! – um das rund 7 1/2fache gestiegen! wobei natürlich die Wissenschaftlich-technische Revolution eine entscheidende Rolle spielt, die die Destruktivkraft pro Soldaten unter Einschluß der Kern- und Raketenwaffen sicher noch zehnmal mehr, also um das 75fache erhöht hat.

Und nun von dieser enormen Wirkung der Wissenschaftlich-technischen Revolution auf militärischem Gebiet zu einer schon erwähnten Fehleinschätzung, die wir Marxisten gemacht haben.

Wir hatten nach dem Kriege gesagt, daß mit der Entwicklung der Wissenschaftlich-technischen Revolution die Arbeitslosigkeit enorm zunehmen würde. Eine völlig logische Überlegung, wenn wir an ihre soeben aufgezeigten Wirkungen in der Rüstungsproduktion denken. Das, was uns nicht klar war, war die Langsamkeit ihrer Einführung in der zivilen Produktion in Anbetracht ihres Aufwandes in der militärischen Produktion. So blieb das Durchschnittsniveau der Arbeitslosigkeit in den fünfziger und sechziger Jahren sogar noch unter dem der zwanziger und dreißiger Jahre. Ein klarer Beweis für die Langsamkeit im Tempo der Anwendung der modernsten wissenschaftlich-technischen Leistungen in der Zivilproduktion!

Frage: Kann der Kapitalismus heute überhaupt der Wissenschaftlich-technischen Revolution aus sozialen Gründen „freien Lauf" lassen? kann er sich eine schnell steigende Arbeitslosigkeit angesichts der Lage in den sozialistischen Ländern leisten? Natürlich nicht! denn er müßte mit Recht mit einer schnell steigenden Massenempörung rechnen.

Zweite Frage: Wäre es dem imperialistischen Kapital nicht möglich, durch Verkürzung der Arbeitszeit eine entsprechende Steigerung der Arbeitslosigkeit zu vermeiden? Die Entwicklung des letzten Halbjahrhunderts hat gezeigt, daß zwar die tariflich vereinbarte Arbeitszeit um rund 20% gesunken, die faktische Arbeitszeit jedoch weit weniger zurückgegangen ist. Das hängt mit dem Bestreben des Kapitals zusammen, durch Hochhaltung der Länge der Arbeitszeit dem tendenziellen Fall der Profitrate entgegenzuwirken.

Es ist also durchaus nicht unwahrscheinlich, daß das Kapital aus Furcht vor den sozialen Auswirkungen der schnellen Steigerung der Arbeitsproduktivität angesichts der Existenz des sozialistischen Lagers, in dem von solchen Auswirkungen nicht die Rede sein wird (was natürlich nicht bedeutet, daß nicht dort sorgfältigste Planung notwendig ist, um aufkommenden Schwierigkeiten erfolgreich zu begegnen), der schnelleren Ausbreitung der Wissenschaftlich-technischen Revolution auf die zivile Produktion Hemmnisse bereiten wird. (Dem widerspricht nicht, daß in gewissen Branchen der Zirkulation mit großen Zuwachsraten die Automatisierung zum Teil schnell fortschreitet – so etwa im Telefonverkehr oder in einzelnen Bankabteilungen.)

Man muß sich immer wieder sagen, daß die Wissenschaftlich-technische Revolution nicht einfach einen bedeutenden Fortschritt in der Entwicklung der Arbeitsproduktivität darstellt – einen solchen hat das Kapital, auch im Stadium des Imperialismus, immer wieder irgendwie und stets auf Kosten der Werktätigen bewältigen können ... und das nicht sehen zu wollen, wollte Lenin mit seiner oben zitierten Feststellung über das „bedeutend schnellere Wachstum des Kapitalismus" verhindern. Die Wissenschaftlich-technische Revolution ist jedoch eine Revolution! eine Revolution mit gewaltigen gesellschaftlichen, insbesondere auch sozialen, Auswirkungen!

Das heißt, eine solche revolutionäre Entwicklung der Produktivkräfte, die in ihrer Anwendung auf militärischem Gebiet heute bereits die ganze Welt auf das furchtbarste bedroht, würde, auf dem zivilen Gebiet aufgewandt, die kapitalistischen Produktionsverhältnisse sprengen. Darum scheint es mir, daß die Wissenschaftlich-technische Revolution, breit und intensiv auf das Gebiet der zivilen Produktion angewandt, nicht nur den Grundwiderspruch und die von ihm abgeleiteten Widersprüche weiter verschärfen, sondern das gesamte kapitalistische System zerstören würde, weil die Werktätigen die neue Belastung, die ihnen die Wissenschaftlich-technische Revolution auferlegen würde, nicht weiter tragen könnten und nicht bereit wären, sie weiter zu tragen.

Da die Wissenschaftlich-technische Revolution in den sozialistischen Ländern nicht nur einfach unter ganz anderen sozialen, überhaupt gesellschaftlichen Verhältnissen vorgehen kann, sondern diese Verhältnisse genau den Charakter tragen, die eine Wissenschaftlich-technische Revolution verlangen, so ist offenbar, daß mit der Verbreiterung der Wissenschaftlich-technischen Revolution die Überlegenheit des Sozialismus immer effektiver und offenbarer wird – eine neue Sprengwirkung gegenüber dem System des Imperialismus!

Über diesen Charakter der sozialistischen Gesellschaft schrieb Walter Ulbricht im Vorwort zu „Politische Ökonomie des Sozialismus und ihre Anwendung in der DDR":

„Das ökonomische Bewegungsgesetz des Sozialismus bringt eine starke Dynamik zum Ausdruck, denn die überwiegende Mehrheit der Mitglieder der Gesellschaft ist interessiert und bestrebt, ihre Arbeit immer effektiver, immer produktiver zu machen. Und da diese Einsicht, dieses Bewußtsein sich bei vielen Werktätigen noch vertieft, wird seine Dynamik sogar noch wachsen.

Das ökonomische System des Sozialismus ist so gestaltet, daß es dieser Dynamik gerecht wird und sie fördert. Im ökonomischen System des Sozialismus sind alle Entwicklungspotenzen enthalten, um den aus einer hohen Dynamik der Produktivkräfte und auch aus einer raschen Entwicklung der Produktionsverhältnisse entstehenden konkreten praktischen Anforderungen an die Planung und Leitung der Volkswirtschaft gerecht zu werden."*

Doch so richtig und wichtig diese Darstellung der objektiven Verhältnisse und Potenzen ist, gilt es gleichzeitig, uns zu bemühen, sie auch zu nutzen. Darum erklärte Erich Honecker im Bericht des Zentralkomitees der SED an den VIII. Parteitag der Sozialistischen Einheitspartei, daß es nötig ist, „die wissenschaftlich-technischen Revolution organisch mit den Vorzügen des sozialistischen Wirtschaftssystems zu vereinigen"**.

Mit der Durchführung der Wissenschaftlich-technischen Revolution auf breiter Front werden wir den Imperialismus besiegen. In diesem Sinne beschloß Lenin seine Rede auf dem II. Gesamtrussischen Verbandstag des medizinischen und Sanitätspersonals am 1. März 1920 mit den Worten: „Dem Bündnis von Wissenschaft, Proletariat und Technik wird keine noch so finstere Gewalt widerstehen können."***

* *W. Ulbricht,* a. a. O., S. 12 f.

** Protokoll der Verhandlungen des VIII. Parteitages der SED, Berlin 1971, S. 69 f.

*** *W. I. Lenin,* Werke. Bd. 30, Berlin 1961, S. 394.

Namenverzeichnis

Von Margarete Kreipe

FSC
www.fsc.org
MIX
Papier | Fördert gute Waldnutzung
FSC® C083411

Kolibri 360 GmbH
Ferdinand-Jühlke-Straße 7
99095 Erfurt, Deutschland
produktsicherheit@kolibri360.de